第三届河北禅宗文化论坛论文集

北方禅宗研究

黄夏年 主编

中原出版传媒集团
大地传媒

大象出版社
·郑州·

图书在版编目(CIP)数据

北方禅宗研究/黄夏年主编.—郑州：大象出版社,2015.8
(第三届河北禅宗文化论坛论文集)
ISBN 978-7-5347-8516-0

Ⅰ.①北… Ⅱ.①黄… Ⅲ.①僧侣—人物研究—中国—文集 Ⅳ.①B949.92-53

中国版本图书馆 CIP 数据核字(2015)第 168686 号

北方禅宗研究
黄夏年　主编

出 版 人	王刘纯
责任编辑	王大卫
责任校对	裴红燕　毛 路　李婧慧
封面设计	付锬锬

出版发行　大象出版社(郑州市开元路 16 号　邮政编码 450044)
　　　　　发行科　0371-63863551　总编室　0371-65597936
网　　址　www.daxiang.cn
印　　刷　郑州文华印务有限公司
经　　销　各地新华书店经销
开　　本　890mm×1240mm　1/32
印　　张　11.25
字　　数　303 千字
版　　次　2015 年 10 月第 1 版　2015 年 10 月第 1 次印刷
定　　价　32.00 元

若发现印、装质量问题，影响阅读，请与承印厂联系调换。
印厂地址　郑州市金水区柳林镇马林工业园
邮政编码　450046　　　　电话　0371-65642565

目 录

僧稠与北方禅法
　　——兼论禅定分途 …………………………… 麻天祥（ 1 ）
僧稠生平、禅学思想及其影响 …………………… 王荣益（ 17 ）
武安古定晋禅院、僧稠禅师及相关问题 ………… 刘顺超（ 28 ）
从"思路"论菩提达摩禅法的特性 ………………… 陈立骧（ 41 ）
二祖慧可：为法忘躯的千秋典范 ………………… 黄公元（ 62 ）
慧可禅法之当代生活禅意义研究 ………………… 何则阴（ 78 ）
浅论禅宗二祖慧可大师的佛教思想及意义 …… 释宽江（112）
略论慧可大师的生平与禅法 …………………… 昌　莲（126）
略论二祖慧可禅宗功业之成因 ………………… 陈金凤（157）
论慧可对达摩禅的接续与传承 ………………… 赖功欧（169）
慧可生平再研究 ………………………………… 王荣国（184）
《续高僧传·慧可传》义理发微 ……… 荆三隆　魏　玮（206）
慧可大师之生平及启示 ………………………… 吕建福（217）
大唐国里只得一人
　　——论后代禅师如何诠解慧可大师 ………… 简逸光（223）

目 录　1

唐宋间禅宗二祖慧可化迹的演变轨迹及其缘由
　　——以敦煌写本《历代法宝记》为考察中心
　　………………………………………………… 张子开（254）
二祖慧可行迹三题 ………………………… 谭　洁（270）
禅宗二祖慧可大师三事记 …………………… 释佛心（284）
二祖慧可在安徽传法略考 …………………… 金小方（295）
对二祖慧可大师"生佛不二"思想之阐释
　　——以永明延寿禅师《宗镜录》为着眼点
　　………………………………………………… 郭延成（311）
略论吕澂先生的二祖慧可研究 ……………… 姚彬彬（324）
从耶律楚材到刘秉忠
　　——论蒙元时期河北禅宗法脉传承以及
　　　政教关系 …………………………………… 叶宪允（334）
湛然居士融合佛教观谫论 …………………… 张　勇（345）

僧稠与北方禅法
——兼论禅定分途

麻天祥

"暂借好诗消永夜,每逢佳处辄参禅。"[1]每论及禅,总会想到南顿北渐,慧能、神秀。其实,早在汉代,已有安世高发其先声,所谓"专务禅观"[2]是也。至两晋南北朝,更有鸠摩罗什、觉贤,以及庐山慧远、凉州宝云、陇西玄高、关中僧实,乃至"阐导江洛"的菩提达摩,特别是少林之佛陀与其弟子僧稠,还有慧皎、僧肇、道生等,对禅的创造性诠释,一时蔚为禅学禅法之大观。毫无疑问,他们所说的禅各不相同,其中觉贤、佛陀、僧稠、达摩等修习之禅,尤其同以《坛经》为本的禅宗之禅"名同实异"。以佛陀、僧稠、达摩为代表的北方禅法,显然是"坐禅"的方法、修持的实践,而非禅学追求的不落两边、超二元对立的思维方式,或者说是理论与境界。可见,我们通常说的禅有两种:坐禅之禅,以及禅宗思想或禅学之禅。这是境界与方法、理论与修持的分野,万万不可混为一谈。这就是其后《坛经》所说的禅定分途。

---

[1] 王文诰辑注,孔凡礼点校:《苏轼诗集》,中华书局,1982年,第1616页。
[2] 释道安:《阴持入经序第五》,《出三藏记集》,中华书局,1995年,第248页。

道宣在《续高僧传·习禅篇》中尝言："稠怀念处,清范可崇;摩法虚宗,玄旨幽赜。可崇则情事易显,幽赜则理性难通。"①显而易见,早在隋唐以前,禅法遍布北方,不仅有鸠摩罗什与觉贤"浅深殊风,支流各别"之禅法②,而且还有僧稠与达摩的大相径庭之止观;直到道宣那个年代,达摩的影响仍然在僧稠之下,充其量也只能算是与僧稠各领风骚而已。亦可见,一直被奉为"禅宗初祖"的达摩,其显赫之声名,都是后世传说渲染出来的。汤用彤先生在他的著作中论及北方禅法时,于佛陀禅师项下,也刻意说明,"(慧)光、(僧)稠均不世出之人物也。光以学显,稠以禅著"③。"禅著"二字,充分说明僧稠的禅法在当时北方禅法中的中坚地位。再请看:

  高齐河北,独盛僧稠;周氏关中,尊登僧实……惟此二贤,接踵传灯,流化靡歇。④

也就是说,独盛河北并受北齐高洋父子推重的僧稠和在北周关中地区传灯的僧实,并称"二贤",实为当时流化传衍禅法的高僧,他们的影响持续不绝。

一、僧稠的生平事迹、禅法传承及其同国主的周旋

关于僧稠,道宣《续高僧传》卷十六有《齐邺西龙山云门寺释僧稠传》专章论述,兹撮要如次:

---

① 释道宣:《续高僧传》卷二十,《大正新修大藏经》(以下简称《大正藏》)第50册,第596页下。
② 语见慧观《修行地不净观经序》(《出三藏记集》卷九,《大正藏》第55册,第66页下),《高僧传》有"唯贤守静,不与众同"语。
③ 汤用彤:《汉魏两晋南北朝佛教史》,武汉大学出版社,2008年,第534页。
④ 释道宣:《续高僧传》卷二十,《大正藏》第50册,第596页下。

释僧稠,姓孙,元出昌黎,末居钜鹿之瘿①陶焉。性度纯懿,孝信知名,而勤学世典,备通经史。征为太学博士,讲解坟索,声盖朝廷……一览佛经,涣然神解。时年二十有八,投钜鏕景明寺僧寔法师而出家。落发甫尔,便寻经论……初从道房禅师受行止观。房即跋陀之神足也。既受禅法,北游定州嘉鱼山,敛念久之全无摄证,便欲出山诵《涅槃经》。忽遇一僧,言从泰岳来。稠以情告,彼遂苦劝,修禅慎无他志,由一切含灵,皆有初地味禅,要必系缘,无求不遂。乃从之。旬日摄心,果然得定。当依涅槃圣行四念处法,乃至眠梦觉见,都无欲想。岁居五夏,又诣赵州障供山道明禅师,受十六特胜法。钻仰积序,节食鞭心。九旬一食,米惟四升。单敷石上,不觉晨宵。布缕入肉,挽而不脱。或煮食未熟,摄心入定,动移晷漏,前食并为禽兽所啖。又常修死想,遭贼怖之,了无畏色。方为说诸业行,皆摧其弓矢,受戒而返。尝于鹊山静处,感神来娆,抱肩筑腰,气嘘项上。稠以死要心,因证深定,九日不起,后从定觉,情想澄然。究略世间全无乐者,便诣少林寺祖师三藏,呈已所证。跋陀曰:"自葱岭已东,禅学之最,汝其人矣。"乃更授深要,即住嵩岳寺。②

这里除了介绍僧稠出身,他的勤奋好学,备通经史,而与佛经神契,还着重说明了僧稠的师承。其师初为钜鹿僧寔,继从道房禅师受止观法门,行四念处法。道房即少林寺创立者佛陀禅师之高足,继而又从道明受十六特胜法。简单地说,僧稠师从禅门,一开始修行的就是类似瑜伽的摄心入定之法——绝欲想,证深定。乃至九旬一食,九日不起,不畏死之恐怖,不受情色之诱惑;终于觉悟人生皆苦,因此登嵩山少林,皈依佛陀,呈已所证,而受到佛陀高度赞扬,谓

---

① 应为"瘿"。
② 释道宣:《续高僧传》卷十六,《大正藏》第50册,第553页中。

僧稠与北方禅法　3

之"葱岭以东,禅学之最",遂住嵩山嵩岳寺。僧稠在禅法上,师出名门,学有专攻,是以禅定之法享誉天下的,也是少林门下青出于蓝的出类拔萃者。

需要说明的是,僧稠的老师佛陀禅师,乃孝文帝时少林寺创立者和第一位住持,《魏书·释老志》亦名跋陀(应当说是不同的音译,即Buddha,既可译作佛陀,也可译作跋陀),虽然也是天竺人(《魏书·释老志》作西域人),但不是称作觉贤的佛陀跋多罗。佛陀才是真正的少林寺主。据汤用彤先生考证,魏孝文帝礼佛,敬奉佛陀,别设禅林,凿石为龛,结徒定念,为其"坐禅"之用。[①] 后随文帝南迁,于洛复设静院,敕以居之。而佛陀性爱幽栖,屡往嵩岳,故帝为之敕,就少室山立寺,公给衣食,而嵩山少林寺也因佛陀禅法驰誉今古。僧稠禅法即源于此。再看:

> (僧稠)后诣怀州西王屋山,修习前法。闻两虎交斗,咆响振岩,乃以锡杖中解,各散而去。一时忽有仙经两卷在于床上,稠曰:我本修佛道,岂拘域中长生者乎?言已须臾自失。其感致幽现,皆此类也……因屡入定,每以七日为期。又移怀州马头山。魏孝明帝凤承令德,前后三召,乃辞云:普天之下莫非王土,乞在山行道,不爽大通。帝遂许焉,乃就山送供。魏孝武永熙元年,既召不出,亦于尚书谷中为立禅室,集徒供养。又北转常山,定州刺史娄睿、彭城王高攸等请至,又默之大冥山,创开归戒,奉信者殷焉。燕赵之境,道未通被,略言血食,众侣奔赴,礼觐填充。时或名利所缠者,稠为说偈止之,闻者惭色而止,便为陈修善偈,预在息心之俦,更新其器。既道张山世,望重天心。[②]

[①] 汤用彤先生专门强调:"凿窟多为坐禅。"见汤用彤《汉魏两晋南北朝佛教史》,武汉大学出版社,2008年,第534页。
[②] 释道宣:《续高僧传》卷十六,《大正藏》第50册,第553页下~554页上。

之后，僧稠离开少林，驻锡怀州，独立弘法。其间，受魏孝明、孝武帝之礼重，数召数辞，帝乃于山中设禅室供养。上述僧稠辞召，措辞委婉，既反映了当时"不依国主，法事难立"的政教关系，也可以看出僧稠同皇权保持距离之超然。继而北上，于定州等地弘传定念、息心之禅法。一时之间，名动燕赵。

齐文宣天保二年下诏曰：久闻风德，常思言遇。今敕定州，令师赴邺，教化群生，义无独善，希即荷锡，暂游承明。思欲弘宣至道，济斯苦坏。至此之日，脱须还山。当任东西，无所留絷。

稠居山积稔，业济一生。闻有敕召，绝无承命。苦相敦喻，方遂元请，即日拂衣，将出山阙……帝躬举大贺，出郊迎之。稠年过七十，神宇清旷，动发人心……帝扶接入内，为论正理。因说三界本空，国土亦尔，荣华世相，不可常保；广说四念处法。帝闻之，毛竖流汗，即受禅道。学周不久，便证深定。尔后弥承清诲，笃敬殷重，因从受菩萨戒法，断酒禁肉，放舍鹰鹞，去官畋渔，郁成仁国。又断天下屠杀，月六年三，敕民斋戒。官园私菜，荤辛悉除。帝以他日告曰：道由人弘，诚不虚应，愿师安心道念，弟子敢为外护檀越何如？稠曰：菩萨弘誓，护法为心，陛下应天顺俗，居宗设化，栋梁三宝，导引四民，康济既临，义无推寄。即停止禁中四十余日，日垂明诲，帝奉之无失。后以道化须布，思序山林，便辞还本住。帝以陵阜回互，咨谒或难。天保三年，下敕于邺城西南八十里龙山之阳，为构精舍，名云门寺，请以居之，兼为石窟大寺主。两任纲位，练众将千，供事繁委，充诸山谷。并敕国内诸州，别置禅肆。令达解念慧者，就而教授，时扬讲诵，事事丰厚。帝曰：佛法大宗，静心为本，诸法师等，徒传法化，犹接嚣烦，未曰阐扬，可并除废。稠谏曰：诸法师并绍继四依，弘通三藏，使夫群有识邪正，达幽微，若非此人，将何开导？皆禅业之初宗，趣理之弘教，归信之渐，发蒙斯人。帝大喜焉。因曰：今以国储，分为二分，谓供国自用，及以三宝。自尔彻情归向，通古无伦。佛化东流，此焉盛矣，具如别纪。即敕送钱绢被褥。接轸登山。令于寺中置库贮之以供常费。稠以佛法要务志在修心，财利动俗，事乖道化，乃致书返之。帝深器其量也，敕依前收纳，别置异库，须便依给，未经王府。尔后诏书手敕，月别频至，寸尺小缘，必亲言及。又敕侍御徐之才、崔思和等，送诸药饵，观僧疾苦。帝常率其羽卫。故幸参观。稠处小房宴坐，都不迎送。弟子谏曰：皇帝降驾，今据道不迎，众情或阻。稠曰：昔宾头卢迎王七步，致七年失国。吾诚德之不逮，未敢自欺，形相冀获福于帝耳。时亦美其敦慎，大法得信于人。

　　黄门侍郎李奖，与诸大德请出禅要，因为撰止观法两卷。味定之宾，家藏本据。以齐乾明元年四月十三日辰时，绝无患恼，端坐卒于山寺。春秋八十有一，五十夏矣。当终之时，异香满寺，闻者悚神。敕遣襄乐王宣慰曰：故大禅师，志力精苦，感果必然。栖心寂默，虚来实返。业畅玄风，事高缁素。运往神迁，寔深嗟悯。资崇有嘉，用申凄敬。可施物五百段，送千僧供于云门，以崇追福。至皇建二年五月，弟子昙询等，奏请为起塔。下诏曰：故大禅师，德业高迥，三宝栋梁。灭尽化终，神游物外。可依中国之法，阇毗起塔，建千僧斋，赠物千段，标树芳迹，示诸后代。敕右仆射魏收，为制碑文。其为时君所重，前后皆此类也。既而克日准敕。四部弥山，人兼数万。香柴千计，日正中时，焚之以火。莫不哀恸断绝，哭响流川。登有白鸟数百，徘徊烟上，悲鸣相切，移时乃逝。仍于寺之西北建以砖塔。每有灵景异香应于道俗。①

551年，僧稠年逾古稀，北齐皇帝高洋下诏，苦相敦请，僧稠方

---

① 释道宣：《续高僧传》卷十六，《大正藏》第50册，第554页上~下。

赴邺城。僧稠入城之前,高洋出郊迎之,入城之后,高洋搀扶接入大内,礼节至隆,空前绝后。翌年,高洋于京师近郊龙山之阳,为僧稠构建精舍,曰云门寺,并兼石窟大寺主,此即北响堂石窟。① 高洋也归从受菩萨戒,甚至将国库一分为三,以其中一份供养三宝。此举在历史上可以说是绝无仅有。僧稠影响之巨,正所谓"其为时君所重,前后皆此类也"②。传记中特别标明,黄门侍郎李奖与诸大德请出禅要,僧稠有《止观法》两卷问世,应当说这是僧稠禅法的精粹,遗憾的是这一著作至今不存。560年(乾明元年),僧稠于寺中端坐而逝,寿81岁,僧腊50年。

僧传中也有许多关于僧稠的神异描述,无非在于说明僧稠"克志禅业,冠绝后尘。而历履大行,往还朝野"③。还有"鸣谦抱素,能扇清风","大儒皇氏,躬为负粮。青罗猎客,执刀剪发。或德感上玄,泽流奉敬之苗。幽诚所致,粟满信心之室"④云云,也不纯为溢美之词。在那个动乱的年代,僧稠同他的支持者——有生死予夺之权的北齐皇帝高洋的周旋,也是一种因势利导的方便之法。众所周知,高洋一方面对僧人顶礼有加,另一方面又嗜杀成性。僧稠借用一些方术对其稍示警诫,起到了减少杀戮、保护生命等一定的积极作用。如下三事,颇耐人寻味。

    时或谗稠于宣帝,以倨傲无敬者。帝大怒自来加害。稠冥

---

① 距北向堂古窟不远,河南安阳小南海石窟有石碑记载:"国师大德稠禅师重莹修成。""稠禅师"应当是僧稠。碑在石窟外壁上方,全文如次:"大齐天保元年,灵山寺僧方法师、故云阳公子林等率诸邑人,刊此岩窟,仿像真容。至六年中,国师大德稠禅师重莹修成,相好斯备,方欲刊记金言,光流末李。但运感将移,暨乾明元年,岁次庚辰,于云门帝寺奄从迁化。众等仰惟先师,依准观法,遂镂石班经,传之不朽。"崖面石侧,刻有《华严经偈赞》和《大般涅槃经·四念处法》。碑文中的"观法"和"四念处法",与僧稠禅法相吻合。
② 释道宣:《续高僧传》卷十六,《大正藏》第50册,第554页下。
③ 释道宣:《续高僧传》卷十六,《大正藏》第50册,第555页上。
④ 释道宣:《续高僧传》卷十六,《大正藏》第50册,第555页上。

知之,生来不至僧厨,忽无何而到云:明有大客至,多作供设。至夜五更,先备牛舆,独往谷口,去寺二十余里,孤立道侧。须臾帝至,怪问其故。稠曰:恐身血不净,秽污伽蓝,在此候耳。帝下马拜伏,愧悔无已。谓尚书令杨遵彦曰:如此真人,何可毁谤也。乃躬负稠身往寺。稠磬折不受。帝曰:弟子负师遍天下,未足谢您。因谓曰:弟子前身曾作何等?答曰:作罗刹王,是以今犹好杀。即咒盆水,令帝自视,见其影如罗刹像焉……尝以暇日帝谓曰:弟子未见佛之灵异,颇得睹不?稠曰:此非沙门所宜,帝强之,乃投袈裟于地。帝使数十人举之不能动。稠命沙弥取之,初无重焉。因尔笃信兼常,寺宇僧供,劳赐优渥。①

僧稠深知,同高洋这样嗜杀又生性多疑且位居权力顶峰的人交往,实在是如履薄冰,当然,他同样知道如何更好地应对,那就是利用神异的方法示之以威,并坚固其信仰。他的"未卜先知"一定是于事前获得了可靠的情报,因此让高洋视为"真人",而令其折服。他不屑于灵异之术,坚持佛门自觉觉他、济世度人的立场,又以幻术戏法实施告诫,既在至无定轨的乱世中减少杀戮,也为佛教的发展争取一席之地。这些同他的禅法没有直接关系。《坛经》中也有类似"投袈裟于地"的故事,抑或撷取于此。

二、僧稠禅法的形式和内容

根据道宣《续高僧传》所记,僧稠师从道房、佛陀,早年在道房门下"受行止观",后又修习"四念处法"和"十六特胜法",所谓"稠怀念处",说的就是这个意思。道房的止观法,其实就是佛陀的禅法,而且僧稠曾撰《止观法》两卷,以为禅要。虽然《止观法》这部重要

---

① 释道宣:《续高僧传》卷十六,《大正藏》第50册,第555页上~中。

著作早已亡佚，我们无从知道它的详细内容，但还是可以通过上述相关资料，追寻其禅法的内容和形式。因此，可以这样说，僧稠禅法实以"止观"为是，以"定"为特征，注重的是坐的形式，故岩居穴处，凿石为龛，坐禅定念，与印度的瑜伽相仿佛。两晋南北朝时期的北方禅法多类似于此。

汤用彤论及北方禅法时，尝引《洛阳伽蓝记》中胡太后的一则故事，意在说明当时禅法的倾向。请看：

> 崇真寺比丘惠凝死，一七日还活……具说过去之时，有五比丘同阅。一比丘云是宝明寺智圣。坐禅苦行，得升天堂。有一比丘是般若寺道品。以诵四十卷《涅槃》，亦升天堂。有一比丘云是融觉寺昙谟最。讲《涅槃》、《华严》，领众千人。（汤注：据《伽蓝记·融觉寺》条，谓最初亦善禅学）阎罗王云："讲经者心怀彼我，以骄凌物，比丘中第一粗行。"……敕付司，即有青衣十人，送昙谟最向西北门，屋舍皆黑，似非好处。有一比丘云是禅林寺道弘。自云教化四辈檀越，造一切经，人中像十躯。阎罗王曰："沙门之体，必须摄心守道，志在禅诵，不干世事，不作有为。虽造作经像，正欲得他人财物。既得他物，贪心即起。既怀贪心，便是三毒不除，具足烦恼。"亦付司，仍与昙谟最同入黑门。有一比丘云是灵觉寺宝明，自云，出家之前，尝作陇西太守，造灵觉寺成，即弃官入道。虽不禅诵，礼拜不缺。阎罗王曰："卿作太守之日，曲理枉法，劫夺民财，假作此寺，非卿之力，何劳说此！"亦付司，青衣送入黑门。太后闻之，遣……访……皆实有之。议曰："人死有罪福。"即请坐禅僧一百人，常在殿内供养之。……自此以后，京师比丘，悉皆禅诵，不复以讲经为意。①

---

① 汤用彤，《汉魏两晋南北朝佛教史》，武汉大学出版社，2008年，第535页。

汤用彤据此指出:"此故事或虽伪传,然颇可反映当时普通僧人之态度。后魏佛法本重修行。自姚秦颠覆以来,北方义学衰落。一般沙门自悉皆禅诵,不以讲经为意,遂至坐禅者或常不明经义,徒事修持。"①他还引道宣《续高僧传·习禅篇》予以旁证:

> 顷世定士,多削义门。随闻道听,即而依学。未曾思择,扈背了经。每缘极旨(汤注:缘亦作指。上文意不明),多亏声望。吐言来诮,往往繁焉。或复耽著世定,谓习真空。诵念西方,志图灭惑。肩颈挂珠,乱掐而称禅数。纳衣乞食,综计以为心道。又有倚托堂殿,绕旋竭诚。邪仰安形,苟存曲计。执以为是,余学并非。冰想铿然,我倒谁识。斯并戒见二取,正使现行,封附不除,用增愚鲁。向若才割世网,始预法门。博听论经,明闲慧戒。然后归神摄虑,凭准圣言。动则随戒策修,静则不忘前智。固当人法两镜,真俗四依。达智未知,宁存妄识。如斯习定,非智不禅,则衡岭台崖扇其风也。

汤先生进一步说明:"道宣所言,虽指隋唐僧人。然禅法兴盛,智学废替,自更易发生此类现象。北朝末叶,衡岳慧思、天台智顗极言定慧之必双修,或亦意在纠正北朝一般禅僧之失欤!"②

我们姑且不论"失"还是"不失"。如是而言,北朝禅法显然注重的是"定"和"修持"。指责它"不明经义,徒事修持"也好,"如斯习定,非智不禅"也罢,其意均在强调,包括僧稠在内的北方禅法"俱修定法","当属于瑜伽师宗",和离相、离念、不落两边,非有非真有、非无非真无,反观本心、见性成佛的禅学境界,是完全不同的两个领域,或者至少说是不尽相同的进路。

可看僧稠对禅的理解。据敦煌文献《稠禅师意》:

---

① 汤用彤:《汉魏两晋南北朝佛教史》,武汉大学出版社,2008年,第536页。
② 汤用彤:《汉魏两晋南北朝佛教史》,武汉大学出版社,2008年,第536页。

问曰:何云名禅? 答曰:禅者定也,由坐得定,故名为禅!
问曰:禅名定者,心定身定? 答曰:结跏身定,摄心心定。
……
问曰:五亭(停)十八境,见物乃名为定。眼须见色,心须见境,云何名定?
答曰:见境即生心,物动即风起;风息而境安,心息即境灭。若心境俱灭,即自然寂定。[1]

僧稠还说:"欲修大乘之道,先当安心。""言安心者,顿止诸缘,妄想永息。"在僧稠看来,禅就是"定","坐"能得"定",所以也可以说,禅就是"坐",或者说"坐"是实现禅的唯一法门。如此坐——定——禅的逻辑推衍,故称之"坐禅"。最终的结果就是"心息境灭","心境俱灭","自然寂定"。僧稠以"止观"为内容的禅要根本如斯,也是《洛阳伽蓝记》《续高僧传·习禅篇》,乃至汤用彤先生所指的"俱修定法","属于瑜伽师宗"的北方禅法。

如此"定""坐",乃至心境俱灭的"寂定",自然是以其"止观法"为指导和理论依据。两卷《止观法》虽然不存,无法直接窥见僧稠的止观法门,但就"止观"而言,还是有很多资料可以帮助我们把握僧稠禅法的蛛丝马迹的。

简单地说,从因果上讲,止、观是因,止、观成就,便可得果,就是定、慧。止对治心思散乱,观是在止的基础上,对治昏沉的内观。念念归一为"止",了了分明为"观"。当然,由止而定,因观而慧,因此也可以说,止、观是方法,定、慧则是目的。

"止观法"显然是从方法上入手的。由止入定,依靠的就是静坐;观是用心观,而且是在定、静中观。无论怎么说,止、静、定、坐都是当时北方禅法不可须臾或缺的基本形式。

---

[1] 冉云华:《敦煌文献与僧稠的禅法》,《华岗佛学学报》1983年第6期,第93~94页。

至于观法,并非如其后天台宗的一心三观——观空、观假、观中,而是观身、观受、观心、观法。这就是"四念处",或者叫"四念处观",亦称"四念住"。在原始佛典中,四念住就是指修行,修行就是修习四念住。四念住和修行同义。所谓"住",尤其凸显"定"的特征。甚至有人说四念住是学习静坐用的,视之为静坐的专利。具体对应的关系如下表所示:

四法	四念处	四种念	四颠倒
不净	身念处	观身不净	净:执着身是干净的
苦	受念处	观受是苦	乐:执着世间有快乐
无常	心念处	观心无常	常:执着世间有一个永恒的我
无我	法念处	观法无我	我:执着有一个我

佛说"诸法因缘生",无常、无我,痛苦生于执着贪爱,生于常乐我净的颠倒,破除这四种颠倒才能臻至觉悟的大智慧。僧稠入宫,便为高阳"广说四念处法。帝闻之,毛竖流汗"①,足见僧稠对四念处法的重视和熟稔。所谓四念处观,就是在身、受、心、法四处,以不净、苦、无常、无我四个方面的正念,观身不净、观受是苦、观心无常、观法无我,乃至观一切诸法毕竟空,从而破除净、乐、常、我的颠倒。

例如,观人身为臭皮囊,为秽物,甚至为骷髅;观人之所受,若生老病死者皆苦,如是种种。又如《心经》开宗明义,说"观自在菩萨行深般若波罗蜜多时,照见五蕴皆空"②,其中"照见五蕴皆空"就是观。又如《金刚经》所说"凡所有相,皆是虚妄。若见诸相非相,则见如来"③,以及"一切有为法,如梦幻泡影,如露亦如电,应作如是

---

① 释道宣:《续高僧传》卷十六,《大正藏》第50册,第554页中。
② 玄奘译:《般若波罗蜜多心经》,《大正藏》第8册,第848页下。
③ 鸠摩罗什译:《金刚般若波罗蜜经》,《大正藏》第8册,第749页上。

观"①,如是观一切法空。但是后者与四念处的观法显然不同,不是观身不净之类的具体对象,而是以心观心的形而上的思考,这就是天台智颢的一心三观,也是在天台思想影响下的禅宗思想的慧观。

需要说明的是,禅宗之禅源于创造性的翻译,并在其后不间断地汲取老庄思想,最终至《坛经》集成,逐步实现中国化、大众化的哲人之慧;是以离相、离念的方法摆脱思维羁绊,超越相对,涵盖相对,游行于自在的意境,而非坐、定、寂、静状态。这就是我们说的禅定分途。详细内容颇繁,不再赘叙,可参阅拙著《中国禅宗思想发展史》②。事实上,作为修行方法的禅法,与作为意境和哲学范畴的禅宗之禅,无论在南北朝,还是在禅宗形成之后,常常纠结在一起,歧义并存。磨砖做镜的故事,充分说明禅宗之禅对坐、定、止、寂的禅法,有意识地纠偏救谬。当然,后世禅僧也有偏向于止、定以及四观禅法的,或者借禅法的修习以求一逞。比如坐禅禅修(也有叫止的禅修)、四禅八定;又如近代禅僧敬安深信妄见为分别之本,故专入茅厕参十屎橛,"遂悟入心地法门"③,如此正是观身不净。这样的禅法对思想家也产生过重大影响。如康有为在青年时期,"忽绝学捐书","静坐养心","入樵山,居白云洞","夜坐弥月不睡,恣意游思","视身如骸,视人如豕"。④ 其真实性如何姑且不论,但他这样说,显然也是受四念处观身、观受、观心、观法的潜在影响的结果。

僧稠早年尝诣道明禅师,学习"十六特胜法",应当说或多或少也同其"止观法"有一些关系。《选佛谱》第四卷曰:

---

① 鸠摩罗什译:《金刚般若波罗蜜经》,《大正藏》第 8 册,第 752 页中。
② 麻天祥:《中国禅宗思想发展史》,武汉大学出版社,2007 年。
③ 冯毓孳:《中华佛教总会会长天童寺方丈寄禅和尚行述》,《八指头陀诗文集》,岳麓书社,1984 年,第 521 页。
④ 蒋贵麟:《康南海先生自编年谱》,《康南海先生遗著汇刊》(第 22 册),宏业书局,1987 年,第 10 页。

十六特胜者,一知息入,二知息出,三知息长短,四知息遍身,五除诸身行,六受喜,七受乐,八受诸心行,九心作喜,十心作摄,十一心作解脱,十二观无常,十三观出散,十四观离欲,十五观灭,十六观弃舍。此十六法,亦名阿那波那念。(此翻遣来遣去。)言特胜者,从因缘得名;如外道等,并能修得四禅四空,而无对治观行,故不出生死。此十六法,有定有观,具足诸禅,能发无漏,故名特胜也。①

这里不仅有"定"有"观",而且有"数息",所谓息出、息入者,还有观灭、观舍弃,方法更为具体,无疑这些还是止观法门,重视的也是坐和定的修持之法,而与形而上的禅境大不相同。僧稠存世的资料有限,这里就不再做无端的推测了。

总而言之,僧稠的禅法依四念处观为根本,参照十六特胜法的禅法,是同禅宗之禅完全不同的概念。他重视的是坐、止、定,以及观身、受、心、境具体对象的修持方法。加之,在当时"不明经义,徒事修持"之风熏染下的北方禅法的影响,原本就偏向定念、缺少慧观、专事修习的禅法,更是同形而上的心性关怀无缘,同还识本心、见性成佛的内在超越的禅的追求大相径庭,所谓"定慧双修"也就徒成画饼。慧能以下,虽说是禅定分途,但定、止的方法掺和其间;对心性问题的形而上思考、否定性思维与任性逍遥的意境,又裹挟着静坐入定的方法,把作为哲学范畴的禅宗或者说禅学之禅,和作为具体方法的止、定,有意无意地混为一谈,使原本显而易见的区别变得模糊不清了。它们虽然都表现了对经典的淡薄,但性质不同,趋向也不同。一个是因为"道不可说",一个只是由于时尚;一个趋向于对终极的关怀,一个是对修持实践的关注。

---

① 智旭:《选佛谱》,《大藏经补编》第24册,华宇出版社,1985年,第399页上。

三、僧稠禅法引发的思考

其一，南北朝时期，北方僧侣特重禅定，俱修定法，觉贤、佛陀蔚为大观。僧稠师出名门，学有专攻，晚年居邺城，以四念处法为止观之禅要，教授学人，一时间名动燕赵，备受高齐皇室之隆遇。其止观之法，既是当时禅法之支脉，也成为北方禅法之中心。

其二，僧稠之师佛陀，或称跋陀，或称佛陀扇多及勒那提，初"凿石为龛，结徒定念"，"当属于瑜伽师宗"，"后随帝南迁"，"有敕就少室山为之立寺。公给衣食，即有名之少林寺也"，"自此嵩山少室，更以禅法驰誉"。① 僧稠正是从少林佛陀门下走向河北，享誉大河上下的。佛陀既是真正的少林寺创立者和第一位住持，又是北方禅法的渊薮。菩提达摩"阐导江洛"，以"息缘""壁观"为特征，虽然也是止观之法，属于瑜伽禅法之流，但与少林大不相干。

其三，禅有二义，并分两途：一是以坐、止、定为基本形式，即观身不净、观受是苦、观心无常、观法无我的"止观"之法；二是力图摆脱思维羁绊，超越相对，于相离相，于念离念，返观自性、彰显自性的意境。前者是修持方法，后者是形而上的终极关怀。正像"道"有不同意蕴：一是"生成一切，而不被生成"、不可言说的本体之道；二是作为方法、道路、规范之类可以言说的应用之道。二者绝不相侔。

其四，达摩"壁观乃禅法名称"②，亦属于北方止观禅法之一流。道宣专门比较僧稠与达摩之禅法，所谓"情事易显""理性难通"者，明显有褒贬之意。僧稠之名望当在达摩之上，而且他们均同后世禅宗无所关涉，无可无不可。

其五，僧稠禅法之所以能得以传播，亦有赖于皇权的推重。前有北魏孝文帝对佛陀的支持，后有北齐文宣帝高洋对僧稠的膜拜，

---

① 汤用彤：《汉魏两晋南北朝佛教史》，武汉大学出版社，2008年，第534、536页。
② 汤用彤：《汉魏两晋南北朝佛教史》，武汉大学出版社，2008年，第539页。

在至无定轨的乱世中起到了一定的积极作用,同样表现了北方佛法"不依国主,则法事难立"①的特点和现实关怀,也反映了佛教同政治相辅相成的和恰。

如是云云,不一而足。

(麻天祥,武汉大学哲学学院教授、博士生导师)

---

① 释慧皎:《高僧传》卷五,《大正藏》第50册,第352页上。

僧稠生平、禅学思想及其影响

王荣益

禅定作为解脱法门,对佛教有着特别的意义,释迦牟尼在菩提树下悟道,凭借的就是根本四禅。随着佛教理论的发展,禅法的内容也在变化。佛教初期强调世间的无常、苦、空、无我,以启发众生的厌离之心使之趋向清净,相应地,此期禅法是以修不净观、安般观为中心的五门禅法(也称五停心),主要是修不净观(观人身的种种不净)、因缘观(观无常)、数息观(观呼吸的消长)、界分别观(观外境的虚幻)、慈心观(以自己的悲悯之心普度众生),以离染而进入清净的禅定状态。小乘禅法自由安世高传入中国后,盛于中国北方,在南北朝时期,北方小乘禅法形成了著名的两系,"高齐河北,独盛僧稠。周氏关中,尊登僧实"①,即传承佛陀禅法的僧稠一系和传承勒那摩提禅法的僧实一系。虽然这两系后来都寂寂无闻,但是僧稠禅学将小乘禅学在中国的发展推到了一个为统治者尊崇的新高度,并对后世禅宗有一定的影响,其推动中国禅学发展的功绩不可忽视。

---

① 释道宣:《续高僧传》卷二十,《大正藏》第50册,第596页中~下。

一、僧稠生平

僧稠(480~560)之生平事迹主要载于《续高僧传》①,传文长达三千余字,篇幅较大,内容生动翔实,足见作者道宣对稠公之推重。道宣是稠公再传弟子智首(567~635)之高足,自然从他师父那里听到僧稠的传说,也曾亲自到过僧稠的故居并取得了第一手资料。道宣在传文最后说:"余以贞观初年陟兹胜地,山林乃旧,情事惟新。触处荒凉,屡兴生灭之叹。周睇焚烬,频噎黍离之非。传者亲阅行图,故直叙之于后耳。"如此看来,道宣的传文是相当可靠的。本文对稠禅师之生平介绍除标注外均取自本传。

1.出家

僧稠,俗姓孙,本为昌黎人,后居钜鹿,生于北魏太和四年(480),曾是一个学习儒家经典的士人,博学善讲,名声很大。28岁时,弃儒就释,在钜鹿景明寺从僧寔禅师出家,其缘由是"道机潜扣,欻厌世烦,一览佛经涣然神解"。关于出家年龄,《神僧传》所载为幼年落发:"(稠)性度纯懿。一览佛经涣然神解。幼落发为沙弥时,时辈每暇,常角力为戏。而稠以劣弱见凌侮。"②阅览佛经需要一定的文字功底,幼年便能读经,并"涣然神解",不可信。

2.初得禅悦

僧稠落发后便读经论并发五愿,然后从道房禅师受行止观。道房是跋陀高徒,说明了僧稠禅法的系谱是跋陀—道房—僧稠。这位

---

① 《续高僧传》卷十六,《大正藏》第50册,第553页中~555页中。
② 《神僧传》卷三,《大正藏》第50册,第966页中。

跋陀禅师即少林寺天竺僧佛陀禅师。① 僧稠领受禅法后,北游定州嘉鱼山(今河北曲阳东)。修禅无果,便欲出山诵《涅槃经》,回习义学。经一僧人苦劝,"修禅慎无他志,由一切含灵,皆有初地味禅,要必系缘,无求不遂",乃依之而修,十日间果然得定。系缘之缘,即是所缘之境;系缘之系,即一念心系束于所缘之境界而安住不动。② 接着,他"依涅槃圣行四念处法,乃至眠梦觉见都无欲想"。此"涅槃圣行"指《大般涅槃经·圣行品》,在该品中,佛陀与文殊师利讨论"分别真谛"时,就谈到了四念处。

3.证入深定

五年后,僧稠至赵州障供山③访道明禅师,修十六特胜法。十六特胜法为数息守意之法,即"数息长则知,息短亦知,息动身则知,息和释即知,遭喜悦则知,遇安则知,心所趣即知,心柔顺则知,心所觉即知,心欢喜则知,心伏即知,心解脱即知,见无常则知,若无欲则知,观寂然即知,见道趣即知,是为数息十六特胜"④。经过非凡的苦修,于证道前,曾"于鹊山静处感神来娆,抱肩筑腰气嘘项上,稠以死要心,因证深定"。至此,僧稠禅师击退了内外魔军,内定湛然,外缘不动,禅观达到高深境界,乃"九日不起,后从定觉情想澄然,究略世间全无乐者"。于是便至少林寺谒见佛陀禅师,"呈已所证"。跋陀赞扬说"自葱岭已东,禅学之最,汝其人矣",并向僧稠传授了更深之禅要。随后,僧稠便住在少林寺内。

---

① 徐文明教授认为,佛陀为佛陀扇多,其理由有二。一是《续高僧传·慧光传》云:"会佛陀为少林寺主,勒那初译《十地》,至后合翻,事在别传。"据崔光《〈十地经论〉序》,与勒那摩提、菩提流支合翻《十地经论》的是佛陀扇多,可证佛陀即佛陀扇多;《景德传灯录》载佛大先、佛大胜多曾与达摩同学佛陀跋陀罗修小乘禅观,佛大胜多即为佛陀扇多,"佛大"与"佛陀"、"胜多"与"扇多"为一音之转。见徐文明《中土前期禅学思想史》,北京师范大学出版社,2004年,第91~92页。

② 按智者大师所说,系缘分五种:一、系心顶上;二、系心发际;三、系心鼻柱;四、系心脐间;五、系心在地轮。

③ 据杨维中《华严宗的孕育新考》考证,"障供山"也写作"嶂洪山",在赵郡房子县,今河北城城。见赵敦华《哲学门》(总第二十辑),北京大学出版社,2010年,第31页。

④ 《修行道地经·数息品第二十三》,《大正藏》第15册,第216页上。

僧稠生平、禅学思想及其影响　19

4.行化世间

在少林寺,僧稠劝妇人重新拨泉水以助僧人行道。后至怀州西王屋山(今河南沁阳),在柏岩寺解二虎之斗,并拒仙经之诱惑。后至青罗山,因神之护持,禅定功夫更深。再移至怀州马头山,魏孝明帝三召乃辞,帝乃就山送供。魏孝武永熙元年(532),帝于尚书谷中为僧稠立禅室。僧稠后又至常山、大冥山,导化众生。

5.帝王尊崇

北齐文宣帝高洋于天保二年(551)下诏召僧稠赴邺教化群生,僧稠本意不从,然而"两岫忽然惊震,响声悲切,骇扰人畜禽兽飞走,如是三日"。稠为之所感,入邺城。高洋亲至郊外迎接。"帝扶接入内为论正理,因说三界本空,国土亦尔,荣华世相,不可常保。广说四念处法。帝闻之,毛竖流汗,即受禅道。学周不久,便证深定。尔后弥承清诲,笃敬殷重,因从受菩萨戒法,断酒禁肉,放舍鹰鹞,去官畋渔,郁成仁国。又断天下屠杀。月六年三敕民斋戒,官园私菜荤辛悉除。帝以他日告曰:'道由人弘,诚不虚应,愿师安心道念,弟子敢为外护檀越何如?'稠曰:'菩萨弘誓,护法为心,陛下应天顺俗,居宗设化,栋梁三宝,导引四民,康济既临,义无推寄,即停止禁中四十余日,日垂明诲。'帝奉之无失。"至此,僧稠的声望达到顶点,享誉北周禅门。其后,僧稠乞还山林。天保三年(552),高洋在邺城西南八十里龙山之阳为僧稠修建云门寺,并给予丰厚供养,其后,又以国库三分之一供养三宝。二人之间尽管融洽无间,但还是发生了一件不愉快的事。"帝常率其羽卫,故幸参观,稠处小房宴坐,都不迎送。弟子谏曰:'皇帝降驾,今据道不迎,众情或阻。'稠曰:'昔宾头卢迎王七步,致七年失国,吾诚德之不逮,未敢自欺,形相冀获福于帝耳。'"于是有人向宣帝进谗言,说僧稠对皇帝大不敬,帝大怒,欲来加害,稠预感到危险来临,"至夜五更,先备牛舆,独往谷口,去寺二十余里,孤立道侧。须臾帝至,怪问其故。稠曰:'恐身血不净,秽污伽蓝,在此候耳。'帝下马拜伏,愧悔无已。谓尚书令杨遵彦曰:'如此真人,何可毁谤也。'乃躬负稠身往寺。"在这场皇权与教权的斗争中,僧稠以他的智慧躲过一劫。其后,高洋对僧稠益加崇敬,对三宝的供养也日益优厚。

6.入寂

北齐乾明元年(560)四月十三日,僧稠安然端坐,卒于山寺,春秋八十一,僧腊五十夏。"当终之时异香满寺",荼毗时"人兼数万,香柴千计,日正中时焚之以火,莫不哀恸断绝哭响流川"。顷有"白鸟数百徘徊烟上,悲鸣相切"。至皇建二年(561)五月,弟子昙询等,奏请为起塔。下诏曰:"故大禅师,德业高迥,三宝栋梁,灭尽化终,神游物外。可依中国之法阇毗起塔,建千僧斋赠物千段,标树芳迹示诸后代。敕右仆射魏收为制碑文。"可见僧稠为东魏、北齐诸帝所重,是一贯的,这是僧稠一系成为中原禅学霸主的根本原因。

二、大乘看心论与小乘止观法相结合的禅观

僧稠禅师的禅学思想主要体现在《止观法》中,惜今不存。但敦煌卷子中有四篇与僧稠禅师有关的文章——《稠禅师意》《稠禅师药方疗有漏》《大乘心行论》《稠禅师解虎赞》,能使我们对僧稠的禅学思想有更多的了解。下面主要通过《稠禅师意》及《大乘心行论》[①]来分析僧稠禅师的禅学思想。

先分析《稠禅师意》。此文又名《稠禅师意问大乘安心入道之法云何》,为僧稠禅师与弟子问答的记录。原文首先论述如何"安心"。"安心"是修习大乘法的第一步。"欲修大乘之道,先当安心。凡安心之法,一切不安,名真安心。"即心对万法皆不执着,不为外缘所牵绊,心即得自在,就能安心。"安心"的方法就是"顿止诸缘,妄想永息;放舍身心,虚壑其怀;不缘而照,起作恒寂。神种动作音声(?),莫嫌为妨。何以然者?一切外缘,各无定相;是非生灭,一由

---

① 此两文均转引自冉云华《敦煌文献与僧稠的禅法》(《华岗佛学学报》1983年第6期,第73~100页),下文不另标出。

僧稠生平、禅学思想及其影响　21

自心。若能无心,于法即无障碍,无缚无解。自体无缚,名为解脱。无得,称之为道。"只要脱离了对外缘的攀附,即可身心清净,同时要通过观心无常、法无我,自然能"无心",于万物"无所得",达解脱之境。此"安心"之心指乱心、染心、散心,所以要通过四念住摄心入定,摒弃外缘,方可使此心安住于永恒静寂的状态中。达摩一派也讲"安心",此心指真心、净心、如来藏心,此心本来清净,不须摄持,不须修证,只要安住本心,即可见性成佛,得道证果。故僧稠的"安心"为安定散心,达摩的"安心"为安住净心,其含义有天壤之别。僧稠要求"安心"者,"还自缩心,无令有闲。不得调戏,散心放逸。大道法不可轻示,所可默心自知以养神志。温道育德,资成法身。三空自调,以充惠命。非是不肖之人,而能堪受要福,重人乃能修耳。内视不己见,返听不我闻",方能证入无边、大寂、不思议、法住四种三昧。可见其安心之法及所证之果不出小乘修心之法及小乘寂灭之果的范围。其次,对禅定作出定义:"禅者定也,由坐得定,故名为禅。"定包括身心两面:"结跏身定,摄心心定。"这是传统的以坐为禅的观点。再次,关于心境关系。身定相对容易,但摄心较难,因"心无形状",只有通过外缘,才会了解自己的心。如能实现自心对外境不攀缘,即能定心,境在这里起到了从散心到定心的桥梁作用。但五停十八境,定都是通过境而实现的,那如何叫定呢?僧稠认为,见境而生心,但心息而境灭,若心境俱灭,能所俱亡,就自然到达寂灭、禅定的状态了。这就是僧稠的缘物摄心论,和唯识学的通过"识有境无"而最后实现"能所双亡"的理路相似。最后,关于修行。一是要发挥心的大用,在心上下功夫,主要是定的功夫,"今称心体,即定即圣",如此即可断障成圣。二是要认识自己的清净心,僧稠自出家后颇受《涅槃经》的影响,虽然他修习小乘禅,但其思想必然受大乘影响,涅槃清净思想自然渗入其禅学思想中,这里僧稠提到的清净心,并非"安心"之心,更多的是指诸法实相,此相"亦不可见,如是不可见。如是不可见,心常须现前"。故对万法皆不可执着,方能无所得,才能持守此清净心,如此方能成就佛道。三是强调读诵大乘经典的重要性。"虽读诵经时,亦不须分别,强作解释。"即能除疑解惑,渐渐洞达一切诸法,悟入佛道,这与大乘经典对诵读经典功德的宣扬是一致的。最后他提出了修行路径:"无力饮河池,讵能吞大海?不习二乘法,何能学大乘?先信二乘法,方能信大乘。无信诵大乘,空言无所益。"即没有二乘的基础,如何能学习大乘?修行当先习二乘,再学大乘,否则修习大乘只能是无益之空谈。这显示了僧稠禅师的一种判教观。

再分析《大乘心行论》。该文首题僧稠禅师所撰,其内容均为以大乘看心为中心的禅法。该文首先确定心的本体地位,"三界虚妄,但一心作","心外无好恶、无是非、无贡高我慢、无增无减、无得无失、无违无顺,一切是心",一切善法、恶法,皆自心流出,解脱与否全看此心或迷或解或明或暗的状态。"若无善恶即时菩提,无想意诸法无净秽。明暗在心,心迷诸法谓法缚。然诸法体,无缚无解。若众生自识时,情动亦是涅槃,不动亦是菩萨。不解时,动亦非菩萨,不动亦非涅槃。"其次讲如何摄心修心。有两种方法:一是从外入理门,即"身心共行,不念诸法",其意是摄身静坐,凝神入定,"耳闻善事意不起,目瞩恶法心不从",息妄正求,不缘诸法,制服乱心,而入寂灭,这是典型的小乘禅的修持方法。二是从理起用门,即"身心别行,内心不分别",此法不要求静坐,而要求内心不分别,即入定的状态,"身口同世间,身口行善、意不起;身口行恶、意不缘",不要求身的功夫,却对心提出了更高的要求,因为"众生烦恼病,常为诸见害。若能离诸见,行坐皆三昧",并说"无心最是安。心无动静异,意无善恶殊。施为皆如此,何处非真如",这已经和《坛经》"外离相曰禅,内不乱曰定"的思想一致了。再次,应机施教,即"迷心起行,除境不除心;解心起行,除心不除境"。前者的意思是,迷心即妄心,若妄心起行,"妄心犹念有",妄心必然执外境为有,因此要打掉修行者对外境的执着,外境息,妄心自息;后者相反,"本心不可名,妄心犹念有,若能不起念,即无妄心垢",同时,解心(净心)"一心中具万行,览万行在一心",悟道者虽然万行在心,却"常求无念,实相智慧",对万

僧稠生平、禅学思想及其影响　23

法皆无执着,自然无须"除境",也无心可除了。最后,提出无住、无所依、无生的大乘修行观。僧稠提出了远离妄想分别最后实现真心的修行全过程,"但以众生,妄想分别。若无分别,名为正见。若无分别心,心则无住。心无住处,则无所依。心无所依,则无攀缘。心无攀缘,则心不动。心不动故,则名实想。实想故,则是真心。真心故,则是无生"。其核心是"守心","心无攀缘,万行为正;若心动取,万行为耶(邪)"。文中还对执着语言文字进行了批评。"持心经云:心无所起,则是牢强精进。今时精进,都非牢强。其言修心,但着语言。语是动摇,语是妄想,语是执着,语是发起之法,不会于道。以此验之,空言无益。或有愚人,口说不生不灭、不取不着,行无所依。如彼所见,即是断见外道,本非佛法。"表明了僧稠对当时南北方佛教诸学派讲习、研究之风的不满以及对坐禅实修的肯定和坚持。

僧稠习禅之法以坐禅为主,是以四念处为主的厌离禅,但极有实效,内修禅定,外发神通,精勤磨砺,世所尊崇。此四念处虽出自《涅槃经》,但仍属于小乘禅,说明此法亦为大乘所重。其后所修的十六特胜法为数息法之一种,也属于小乘禅。僧稠亦重视止观,应黄门侍郎李奘及诸大德之请,他曾撰《止观法》两卷,但此止观法当为以五停心及四念处为核心的止观法,是小乘止观。四念处是佛教的一种重要修行法门,佛陀极为重视。佛入涅槃前嘱咐阿难的四件事中,其中一件就是依四念处行道。五停心和四念处有密切的关系,从禅修的次第看,五停心属于止,四念处属于观。前者收摄散乱之心,渐渐入定;后者则是得定之后,出定而用有漏慧观身、受、心、法,进而引发无漏慧而得解脱。佛教的最大特点,是以智慧断烦恼,而且只有智慧才能断烦恼,这是唯一的解脱之路。所以止是手段,观才是目的,这是佛教强调止观的根本原因。此止观与天台止观的最大区别是,前者先止后观,而后者止观均等。从修行目的看,僧稠禅法保持了小乘禅的传统,以禅定引发神通,以神通促进修道,僧稠本人也以神通著称于世,并获得了帝王的外护;而达摩一系则主张定慧合一,不以神通为目的,而以自觉圣智、成就佛果为目标。尽管如此,五停心和四念处作为基本修行法门,仍为大乘显教、密教所采纳,至今仍有不少修炼者。

由上可见,僧稠禅法内容广泛、博杂,从小乘数息禅到大乘心性论无所不及,反映了中国佛教在南北朝后期进入了一个小乘禅与大乘禅交融的时期。修炼小乘禅法的禅师们将新传入的大乘心性思想、新禅观引入自己的禅学体系中,以跟上时代步伐,吸引更多的信众,也表明了中国禅学正在酝酿着一场革故鼎新的大变革,禅宗已进入创宗立派的前夜。

三、僧稠对后世的影响

1.僧稠以其苦修实证的修学实践、不贪富贵的高洁品格对后世帝王及众多禅师有所影响。僧稠入寂后,其禅法在相当长的一个时期内仍非常受人重视。隋文帝在长安城内为纪念文献皇后所建立的禅定寺,就与僧稠禅法有直接的关系,《续高僧传·昙迁传》说:"……及献后云崩,于京邑西南置禅定寺。……仍下敕曰:自稠师火后禅门不开。虽戒慧乃弘,而行仪攸阙。……宜于海内召名德禅师,百二十人,各二侍者;并委迁禅师搜扬……"[1]僧稠的弟子智旻、智首,在禅定寺落成后,奉召入住。进入唐代,他仍然为北宗、南宗的禅师所推崇。如北宗圆寂禅师,"恒以禅观为务,勤修匪懈。就嵩山老安禅师请决心疑。……久居天平等山,稠禅师往迹,无不遍寻"[2];中唐时期,南宗著名禅师自在和法常,也以僧稠为效仿的榜样,"释自在……元和中居洛下香山,与天然禅师为莫逆之交,所游必好古,思得前贤遗迹,以快逸观,龙门山得后魏三藏翻经处,王屋

---

[1] 释道宣:《续高僧传》卷十八,《大正藏》第50册,第573页。
[2] 《宋高僧传》卷十,《大正藏》第50册,第770页。

山得稠禅师解虎斗处"①,"释法常……常谓之曰:'石库之书,非吾所好。昔僧稠不顾仙经,其卷自亡,吾以涅槃为乐,厌寿何止与天偕老耶?'"②;《宋高僧传》还将晚唐时期的道怤禅师与本师曹山本寂的因缘,比作昙询与僧稠,"见临川曹山寂公,大有征诘,若昙询之问僧稠也"③。可见僧稠的影响至宋代犹存。宋代以后,僧稠虽为明末清初的《指月录》和《锦江禅灯》提及或收录,但已逐渐从主流的南宗禅禅史中消失了,成了被历史遗忘的人物,影响不再。

2. 僧稠一系对南宗禅形成的影响。北齐时期的佛教,是僧稠系的天下,其时,"高齐河北,独盛僧稠。周氏关中,尊登僧实。……致令宣帝担负,倾府藏于云门,冢宰降阶,展归心于福寺,诚有图矣。故使中原定苑,剖开纲领,惟此二贤"④,同时,为保住自身的正统地位,僧稠一系的禅僧还对弘扬最上乘禅的慧可进行人身迫害,"时有道恒禅师,先有定学王宗邺下,徒侣千计,承可说法情事无寄,谓是魔语。……恒遂深恨谤恼于可,货赇俗府非理屠害,初无一恨几其至死,恒众庆快"⑤。这就迫使达摩、慧可及其后继者被迫隐居山林,藏于民间以避其锋芒,同时引入民众更易于接受的方便法门传播最上乘禅,最终使达摩禅法在民间获得了深厚的生存土壤,使南宗禅在中唐"安史之乱"中得以保全,迎来了发展的全盛期,成为中国佛教的主流。

3. 僧稠对少林武术的影响。将僧稠禅师重新拉回人们视野的,是少林武术。僧稠精于禅定,亦长于武术。据《神僧传》载:僧稠幼时出家,受寺中习武同辈欺辱,后发誓习武,得神相助,因食神赐之筋而筋骨强劲,后为同辈演示了惊人的武功:"因入殿中,横蹋壁行,自西至东凡数百步,又跃首至于梁数四,仍引重千钧,拳捷骁勇,动

---

① 《宋高僧传》卷十,《大正藏》第 50 册,第 771 页。
② 《宋高僧传》卷十一,《大正藏》第 50 册,第 776 页。
③ 《宋高僧传》卷十三,《大正藏》第 50 册,第 787 页。
④ 释道宣:《续高僧传》卷二十,《大正藏》第 50 册,第 596 页。
⑤ 释道宣:《续高僧传》卷十六,《大正藏》第 50 册,第 552 页。

骇物听,众皆惊服。"①僧稠证道后,赴少林寺参拜佛陀。少林寺为北魏太和十九年(495)孝文帝为佛陀所建,佛陀为少林初祖。北魏正光元年(520),僧稠任少林寺主,为少林二祖。佛陀精于禅法,并不通武术,因此少林寺创立后最早的武僧是"拳捷骁趫"的僧稠,有武术研究者因此将僧稠与少林武术发端的关系归纳为"僧稠因少林而开创武功,少林因僧稠而始有武僧"②。禅武自古为一家,武以禅为最高境界,禅以武为悟入之门,中国三大武术均有援禅入武以获得禅武合一的最上乘武功之思想。僧稠乃少林寺禅学高僧、著名武僧,是实现少林武术禅武合一的第一人,对少林武术的形成及发展产生了深远的影响,至今仍受到广大习武者的推崇。

(王荣益,《四川佛教》编辑部,峨眉山佛学院)

---

① 《神僧传》卷三,《大正藏》第50册,第966页下。
② 马爱民:《少林武术的缘起及著名武僧稠禅师幼年习武辨惑》,《安阳师范学院学报》2008年第5期,第121页。

武安古定晋禅院、僧稠禅师及相关问题

刘顺超

僧稠禅师是中国禅宗史早期的一个有影响力的人物,道宣在《续高僧传》中说"高齐河北,独盛僧稠",认为他与后赵时期的佛图澄、释道安齐名。僧稠禅师的出生地、出家地、活动地大多在中原一带。在邯郸武安山中的定晋岩保留有后唐时期的《重修古定晋院千佛邑碑》一通,碑文中有关于僧稠禅师的记载,这为研究僧稠禅师提供了新的资料。本文结合古定晋禅院资料与其他文献,试对武安古定晋禅院、僧稠禅师及相关问题进行探讨性考证。

一、古定晋禅院禅果寺

邯郸武安市定晋岩在太行山西部,位于武安市西北35公里处的活水乡口上村寺沟,海拔约800米,属于太行山余脉老爷山山脉的南支脉。定晋岩下有禅果寺,《武安县志》记载:"定晋岩在县西北八十里。……高百余仞,悬崖如盖,松柏森蔚,中有梵宇宫殿,风雨不能侵。"①禅果寺的历史始于魏文帝黄初三年(222)。东魏高欢帝建禅果寺,规模宏大,寺院建筑有山门、二门、水陆殿、地藏王殿、大雄宝殿、二十四诸仙殿等64楹。历史上曾多次对寺院进行修缮,隋开皇八年(588)对禅果寺进行重修。在唐代称为古定晋禅院。至后唐同光时寺院只存有"阿弥陀佛一尊、圣僧一座、倚子一只";后唐"同光元年(923)岁次癸未七月起功,至天成元年(926)岁次丙戌九月院成",对古定晋禅院进行了大规模的重修,修建了法堂、僧堂、厨库及禅棚等。后"经年代远兵兴荒焚,其余皆废,唯大殿一所俨然如故"。

在寺内保存的唐代墓塔中,有一座重修时年款为宋代政和年间的题记,内有壁画。根据题记该寺院在宋代政和年间曾进行修缮。

明正统年间(1436~1449),妙善净朗,号月亭,俗姓梁,山西古魏榆(今晋中榆次区)人。受业常乐寺亲教大和尚,后到武安县"闻善知识思宝大和尚",后到定晋岩遇见此境,发愿重修。于正统二年(1437)开始修缮定晋禅院,先后修建毗卢阁一所,地藏十王殿、三门过街楼、罗汉堂、诸大殿、圆觉殿、水陆殿等建筑,传曹洞宗法,续传"洪福德行,了义智惠,妙净圆明,通真胜会",主持法席32年,寂于明成化五年(1469)二月三十日,葬于定晋岩塔院,今存有灵骨塔。

明正德十年(1515),定晋岩禅果寺遭大火,刹内建筑全焚。邢台"顺德开元(祖)奎公代造其寺,一概如皆新"。嘉靖三十五年(1556)禅果寺主持真禄有崇增建部分建筑,万历四十年(1612)重修禅果寺龙土庙,明崇祯四年(1631)又修筑了乌龙桥。清代乾隆、道光年间又进行重修。民国17年(1928)寺院进行了最后一次重修。自1940年后定晋岩禅果寺失修并废弃。

改革开放后,国家加强了文物保护工作,1976年在第一次文物普查中,文物管理部门组织专业人员对定晋岩禅果寺进行调查和保护。现今在寺院范围内保护有后唐碑(《磁州武安县定晋山重修古

---

① 《武安县志》卷四,清乾隆四年刻本。

定晋禅院千佛邑碑》）1通,明清至民国碑刻19通,明代草书碑2通,明代三世佛雕像3尊,三头六臂菩萨像1尊,龙池佛1尊,唐代灵骨塔3座,明代墓塔14座,明代乌龙桥1座。除此之外,还保留着大量的遗迹和与这些遗迹相关的"稠树开怀生子""虎母养祖师""龙池涌碑""龙潭虎穴""鸳鸯峪"等传说故事。

1.在北崖下诸仙殿前,长有两棵并蒂稠树,两棵树围有2米多,当地人称稠树为姻缘树,树旁有观音堂。相传有大乘僧来到定晋岩,在两棵树前传法挂衣,其中一棵树忽然开而晃动弥合,与另一棵稠树交媾,满十月树体破裂生产二男稠禅、稠定,虎为二子哺乳,得以无边的法力。

2.龙潭虎穴,龙潭即涌碑池,传说在涌碑前,有二龙从池中跃起兴于寺前;虎穴在寺西。"僧稠解二虎"的传奇故事,见于《续高僧传·僧稠传》,书载僧稠体魄健壮,精通武功,一天去往怀州王屋山修法途中,见两虎交斗,咆哮声震动山岳,僧稠为了不使它们互相残杀,便用手中的禅杖进行调解,于是两虎各自散去。

3.龙涌碑池,在乌龙桥东有一水潭,相传,后唐天成年间寺院重修后,欲立碑记述功德,因当地没有碑料,在大殿刚刚建成时的一天,二龙在此现形施法,一时间大雨倾注,并将这里冲刷成池塘,后从池内涌出青石一条,长一丈七尺。"琢之如珉,磨之莹然",石工将其琢为石碑一通立于堂前,即保存至今的后唐碑。因此碑石质坚硬,正面中部三寸许,光明如镜,对面山景如海市蜃楼般映入其中,又称透影碑。

二、后唐《重修古定晋禅院千佛邑碑》

在定晋岩禅果寺内保存的大量的石刻中,以《磁州武安县定晋山重修古定晋禅院千佛邑碑》(简称"后唐碑")最为珍贵,此碑又称"透影碑"。

关于后唐碑,还有一个神奇的传说故事,这个故事就记载于后唐碑文中,碑文说:"道清睹此圣事,乃全枯意马,若楚心猿,又馨勤忠,焚香发愿,别化千人之邑,同修一劫之缘,盖造高楼,安排佛像。兹愿已集,碑纪微功。所住山中,素无青石,求之莫有。于天成二年岁次丁亥七月二日,有二龙斗于寺前,峪内雷訇电曜,水溢沟穿,现出青石一条,长一丈七尺,琢之如珉,磨之莹然,龟头赑屃,皆获足矣。"今在岩东有"涌碑池"。

后唐碑立于定晋岩北岩原禅果寺寺院内。碑为青石质,石质坚硬,通高4.08米,宽1.14米,厚0.31米,碑首与碑身为一体。在周围有碑记载而至今生长旺盛的两棵"稠树",有唐代灵骨墓塔,还有《重修大功德古定晋岩禅果寺碑记》《定晋岩创建乌龙桥碑记》《张镜心草书碑》《重修古佛地藏诸位菩萨碑记》等。

此碑石虽然坚硬,但由于曾遭火焚,且经历千年之后损坏严重,以致碑阳额已残,雕刻脱落,数处开裂,使碑文四周有石片剥离,文字大多已佚失,现字迹仅存三分之二。1997年3月,文物管理部门对后唐碑进行了保护并修建了碑楼。

原碑文共36行,每行72字,计有2592字。碑文为楷书,有界格。主要记叙了禅果寺的地理位置、建筑规模、各种传说以及佛教弟子重修禅果寺的情况。碑文后半部为四字诗,共5行,每行8句,主要记录了禅果寺的历史。

在徐珂编著的《清稗类钞》"鉴赏类三"中,引《中州金石录》记载着这块后唐碑:"重修古定晋禅院《千佛邑碑》,天成四年九月,释道清撰,俗名《透影碑》。"①

《磁州武安县定晋山重修古定晋禅院千佛邑碑》的碑文收录于《全唐文》卷九百二十一,并注明为"道清,后唐天成中沙门"。碑文录于下:

磁州武安县定晋山重修古定晋禅院千佛邑碑

---

① 〔清〕徐珂编撰:《清稗类钞》第9册,中华书局,1984年,第4398页。

原夫佛理,志大意微,有德而风靡三皇,无位而匡乎八表。化迹隐显,利用投机。(阙四十二字)宣戒善日用日新。道证无生,不的不莫,有相不惮于理,执空恐滞于魔。昔在千人志居中(阙二字)敬(阙三十五字)也。生知罪福(阙二字)猛列出家,志气异于常徒,顿舍亲孤然山峪,暑风寒雪,已辩春秋,叶落花生,方知冬夏。缘(阙三十一字)东魏黄初三年,高欢帝所造也。又《杂集异记》云:魏时有大乘僧,不知生族,诸天降食,以供其斋。忽夜梦二竖,凭(阙二十二字)俗服于山石边,有大椆树,本坚枝密。其僧将法衣往树欲挂,其树忽尔开而璺之,俨然掩合,神力弥缝。乃媾媾长于二子,後一十二年,却至树边,树开而(阙十四字)有虎斗庵前,师乃以手约杖驱,而皆弭伏。后之人因其树,号"椆禅师之寺"焉,又改为"定晋禅院"。禅室山岩,唯高唯邃,龙池虎穴,左之右之,上至天宫,下穷于地狱,乃为师之(阙二字)道清以考此凡志求(阙二字)踪揆度古基,特兴盖造。从大唐同光元年岁次癸未七月起功,至天成元年岁次丙戌九月院成,法堂僧堂,厨库(阙一字)屋并在岩峦之下。禅棚石室佛经(阙一字)像安于峭壁之中。木秀山巍,颠(阙四字)禽(阙一字)兽,简畔成群,洞(阙一字)祥风,泉源细水。花芳艳翠,香逐云浓,散雨龙寒,飞霜石冷。幽闲异境,大圣所居,古迹金田,遂重修葺。昔日禅定石室一所,(阙一字)塞无踪,忽然自开,收得道具数件,乃是椆禅(阙一字)僧所用之物也。有单梯一条,邻高百(阙一字)倚于岩下,莫知年载。有坐禅棚一所,出于峻壁之中,下去地一十五丈。于同光三年九月十(阙一字)特然修换,材木皆新。棚上有阿弥陀佛一尊、圣僧一座、倚子一只、盖一顶。

道清睹此圣事,乃全枯意马,苦楚心猿,又罄勤忠,焚香发愿,别化千人之邑,同修一劫之缘,盖造高楼,安排佛像。兹愿已集,碑纪微功。所住山中,素无青石,求之莫有。于天成二年岁次丁亥七月二日,有二龙斗于寺前,峪内雷訇电曜,水溢沟穿,现出青石一条,长一丈七尺,琢之如珉,磨之莹然,龟头赑屃,皆获足矣。建兹福事,际会明朝,立(阙一字)之功,上归皇化,君圣臣贤之代,民康鼓腹之年。牧薮歌而乐平哉!风雨时而礼何有?三郡潜龙之地,九州一统之时。帝慕尧风,皇宗舜海。金枝黄钺,掌钜鏴之山河;帝子亲王,秉邢台之旌节。(阙二字)乐业丰稔田畴,民义于君,君贤于德,罚忠劝善,刑法无差,举直退私,人滋寿富。皇天后土,翼助山河,湮毁困穷,皆沾霈泽。浩浩九围之道,民无德而称焉;滔滔六合(阙二字)禹吾无间然矣!

滏阳西面,古迹重兴;云岭岩前,金园再建。巍峨突矶,插霄汉以廷廷;耸峻崚嶒,掩莲宫之郁郁。桐禅解斗之虎,窠穴仍多;贤良造化之基,器用不少。凡施功力,暗叶神聪,永彼元规,如蒙圣助。无私善事,众慕如归,利物深缘,易为成就。千门万户,自舍家财,伐木穷山,人心不惮。有邑首都维那三人,次维那十人,悟身若幻,生务生(阙一字)其构良因,耳相勉导。逐处乡邑,次立维那,举其万法之门,结会千人之数。各有名氏,镂之碑余,基我邦家,垂诸善则。乡(阙一字)禀命,动静咸宜,化召信心,从风集事。继千佛之大行,踵百福之遐功。克荷僧徒,捐情圣业,筠篁志气,山岳心田,重义轻金,守公奉法,岁寒如一,运顺始终,建碑勒名,以彰成事。邑主沙辩门(阙三字)心化利,上报皇恩,录彼圣踪,请叙文也。沙门宗仁,僧门无艺,儒教荒疏,白度铅刀,难镌宝玉,岂将瓦砾,连布琼瑶。频垂雅命,坚令撰修,兑之既难,实录前志偎之(阙四字)所冀,殊祯绝瑞,万代长存;巨福良因,千年不泯。更显前事,章句颂焉。

日月递照,乾覆坤维。四时列序,万象咸宜。夫彼取此,昭德塞违。天地之心,圣人则(阙五字)。(一)东魏仁君。一匡天下,八表咸宾。桐禅是敬,悟法情忻。金田创造,宝辇勤勤。(二)化缘有尽,圣道多门。或隐或显,有法有存。留真设像,资福济(阙五字)福利偎(阙一字)。(三)一僧坚操,二利俱陈。

深山守道,古寺求真。心猿息虑,苦节于身。岩峦作伴,虎豹为邻。(四)二业障重,六贼为亲。勤修十善,远劫良(阙六字)出沉轮。巨善邑会,日用日新。(五)

三、僧稠禅师与定晋岩

在定晋岩禅果寺的金石碑记中,均对北齐时期佛教史上的重要人物僧稠禅师有所记载。僧稠禅师在道宣《续高僧传》卷十六有传记,在《齐邺西龙山云门寺释僧稠传》中记载有僧稠禅师的籍贯、出家地、修禅师承及传禅路线等。

传记说,僧稠,俗姓孙,望出昌黎,后迁到钜鹿郡的廮陶县,"性度纯懿,孝信知名",勤奋学习,通经典史学,征为太学博士。以"讲解坟索,声盖朝廷",但"欻厌世烦,一览佛经,涣然神解"。北魏正始四年(507)在钜鹿郡(今河北平乡县)景明寺出家,师从僧寔法师,时年二十八岁。

僧稠从学,最初从道房禅师受行止观,道房为跋陀的"神足"。僧稠"既受禅法"后北游定州嘉鱼山(今河北省曲阳县东),在此修行未得证果,准备改诵《涅槃经》。后得到泰岳来的一位禅师指点,重下决心"依涅槃圣行四念处法"摄心苦练,"九旬一食,米惟四升。单敷石上,不觉晨宵。布缕入肉,挽而不脱。或煮食未熟,摄心入定,动移晷漏,前食并为禽兽所啖……遭贼怖之,了无畏色",达到了禅定的境界。五年后,僧稠禅师又往赵州嶂洪山向道明禅师受十六特胜法。嶂洪山,应在今临城县境内,在《续高僧传》智舜禅师传中说智舜禅师是赵州之"大陆人",大陆即廮陶,今宁晋县。"开皇十年下诏曰,皇帝敬问赵州房子界嶂洪山南谷旧禅房寺智舜禅师。"由此知嶂洪山在邢台临城境内。房子即今河北临城县,属赵州郡辖。僧稠禅师在嶂洪山修禅得到了进一步提高,"方为说诸业行,皆摧其弓矢,受戒而返"。然后到鹊山,鹊山在今河北内丘县,与临城相距不远,鹊山有佛图澄遗迹,今鹊山且停寺有佛图澄弘法传说。僧稠在这里继续禅定,"九日不起,后从定觉,情想澄然"。

之后,僧稠又去往少林寺,见到跋陀后汇报了自己的禅定情况,跋陀称赞他是中国禅学学得最好的人。后来僧稠在跋陀的指导下,禅法达到了更高的境界。

为了弘扬佛法,僧稠先后在王屋山、怀州青罗山、马头山等地传授佛法,其间见两虎相斗,"乃以锡杖中解,各散而去"。此时僧稠的声誉已经遍及朝野上下。北魏孝明帝曾三次下诏请他入宫弘传禅法,他对使者说:"普天之下莫非王土乞在山行道,不爽大通。帝遂许焉。乃就山送供。"到了魏孝武帝永熙元年(532),"既召不出,亦于尚书谷中为立禅室"。僧稠在常山(今河北正定一带)传法时,定州刺史、彭城王等人"请至又默之大冥山,创开归戒,奉信者殷焉"。僧稠弘法传禅的威望日高一日,在当时称他为"道张山世,望重天心",成为一代佛教领袖人物。

僧稠禅师为少林寺住持。唐代开元十六年(728)所立《嵩岳少林寺碑》记载:"稠禅师,探求证法,住(主)持塔庙。"并认为:僧稠禅师主持少林后,开创习武一代之先河。自跋陀后成为少林寺二祖。明代嘉靖二年(1523)《嵩岳少林禅寺德心政公和尚灵塔记》也记载:"钵陁(跋陀)开基,稠禅继续,元朝雪庭,归于洞派。"这说明了僧稠禅师在少林寺的地位和他对少林寺形成尚武风气过程中所起的重要作用。

北齐文宣帝高洋即位后,于天保二年(551)下诏请僧稠禅师赴邺都"教化群生"。在宫中,僧稠给皇帝讲述经典义理和禅法。后又回常山旧居。天保三年(552)文宣帝下诏在邺都西南八十里龙山之阳,"为构精舍,名云门寺,请以居之,兼为石窟大寺主",僧稠为"两任纲位,练众将千"均由国家供养。同时皇帝"充诸山谷并敕国内诸州,别置禅肆。令达解念慧者,就而教授时扬讲诵",并说"今以国储分为三分,谓供国自用及以三宝"。

僧稠于乾明元年(560)四月十三日示寂。皇建二年(561)五月起塔。

僧稠禅师的一生没有离开山林,武安定晋岩应为当时僧稠禅师传法修禅的寺院之一。在这块后唐碑碑文中记载:

> 东魏黄初三年,高欢帝所造也。又《杂集异记》云:"魏时有大乘僧,不知生族,诸天降食,以供其斋。忽夜梦二竖,凭(阙二十二字)俗服于山石边,有大椆树,本坚枝密。其僧将法衣往树欲挂,其树忽尔开而霠之,俨然掩合,神力弥缝。乃婚媾长于二子,後一十二年,却至树边,树开而(阙十四字)有虎斗庵前,师乃以手约杖驱,而皆弭伏。后之人因其树,号"椆禅师之寺"焉,又改为"定晋禅院"。

这段短文讲述了四个问题:其一是寺院的年代历史悠久,为东魏黄初三年,高欢帝所造。其二是有关于僧稠禅师的出世传奇,说在魏时有僧人不知生族,诸天降食以供其斋,有一天僧人将僧服挂在椆树上,这棵椆树突然开了,又俨然合上,生有二子。其后的各代碑刻都有这样的记载,如民国《重修定晋禅果寺碑记》云:"胜地名区,古迹良多,他如僧衣挂椆树,生二子,曰(稠)定,曰(稠)禅。"其三是流传最广的"僧稠解虎斗"故事。说的是有二虎斗于庵前,稠禅师以手杖驱开。其四是关于寺院的名称的来历,"后之人因其树,号'椆禅师之寺'焉,又改为'定晋禅院'"。后人称定晋岩禅院为"稠禅师成道之场"。

关于僧稠禅师的记载,还有唐张鷟撰《朝野佥载》,但著作时代比道宣《续高僧传》稍晚,在河南登封嵩山少林寺、安阳小南海石窟、武安定晋岩禅果寺等地还有相关的金石碑刻。

关于僧稠禅师原籍,《续高僧传》和《朝野佥载》记载曰:

> 释僧稠,姓孙,元出昌黎,末居钜鹿之廮陶焉。性度纯懿,孝信知名,而勤学世典,备通经史。征为太学博士,讲解坟索,

声盖朝廷。将处器观国羽仪廊庙,而道机潜扣,欸厌世烦。一览佛经,涣然神解。时年二十有八,投钜鹿景明寺僧寔法师而出家。

"元出昌黎。"昌黎应是指郡望。昌黎应为今辽宁义县境内交黎县,而非今之河北的昌黎县。昌黎为古郡名,汉代所置。史载:东汉安帝元初二年(115),改交黎县为昌黎县,为辽东属国治所。三国曹魏时期(220~265)为幽州昌黎郡,郡县同治。西晋(265~317)为平州昌黎郡。十六国时期昌黎先后属前燕、前秦、后燕和北燕昌黎郡。东晋太元五年(380)前秦灭前燕,昌黎县仍属平州昌黎郡,郡治所迁至龙城(朝阳市境)。太元九年(384)慕容垂建后燕,冯跋于东晋义熙五年(409)灭后燕建北燕,都龙城,昌黎县仍属平州昌黎郡。在南北朝时期(420~589)昌黎县归属北魏拓跋氏,属营州昌黎郡。到隋代初期建置被废除。

"末居钜鹿之廮陶焉",廮陶即今天河北宁晋县。古代时为钜鹿郡的廮陶,应为孙姓的迁居地,至今宁晋一带孙姓为一大望族。有关河北邢台一带的移民,在史料中有大量的记载,其中在后赵石勒时期到南北朝时期移民最多,形成了该地区的移民高峰。

在《朝野佥载》记载中,僧稠籍出邺人。原文为:"北齐稠禅师,邺人也,幼落发为沙弥。"从《朝野佥载》的记载看,只是简略记载了稠禅师为"邺人",对于望出及迁居地、出家地都没有过多的记录。

笔者认为,关于僧稠禅师,时代较早的《续高僧传》记载应为真实的。而《朝野佥载》所记比较模糊,其"邺"为僧稠禅师的活动地。据其传记和相关史料分析,僧稠禅师的一生都以中原地区为主要活动地区。"元出昌黎","末居廮陶","投钜鹿景明寺僧寔法师而出家","既受禅法,北游定州嘉鱼山","又诣赵州障洪山道明禅师","尝于鹊山静处感神来娆","便诣少林寺祖师三藏……即住嵩岳寺","后诣怀州西王屋山,修习前法","魏孝武永熙元年,既召不出,亦于尚书谷中为立禅室,集徒供养。又北转常山,定州刺史娄睿、彭城王高攸等请,至又默之大冥山","天保二年下诏曰:久闻风德,常思言遇。今敕定州,令师赴邺,教化群生","天保三年,下敕于邺城西南八十里龙山之阳,为构精舍,名云门寺,请以居之,兼为石窟大寺主",到"以齐乾明元年四月十三日辰时,绝无患恼,端坐卒于山寺",从以上记载看,僧稠禅师修禅弘法活动路线是十分清楚的。

在武安周边还有多处僧稠禅师留下的遗迹。如磁县观台镇五合乡北羊城村有"僧稠禅师寺"遗址,河南安阳市善应乡洹水北岸,有僧稠于天保六年(555)参与雕凿的小南海石窟等。这些遗迹笔者认为应是僧稠禅师后期在邺活动时的遗留,其传说产生当为后人附会,但产生年代较早。

四、古定晋禅院与邢州开元寺渊源

古定晋禅院历史悠久,自黄初三年(222)创建到后唐天成四年(929),其间有700多年的历史。后唐时期对古定晋禅院进行了重修,修缮后勒石记事立《磁州武安县定晋山重修古定晋禅院千佛邑碑》,值得注意的是,在碑文的记载上有"邢州开元(寺)□□□□□□□□□□□□□□"以及"竭忠建策兴复功臣安国军节度使邢洺磁等州观察处置使金紫光禄大夫检校司徒使持节邢州诸军事守邢州刺史兼北御史大夫上柱□□□□□□□□□□□□□□□□□□"的内容。这些记载揭示了古定晋禅院与邢州开元寺有着密切的关系。

从地理上说,武安山定晋岩是通往山西的必经之路,此前在定晋岩北邢台沙河市西刘石冈乡广阳山漆泉寺遗址也发现一通唐代碑刻,此碑为《大唐□□□□寺故觉禅师碑铭并序》。碑立于漆泉寺最上一级台阶西侧,碑座位置没有移动,碑首落地,双龙首,中间篆有碑铭:"大唐故觉大师之碑",碑身已不在原地。经过访问,此碑在"文革"时期,寺庄村农民将碑身破成数块,其中两块移入寺庄村一农民家中。残碑存有两块,长110厘米,厚26厘米,一块宽52厘米，一块为48厘米。共存28行，计有610多字。释读碑文后，其历史文化价值很高。

碑首行有"大唐□□□□寺故觉禅师碑铭记"，第二行有"检校兵部郎中兼邢州刺史侍御史"。根据民国版《沙河县志》记载：唐漆泉寺碑，检校兵部郎中兼邢沙刺史侍御史元谊撰文，前凉王府参军兼翰林院侍读学士王少康正书。

从残存的碑文释读，"禅师曰惠觉，中海新罗国人，姓金□氏"，来到大唐学习佛法，"二十三岁具僧戒"，"诏僧籍于邢州开元寺"。"居无几时"后，到"洛京有荷泽寺，禅师僧曰神会，名之崇者，传受于南越能大师，广开顿悟之□……"经过学习后"次明知见，引喻开发，意若有获，归而继思，或有不尽"；"明年复往，诣为导师"，"心无所起，即真无念，岂远乎哉。于是深其微趣，属灯乃明"。"大历元岁，□义军司马……请导师之留音，追荷泽之坛教"。在沙河广阳山漆泉寺七八年，"大历九年（774）三月十九日夜归……"774年圆寂后，"建十季住□□塔"于广阳山。

《碑铭并序》发现的意义：其一，补充了《六祖坛经》中的历史，证实神会传法于邢台开元寺这个事实。其二，提示了邢州与洛京的交通路线。其三，为研究中外文化交流史增加了新的材料。

沙河与武安两块唐碑的发现，证明邢州开元寺在当时的影响，以至到明代时古定晋岩禅院火灾后，顺德府开元寺住持祖奎禅师出资重建，续传了曹洞宗法脉。不久前，在武安市图书馆发现大量佛经，其中一部分有"顺郡城内古开元寺""古开元寺"印记，个别版本中还有墨书题记，其中还有一件清代同治十一年二月"西域轨范意旨单"，这些材料的发现都说明了武安与邢台开元寺的联系十分紧密。

我们在研读古定晋岩禅院的资料时，注意到明代妙善净朗的法脉问题，在正统年所立碑刻上有"稠禅祖师道场"及"洪福德行，了义智惠，妙净圆明，通真胜会"十六字脉诀。从字辈上分析，应为曹洞宗"二十八世雪庭下十四世顺德开元万安广禅师，俗姓贾，演派计三十二个字,后人呼称为贾菩萨宗",这三十二个字为"广从妙普,洪胜禧昌。继祖续宗,慧镇维方。圆明净智,德行福祥。澄清觉海,了悟真常"。其中"洪"字下起演的十六个字派,妙善净朗为该脉第九代传人。其法嗣自"圆"字在禅果寺依次传承,明正统《河南彰德府磁州武安县重修古定晋岩禅果寺碑记》中的"禅果寺住持净朗徒圆就、圆寿、圆兴、圆旺……","圆"字辈的25人,"明喜、明澄、明杰、明会、明和、明真……","明"字辈的法孙9人。明嘉靖《重建大功德古定晋岩禅果寺碑记》传至"通"字辈,碑文后有"通饶"。

在距寺沟北100多米的和尚坟内有12座灵骨塔,有明开山一代妙善净朗、妙理、徒圆惠、圆澄、圆爱等和尚的坟塔。

五、结语

以上仅对武安定晋岩和后唐碑及相关问题进行的简单论述,葛兆光先生以《记忆、神话以及历史的消失——以北齐僧稠禅师的资料为例》,对僧稠禅师这个禅宗史上的重要人物及唐以后逐渐从禅宗史上消失的现象进行了研究。特别是南北宗论辩后,僧稠禅师的事迹只是在少林寺及个别著述中提及。相信今后会有更多的史料发现,并结合安阳小南海石窟以及河北、河南保存的相关碑刻,对僧稠禅师的行年、禅法以及对北齐、北魏佛教的推动作用进行研究。

(刘顺超,邢台市名城办公室)

从"思路"论菩提达摩禅法的特性

陈立骧

前 言

本文的论述,系紧扣这些问题意识而展开的。

被禅宗各家各派所共同尊为中国禅宗初祖的达摩①祖师,到底是用何种"思路"(思维方式)看待宇宙人生以及本体(心性)与现象的关系呢?

而本文之所以紧扣上述问题意识,这与笔者十多年来中国哲学(儒、道、释)研究的一个核心问题意识、一组分判标准、两个主要论

---

① 菩提达摩(Bodhi-dharma,？~530),义作菩提达磨,简称达摩(达磨),南北朝时期的人。有关他的身世,后世传说不一:他的弟子昙林的《菩提达磨略辨大乘入道四行观》的序言中说他是"西域南天竺国人",是"婆罗门国王第三子";而《洛阳伽蓝记》则说他是"波斯国胡人也"。达摩被后世禅师尊为西天第二十八祖及东土第一代祖师(东土初祖)等。

点息息相关。

一、一个核心问题意识

这一核心问题意识可精简地说,也可详细地说。精简地说,可表示为"如何建立中国哲学诠释的主体性"①。详细地说,则可表示为:

"正面积极"地讲,我们该如何尽可能地用比较地道的现代汉语白话文,来清楚并相应地诠解传统中国哲学与传统文言文经传中蕴涵的义理;而"负面消极"地说,我们如何能避免用"逆格义"的方式,或是如何能不借用西方哲学的理论架构,来诠解传统的中国哲学与传统汉语文言文经传中蕴涵的义理?②

不论是"正面积极"地讲还是"负面消极"地讲,其目的都是要达成"用中国(汉、华)的语文,依中国人的思维模式,来理解中国传统的学问,而不必老是戴着西方哲学——如古希腊哲学、中世纪神学、近代理性论与经验论,以及现代存在主义、现象学与分析哲学等的有色眼镜,来看待与诠解传统中国哲学"③的情形。

---

① 此问题意识,亦可转说为"如何摆脱中国哲学诠释的逆格义处境"或"如何去除中国哲学诠释的自我殖民化"等。或许学界先进初闻此说会觉得笔者所言未免过于浮夸,因而质疑笔者能否做到自己所说。对此,笔者只想表明:我确实觉得中国哲学界(甚至于整个学界与文教界)的欠缺主体性与自我殖民化的情形太过严重了,因此发愿要改善或改变这一情形。我只能要求自己尽力去做、踏实去做,至于能做到多少,则是另一回事。最好有很多学者自觉并发愿一起努力,这样就能收到较佳的成效——反正就是:谋事在人,成事在天,不要顾虑过多,做就对了。

② 陈立骧:《周敦颐〈太极图说〉"无极"与"太极"关系之研究》,《鹅湖月刊》第33卷第1期,总号第385号,2007年7月。

③ 同②。

二、一组分判标准

这一组分判标准，其实就是笔者所界定的"分解的思路"以及"全体论与整体实存的思路"（辩证的思路），笔者曾在两本专著①及多篇论文②中提及，在此仅稍作交代，不多作说明。

（一）分解的思路

此思路的意义是：

> 思想家们基于他们的感官经验或真实的存在感受，如：惊异、好奇、恐怖、罪恶、绝望、忧患、恻隐、羞耻、烦恼、痛苦与受束缚、不自由等，或穷知究虑地去构思一套存有层序的理论架构，来区分、解释天地万物和人类的生命、社会、历史与文化等（按：此常见于诸多西方传统哲人）；或经由实践、体证而开显出生命的某种境界或境地，于是对实存世界有一看法，并将此看法通过一套人为设计的概念与理论框架，来对实存世界作一区分与

---

① 陈立骧：《宋明儒学新论》（高雄复文图书出版社，2005年）与《孟子性善说研究》（花木兰出版社，2010年）。

② 陈立骧：《"分解的思路"和"全体论与整体实存的思路"——建立中国哲学诠释的主体性的一组参照系》（第十六届国际中国哲学大会，辅仁大学，2009年7月8~12日）、《周敦颐〈太极图说〉"无极"与"太极"关系之研究》（《鹅湖月刊》第33卷第1期，总号第385号，2007年7月）、《试论黄梨洲哲学思想的特性》（第十二届明史国际学术研讨会，辽宁师范大学，2007年8月）、《老子哲学新论——以"道"的特性为核心的探讨》（《高苑学报》第13卷，2007年7月）、《试论庄子哲学的"道"、"气"关系——从"心斋"的两种理解方式谈起》（第二届道家道教养生学术研讨会，高雄师范大学国文系，2009年10月11日）、《天台智𫖮的"一念三千"说析论——试为"一念三千"说进一新解》（《高苑学报》第14卷，2008年7月）、《"分解的思路"和"全体论与整体实存的思路"——诠解与分判禅宗及佛教哲学的一组参照系》（第二届湖北黄梅禅文化论坛，黄梅禅宗文化研究会·湖北黄梅四祖禅寺，2011年10月26~29日）与《南宗禅与北宗禅之分判标准新论》（《中国禅学》第六卷，大象出版社，2012年）等文。

解释(按:此有时见于某些中国传统哲人)的这样一种思路。

(二)全体论与整体实存的思路(辩证的思路)

此思路又有二义:其一,原初义与狭义的"全体论与整体实存的思路"(辩证的思路);其二,引申义与广义的"全体论与整体实存的思路"(辩证的思路)。

1.原初义与狭义的"全体论与整体实存的思路"

此义的思路,不仅是笔者"原初"分判宋明理学为两型时所主张者,也是笔者在未真正研究佛学前所再三提及者。它的意义是:

> 思想家们并不以一套人为设计的、分解的存有层序之理论架构,来区分、来框套,以及来解释天地万物及人类的生命、社会、历史与文化等,而是就整个实存的宇宙人生之大化流行来说本体,并认为本体之中,本就含有相反而又相成,相灭而又相生,同时互为隐显,浑然相融的两股势能或动力,如阴与阳、翕与辟、乾与坤或静与动等。而由于它们之间彼此不断地相互起作用,不断地一阴一阳、一翕一辟、一乾一坤或一静一动等,因而带动或引发了整个实存的宇宙人生之生生不息和永续发展的这样的一种思路。

2.引申义与广义的"全体论与整体实存的思路"

此义的思路,乃是笔者后来的研究范围扩大至整个中国哲学(甚至于是西方哲学)时所主张者。它又可细分为四种次类型:

(1)以"阴阳"等两股势能或两种状态,来说明宇宙本体(全体)之变化流行者。(按:如易学与庄子之学)

(2)以"阴阳"等两股势能或两种状态,以及"五行"相生相胜的架构,来说明宇宙本体(全体)之变化流行者。(按:如诸多两汉儒者以及周濂溪、张横渠、王船山、刘蕺山与黄梨洲之学)

(3)不以"阴阳"或"五行"等,来说明宇宙本体(全体)之变迁发展,而是直接就实存的宇宙全体之大化流行来讲本体者。(按:如存在主义哲学家海德格之学)

(4)以"因果律"与"缘起法",来说明宇宙本体(全体)之生灭变迁者。当然,在这样的说法下,本体(全体)只是一性空之体(空体),而并没有任何永恒不变、独立自存的本性存在。亦即,它只是一虚说、权说与假说之体,而非普遍永恒之实体。(按:如天台宗与南宗禅学)

三、两个主要论点

笔者在上述的核心问题意识与分判标准下,经过十多年兢兢业业的中国哲学研究,幸运地得到以下两个主要论点:一个是仅就宋明儒学(宋明理学)来说,另一个是扩大至中国哲学(儒、道、释三家之学)来立论的。它们分别如下:

(一)宋明理学,可概略分成"分解的思路"及"全体论与整体实存的思路"(辩证的思路)之学这两型。如程颐、朱子之学,比较近于"分解的思路"之形态;而张载、王夫之与刘宗周(甚至于黄宗羲)等人之学,则比较近于"全体论与整体实存的思路"(辩证的思路)之形态。

(二)不仅宋明理学可概分为"分解的思路"及"全体论与整体实存的思路"(辩证的思路)之学这两型,就连道家与佛教哲学等,也都可概分为这两型:老子哲学(之天道论)、如来禅(含达摩禅、早期禅与北宗禅)学与华严学等,比较近于"分解的思路"之形态;而庄子哲学、南宗禅学与天台学等,则比较近于"全体论与整体实存的思路"(辩证的思路)之形态。①

本文便是在上述的核心问题意识与分判标准下,围绕着"达摩系以何种'思路',来看待宇宙人生以及来看待本体(心性)与现象的关系"这一问题意识而展开,并拟证成第二个主要论点中有关达摩禅近于"分解的思路"之学的观点。

在正式论述之前,本文拟再声明一点,即吴汝钧先生在其《中国佛学的现代诠释》②《中国佛教哲学名相选释》③《游戏三昧:禅的实践与终极关怀》④与《佛教的当代判释》⑤等书中,曾多次提及,禅的发展有"分解的路向"与"综合的路向"两种:前者可名之为"即清净心(性)是佛的路向",达摩禅、早期禅与北宗禅等属之,此种禅法亦可称作"如来禅";而后者则可名之为"即一念(识、妄)心是佛的路向",慧能和他所开创的南宗禅属之,此种禅法又称作"祖师禅"。

关于吴先生之说,笔者的看法是:(1)原则上同意其说,但在用词与对禅宗的某些理解上,则与他有所出入;(2)他是直接由研究佛学与禅学而得到此论点,而笔者则是经过十多年的由儒家哲学而道家哲学而佛教哲学的研究历程,艰苦曲折地初步获得拙见。因此,

---

① 我们若要极精简扼要地分判宋明儒学与中国哲学这两型,则可以有无预设"超越的分解"架构为标准:若有,则为"分解的思路"形态之学;若无,则可能为"全体论与整体实存的思路"(辩证的思路)形态之学。因程颐、朱子、老子(之天道论)、北宗禅与华严学等,均有预设"超越的分解"架构——如程朱之"理"/"气","性"/"心",皆为"形上超越层"/"形下现象层"之关系:"理"与"性"为"形上超越层"之存有,"气"与"心"则为"形下现象层"之存在,前者与后者系"异层"且"异质"的关系,故其学为"分解的思路"形态之学;而因张载、王夫之、刘宗周、黄宗羲、庄子、南宗禅与天台学等,皆无预设"超越的分解"架构——如张、王、刘、黄等人均反对将"理""气"视为异层异质之关系,而力主两者乃同一实存的宇宙本体之两样貌或面向,系"一体之两面"与"一物而两名",故其学便为"全体论与整体实存的思路"(辩证的思路)形态之学。
② 吴汝钧:《中国佛学的现代诠释》,文津出版社,1995年。
③ 吴汝钧:《中国佛教哲学名相选释》,佛光出版社,1993年。
④ 吴汝钧:《游戏三昧:禅的实践与终极关怀》,台湾学生书局,1993年。
⑤ 吴汝钧:《佛教的当代判释》,台湾学生书局,2011年。

在佛学方面，吴先生与笔者之见，其实算是殊途而近归（归向相近），其中并不存在任何笔者抄袭其说的问题，而只能说是前后学人所见略同。或者应该这么说，笔者在提出中国哲学（儒、道、释）可分成两型的论点后，一直被学界所忽视或误解，但某日在看到了吴先生的论点后，不禁大为"惊喜"："惊"的是竟然有前辈学人的看法与我相近，"喜"的是终于也有其他学界中人看出来中国哲学（佛学）可概分成此两型了。

达摩禅法的特性略论

本文判定达摩禅法属于"分解的思路"之理据有二：一是主要理据，二是次要理据。所谓主要理据，系指学界所公认的或争议性较小的达摩本人的著作或记录达摩言行的典籍。它对于证成达摩禅法的特性，不仅具有直接的相关性，而且支持力最强，如《二入四行》即是。而所谓次要理据，则是指对于证成达摩禅法的特性，具有次佳与辅助效果，且支持力稍弱于主要理据的文献。它至少包含了《达摩禅师论》①中的若干文句，以及达摩所深信并奉持的以如来藏思想为主的四卷本《楞伽经》②里的某些原文等。③ 以下即依序论述之。

---

① 《达摩禅师论》至少有四种版本，对于它们的说明，请详参下文。
② 《楞伽经》总共有三种汉译版本：一是刘宋朝求那跋陀罗所译的《楞伽阿跋多罗宝经》（四卷），即诵行的四卷本《楞伽经》是也；二是北魏菩提流支所译的《入楞伽经》（十卷）；三是唐朝实叉难陀所译的《大乘入楞伽经》（七卷）。以上一种版本，皆简称为《楞伽经》，达摩祖师所宗奉者，乃是四卷本《楞伽经》。
③ 除了主要理据与次要理据，其实我们亦可从二祖（慧可）、三祖（僧璨）——虽然对是否真有此人学界颇有争议——与四祖（道信）等人的禅法，以及从达摩离群索居、简朴清苦，较欠缺入世情怀的头陀行（苦行）作风等，来间接、侧面推敲达摩禅之特性，只是这样做可能只有较弱的支持效力，故本文仅在此稍微提出，而不予仔细论证。

一、从主要理据论达摩禅法之特性

主要理据当然指的是达摩本人的著作或记录达摩言行的原典，且能真正代表达摩思想者。但因达摩系东土禅宗初祖，在历史上不仅名气响亮，而且影响十分深远。因此，历来有很多作品都托名为达摩所著，甚至许多武术、健身典籍亦题为达摩所撰，譬如《悟性论》《破相论》《绝观论》《血脉论》《易筋经》，甚至是各种知名的少林功夫与绝技等。这么一来，达摩就不只是一位佛门高僧和禅宗祖师了，而更是一位功夫、国术与健身大师了。

不过，根据近现代许多学者的考证与研究，在历来传说的达摩著作中，真正由达摩所亲说或亲撰，而足以代表达摩思想者，大概只有《二入四行》而已！至于著名的《达摩禅师论》，虽然有学者将其版本之一——收录于关口真大《达摩大师之研究》一书中之唐高宗开耀元年(681)者，视为可代表达摩思想者，但由于其说并未获得学界公认，因此，本文便没有将它视为主要理据，而仅视为次要理据！以下我们即先行论述主要理据——《二入四行》，一窥达摩禅法之特性。

在《二入四行》中，与达摩的"思路"有关并能显现出其禅法特色的文句，约有以下两处：

> 1.夫入道多途，要而言之，不出二种：一是理入，二是行入。理入者，谓藉教悟宗，深信含生凡圣同一真性，但为客尘妄覆，不能显了。若也舍妄归真，凝住壁观，无自他，凡圣等一，坚住不移，更不随于言教，此即与真理冥符，无有分别，寂然无名，名之理入。①
>
> 2.行入者，所谓四行。其余诸行，悉入此行中。何等为四？

---

① 《楞伽师资记》卷一，《大正藏》第85册，第1285页上。

一者报怨(按:"怨"或作"冤")行,二者随缘行,三者无所求行,四者称法行……

第四称法行者,性净之理,目之为法。此理众相斯空,无染无着,无此无彼。经云:法无众生,离众生垢故。法无有我,离我垢故。智者若能信解此理,应当称法而行。①

在引文1中,达摩首先指出:进入佛道②虽有多条途径,不过,总体来说,则不出"理入"与"行入"两者。所谓"理入",其形式意义乃是从道理与智慧方面悟入之意;至于其实质意义,达摩则认为至少包含了"藉教悟宗"、"深信含生凡圣同一真性,但为客尘妄覆,不能显了"、"舍妄归真"与"凝住壁观"、"无自他,凡圣等一,坚住不移,更不随于言教"与"与真理冥符,无有分别,寂然无名"等内容。

所谓"藉教悟宗"系指借由佛教经典的教法与教义来体悟禅的宗旨之意。其中,"教"指的应是"经教"(佛教经典的教法与教义),尤其是《楞伽经》的教法与教义。③ 此因达摩宗奉与特重《楞伽经》,并以之在中土传布佛法与教导弟子之故。④ 而由于"藉教悟宗"指出:经教乃是"理入"与解脱的重要工具与途径,因此禅宗虽号称"不立文字"与"教外别传",但其实它的开山祖师菩提达摩,仍是十分重视由文字所组成的"经"及其教化之功能的。

所谓"深信含生凡圣同一真性,但为客尘妄覆,不能显了",系指"理入"与"藉教悟宗"所"入"、所"悟"的,乃是所有众生凡圣都有相同的真性,同时对此"悟"要深信之,要把众生具有同一真性当

---

① 《楞伽师资记》卷一,《大正藏》第85册,第1285页上。
② 佛道者,佛所领悟、所体证与所宣说的涅槃境界与真理世界。
③ 亦有学者(如宇井伯寿)主张"教"乃"师教",而非"经教"。不过,笔者却认为以"经教"为宜。
④ 此由"初,达摩禅师以四卷《楞伽》授可,曰:'我观汉地,惟有此经。仁者依行,自得度世。'"(《大正藏》第85册,第1286页上),以及"昔达摩西来,既已传心印于二祖,且云:'吾有《楞伽经》四卷,亦用付汝。即是如来心地要门,令诸众生开示悟入。'"(《大正藏》第16册,第479页中)等即可得知。

从"思路"论菩提达摩禅法的特性 49

成是一种真诚的信仰或信念。而众生虽具同一真性,但因真性被后天现实的种种"客尘"(按:一切染污、虚妄的内在心念与外在事物)所遮蔽、覆盖,故其清净与光明的本性,便隐晦而显发不出来了。在达摩的这句话中,至少透露出五点信息:一是"真性"具有绝对普遍性,它普遍存在于一切众生之中,而且是众生成佛的基础与根据。[①]二是对于一切众生本具同一真性这件事,要深信与坚信之,此则显现出达摩禅(与佛教)的信仰面向。三是既言真性,那众生同一的本性当然就是不虚假与不虚妄的,当然就是真实与清净的了。四是为何众生的真性常不能显现,而使得众生会产生各种颠倒妄想的表现与行为呢? 答案原来是被一切染污、虚妄的仙在心念与外在人、事、物等"客尘"遮蔽、覆盖之故。五是真性与客尘的关系,就好像是光明的太阳与染污的乌云之关系:太阳是清净、明亮而永恒的,是超越于染污、虚妄与变幻无常的乌云之上的。虽如此,乌云仍是可随时遮蔽住太阳,客尘仍是随时会遮蔽住真性。

而我们由以上的一、三、五三点,便可合理推测:达摩似乎是以"分解的思路",有预设超越的分解架构——至少有分解的意味在,来看待真性与客尘的关系:他似乎把绝对普遍与清净光明的真性,置于形上超越层;而把染污虚妄与变幻无常的客尘,置于形下现象层。这么一来,便好像将真实与虚妄二分,将清净的心性与染污的万法二分了。

所谓"舍妄归真"与"凝住壁观",乃是承接上一句而来的功夫(修行)。达摩认为,既然我们的真性常常会被各种内在和外在的虚妄、染污的客尘所遮蔽与覆盖,致使其光明无法透显出来,那么我们应该怎么做才能让真性的光明重现呢? 达摩的答复是:"舍妄归真"与"凝住壁观"。其中,"舍妄归真"乃是实践与修行的总原则与大关键;而"凝住壁观",则是实践与修行的具体方法与切入所在。所

[①] 因若不如此,则言"理入"便无必然保证,达摩可由"理"而悟入佛道,但这不代表也不保证其他人也如此,这样一来,达摩此说便成戏论了。

谓舍妄归真,意即舍弃一切虚妄、染污的客尘,回归到光明、清净的真性本身。但现在的问题是,我们要如何舍妄归真呢? 其具体做法为何呢? 达摩的回答是"凝住壁观"。所谓"凝住",即让我们的心理与精神达到一种高度专注与深层集中的状态,不随外物所变迁;而要达到"凝住"的精神状态,则需要"壁观"。所谓"壁观",可以实解,亦可以虚解。若作实解,则壁观便是指时时面壁而观、面壁打坐,就如同传说中的达摩在少林寺少室山上的洞穴里面壁打坐九年一样;而若作虚解,则"壁观"便是把我们的内心修炼到如同墙壁一般坚住不动,不受任何外物的影响或干扰之意。不管"壁观"作实解或虚解,都表示是一种非常专注于内敛静态的修行方法。

　　在此,有两点值得我们特别注意:一是"舍妄归真"与"凝住壁观"两句,明明说的是实践原则与方法,但达摩却把它们放在"理入"中来说,很显然它们是属于解(理)中之行的,是属于知解中的实践的,这也正反映出达摩的禅法乃是解行双修、知(智)行并重的;二是"舍妄归真"中的"真"(真性)与"妄"(客尘)之关系为何的问题。上文中我们已探讨过,在真性与客尘的关系上,达摩似乎已透显出"分解的思路"之意味,亦即达摩虽无直接明说,但却有预设超越的分解架构之意。其中,真性系形上超越之本体("空体"或有"空体"之姿态与意味),而客尘则为形下经验之现象,两者异层、异质,有着二元对立之关系。除此之外,"舍妄归真"中的"真"与"妄",则因达摩用"舍"与"归"一组字词,故更显真性与客尘的二元对立性质,更显达摩思路的分解意味。因此,我们似可再进一步推断:真性系形上超越之本体,清净光明,与物无对;客尘则是形下经验之现象,虚妄染污,变幻无常。而这不正显示了达摩乃是以"分解的思路",预设着超越的分解架构,来看待真性与客尘之关系了吗? 但由于达摩没有明说,因此,在下文中我们将再找更多的理据,来证成本文的论点。

　　所谓"无自他,凡圣等一",系指舍妄归真与凝住壁观的实践与修行,乃是要达到"无自他"与"凡圣等一"的境界:无自他者,消解对自我的执着,消解自我对他人的优越感,以及泯除人我的相对观与分别见;凡圣等一者,不起凡夫与圣人的分别心,以及相信凡夫与圣人皆具同一真性,皆同具成佛之能力。换言之,舍妄归真与凝住壁观所要达到的无自他与凡圣等一的境界,其实就是消解我执、超越相对边见而进入绝对真理的境界,就是要建立一种对众生解脱成佛的平等正见与正信。而我们对这样的正见与正信,要坚住不移,更不随于言教。除了要坚信而不动摇,更要不执着于语言、文字的表相,不受外在的言论影响,也不随着社会所流行的说法而起舞。

若能了悟与做到以上所说,则我们的生命便能在"无有分别(心)"与"寂然无名"的境界与状态中,而"与真理冥符"(与真理暗合、自然地契合,很自然地体现真理)了,这就叫作"理入"。

而在引文2中,虽然达摩指出,"行入"(按:即从实践修行方面来体现真理)有报怨(冤)行、随缘行、无所求行与称法行等四种,但由于其中与达摩"思路"有关并能呈现其禅法特色的,只有称法行而已,因此,以下我们将只针对它来加以析论。

所谓称法行,即是相应、随顺于"真理"(真性)的实践与修行。法者,真理也,真性也;行者,修行也,实践也。而若要相应、随顺于真理来实践、修行,则必先了解真理的特性才可。依达摩来看,真理(法)是本性清净(性净)的,是以他说:"性净之理,目之为法。"而这真理、这"法",是"众相斯空"的,亦即它是没有固定或特定之相貌的,是无自性的,是空的。因此,我们也可称它为"空理"。而真理不仅是空的,同时也是"无染无着"与"无此无彼"的。换言之,真理具有超越于染、着、此、彼等相对格局与二元对立的绝对性格。它是形上超越,而不与物对的。也正因真理具有超越的性格,故佛经(《维摩诘所说经·弟子品第三》卷上)才说:"法无众生,离众生垢故。法无有我,离我垢故。"法是形上超越的,是光明清净的,是空无自性的,而众生与我却是形下现象的,是无明污垢的,是痴迷偏执的,所以法是(上)一层,众生与我是(下)一层,两者是异层异质的。是以佛经才说:法性当中是没有众生的,这是因为它超离于众生的尘垢之故;法性当中也是没有"我"的,这是因为它"超离"于我的尘垢之故。而"智者若能信解此理",那么他就应当相应、随顺于此真理,把它作为实践与修行的原则。

与上则引文一样,本引文也有两点值得我们特别注意:一是"性净之理,目之为法""此理众相斯空,无染无着,无此无彼"与"法无众生,离众生垢故。法无有我,离我垢故"等句,明明说的是"理入"的内容,但达摩却把它们放在"行入"中来说,很显然它们乃是属于"行中之理",属于实践中的知解,而这再次反映出:达摩的禅法真的是解行双修与知(智)行并重的。二是真理(真性、法)的"性净""众相斯空""无染无着,无此无彼""(超)离众生垢"与"(超)离我垢"等性质,不仅与引文1对真性的描述相呼应,同时也较为清楚地呈现了真性的超越性格,以及达摩系以"分解的思路"来看待真性与客尘(现象、众生与我)之关系的:真性系形上超越之本体(空体),清净光明,与物无对;而客尘(众生与我)则是形下经验之现象,虚妄染污,分别相对,所以真性是(上)一层,客尘(众生与我)是(下)一层,两者是异层异质的。

以上即是从主要理据——《二入四行》——来对达摩禅法的特性所作的论述。由于达摩并没有明白表示"真性"(法)具有超越的性格,并没有直接说出"真性"(法)先于客尘、先于现象、众生与我而存在,也由于《二入四行》的文句实在太过精简扼要,因此,以下我们将再透过次要理据《达摩禅师论》与《楞伽经》等,来对达摩的禅法特性作更清楚与深入的说明。

二、从次要理据论达摩禅法之特性

与达摩的"思路"相关而能显现出其禅法特性的次要理据,本文认为主要是《达摩禅师论》与《楞伽经》二者。其中,《达摩禅师论》至少有四个版本:

一为日本学者桥本凝胤所藏,被收入关口真大的《达摩大师之研究》一书的《达摩禅师论》。依关口真大之见,此版本不仅足以代表达摩本人的思想,甚至其代表性还超过《二入四行》。① 二为日本学者田中良昭于法国敦煌特藏中所发现的伯2039号。该号首题曰"天竺国菩提达摩禅师论",尾题为"达摩禅师论"。"从内容看,上述两种《达摩禅师论》应是同名的不同文献。这两种文献均未为我国历代经录所著录,亦未为历代大藏经所收"②。三为北京图书馆所藏的敦煌遗书北新1254号(首残尾脱)与北新1255号(首脱尾残)。两者的纸质、字体完全相同,"后因纸缝粘接处脱落,遂成为两件。缀接后文字相连无间",故北新1254号与北新1255号应本为同一卷③。四则为方广锠先生综合伯2039号及北新1254号,并以它们互为底本、校本而参酌、互校所录为全本的整理本《天竺国菩提达摩禅师论》一卷。方先生并在校记中,随文说明底本、校本的换用情况。

以上四个版本,虽然内容有所出入,且对是否均为达摩所著,学界间亦有所争议,但它们的内容与《二入四行》有若干相近或相似之处,而可作为本文论述达摩禅法特性之次要理据,则确无可疑。由于笔者在研读的过程中,发现整理本中有许多文句,其意近于《二入四行》,可作为理解达摩禅法的参考,因此,在这样的情况下,本文遂依据方广锠先生的整理本《天竺国菩提达摩禅师论》,来一窥达摩禅法的特性。④

---

① 当然,关口真大这样的见解,并未被学界所公认。即连对中国禅学与日本佛学的发展与文献相当熟稔的吴汝钧先生,也仅仅将《达摩禅师论》视为理解达摩禅法的次要与辅助资料而已,而并不同意它比《二入四行》更具代表性的观点。正因如此,本文并不将它列为理解达摩禅法的主要资料。

② 方广锠整理:《藏外佛教文献》第1册,《天竺国菩提达摩禅师论》(一卷)之"题解"。

③ 同②。

④ 虽说如此,但方先生却认为:整理本系"中国僧人假托禅宗初祖菩提达摩所撰典籍、著者不详"(《天竺国菩提达摩禅师论》题解)。笔者认为:一者,并未找到其论点之直接或间接理据;二者,发现整理本中有许多文句,其意确实近于《二入四行》,而可作为理解达摩禅法的参考,因此,本文遂将它列为"次要理据"。

至于《楞伽经》,则由于:一者,乃是达摩所特别看重与宗奉的佛经;二者,也是达摩弘法传教的最重要经典;三者,更是达摩传承佛法给二祖慧可的印记与证明。因此,它的内容一定影响达摩至深,所以本文将它列入理解达摩禅法的次要理据,不亦宜乎?

(一)从《达摩禅师论》适度论断达摩禅法之特性

在《达摩禅师论》中,与达摩的"思路"有关且有助于我们理解其禅法特色的文句,至少有以下三处:①

  1.真如佛性者,不去不来,不生不灭,不取不舍,不垢不净,无为无染,无有自性,清净湛然。
  2.本性清净,不为一切烦恼诸垢之所染污,犹如虚空。
  3.自心体性真如,无色无形,非常非断,非外非内,亦非中间,离诸色相,不出不没,不来不去,不生不灭,不垢不净,亦非圆、大小、长短,离有离无,毕竟空寂。此是自家真如心、本性清净心,不可以言说分别显示。

由引文1,我们可以得到以下四点:其一,真性亦名真如、佛性或真如佛性,它们乃是一物之多名(同一真理的不同称谓)与"异名而同指"(称谓不同但指涉相同)的。其二,真如佛性乃是"不去不来,不生不灭,不取不舍,不垢不净"与"无为无染"的。换言之,真如佛性乃是超越一切相对格局与二元对立关系之形上、绝对的最高实在或真实(Reality)——但非实体(Substance)。其三,真如佛性乃是"无有自性"的。若真要说真如佛性不只是最高的实在,同时也是宇宙万化之本体,则此本体根本就是空(无自性)的,换言之,真如佛性其实只是一空体或空理而已。其四,真如佛性也是"清净湛然"

---

① 此三则引文均征引自方广锠整理:《天竺国菩提达摩禅师论》(一卷),《藏外佛教文献》第1册。

的,唯此"净"是不与"垢"对、"清"是不与"浊"对的绝对"清净"。由后三者,可再次证明:达摩似乎是以分解的思路——或分解的意谓相当强——来看待清净的真如佛性(真性)与染污的现象万法(客尘)之关系的。

由引文2,我们亦可得:真如佛性(真性)乃是绝对"清净"的,它或许会被污浊的现象万法(客尘),会被"一切烦恼诸垢"所遮蔽、覆盖,但却绝不会被它们所染污。而这也再次呼应了本文在上一小节中的论点,也再次呈现了达摩禅法的"分解"特性。

而引文3,则除了表述真理可以是"性",也可以是"心"——客观地说为"真性""佛性"或"真如佛性",主观地说为"真如心""本性清净心"。它们也是一物之多名(同一真理的不同称谓)与异名而同指(称谓不同但指涉相同)的。这也再次与引文1之所说相呼应:真性乃是"离诸色相""无色无形,非常非断,非外非内,亦非中间"与"不出不没,不来不去,不生不灭,不垢不净,亦非方圆、大小、长短,离有离无"的。换言之,真性乃是超越一切相对格局与二元对立关系之形上、绝对的最高实在或真实(Reality),而且它也是"毕竟空寂"的,若真要说真性或真如心是宇宙万化之本体,则它根本只是一"毕竟空寂"的空体或空理而已! 尤有甚者,真理既是"心",既是"自家真如心"与"本性清净心",则它显然为一主体性。而因它又是"不可以言说分别显示"的超越一切相对格局与二元对立关系之形上、绝对的最高实在,因此我们实可说它乃是一超越的主体性(而非经验的主体性),而这不是再次显示了达摩禅法分解——自家真如心与本性清净心在形上、超越层,与物无对;而现象万法(客尘)则在形下、经验层,与物相对——的特性了吗? 只不过《二入四行》偏于言"性";而《达摩禅师论》则"性"与"心"皆有表述罢了。①

---

① 其实,除《天竺国菩提达摩禅师论》整理本的上述三则引文外,像关口真大所收录并推崇的《达摩禅论》,也有若干文句可作为理解达摩禅法的次要与辅助资料,兹引其一以供读者参阅:"法佛者,本性清净心,真如本觉,凝然常住,不增不减。"

在论述过《达摩禅师论》的若干文句后,接着本文将从另一次要理据——《楞伽经》,来看达摩禅法的特色。

(二)从《楞伽经》合理推测达摩禅法之特性

我们在前文中曾提及,达摩特重与宗奉《楞伽经》,他除了依据该经弘法传教,也将它传给二祖慧可,并作为禅宗师资相传的"印记"。正因如此,我们实可合理推测:《楞伽经》对达摩禅法的特性一定有相当程度的影响。那么,现在的问题是:是《楞伽经》的什么内容深刻地影响了达摩禅法的特性?对此,笔者认为是如来藏思想。

所谓如来藏,即能让众生觉悟成为如来(佛)的胎藏与宝藏。它本性清净明亮(性净),既是众生成佛的潜能与种子(佛性),也是众生成佛的形上依据(佛道、空理或法性),也是一种超越的主体性(真如心、自性清净心或如来藏自性清净心),同时更是一种终极的实在或真实(真性)——但非实体。我们可以这么说,若如来(佛)是果,则如来藏便是因;若如来是显现的人格状态与生命境界,则如来藏便是潜隐的觉悟种子与智慧根源。如来藏最重要的特色,便是"透过一分解的方式,或说分解的路数,去肯定一清净的心体或性体,作为人的生死流转或觉悟还灭的根本基础"①。而这"清净的心体或性体",乃是形上、超越层面的空理(空体);至于我们日常生活中的各种心理作用与生理活动,则是形下、现象层面的客尘,它充满了染污与尘垢。如此一来,遂产生了一形上/形下、超越/现象、真实/虚妄、清净/染污、光明/黑暗、太阳/乌云的二元对立关系。而人生的终极目标,便是舍弃与灭除形下、虚妄、染污与黑暗的"客尘",体证与呈现出形上、真实、清净与光明的清净心性,便是要拨云见日了,亦即达摩所说的"舍妄归真"了。如来藏这样的思想与特色,确实深深地影响了达摩禅。我们试观以下三则引文,便可知本文所言

---

① 吴汝钧:《中国佛学的现代诠释》,文津出版社,1995年,第150页。

不虚：

> 1.如来藏自性清净……入于一切众生身中。如大价宝,垢衣所缠,如来之藏常住不变,亦复如是。而阴界入垢衣所缠,贪欲恚痴不实妄想尘劳所污。①
>
> 2.此如来藏藏识……虽自性净,客尘覆故,犹见不净,非诸如来。②
>
> 3.如来之藏……自性无垢,毕竟清净。③

我们从以上三则引文,可以很清楚地看到《楞伽经》如来藏思想的特色:一是如来藏乃是自性清净的。此由"如来藏自性清净""自性净"与"自性无垢,毕竟清净"等语句可知。二是如来藏具有恒常普遍性而存在于一切众生的生命之中。此由"入于一切众生身中"与"如来之藏常住不变"等语句可知。三是清净的如来藏存在于污垢的"众生身中",就如同明亮洁净的无价珍宝(大价宝)为污垢衣物所缠绕、覆盖(垢衣所缠)一样,外表上看起来好像不洁净,但其实如来藏清净的本性乃是"常住不变"的。四是缠住、覆盖与遮蔽如来藏的清净本性,而使其智慧的光明无法显现与照耀出来的,乃是一切众生与存在界的"阴"(色、受、想、行、识等五阴或五蕴)、"界"(六根、六尘与六识等十八界)、入(六根与六境等十二入)、"贪欲"(各种的人心的贪念与欲望)、"恚痴"(所有内心的憎恨、愤怒与愚痴等)以及"不实妄想"(各种虚妄、邪淫、不真实与不正确的念头与想法)等。

上述四点,其实已清楚地告诉我们,《楞伽经》的如来藏思想,乃是预设着超越的分解架构,乃是以分解的思路来看待如来藏(真性、

---

① 《楞伽阿跋多罗宝经》卷二,《大正藏》第16册,第489页上。
② 《楞伽阿跋多罗宝经》卷二,《大正藏》第16册,第510页下。
③ 《楞伽阿跋多罗宝经》卷二,《大正藏》第16册,第510页中。

自性清净心)与客尘(众生身、众生之所有贪、嗔、痴与不实妄想等)之关系的。如来藏系形上之本体(空体、空理),它既超越于现象之上又内在于众生之中,它本性清净光明而与物无对;至于客尘,则是形下之现象,它虚妄染污而分别相对,所以如来藏是(上)一层,而客尘是(下)一层,两者根本是异层、异质的。

由于《楞伽经》的如来藏思想深深地影响了达摩禅,因此我们便可合理推测:达摩应该也是以分解的思路,应该也有预设着"超越的分解"架构,来看待真性与客尘的关系,他把绝对普遍与清净光明的真性置于形上、超越层,而把染污虚妄与变幻无常的客尘置于形下、现象层。如此,便将真实与虚妄二分,便将清净的心性与染污的万法二分了。

结　论

综合以上所说,可以得到以下五点结论:

1.本文判定达摩禅法的理据有二:一是主要理据。它指的是学界所公认的或争议性较小的达摩本人的著作或记录达摩言行的典籍。它对于证成达摩禅法的特性,不仅具有直接的相关性,而且支持力也最强,如《二入四行》即属之。二是次要理据。它指的是对于证成达摩禅法的特性,具有次要与辅助的效果,其支持力略弱于主要理据的文献。它至少包含了《达摩禅师论》与《楞伽经》里的若干思想与某些文句等。

2.作为主要理据的《二入四行》当中,与达摩禅法的特性相关的文句,至少有"理入"中的"深信含生凡圣同一真性,但为客尘妄覆,不能显了"与"舍妄归真",以及"行入"之"称法行"中的"性净之理,目之为法""此理众相斯空,无染无着,无此无彼"与"法无众生,离众生垢故。法无有我,离我垢故"等。这些文句,除了显现达摩禅法乃是解行双修与知(智)行并重,更呈现出真性(理、法、真)的浓厚超越性格,以及达摩似乎是以(笔者所界定的)"分解的思路"——预设着"超越的分解"架构,来看待真性与客尘(现象、众生、我、妄)的关系:真性系形上、超越层之本体(空体、空理),清净光明而与物无对;至于客尘,则是形下、经验层之现象,虚妄染污而与物相对,故真性与客尘乃是异层、异质的。

3.由于《二入四行》的文句实在是太过精简扼要了,并没有很详尽、明白地呈现出真性(法)的形上、超越性格,也并没有直接、断然地表示真性(法)乃是先(存有层序与价值上的"先")于客尘(现象、众生与我)而存在的,因此,本文只好再透过次要理据——《达摩禅师论》与《楞伽经》等,来对达摩禅的特性,作更清楚与深入的探讨。

4.作为次要理据的《达摩禅师论》与《楞伽经》当中,与达摩禅法的特性相关的文句,至少有《达摩禅师论》中的"真如佛性者,不去不来,不生不灭,不取不舍,不垢不净,无为无染""无色无形,非常非断,非外非内,亦非中间,离诸色相,不出不没,不来不去,不生不灭,不垢不净,亦非方圆、大小、长短,离有离无""自家真如心、本性清净心,不可以言说分别显示""清净湛然""本性清净,不为一切烦恼诸垢之所染污"与"自心体性真如,毕竟空寂""无有自性"等,以及《楞伽经》中的"如来藏自性清净……入于一切众生身中。如大价宝,垢衣所缠,如来之藏常住不变,亦复如是。而阴界入垢衣所缠,贪欲恚痴不实妄想尘劳所污""虽自性净,客尘覆故,犹见不净,非诸如来"与"自性无垢,毕竟清净"等。这些文句,除了显现真性的异名而同指与一物而多名——真性亦是真如,亦是真如佛性,亦是佛性,亦是如来藏,亦是如来藏自性清净心,亦是自家真如心,亦是本性清净心,也再次呈现出真性更为浓厚的超越性格:它乃是超越一切相对格局与二元对立关系之形上、绝对的最高实在或真实(Reality)——是"毕竟空寂"的空体(空理),而非实体(Substance),以及更进一步显示出达摩乃是以"分解的思路",预设着"超越的分解"架构,来看待真性与客尘的关系:真性乃是形上超越之空体,清净光明、与物无对;而客尘则是形下经验之现象,虚妄染污、分别相对,故两者根本是异层、异质的。

5.由于达摩禅预设着"超越的分解"架构,而把形上与形下二分,把清净的真性与染污的客尘二分,因此,基本上他乃是以(笔者所界定的)"分解的思路"来看待天地万物以及本体(心性)与现象之关系的,故我们实可初步推断,达摩禅应是属于"分解的思路"形态之学才是!

(陈立骧,高苑科技大学通识教育中心副教授)

二祖慧可:为法忘躯的千秋典范

黄公元

宗教献身精神,是任何一种宗教建立与发展不可或缺的精神元素。宗教史上,涌现了无数具有宗教献身精神的宗教家。佛教史上,亦不例外。释迦牟尼佛八相成道的过程,正是佛陀大无畏的宗教献身精神的具体而生动的展现。此后,为了传播佛法,普度众生,佛陀的一代代弟子中,涌现出了许许多多富有宗教献身精神的高僧大德,正是由于他们的努力,佛教才得以广泛传播,形成世界性的一大宗教。佛教传入中国后,逐渐成为国人主要的精神信仰,并成为中国传统文化的一个重要组成部分,这与一大批富有宗教献身精神的佛教徒,尤其是历代祖师与高僧大德们艰苦卓绝的不懈努力分不开的。

太虚大师有一句名言:"中国佛教的特质在于禅。"这一特质,在中国佛教的禅宗中,体现得最为集中、最为典型、最为鲜活。禅宗,不仅深刻影响了中国佛教发展的进程,也深刻影响了中国的传统文化。而使西土二十八祖、中土初祖菩提达摩在华夏大地上播下的禅种,深深扎根于中土的,正是二祖慧可大师。正因有了初祖达摩与二祖慧可打下的坚实基础,禅宗才有可能在此后历代祖师大德锲而不舍的努力下,蔚然成为中国佛教最具特色、最有影响的一大宗派,禅文化也因之而成为中国文化的一大特色。

"凡事开头难",中国禅宗的起始,亦复如是。达摩与慧可两位祖师,若无难忍能忍、难行能行、为法忘躯的大无畏献身精神,禅宗的智慧种子就不可能在华夏大地上扎下根来。达摩初祖历尽艰险来到中土以后,为寻找契合的法缘,游历过好多地方,后来在嵩山面壁,等待一位堪能承当禅宗这一无上大法的佛门伟器,一等九年,方才因缘成熟。不久前刚刚圆寂的当代禅宗巨匠净慧长老,在谈中国禅宗起源时曾这样说:"菩提达摩是如来禅的第二十八祖,也是中国祖师禅的初祖。他到中国来传法,经历了许多的坎坷。……在嵩山,达摩祖师九年面壁,等一个人来。从九年面壁这样一个简单的事实,可以想见当时弘扬禅宗法门的艰难。经过九年的等待,才有一位叫神光的僧人到嵩山去依止达摩禅师,求'安心法门'。这个公案大家都很熟悉。神光后来叫慧可,是由菩提达摩给他改的名。慧可,也就是二祖,从达摩那里得到安心法门,是中国禅宗的开始。"[1]

达摩祖师在中土期间,曾有道副(僧副)、昙林(无臂林)、道育(又名道昱、慧育)、尼总持等弟子依止学法,他们为达摩禅法流布中国,做出了各自应有的贡献,皆是值得后人缅怀的高僧大德。但达摩没有把祖师禅的衣钵传给他们,他经考察比较,最后择定神光即慧可大师作为衣钵传人,这一大事因缘,绝非偶然。可见,达摩诸弟子中,唯有神光堪当此任!

达摩慧眼识人,他为神光改名慧可,即包含着对其般若智慧与舍身精神及堪为禅宗二祖的充分认可与高度期许。在当时"盛弘讲授"的义理佛教广泛流行的大背景下,以及"取相存见"之流热衷于建功德、求福田的奉佛行为蔚然成风的大气候下,以"安心法门"为特色的新禅法,要扎下根来并弘传开去,难免违缘多多,障碍重重,甚至面临极为凶险的处境,没有无上的般若智慧,以及为法忘躯的无畏献身精神,显然是难以胜任的。当时,唯有慧可大师完全具备

---

[1] 净慧:《生活禅钥》,生活·读书·新知三联书店,2008年,第2~3页。

这样的超卓素质,故中国禅宗的第二代祖师,非慧可莫属!

而慧可作为中国祖师禅中第一位出身于汉地的本土禅祖,身处当时"盛弘讲授""取相存见"的大环境下,必然面临种种艰难险阻,故除契证祖师禅法的心印外,还必须具备义无反顾、舍生忘死的大无畏献身精神。达摩祖师正是从慧可舍身求法的超卓表现中,看到了他具有迥异常人的坚强不屈的意志和坚韧不拔的毅力,足以化解、排除种种违缘与障碍,而将以"安心法门"为特色的祖师禅在华夏大地上扎下根来并传承下去。二祖慧可果然不负师恩,不辱使命,奠定了中国禅宗由是而传承不息的初始根基。慧可大师为法忘躯的大无畏献身精神,感天动地,可歌可泣,堪为千秋典范!

慧可大师为法忘躯的大无畏献身精神,贯穿于其极富传奇色彩的求法问道、弘法传道直至坦然赴死的一生行迹中。尽管僧传、僧史中关于慧可大师这方面事迹的记载,由于信息来源及宗派立场等原因,具体说法及某些细节有所出入,但对其为法忘躯的无畏献身精神的肯定与赞扬,则是一致的。综合历史文献中的相关资料,慧可大师为法忘躯的大无畏献身精神突出表现于以下三个方面。

一、为求大法,立雪断臂

"立雪断臂"的公案故事,千古流传。记述这一公案的历史文献,在唐代即有多种,只是故事的具体细节略有差异而已。

杜朏约于唐玄宗先天二年(713)成书的《传法宝纪》中,有两处提及慧可舍身求法之壮举。《传法宝纪》之序里,作者谈及禅宗中北宗的传法世系时如是言:

> 唯东魏惠可,以身命求之,大师传之而去。惠可传僧璨,僧璨传道信,道信传弘忍,弘忍传法如,法如及乎大通。①

---

① 〔唐〕杜朏:《传法宝纪》,《大正藏》第85册,第1291页中。

这里的"大师"即指禅宗初祖菩提达摩,"大通"乃唐中宗赐给神秀禅师的谥号。此处虽未明确谈到慧可断臂之举,但"以身命求之"已隐含此意。而在该书的"北齐嵩山少林寺释惠可"部分,则明确述及断臂之举。文中关于达摩祖师航海来震旦传法的过程中,有这样一段文字:

(达摩)为我震旦国人,故航海□□(而至)高(嵩)山,时罕有知者,唯道昱、慧可宿心潜会,精竭求之。师□(事)六年,志取通晤。大师当(时)从容谓曰:"尔能为法舍身命不?"惠可断其臂以验诚恳。(案:余传云,被贼斫臂盖是一时谬传耳)自后始密以方便开发。①

《大正藏》所录的《传法宝纪》,虽是敦煌写本的残卷,亡佚甚多,但关于慧可舍身求法的文字却幸运地保留下来了,与日本学者神田喜一郎在1936年发现的全本的《传法宝纪》有关文字基本一致。这里的"高山"当为"嵩山"的抄写之误,"道昱"应该就是其他文献中所谈及的道育。据此处的文字,慧可与道昱曾在嵩山师事达摩六年,慧可断臂之壮举即在此期间。面对达摩"尔能为法舍身命不"的勘验,慧可毫不迟疑,毅然"断其臂以验诚恳"。如此感天动地的献身精神,显然超越了道昱,这应该是达摩特别青睐慧可的重要依据之一。以是之故,达摩大师"自后始密以方便开发",进而因慧可深得祖师禅之精髓而付法于他。杜胐在这里还特别加了一段按语,指出余传所谓"被贼斫臂盖是一时谬传耳"。这是指道宣律师《续高僧传》卷十六"齐邺中释僧可传"中的说法。②《传法宝纪》明确记述了慧可断臂的壮举,但未有慧可立雪的记载。

---

① 〔唐〕杜胐:《传法宝纪》,《大正藏》第85册,第1291页下。
② 〔唐〕释道宣:《续高僧传》,《大正藏》第50册,第552页中。

与《传法宝纪》大体同时,释净觉约于唐玄宗开元八年(720)成书的《楞伽师资记》中,则不仅述及慧可断臂,还有慧可立雪的感人记录。该著之"齐朝邺中沙门惠可"中,记载有慧可说法的若干语录,其中有这样一条:

(慧可)又云:吾本发心时,截一臂,从初夜雪中立,直至三更,不觉雪过于膝,以求无上道。①

行文中以慧可大师语录的形式来表述,不仅将截臂与立雪结合在了一起,且有立雪过程具体而形象的说明。立雪断臂"以求无上道",这种为法献身的精神与行动,从慧可自己的口中说出来,无疑更具震撼力,也增强了此说的可信度。

杜朏与净觉,皆是禅宗五祖弘忍大师门下北宗系的禅者。杜朏大致为法如禅师的弟子,净觉则为玄赜禅师的弟子。② 也就是说两位皆是弘忍大师的再传弟子,是神秀大师和慧能大师法侄一辈的禅者。这两部文献的有关记载,表明可敬可佩、可歌可泣的二祖慧可立雪断臂以求大法的公案故事,在8世纪初已有流传。

《传法宝纪》与《楞伽师资记》是北宗的禅史文献,因此不存在所谓南宗大盛之后按南宗禅的风格或需要来编造这类故事的问题。

此后数十年,南宗禅的禅史文献中,也有了慧可立雪断臂的记述。约8世纪后期,无住禅师弟子编撰的《历代法宝记》"北齐朝第二祖惠可禅师"部分,有这样的记述:"初事大师前立,其夜大雪至腰不移。大师曰:'夫求法不贪躯命。'遂截一臂,乃流白乳。大师默传心契,付袈裟一领。"③这里"流白乳"的说法,使故事更加富有传奇色彩。记述依据是杨楞伽的《邺都故事》和释法琳所造的碑文。约

---

① 〔唐〕净觉:《楞伽师资记》,《大正藏》第85册,第1286页上。
② 参见印顺:《中国禅宗史·序》,江西人民出版社,2007年,第2页。
③ 《历代法宝记》,《大正藏》第51册,第181页上。

于唐德宗贞元十七年(801)成书的反映南宗禅观点的释智炬《双峰山曹侯溪宝林传》卷八"达摩行教汉土章布六叶品第三十九""第二十九祖可大师章断臂求法品第四十",亦据法琳所撰的《慧可碑》,均述及慧可立雪断臂求法的故事。第三十九品达摩章中记述尤为具体生动:

> 当后魏第八祖太和十年,行至东京,有一僧名曰神光,昔在雒中,久传庄老,谈吐清奇,每自叹言,未尽理妙,孔老之说,礼述风规,志士不遥,当造玄境。年逾四十,始遇菩提达摩,礼事为师。从达摩行至少林寺,每问大师,师不言说。又自叹曰:昔人求法,敲骨取髓,刺血图像,布发掩泥,投崖饲虎,古人如此,我何藉焉?时太和十年十二月九日,为求胜法,立经于宿,雪齐至腰。天明,大师见而问曰:汝在雪中立,有何事?是时神光悲泣而言曰:惟愿和尚大慈大悲,开甘露门,广度群品,是所愿也。达摩告曰:诸佛无上菩提,旷劫修行。汝不以小意,欲求大法,终不能得。尔时神光闻是语已,即取利刀自断右臂,置达摩前。达摩语神光曰:诸佛菩萨,不以身为身,不以命为命。汝虽断臂,求亦可在。达摩遂改神光字惠可。①

不仅如此,《双峰山曹侯溪宝林传》的第四十品慧可章,更直接以"断臂求法"作为品题,从而使之进一步得到彰显。

自此之后,五代静、筠二禅师的《祖堂集》及北宋道原的《景德传灯录》、契嵩的《传法正宗记》等禅籍,皆沿袭慧可立雪断臂之说,从而为后世禅家所传诵不绝。

《祖堂集》成书于五代南唐保大十年(952),其卷二"达摩"部分如是记述:

---

① 〔唐〕智炬:《双峰山曹侯溪宝林传》卷八,蓝吉富主编:《禅宗全书》史传部(一),文殊出版社,1988年,第308页上~309页上。

有一僧名神光,昔在洛中,久传《庄》、《老》,年逾四十,得遇大帅,礼事为师,从至少林寺。每问于师,师并不言说。又自叹曰:"古人求法,敲骨取髓,刺血图像,布发掩泥,投崖饲虎。古尚如此,我何惜焉?"时大和十年十二月九日,为求法故,立经于夜,雪乃齐腰。天明,师见问曰:"汝在雪中立,有如何所求耶?"神光悲啼,泣泪而言:"唯愿和尚开甘露门,广度群品。"师云:"诸佛无上菩提,远劫修行。汝以小意而求大法,终不能得。"神光闻是语已,则取利刀,自断左臂,置于师前。师语神光云:"诸佛、菩萨求法,不以身为身,不以命为命。汝虽断臂,求法亦可在。"遂改神光名为惠可。①

　　显然,《祖堂集》基本上是转述《双峰山曹侯溪宝林传》的有关说法,只是个别文字略有不同而已,其中最大的不同是"自断右臂"变成了"自断左臂",但这也非实质性的区别,并未改变自行"断臂"一说。由此可知,慧可立雪断臂这一公案故事的主要情节与基本内容,在《双峰山曹侯溪宝林传》中已经构建成型,并为《祖堂集》所接受而沿袭之。但两书所依据的释法琳的《慧可碑》,有人认为颇有可疑之处,如陈垣先生指出其中有不少内容"皆不足信"②,陈士强《〈宝林传〉或问》认为"惠可章中说唐法琳为惠可撰碑文等,皆是讹说"③。所以,《双峰山曹侯溪宝林传》的有关说法,可能还是借鉴了《传法宝纪》《楞伽师资记》《历代法宝记》的相关记载,而有所加工发挥。

　　《双峰山曹侯溪宝林传》"自明以来,已不见著录"④。《祖堂

---

①　〔五代〕静、筠二禅师:《祖堂集》,蓝吉富主编:《禅宗全书》史传部(一),文殊出版社,1988年,第463页下~464页上。
②　陈垣:《中国佛教史籍概论》卷五,《陈垣全集》第17册,安徽大学出版社,2009年,第599页。
③　陈士强:《〈宝林传〉或问》,《法音》1989年第10期。
④　陈垣:《中国佛教史籍概论》卷五,《陈垣全集》第17册,安徽大学出版社,2009年,第602页。

集》更是流传一段时间后,便在中土佚失,直到1912年日本学者才在韩国重新发现,在二战后公开出版。但北宋的道原与契嵩不仅见到过这两部书,而且这两部书还是他们著述时的重要参考文献,《景德传灯录》与《传法正宗记》中的相关内容,基本上取材于此。《景德传灯录》与《传法正宗记》皆被辑入大藏经之中,对后世的影响较大,现将相关内容抄录于下。

法眼宗僧道原的《景德传灯录》卷三"第二十八祖菩提达磨"中,有关内容如是写道:

> (达磨)寓止于嵩山少林寺,面壁而坐,终日默然。人莫之测,谓之壁观婆罗门。时有僧神光者,旷达之士也,久居伊洛,博览群书,善谈玄理。每叹曰:"孔、老之教,礼术风规,《庄》《易》之书,未尽妙理。近闻达磨大士住止少林,至人不遥,当造玄境。"乃往彼,晨夕参承。师常端坐面墙,莫闻诲励。光自惟曰:"昔人求道,敲骨取髓,刺血济饥,布发掩泥,投崖饲虎。古尚若此,我又何人?"其年十二月九日夜,天大雨雪,光坚立不动,迟明,积雪过膝。师悯而问曰:"汝久立雪中,当求何事?"光悲泪曰:"惟愿和尚慈悲,开甘露门,广度群品。"师曰:"诸佛无上妙道,旷劫精勤,难行能行,非忍而忍。岂以小德小智,轻心慢心,欲冀真乘?徒劳勤苦。"光闻师诲励,潜取利刀,自断左臂,置于师前。师知是法器,乃曰:"诸佛最初求道,为法忘形。汝今断臂吾前,求亦可在。"师遂因与易名曰慧可。①

云门宗僧契嵩的《传法正宗记》卷六"天竺第二十八祖菩提达磨尊者传下",有关内容如是表述:

> (达磨)初止嵩山少林寺,终日唯面壁默坐。众皆不测其

---

① 〔宋〕道原:《景德传灯录》卷三,《大正藏》第51册,第219页中。

然,俗辄以为壁观婆罗门僧。未几洛有沙门号神光者,其为人旷达混世,世亦以为不测之人。及闻尊者风范尊严,乃曰:"至人在兹,吾往师之。"光虽事之尽礼,尊者未始与语。光因有感曰:"昔人求道乃忘其身,今我岂有万分之一?"其夕会雪大作,光立于砌,及晓而雪过其膝。尊者顾光曰:"汝立雪中,欲求何事?"神光泣而告曰:"惟愿和尚以大悲智开甘露门,广度我辈。"尊者谓之曰:"诸佛无上妙道,虽旷劫精勤,能行难行,能忍难忍,尚不得至,岂此微劳小效而辄求大法?"光闻诲,乃潜以刃自断左臂,置之其前。尊者复请光曰:"诸佛最初求道,为法忘形。汝今断臂吾前,求亦可在。"光复问曰:"我心未宁,乞师与安。"尊者曰:"将心来,与汝安。"曰:"觅心了不可得。"答曰:"与汝安心竟。"光由是有所契悟。尊者遂易其名曰慧可。①

从道原及契嵩的相关记述可以明显看到,与《双峰山曹侯溪宝林传》《祖堂集》中的相关内容是基本一致的,只是行文的风格略有不同。此后的文献中关于立雪断臂的公案,大体皆加以上四书所说,区别仅是情节详略及具体文字稍有不同而已,故不再一一列举。

至于后来进一步演绎出的"天降红雪"之类说法(如《登封文物志》等),那是后人的附会与发挥。为纪念中国禅宗由此开始这一标志性的神圣事件,明代时在嵩山少林寺建有立雪亭,殿内神龛中供奉有嘉靖十年(1531)所铸的达摩铜坐像。龛上悬挂的"雪印心珠"匾额,乃清乾隆帝巡幸中岳与少林寺时御笔亲题。立雪亭曾于1980年重修,有一副楹联曰:"禅宗初祖天竺僧,断臂求法立雪人。"当代著名大居士、中国佛教协会原会长赵朴初考察少林寺时,崇仰二祖慧可舍身求法的精神,感慨时下少林武术热可能带来的弊端,即兴赋诗曰:"大勇立雪人,断臂得心安。天下称第一,是禅不是拳。"所有这些,无不说明二祖慧可立雪断臂求法问道的公案故事,不仅广

---

① 〔宋〕契嵩:《传法正宗记》卷五,《大正藏》第51册,第742页下。

泛深入人心,为人们所普遍接受,还成为激励参禅学佛者精进行道的重要精神力量。

至于道宣的"被贼斫臂"说,后来虽不再流传,其实也是很感人的。只因此说不是在慧可求法时,而是在慧可护法弘法期间,所以这里暂不展开,留待下文再作论述。

印顺导师曰:"达摩以来禅师们的事迹,起初都是传说,由弟子或后人记录出来。传说是不免异说的……古代禅者事迹的研究,应该是求得一项更近于事实的传说而已。"① 这是一种很有启示意义的禅宗文献解读法。由此来看,"立雪断臂"与"被贼斫臂"两种不同的传说,到底何者才是历史事实,已很难厘清。不过两者比较而言,立雪断臂求法也许"更近于事实的传说",因之而广为后人采信。杜朏《传法宝纪》已指出"被贼斫臂"说乃"一时谬传耳"。虽然道宣撰述《续高僧传》是认真严谨的,但因资料所限,或传说本身有误,而出现误记,也是难免的。何况,在赞扬慧可大师为法忘躯精神这一点上,两者并无分歧。

二、弘传禅法,不避诬害

慧可大师接法之后,要将祖师禅的安心法门传弘开去,在当时"盛弘讲授""取相存见"的大背景下,充满艰难险阻,甚至面临死亡的威胁。慧可大师不避讥嫌,不怕诬害,坦然面对,善巧处置,进一步显示了他为法忘躯的大无畏献身精神。有关慧可的传记中,这方面的感人经历多有记载。

唐代道宣律师的《续高僧传》,是较早记录慧可这方面行迹的重要文献。② 在道宣笔下,慧可的感人事迹主要体现于:

一是鉴于当时"合国盛弘讲授,乍闻定法多生讥谤"的大气候,

---

① 印顺:《中国禅宗史·序》,江西人民出版社,2007年,第4~5页。
② 见〔唐〕道宣:《续高僧传》卷十六,《大正藏》第50册,第551页下~552页下。

慧可得法后,虽然不得不"埋形河涘"多年,但对慕名而来的师从问道者,依然"奋其奇辩,呈其心要",且"言满天下",显示了慧可为弘扬禅法不避讥谤的精神气概。

二是在邺城弘法期间,听闻者甚众,影响很大,遭到"滞文之徒"道恒禅师等人的嫉恨与诬陷,买通官府横加迫害,几至于死;慧可观察时机因缘,泰然地善巧应对,从容顺俗,韬光混迹,等待时机。道宣是这样写的:

> 后以天平之初,北就新邺,盛开秘苑,滞文之徒是非纷举。时有道恒禅师,先有定学王(匡)宗邺下,徒侣千计。承可说法,情事无寄,谓是魔语。乃遣众中通明者,来觇可门。既至闻法,泰然心服,悲感盈怀,无心返告。恒又重唤,亦不闻命。相从多使,皆无返者。他日遇恒,恒曰:"我用尔许功夫开汝眼目,何因致此诸使?"答曰:"眼本自正,因师故邪耳。"恒遂深恨谤恼于可,货赇俗府,非理屠害。初无一恨,几其至死,恒众庆快。遂使了本者绝学浮华,谤黩者操刀自拟。始悟一音所演,欣怖交怀;海迹蹄滢,浅深斯在。可乃纵(从)容顺俗,时惠清猷乍托吟谣,或因情事,澄汰恒抱,写割烦芜。故正道远而难希,封滞近而易结,斯有由矣。遂流离邺卫,亟展寒温。①

由此可见,慧可在邺城弘法的遭遇十分曲折,尽管慧可的说法很有吸引力,道恒之徒亦多有闻法而泰然心服、一去不返者,但也正因如此而损害了邪师道恒的既得利益,污蔑慧可"情事无寄"的说法为"魔语",从而惨遭道恒等人的构陷屠害,差点丧命。慧可因此警悟到公开弘扬大法的时机因缘尚未成熟,而可以付法的衣钵传人亦未最终确定,于是不得不从容顺俗,一度离开邺卫,以待合适的时机因缘,正所谓"留得青山在,不怕没柴烧"。直面抗争固然是大无畏精

---

① 〔唐〕道宣:《续高僧传》卷十六,《大正藏》第50册,第552页上。

神的表现,而在必要时的韬光混迹,从容顺俗,这种柔性的和光同尘的行迹,既是智慧善巧与坚韧毅力的展现,也是不避讥谤的大无畏精神的一种特殊表现。

关于韬光混迹、从容顺俗的具体表现,五代时的《祖堂集》中如是表述:"或在城市,随处任缘;或为人所使,事毕却还。彼所有智者,每劝之曰:'和尚是高人,莫与他所使。'师云:'我自调心,非关他事。'"①北宋初的《景德传灯录》则写成:"韬光混迹,变易仪相,或入诸酒肆,或过于屠门,或习街谈,或随厮役。人问之曰:'师是道人,何故如是?'师曰:'我自调心,何关汝事。'"②北宋契嵩《传法正宗记》则表述为:"变节游息,不复择处,或鄽或野,虽屠门酒家,皆一混之。识者或规曰:"师高流,岂宜此为?"尊者曰:"我自调心,何关汝事?"③所用文字虽有些不同,但基本内容是一致的。这种随缘任运的行为,没有定慧等持的超卓智慧与无畏精神,是难以做到的。

三是在北周武帝灭法期间,慧可与同学昙林共护经像,两人先后遭贼斫臂,慧可不仅"以法御心,不觉痛苦",还任劳任怨地照顾并开导昙林。道宣是如此记述的:

> 时有林法师,在邺盛讲《胜鬘》并制文义。每讲人聚,乃选通三部经者,得七百人,预在其席。及周灭法,与可同学共护经像。初达摩禅师以四卷《楞伽》授可曰:"我观汉地惟有此经,仁者依行自得度世。"可专附玄理,如前所陈,遭贼斫臂,以法御心,不觉痛苦。火烧斫处,血断帛裹,乞食如故,曾不告人。后林又被贼斫其臂,叫号通夕。可为治裹,乞食供林,林怪可手不便,怒之。可曰:"饼食在前,何不自裹?"林曰:"我无臂也,可不知耶?"可曰:"我亦无臂,复何可怒?"因相委问,方知有功。

---

① 〔五代〕静、筠二禅师:《祖堂集》,蓝吉富主编:《禅宗全书》,文殊出版社,1988年,第467页上~下。
② 〔宋〕道原:《景德传灯录》卷三,《大正藏》第51册,第221页上。
③ 〔宋〕契嵩:《传法正宗记》卷六,《大正藏》第51册,第745页上。

故世云无臂林矣。①

道宣的叙述很有意思,也颇为感人。两位同学在北周灭法时一起护法,这是需要勇气的,而且都因此而"遭贼斫臂",历尽艰辛,皆是值得敬佩的。结合其他文献,这里所说的"贼"应是指灭法之徒,这些毁法恶贼追寻护持经像南下的僧人,并先后对慧可与昙林残忍地施加毒手。面对同样的境遇与伤痛,两人境界的高低迥异,慧可"以法御心,不觉痛苦",且乞食如故,秘不告人。而林法师则通宵号叫,慧可照料他,他还嫌不便而迁怒之。慧可却不但不恼,还以法开导之。由此可见,两人同为达摩的学生,林法师未得安心法门,虽善于讲经制义,但遇事却难以制心、安心。而慧可大师深契安心法门,故能御心、安心矣!因此,道宣的"遭贼斫臂"说,虽后来很少被采用,仍是很有意义的。即使"遭贼斫臂"说如杜朏所言为"一时谬传",但出现这样的传说,也能反映出慧可非同寻常的坚强意志、禅定功夫与禅悟境界。

杜朏虽然不认可道宣的"遭贼斫臂"说,但对慧可舍身弘法行迹亦有所记录。《传法宝纪》全本中述及,慧可在"后魏天平中,游邺卫,多所化度。僧有深忌者,又默鸩之。惠可知便受食,毒不能害"②。这是说慧可遭到忌恨他的僧人之投毒谋害,但他泰然处之,竟受食而未中毒。如是明知有毒而以身试之,若没有为法忘躯的献身精神和深湛精到的功夫,显然是无法做到的。这种"明知山有虎,偏向虎山行"的浩然气概实在令人敬佩。

三、偿还宿债,坦然赴死

慧可大师历尽艰辛,博求法嗣,终于物色到法器僧璨,付法授衣

---

① 〔唐〕道宣:《续高僧传》卷十六,《大正藏》第50册,第552页中。
② 转引自陈士强:《〈传法宝纪〉钩沉》,《法音》总第59期。

三祖大师以后,大事已了,二祖大师遂坦然返回邺都,偿还宿债。①故对慧可大师而言,上面曾经提到的种种从容顺俗、韬光混迹、任运而为的行迹,既是历境调心,又是随缘消业,偿还累生历劫的宿债。最后,由于慧可大师弘传上乘大法,归依听法者众多,引起"滞文之徒"的不满,兴谤于成安县令翟仲侃,被无端加害,他无怨无悔,坦然舍生赴死而入灭于邺都。

据《祖堂集》《景德传灯录》《传法正宗记》等有关记载,兴谤者乃是辩和法师。《祖堂集》是这样说的:

> 时有辩和法师,于邺都管城安县匡救(教)寺讲《涅槃经》。是时大师至彼寺门说法,集众颇多。法师讲下人。辩和怪于师,遂往县令翟仲侃说之:"彼邪见道人,打破讲席。"翟令不委事由,非理损害而终,葬在磁州滏阳东北七十余里,寿龄一百七岁。②

《景德传灯录》中的相关文字是这样的:

> (慧可)又于筦城县匡救(教)寺三门下,谈无上道,听者林会。时有辩和法师者,于寺中讲《涅槃经》。学徒闻师阐法,稍稍引去,辩和不胜其愤,兴谤于邑宰翟仲侃。仲侃惑其邪说,加师以非法。师怡然委顺,识真者谓之"偿债",时年一百七岁。……后葬于磁州滏阳县东北七十里。③

---

① 所谓还债一说,最早见于《祖堂集》,二祖给三祖付法说偈之后,告诉僧璨曰:"吾往邺都还债。"后来的禅籍皆承此说,《景德传灯录》写作:"吾亦有宿累,今要酬之。"《传法正宗记》写成:"我有夙累在邺,将往偿之。"

② 〔五代〕静、筠二禅师:《祖堂集》,蓝吉富主编:《禅宗全书》史传部(一),文殊出版社,1988年,第467页下。

③ 〔宋〕道原:《景德传灯录》卷三,《大正藏》第51册,第221页上。

《传法正宗记》中的相关内容,则是这样写的:

> 初邺有僧曰辨和者,方聚徒讲《涅槃经》于筦城县之匡救(教)寺。尊者每往其寺门与人演说。适会正朝众大从于可,辨和之徒亦为之迁。辨和愤之,寻谓其令翟仲侃曰:"慧可狂邪,颇诳惑人众,此宜治之。"仲侃听其言,乃取加之酷刑。尊者因是而化,时世寿一百七岁。士女哀之,共收其遗骸葬于磁州滏阳之东。①

上引三者所说,大同小异。其后的禅籍也基本上采用此种说法。慧可大师被害起因于辩和法师的诬告,而直接处死慧可的则是县令翟仲侃。联系前述慧可"往邺都还债"之说,大师与翟仲侃之间究竟有什么宿怨,三者皆未作具体交代。明万历《成安县志》中记述当地有这样的传说,慧可未出家之前,还名姬光时,曾经失手误伤过一头毛驴。那毛驴转世成人,即翟仲侃,后来当了成安县令。故辩和一告到县里,翟县令便将慧可缉拿入狱,施以酷刑,于隋开皇十三年(593)三月十六日把慧可处死,并抛尸漳河。而慧可大师以了却旧债之故,面对冤屈迫害,怡然委顺,毫无怨恨,坦然赴死。遗体在漳河中浮而不沉,居然如跏趺端坐一样,逆流而上,漂流到芦村,信众打捞起来,予以安葬。该处古时候属于磁州滏阳。唐代在此为二祖建寺(即元符寺),并建有二祖塔,芦村因此称"二祖村"②。

《历代法宝记》的记述则有些不同,兴谤者非辩和法师,而是菩提流支三藏光统律师徒党。直接加害者虽是翟县令,但是奉敕执法,牵涉到当时的朝廷。有关内容是这样叙说的:

---

① 〔宋〕契嵩:《传法正宗记》卷六,《大正藏》第51册,第745页上~中。
② 参见张志军:《二祖说法台 成安匡教寺》,《禅》2012年第1期;《二祖山——成安元符寺》,《禅》2012年第2期。

（慧可）接引群品，道俗归依不可胜数。经二十年开化，时有难起。又被菩提流支三藏光统律师徒党欲损可大师。师付嘱僧璨法已，入司空山隐。可大师后佯狂，于四衢城市说法，人众甚多。菩提流支徒党告可大师，云妖异奏敕。敕令所司推问可大师，大师答："承实妖。"所司知众疾，令可大师审，大师确答："我实妖。"敕令城安县令翟冲侃依法处刑。可大师告众人曰："我法至第四祖，化为名相。"语已悲泪。遂示形身流白乳，肉色如常。所司奏帝，帝闻悔过。此真菩萨，举朝发心，佛法再兴。大师时年一百七岁。其墓葬在相州城安县子陌河北五里，东柳构去墓一百步，西南十五里，吴儿曹口是。①

此说后世很少采信，但既有此一说，亦录于此以供参考。不管是否符合史实，这种传说也从一个侧面反映了当年慧可弘传新禅法之不易，体现了慧可忍辱负重、为法舍身的精神风貌。

总之，慧可大师作为中国禅宗第一位本土祖师，正是其为法忘躯的大无畏献身精神，才使禅宗这一最上乘大法，得以在华夏大地扎下根来并传承下去，其巨大的贡献随便怎么评价都不会过分。唐德宗谥其号曰"大祖禅师"（一说"大弘禅师"），非常恰当，慧可大师实是接续弘扬达摩的禅法并使之在中土扎根的中国禅宗之大祖也！中国佛教协会原会长赵朴初先生曾说："二祖是中国禅宗的初祖，达磨是印度人，慧可大师才是中国禅宗第一人，没有他就没有中国佛教禅宗今天的发展。"②诚哉斯言！

（黄公元，杭州师范大学教授）

---

① 〔唐〕杜朏：《历代法宝记》，《大正藏》第51册，第181页中。
② 见台湾《安庆分讯》，1992年第2、3期合刊，第26页。

慧可禅法之当代生活禅意义研究[1]

何则阴

释慧可(476~582)[2],俗姓姬,虎牢人(今河南荥阳汜水镇人)。本名光,后名神光。拜师达摩后,易名为慧可,也叫僧可,《楞伽师资记》记载为"惠可"。[3] 大抵是因"慧"与"惠"通假。

关于慧可的生平,有王晖文《"大祖禅师"慧可考——兼论慧可在禅宗史上的地位与作用》[4],与杨笑天文《关于达摩和慧可的生平》的研究成果。按王晖说,慧可生卒年为487~593年,慧可断臂也非因向达摩求法,而是在他88岁时,因周武帝灭法,为了保护经像南走,遭贼斫失左臂所致。在记载矛盾之处,大体说来,王晖以道宣《续高僧传》为主要依据。

按杨笑天考,不可过于信赖《续高僧传》的记载。"道宣作僧

---

[1] 该论文为2011年国家社科基金项目"当代中国宗教发展趋势与和谐社会建设长效机制研究"(11XZJ002)的阶段性研究成果。
[2] 慧可的生卒年见杨笑天《关于达摩和慧可的生平》(《法音》2000年第5期)。
[3] 《大正藏》第85册,第1285页中。
[4] 王晖:《"大祖禅师"慧可考——兼论慧可在禅宗史上的地位与作用》,《法音》1994年第3期。

传,往往也不可能完全地精益求精。"①如据道宣对达摩师徒三人传记的排序来看,就可证明。他们师徒三人是指僧副、达摩与慧可,《续高僧传》中不是达摩在前,而是僧副在达摩之前。杨笑天依据诸多古文献记载,互相稽考,认为慧可应该是出生于北魏孝文帝的承明元年(476),卒于隋文帝开皇二年(582)。据《楞伽师资记·惠可传》,慧可与达摩相遇时为14岁,兼据昙林的《二入四行论序》谓道育、慧可"年虽后生",推论二人遇达摩时年纪尚且很轻,认为慧可遇到达摩时为14岁的可能性更大。那么,慧可与达摩分手时大约就是在北魏太和十八年(494),那时慧可20岁。而达摩于太和十九年(495)示寂,与达摩于北魏太和十年(486)北渡至魏的时间正好相距9年,这与古来达摩在嵩山面壁九年的传说正好吻合。此后,慧可隐居40年。《续高僧传》说,慧可至周武灭法时(574)尚且住世,与同学昙林共护经像,此时慧可98岁。

按杨笑天考,慧可"末怀道京辇,默观时尚,独蕴大照,解悟绝群。虽成道非新,而物贵师受。一时令望,咸共非之。但权道无谋,显会非远。自结斯要,谁能系之"②。当在从达摩得法之后,而非是在之前。这与《续高僧传》所载顺序相异。

慧可作为中国禅宗初祖,或说是二祖,他的禅法有何特点呢?其当代生活禅意义又为何呢?一般人们习惯称慧可为禅宗二祖,但按王晖考,唐德宗李适(780~804)曾谥慧可为"大祖禅师",慧可当为中国禅宗初祖、一祖。③ 但如若真要改变称呼,佛经中有很多地方都需要做出更改,比如禅宗史上惯称的六祖就要改称为五祖了。这是否有必要呢?这当是另外一个问题。

---

① 杨笑天:《关于达摩和慧可的生平》,《法音》2000年第5期。
② 《大正藏》第50册,第551页下~552页上。
③ 王晖:《"大祖禅师"慧可考——兼论慧可在禅宗史上的地位与作用》,《法音》1994年第3期。

一、慧可禅法

关于慧可禅法,可以从几个方面来把握。首先,由于他是达摩的弟子,而且是最得达摩心传的弟子,"夫达磨之徒,其最亲者慧可也"①。于是,慧可禅法可依据达摩教言来把握。其次,可依据慧可传把握。慧可传中,又可据慧可讲法与行迹两个方面来看。慧可传记在《大正藏》《续藏经》《嘉兴藏》中皆有记载。据《大正藏》,按成书顺序,专门为慧可立传、内容较为详细的有大唐西明寺沙门释道宣于645年撰写的《续高僧传》卷第十六《释僧可》、唐朝东都沙门释净觉所作《楞伽师资记·齐朝邺中沙门惠可》、东吴道原于宋景德元年(1004)所撰《景德传灯录·第二十九祖慧可大师者》、宋藤州东山沙门释契嵩于宋仁宗至和二年(1055)起稿嘉祐六年(1061)编修完成的《传法正宗记》卷第六《震旦第二十九祖慧可尊者传》、宋景定四明东湖沙门志盘咸淳五年(1269)所撰《佛祖统纪》卷第二十九《二祖慧可》与觉岸禅师于元代至正元年(1341)所撰《释氏稽古略》卷二《二祖慧可大师尊者》。

综合起来,笔者拟列达摩所传禅、慧可所传禅、慧可行迹禅、一乘法与楞伽禅四个方面来分析。

(一)达摩所传禅

达摩所传禅可以依据达摩言教来看。按以上典籍所列达摩传记载,其中的几个典型内容为达摩与梁武帝对法、达摩传慧可"真法"与"入道"禅法及四卷《楞伽经》。②

---

① 〔宋〕契嵩:《传法正宗记》卷五,《大正藏》第51册,第743页下。
② 四卷《楞伽经》的全称是《楞伽阿跋多罗宝经》,见《大正藏》第16册。

1. 达摩与梁武帝对法

据《景德传灯录·第二十八祖菩提达摩者》载，达摩与梁武帝有多处对话。然据杨笑天考，达摩北渡"绝不应该是在梁武帝的时候，而应当是在齐武帝(483~493)的时候"①，那么，达摩也应该是和齐武帝对法，而不是梁武帝。当然，无论是与梁武帝还是与齐武帝，那是考察史实的必要，不是此处研究义理的必须。此处，我们不难发现，达摩所强调的佛法，不以世事为旨归，因为他认为那只会修成人天小果，不是趣向真实的法门。真正的功德是修出世第一智，而这智慧又是本来完满无缺、体自空寂的，圣地第一义也是"无"。那么，达摩在此所传的其实就与《楞伽经》中提倡的"圣智三相"、"佛乘"、"第一义"、第一义远离断常等论述相通。

> 帝问曰："朕即位已来，造寺、写经、度僧不可胜纪，有何功德？"师曰："并无功德。"帝曰："何以无功德？"师曰："此但人天小果有漏之因，如影随形，虽有非实。"帝曰："如何是真功德？"答曰："净智妙圆，体自空寂。如是功德，不以世求。"帝又问："如何是圣谛第一义？"师曰："廓然无圣。"②

> 帝乃问曰："朕尝造寺、写经，大度僧尼，必有何功德？"尊者曰："无功德。"帝曰："何无功德？"对曰："此但人天小果有漏之因，如影随形，虽有非实。"帝曰："如何是真功德？"对曰："净智妙圆，体自空寂。如是功德，不以世求。"帝复问："如何是圣谛第一义？"对曰："廓然无圣。"③

> 帝问曰："朕即位以来，造寺、写经、度僧不可胜纪，有何功

---

① 杨笑天：《关于达摩和慧可的生平》，《法音》2000年第5期。
② 〔宋〕道原：《景德传灯录》，《大正藏》第51册，第219页上。
③ 〔宋〕契嵩：《传法正宗记》，《大正藏》第51册，第742页中~下。

德?"祖曰:"此但人天小果,如影随形,虽有非实。"帝曰:"如何是真功德?"祖曰:"净智妙圆,体自空寂。"帝曰:"如何是圣谛第一义?"祖曰:"廓然无圣。"①

是否可据"廓然无圣"理解禅宗意旨为"不立文字,见性成佛"呢?若依四卷《楞伽经》,修"心"之内容次第井然,怎可一个"空"字即得。"不立文字"的含义当是不以文字为第一标准,文字是能指,借文字趣向所指。可见,字中之义的追寻才是最主要的。

2.真法与入道

《续高僧传》《楞伽师资记》《景德传灯录》《佛祖统纪》《释氏稽古略》等对达摩所传的真法与入道法门都有介绍。《续高僧传》为"真法"与"入道",《楞伽师资记》与《景德传灯录·菩提达磨略辨大乘入道四行》为"真道"与"入道",《释氏稽古略》记载了"入道"即"大乘入道四行",其中讲了理入与行入,没有介绍真法。《佛祖统纪》只是简单提及了达摩所传的"大乘入道理行二门",并没有详细介绍。如此看来,上述资料关于真法与入道的相关论述当是一致的。

达摩真法的内容为安心、发行、顺物与方便。"壁观"大体是当时人们对达摩坐禅的描述,收摄身心,息缘静坐,心自渐安,从而"安心"。"发行""四法"是否就是后文所言的"行入四行"呢?要随顺世俗,就要避免对立或诽谤,据传所载,达摩因与梁武帝不契机而离开,是不是一个随顺的行为呢?笔者认为,这证明的是一种非"顺"。当然,心不贪着,是很重要的。如何做到这些呢?入道法门是很多的,主要有两种:理入与行入。理入的大意是直趣第一义,即众生之"同一真性"。离妄归真,舍尘显净。行入有四种,但笔者认为,也可归纳为两种:一为随缘无求行,二为如法行。"抱怨行""随缘行"与"无所求行"其实是一个意思,世事无求、无爱无憎,余下的就是一心

---

① 〔明〕觉岸:《释氏稽古略》,《大正藏》第49册,第797页上。

办道。关于"称法行",《景德传灯录》中论述较详。

> 法师①感其精诚,诲以真道,令如是安心,如是发行,如是顺物,如是方便,此是大乘安心之法,令无错谬。如是安心者壁观,如是发行者四行,如是顺物者防护讥嫌,如是方便者遣其不着。此略序所由云尔。
> 夫入道多途,要而言之,不出二种:一是理入,二是行入。理入者,谓藉教悟宗,深信含生同一真性,但为客尘妄想所覆,不能显了。若也舍妄归真,凝住壁观,无自无他,凡圣等一,坚住不移,更不随于文教,此即与理冥符,无有分别,寂然无为,名之理入。行入者,谓四行,其余诸行悉入此中。何等四耶?一报冤行,二随缘行,三无所求行,四称法之行。云何报冤行?谓修道行人,若受苦时,当自念言,我从往昔无数劫中,弃本从末,流浪诸有。多起冤憎,违害无限,今虽无犯,是我宿殃,恶业果熟,非天非人所能见与,甘心忍受,都无冤诉。经云:"逢苦不忧。"何以故?识达故。此心生时,与理相应,体冤进道,故说言报冤行。二随缘行者,众生无我,并缘业所转,苦乐齐受,皆从缘生。若得胜报荣誉等事,是我过去宿因所感,今方得之,缘尽还无,何喜之有!得失从缘,心无增减,喜风不动,冥顺于道,是故说言随缘行也。三无所求行者,世人长迷,处处贪着,名之为求。智者悟真,理将俗反,安心无为,形随运转,万有斯空,无所愿乐。功德黑暗,常相随逐。三界久居,犹如火宅。有身皆苦,谁得而安?了达此处,故舍诸有,息想无求。经云:"有求皆苦,无求乃乐。"判知无求,真为道行,故言无所求行也。四称法行,性净之理,目之为法。此理众相斯空,无染无着,无此无彼。经云:"法无众生,离众生垢故。法无有我,离我垢故。"智者若能信解此理,应当称法而行。法体无悭于身命财,行檀舍施,心无

---

① 指菩提达摩——笔者注。

慧可禅法之当代生活禅意义研究　83

恪惜,达解三空,不倚不着,但为去垢称、化众生而不取相。此为自行,复能利他,亦能庄严菩提之道。檀施既尔,余五亦然,为除妄想、修行六度而无所行,是为称法行。①

真法之中很重要的一个法门是安心法门。典籍中多处记载,慧可求达摩为其安心,也有达摩讲自己向慧可"内传法印以契证心"。从慧可见达摩求安心,到达摩"付正法眼"予慧可,再到达摩最终对慧可的嘱托仍然是要以法印契心,足见安心法门的重要。

现将典籍中记载慧可求安心法门之处抄录于下:

法师感其精成,诲以真道,如是安心,如是发行,如是顺物,如是方便,此是大乘安心之法,令无错谬。如是安心者,壁观。②

光曰:"我心未宁,乞师与安。"师曰:"将心来,与汝安。"曰:"觅心了不可得。"师曰:"我与汝安心竟。"③

师曰:"内传法印以契证心。"④

光复问曰:"我心未宁,乞师与安。"尊者曰:"将心来,与汝安。"曰:"觅心了不可得。"答曰:"与汝安心竟。"光由是有所契悟。⑤

二祖慧可……师曰:"我心未安,乞师安心。"磨曰:"将心

---

① 〔宋〕道原:《景德传灯录》,《大正藏》第51册,第458页中~下。
② 〔唐〕净觉:《楞伽师资记》,《大正藏》第85册,第1285页上。
③ 〔宋〕道原:《景德传灯录》,《大正藏》第51册,第219页中。
④ 〔宋〕道原:《景德传灯录》,《大正藏》第51册,第219页下。
⑤ 〔宋〕契嵩:《传法正宗记》,《大正藏》第51册,第742页下。

来,与汝安。"师曰:"觅心了不可得。"磨曰:"与汝安心竟。"①

可曰:"我心未宁,乞师安心。"祖曰:"将心来,与汝安。"可良久曰:"觅心了不可得。"祖曰:"我与汝安心竟。"……可曰:"请师指陈。"祖曰:"内传法印以契证心。"②

无论是真法与入道,还是说达摩为慧可内传法印以证心,都强调理入的重要性,而重要的理入无非是从心法契入,这也正是《楞伽经》所强调的"一切佛语心"的要义。

3.四卷《楞伽经》

经典中多处记载达摩将四卷《楞伽经》传与慧可:

(达摩)谓可曰:"有《楞伽经》四卷,仁者依行,自然度脱。"③

第三齐朝邺中沙门惠可,承达摩禅师后。其可禅师,俗姓姬,武牢人。年十四,遇达摩禅游化嵩洛。奉事六载,精究一乘,附于玄理,略说修道,明心要法,真登佛果。《楞伽经》云:"牟尼寂静观,是则远离生死,是名为不取。今世后世,净十方诸佛。若有一人,不因坐禅而成佛者,无有是处。"④

初达摩禅师以四卷《楞伽》授可曰:"我观汉地,惟有此经;仁者依行,自得度世。"⑤

---

① 〔宋〕志磐:《佛祖统纪》,《大正藏》第49册,第291页中。
② 〔明〕觉岸:《释氏稽古略》,《大正藏》第49册,第797页上~下。
③ 〔唐〕净觉:《楞伽师资记》,《大正藏》第85册,第1284页下。
④ 〔唐〕净觉:《楞伽师资记》,《大正藏》第85册,第1285页中~下。
⑤ 〔唐〕道宣:《续高僧传》,《大正藏》第50册,第552页中。

师又曰:"吾有《楞伽经》四卷,亦用付汝。"①

(达磨)复谓慧可曰:"此有《楞伽经》四卷者,盖如来极谈法要,亦可以与世开示悟入,今并付汝。"②

(达磨)又曰:"吾有《楞伽经》,是如来心地要门,可以照心。"③

初,达磨以《楞伽》四卷授之曰:"仁者依行,自可得度。"④

祖曰:"……《楞伽经》四卷者,盖如来极谈法要,亦可以与世开示悟入,今并付汝。"⑤

按《传法正宗记》,达摩传慧可四卷《楞伽经》时,慧可还未得《楞伽经》法要:

夫达磨之徒,其最亲者慧可也,其次道副、道育。古今禅者所传可辈之言,皆成书,繁然盈天下。而四行之云亦未始概见,独昙琳序之耳。然琳于禅者亦素无称,纵昙琳诚得于达磨,亦恐祖师当时且随其机而方便云耳。若真其道,则何只以慧可拜已,归位而立,云汝得吾髓?此验四行之言,非其道之极者也。夫达磨之道者,乃四禅中诸佛如来之禅者也。经曰:"观如来禅者,谓如实入如来地故。"入内身圣智相三空三种乐行,故成办众生所作不可思议。若壁观者,岂传佛心印之谓耶?然达磨之

---

① 〔宋〕道原:《景德传灯录》,《大正藏》第51册,第219页下。
② 〔宋〕契嵩:《传法正宗记》,《大正藏》第51册,第743页上。
③ 〔宋〕志磐:《佛祖统纪》,《大正藏》第49册,第291页中。
④ 〔宋〕志磐:《佛祖统纪》,《大正藏》第49册,第291页中。
⑤ 〔明〕觉岸:《释氏稽古略》,《大正藏》第49册,第797页下。

道至乎隋唐已大著矣,为其传者自可较其实而笔之,安得辄从流俗而不求圣人之宗,斯岂谓善为传乎?①

而后慧可也将四卷《楞伽经》之心法要义传与他的弟子,如他让那、满禅师等随时带着四卷《楞伽经》,用以修心,而且随说随行,说到做到:"故使那、满等师常赍四卷《楞伽经》以为心要,随说随行,不爽遗委。"②

也有典籍记载慧可弟子慧满禅师以《楞伽经》为心要,如说修行:相州隆化寺慧满禅师……又尝示人曰:"诸佛说心,令知心相是虚妄。今乃重加心相,深违佛意。又增论议,殊乖大理。"故常赍《楞伽经》四卷以为心要,如说而行。③

此处只是找出达摩传四卷《楞伽经》与慧可的记载。但四卷《楞伽经》的精髓是什么?达摩禅的精髓为何?大体来讲,是如何修一乘法,如何趣向第一义,是诸佛如何"语心"。关于如何趣向第一义的语心要则,后文将专列一节"一乘法与楞伽禅"详论。

(二)慧可所传禅

关于慧可的传法,典籍中介绍得并不是很集中,但可据一些事件来归纳总结。一是慧可对向居士传法。其中讲到了罪性本空、依佛法僧住、即心即佛论、瓦砾与珍珠喻、万法即皆如的生活禅蕴意等。

> 有一居士……问师曰:"……请和尚忏罪。"师曰:"将罪来,与汝忏。"居士良久云:"觅罪不可得。"师曰:"我与汝忏罪竟。宜依佛、法、僧住。"曰:"今见和尚,已知是僧。未审何名

---

① 〔宋〕契嵩:《传法正宗记》,《大正藏》第51册,第743页下~744页上。
② 〔唐〕道宣:《续高僧传》,《大正藏》第50册,第552页下。
③ 〔宋〕道原:《景德传灯录》,《大正藏》第51册,第221页中~下。

佛、法?"师曰:"是心是佛,是心是法,法、佛无二,僧宝亦然。"①

祖曰:"……宜依佛、法、僧住。"士曰:"今见和尚,已知是僧。未审何名佛、法?"祖曰:"是心是佛,是心是法,法、佛无二,僧宝亦然。"②

向居士……闻二祖盛化,乃致书通好……二祖大师命笔回示曰:"备观来意皆如实,真幽之理竟不殊。本迷摩尼谓瓦砾,豁然自觉是真珠。无明智慧等无异,当知万法即皆如。愍此二见之徒辈,申辞措笔作斯书。观身与佛不差别,何须更觅彼无余。"③

一日,俄有号居士者,年四十许,以疾状趋其前,不称姓名。谓尊者曰:"弟子久婴业疾,欲师为之忏罪,愿从所请。"尊者曰:"将罪来,为汝忏。"其人良久曰:"觅罪不可得。"曰:"我与汝忏罪竟。然汝宜依止乎佛、法、僧。"其人曰:"适今睹师,已知僧矣。不识何谓佛、法?"答曰:"是心是佛,是心是法,法、佛无二。汝知之乎?"④

至北齐有一居士,年逾四十,不言名氏。聿来设礼,而问祖曰:"弟子身缠风恙,请和尚忏罪。"祖曰:"将罪来,与汝忏。"士良久曰:"觅罪不可得。"祖曰:"与汝忏罪竟。宜依佛、法、僧住。"士曰:"今见和尚,已知是僧。未审何名佛、法?"祖曰:"是心是佛,是心是法,法、佛无二,僧宝亦然。"士曰:"今日始知,罪

---

① 〔宋〕道原:《景德传灯录》,《大正藏》第51册,第220页下。
② 〔明〕觉岸:《释氏稽古略》,《大正藏》第49册,第803页上。
③ 〔宋〕道原:《景德传灯录》,《大正藏》第51册,第221页中。
④ 〔宋〕契嵩:《传法正宗记》,《大正藏》第51册,第744页下~745页上。

性不在内,不在外,不在中间,如其心然,佛、法无二也。"①

二是僧那禅师传中,慧可弟子那禅师在得慧可传法后,传法与弟子满禅师时的对话,讨论了如下几点:那禅师强调传承"祖师心印"与"明本心"的重要性;在这个前提下,"苦行"不等于道,苦行只是助缘。修行的目的是为了让"心珠""朗照世间",而四卷《楞伽经》就是修心的标杆经典。那禅师提到慧可就《楞伽经》的预言——"四世之后变成名相",提醒后学,实修重于言谈。

> 僧那禅师,姓马氏……唯一衣一钵,一坐一食,奉头陀行。既久侍于祖,后谓门人慧满曰:"祖师心印,非专苦行,但助道耳。若契本心,发随意真光之用,则苦行如握土成金。若唯务苦行,而不明本心,为憎爱所缚,则苦行如黑月夜履于险道。汝欲明本心者,当审谛推察,遇色遇声,未起觉观时,心何所之?是无耶?是有耶?既不堕有无处所,则心珠独朗,常照世间,而无一尘许间隔,未尝有一刹那顷断续之相。故我初祖兼付《楞伽经》四卷,谓我师二祖曰:'吾观震旦唯有此经可以印心,仁者依行,自得度世。'又二祖凡说法竟,乃曰:'此经四世之后变成名相,深可悲哉!'"②

(三)慧可行迹禅

关于慧可行迹,在慧可传中,比较突出的有慧可求法舍躯的故事,有慧可实践禅法"依位而立"的描述,有他得法后历境练心的生活方式,还有他传法与僧璨后临终前的抱怨大行。为法舍躯可以理解为对人无我观念的践行,"依位而立"可以理解为对不着文字、毕

---

① 〔明〕觉岸:《释氏稽古略》,《大正藏》第49册,第803页上。
② 〔宋〕道原:《景德传灯录》,《大正藏》第51册,第221页上~中。

慧可禅法之当代生活禅意义研究　89

竟第一义空义的实践,历境练心是对于心力的磨炼,而抱怨行可以理解为对达摩真法的实践。

1.为法舍躯

慧可为向达摩求法,为法舍躯。一说,慧可静立雪中数小时,一说慧可还自断左臂。对此,《传法正宗记》有议论,说道宣与法琳二者观点有异,当信谁的问题:

> 评曰:唐僧传谓可遭贼断臂,与予书云曷其异乎?曰:余考《法琳碑》,曰师乃雪立数宵,断臂无顾,投地碎身,营求开示。然为唐传者与琳同时,琳之说与禅者书合,而宣反之。岂非其采听之未至乎?故其书不足为详。①

按王晖考,慧可断臂当为北周灭法的建德三年(574),他与同学林法师一起共护经像南逃,被灭法之人追逐,慧可乃"遭贼斫臂,以法御心,不觉痛苦"②。其实,笔者认为,无论是否存在慧可自断左臂的事情,这两个说法无非是想证明,慧可为了求法而忘身。我觉得只要有慧可静立雪中数小时的事实,就足以提醒学佛之人不要太关注自己的臭皮囊,而要以求法、修法、证道为要。关于慧可为法舍躯的记载如下:

> 遭贼斫臂,以法御心,不觉痛苦。火烧斫处,血断帛裹,乞食如故,曾不告人。③

又云:"吾本发心时,截一臂,从初夜雪中立,直至三更,不

---

① 〔宋〕契嵩:《传法正宗记》,《大正藏》第51册,第745页中。
② 王晖:《"大祖禅师"慧可考——兼论慧可在禅宗史上的地位与作用》,《法音》1994年第3期。
③ 〔唐〕道宣:《续高僧传》,《大正藏》第50册,第552页中。

觉雪过于膝,以求无上道。"①

(神光)每叹曰:"近闻达磨大士住止少林,至人不遥,当造玄境。"乃往彼,晨夕参承。师常端坐面墙,莫闻诲励。光自惟曰:"昔人求道,敲骨取髓,刺血济饥,布发掩泥,投崖饲虎。古尚若此,我又何人?"其年十二月九日夜,天大雨雪,光坚立不动,迟明,积雪过膝。师悯而问曰:"汝久立雪中,当求何事?"光悲泪曰:"惟愿和尚慈悲,开甘露门,广度群品。"师曰:"诸佛无上妙道,旷劫精勤,难行能行,非忍而忍。岂以小德小智,轻心慢心,欲冀真乘,徒劳勤苦?"光闻师诲励,潜取利刀,自断左臂,置于师前。师知是法器,乃曰:"诸佛最初求道,为法忘形。汝今断臂吾前,求亦可在。"师遂因与易名曰慧可。②

尊者未始与语。光因有感曰:"昔人求道乃忘其身,今我岂有万分之一?"其夕会雪大作,光立于砌,及晓而雪过其膝。尊者顾光曰:"汝立雪中,欲求何事?"神光泣而告曰:"惟愿和尚以大悲智开甘露门,广度我辈。"尊者谓之曰:"诸佛无上妙道,虽旷劫精勤,能行难行,能忍难忍,尚不得至,岂此微劳小效而辄求大法?"光闻诲,乃潜以刃自断左臂,置之其前。尊者复请光曰:"诸佛最初求道,为法忘形。汝今断臂吾前,求亦可在。"③

第二十九祖慧可,武牢人,姓姬氏。三十捐世书出家,寻得戒。三十二以异梦辞其本师,混迹于京洛。遇达磨大师,乃立雪断臂,恳求法印,果得其传授,因为易名,遂为众之所归。寻

---

① 〔唐〕净觉:《楞伽师资记》,《大正藏》第85册,第1286页上。
② 〔宋〕道原:《景德传灯录》,《大正藏》第51册,第219页中。
③ 〔宋〕契嵩:《传法正宗记》,《大正藏》第51册,第742页下。

得三祖僧璨为之弟子,以法付之。却往邺都,偿其夙累。①

是年十二月九日夜,天大雪,光坚立庭中,迟明,积雪过膝。祖悯之问曰:"久立雪中,当求何事?"光泣曰:"愿和尚慈悲,开甘露门,广度群品。"至于断臂哀恳,祖因以易名曰慧可。②

2.依位而立

达摩传与慧可的是一乘法,是心法,是第一义的追求与实践。当达摩准备遴选某位弟子作为法嗣时,慧可的"依位而立"或"归位而立",正表明了慧可的行为已契合了达摩所传心法的要求,即说什么都是没有必要的,因为要离言绝虑,要远离文字追求所指,更要践行所指之中的第一义。

若联系《楞伽经》来看,慧可此行为表达出来的就是无得无说的境界。由心有行,相由心生。《楞伽经》中还特别讲到,世尊说要"缘自得法住"③。慧可的依位而立正是领悟了这一要义之后的表现。其相关记载如下:

最后慧可礼拜后依位而立,师曰:"汝得吾髓。"④

及慧可者,趋前拜已,归位而立。尊者曰:"汝得吾髓。"⑤

慧可礼三拜,依位立。师曰:"汝得吾髓。"复顾谓可曰:"世尊以正法眼藏付嘱大迦叶,辗转传授,以至于吾。吾今付

---

① 〔宋〕契嵩:《传法正宗定祖图》,《大正藏》第51册,第771页下~772页上。
② 〔明〕觉岸:《释氏稽古略》,《大正藏》第49册,第797页上。
③ 〔刘宋〕求那跋陀罗译:《楞伽阿跋多罗宝经》,《大正藏》第16册,第499页上。
④ 〔宋〕道原:《景德传灯录》,《大正藏》第51册,第219页下。
⑤ 〔宋〕契嵩:《传法正宗记》,《大正藏》第51册,第743页上。

汝,汝当护持。"①

最后慧可出,礼三拜,依位而立。祖乃顾慧可而告之曰:"昔如来以正法眼付迦叶大士,辗转嘱累而至于我。我今付汝,汝当护持。"②

3.历境练心
慧可得法后在生活中历境练心。其相关记载如下:

即于邺都随宜说法,一音演畅,四众归依。如是积三十四载,遂韬光混迹,变易仪相,或入诸酒肆,或过于屠门,或习街谈,或随厮役。人问之曰:"师是道人,何故如是?"师曰:"我自调心,何关汝事?"③

及可至邺下说法,人大化之,凡三十四载。一旦遽变节游息,不复择处,或鄽或野,虽屠门酒家,皆一混之。识者或规曰:"师高流,岂宜此为?"尊者曰:"我自调心,何关汝事?"④

师既传法僧璨,谓曰:"吾有宿累,今当偿之。"遂往邺都行化。隋开皇十二年,于管城正救寺谈无上道。有和法师先讲《涅槃经》,学徒稍稍引去听法,和不胜愤。逸于邑令,加以非法,师怡然委顺而终。⑤

至吾灭后二百年,衣止不传,法周沙界。明道者多,行道者

---

① 〔宋〕志磐:《佛祖统纪》,《大正藏》第49册,第291页中。
② 〔明〕觉岸:《释氏稽古略》,《大正藏》第49册,第797页上。
③ 〔宋〕道原:《景德传灯录》,《大正藏》第51册,第221页上。
④ 〔宋〕契嵩:《传法正宗记》,《大正藏》第51册,第745页上。
⑤ 〔宋〕志磐:《佛祖统纪》,《大正藏》第49册,第291页中~下。

少;说理者多,通理者少。①

4.抱怨行

慧可传法,遭道恒禅师的嫉妒、陷害,而慧可"纵容顺俗",以自己的行为演绎了达摩入道法门的抱怨行、随缘行与无所求行。但慧可的抱怨行引来的是"正道远而难希,封滞近而易结"的感慨。可见,若是为了弘扬佛法,抱怨行也不一定值得提倡,正如下文所言;但若是立足个我一己修证佛法,无怨无悔地修抱怨行,也无可厚非。

> 时有道恒禅师,先有定学王(匡)宗邺下,徒侣千计。承可说法,情事无寄,谓是魔语。乃遣众中通明者,来殄可门。既至闻法,泰然心服,悲感盈怀,无心返告。恒又重唤,亦不闻命。相从多使,皆无返者。他日遇恒,恒曰:"我用尔许功夫开汝眼目,何因致此诸使?"答曰:"眼本自正,因师故邪耳。"恒遂深恨谤恼于可,货赇俗府,非理屠害。初无一恨,几其至死,恒众庆快。遂使了本者绝学浮华,谤黩者操刀自拟。始悟一音所演,欣怖交怀;海迹蹄滢,浅深斯在。可乃纵(从)容顺俗,时惠清猷乍托吟谣,或因情事,澄汰恒抱,写割烦芜。故正道远而难希,封滞近而易结,斯有由矣。遂流离邺卫,亟展寒温。道竟幽而且玄。②

> 师曰:"……然吾亦有宿累,今要酬之。"……又于筦城县匡救(教)寺三门下,谈无上道,听者林会。时有辩和法师者,于寺中讲《涅槃经》。学徒闻师阐法,稍稍引去,辩和不胜其愤,兴谤于邑宰翟仲侃。仲侃惑其邪说,加师以非法。师怡然委顺,识

---

① 〔明〕觉岸:《释氏稽古略》,《大正藏》第49册,第797页下。
② 〔唐〕道宣:《续高僧传》,《大正藏》第50册,第552页上。

真者谓之"偿债",时年一百七岁。①

既而复谓僧璨曰:"我有夙累在邺,将往偿之。"……初邺有僧曰辨和者,方聚徒讲《涅槃经》于筦城县之匡救寺,尊者每往其寺门与人演说。适会正朝,众大从于可,辨和之徒亦为之迁。辨和愤之,寻谓其令翟仲侃曰:"慧可狂邪,颇诳惑人众,此宜治之。"仲侃听其言,乃取加之酷刑。尊者因是而化。②

第二十九祖慧可。却往邺都,偿其夙累。③

二祖慧可……师既传法僧璨,谓曰:"吾有宿累,今当偿之。"遂往邺都行化。隋开皇十二年,于管城正救寺谈无上道。有和法师先讲《涅槃经》,学徒稍稍引去听法,和不胜愤。逸于邑令,加以非法。师怡然委顺而终。④

祖曰:"……然吾亦有宿累,今要酬之。"祖即往邺都,随宜说法,积三十四年。后于筦城县匡救寺山门下谭无上道。时有辩和法师者,于寺中讲《涅槃经》。学徒稍稍引去,和愤谤祖于邑宰翟仲侃。翟罪于祖,祖乃委顺。⑤

(四)一乘法与楞伽禅

无论是从达摩传法、慧可传法、慧可行迹,还是从四卷《楞伽经》来看,慧可禅的核心都是指向一乘法或圣谛第一义的。慧可精通世

---

① 〔宋〕道原:《景德传灯录》,《大正藏》第51册,第221页上。
② 〔宋〕契嵩:《传法正宗记》,《大正藏》第51册,第745页上。
③ 〔宋〕契嵩:《传法正宗记》,《大正藏》第51册,第771页上。
④ 〔宋〕志磐:《佛祖统纪》,《大正藏》第49册,第291页中~下。
⑤ 〔明〕觉岸:《释氏稽古略》,《大正藏》第49册,第803页上~中。

间、出世间典籍,但指归却是"精究一乘"。他能够做到随缘、无求与抱怨行,具有"相容"与"无滞"之功夫。据《续高僧传》载,慧可"外览坟素,内通藏典。末怀道京辇,默观时尚,独蕴大照,解悟绝群……从学六载,精究一乘。理事兼融,苦乐无滞"①。若立足四卷《楞伽经》,这一含义就更为显明。该经的翻译因缘,首先就是为了解决大唐中土众生学佛不得要领的问题。通读全经,《楞伽经》中所讲的法门众多,真可谓八万四千,以对治八万四千众生之根性。然要言之,可以归纳为两点:一是如何与外道相区分,二是如何趣向第一义。

1.译经因缘

据《楞伽师资记》载:"宋朝求那跋陀罗三藏,中天竺国人。大乘学时号摩诃衍。元嘉年,随船至广州。宋太祖迎于丹阳郡。译出《楞伽经》。"②南北朝刘宋时,求那跋陀罗三藏于元嘉二十年(443)译出《楞伽阿跋多罗宝经》四卷,简称四卷《楞伽经》。关于译经因缘,书中有明确论述:

> 三藏云:"此土地居东边,修道无法。以无法故,或坠小乘二乘法,或堕九十五种外道法,或堕鬼神禅。观见一切物,知他人家好恶事,苦哉!大福大祸,自陷陷他。我愍此辈,长劫落鬼神,久受生死,不得解脱。或堕术法,役使鬼神。看他家好恶事,谁言我坐禅观行。凡夫盲迷不解,谓登圣道,皆悉降伏,不知是鬼神邪魅法也。我中国有正法,秘不传筒。有缘根熟者,路逢良贤,途中受与。若不逢良贤,父子不得。《楞伽经》云:'诸佛心第一。'教授法时,心不起处是也。此法超度三乘,越过十地,究竟佛果处,只可默心自知。无心养神,无念安身,闲居净坐,守本归真。我法秘默,不为凡愚浅识所传,要是福德厚

---

① 〔唐〕道宣:《续高僧传》,《大正藏》第50册,第551页下~552页上。
② 〔唐〕净觉:《楞伽师资记》,《大正藏》第85册,第1283页下。

人,乃能受行。"①

翻译推介《楞伽经》到中土的原因是此土人民"修道无法",因此堕于"小乘二乘法",而不知"大乘佛乘",或者堕于外道法门,甚至堕于"鬼神禅",堕于"法术""役使鬼神",其实就是中土本有的道教信仰的表现,却被一些人误认为是佛法"圣道"。《楞伽经》是讲"诸佛心第一"的经典,"此法超度三乘,越过十地,究竟佛果处"。"究竟佛果"即是对第一义的指归或发明。

其时不见修道之人:"心未安时,善尚非善,何况其恶。心得安静时,善恶俱无依……尚不见修道人,何况安心者。时时见有一作业,未契于道,或在名闻,成为利养。人我心行,嫉妒心造。"②如此看来,当时学佛修道的局面是非常令人遗憾的,通达三藏的天竺人求那跋陀罗因机而翻译出了《楞伽经》。

2.《楞伽经》要义

关于《楞伽经》要义,古今著述者甚多。如唐代有西明寺沙门法藏法师撰《入楞伽心玄义》一卷,今有金克木、释满耕与刘泽亮等人的研究。

法藏按"十门"诠释《楞伽经》:

> 将释此经十门分别:一教起所因,二藏部所摄,三显教差别,四教所被机,五能诠教体,六所诠宗趣,七释经题目,八部类传译,九义理分齐,十随文解释。③

法藏论"教起所因"之别论为"十义",为"一顺古,二满愿,三机感,四破恶,五回邪,六殄执,七酬问,八除疑,九显实,十成益":

---

① 〔唐〕净觉:《楞伽师资记》,《大正藏》第85册,第1284页上。
② 〔唐〕净觉:《楞伽师资记》,《大正藏》第85册,第1284页上。
③ 〔唐〕法藏:《入楞伽心玄义》,《大正藏》第39册,第425页上。

初教起所因者,先总后别,总谓一事。《法华》云:"如来唯为一大事因缘出兴于世,谓开示悟入佛之知见。"解云:"佛意欲令以已所得授与众生为本意也。二别显者,谓诸圣教起必赖缘缘,乃多端数过尘算。"《智论》云:"如须弥山非无因缘,非少因缘而令震动。"般若教起亦复如是,广如彼说。今别显此经,略显十义:一顺古,二满愿,三机感,四破恶,五回邪,六矜执,七酬问,八除疑,九显实,十成益。初顺古者谓如下文。过去诸佛亦曾于此山顶说五法、三性、八识、二空,内心所证。……九显实者,为显大乘根本实义。所谓五法、三性、八识、二空,莫不皆于自心如来藏立。①

论"第五能诠教体"为"十门":

第五能诠教体者,通论教体,略辨十门:一名句能诠门,二言声诠表门,三声名合诠门,四声名俱绝门,五通摄所诠门,六遍该诸法门,七缘起唯心门,八会缘归实门,九性相无碍门,十圆明具德门。②

论"第六所诠宗趣""有十":

第六所诠宗趣者,语之所表曰宗,宗之所归曰趣。通辨此经宗趣有十:一或说无宗,二或唯妄想,三或自觉圣智,四或说一心,五或开二谛,六三无等义,七或以四门法义,八或以五门相对义,九立破无碍,十显密自在。③

---

① 〔唐〕法藏:《入楞伽心玄义》,《大正藏》第39册,第425页下~426页上。
② 〔唐〕法藏:《入楞伽心玄义》,《大正藏》第39册,第427页中。
③ 〔唐〕法藏:《入楞伽心玄义》,《大正藏》第39册,第428页中。

题目有"十义释":

> 第七释题目者,略以十义释:一翻名,二指事,三显用,四显德,五表法,六辨行,七表玄,八开释,九合辨,十解品。①

论"明义分齐"有"十门":

> 第九明义分齐者,先义后文:义者然此经中义理浩汗,撮其机要,略显十门:一缘起空有门,二诸识本末门,三识体真妄门,四本识种子门,五佛性遍通门,六二乘回心门,七行位卷舒门,八障治无碍门,九违顺自在门,十佛果常住门。②

法藏《入楞伽心玄义》贯通汉地诸派经论,以论《楞伽经》要义。义理深奥难懂,似乎还不如读《楞伽经》来得直接、简单。

按金克木研究,《楞伽经》主要讲"五法、三自性、八识、二无我",是"高层次"的"教理问答",是为了澄清教理而讲;其中只讲佛法真道,不讲信仰;佛与大慧菩萨称颂的是佛法;但最后又提醒各位,不要执着言说,要趣向真法,同归一心。③

释满耕分析了《楞伽经》乃印度中期大乘佛教的重要经典,其中以"五法、三自性、八识、二无我"为中心,还涉及了很多其他的思想:

> 《楞伽阿跋多罗宝经》简称《楞伽经》,是印度中期大乘佛教的重要经典之一,因其思想以"五法"、"三自性"、"八识"、"二无我",又涉及"三界唯心"、"唯识"、"种性"、"禅定"、"涅槃"、"顿渐"等重要思想,所以被视为唯识学的基础。④

---

① 〔唐〕法藏:《入楞伽心玄义》,《大正藏》第39册,第429页下。
② 〔唐〕法藏:《入楞伽心玄义》,《大正藏》第39册,第430页下。
③ 金克木:《再阅〈楞伽〉》,《读书》1994年第5期。
④ 释满耕:《〈楞伽经〉要义及其历史地位》,《宗教学研究》2004年第2期。

刘泽亮分析了《楞伽经》人间佛教的义趣,内容包括佛凡不二的心体论、转识成智的禅悟论、宗说俱通的传释论与不舍众生的解脱论四个层面。① 以上这些成果,数据虽然不多,但对笔者研读《楞伽经》无疑是很有帮助的。不过,也许正如金克木先生所言,中国人发展的佛教理论并不完全吻合印度原典,致使佛经难读。

  依我看,汉译印度佛典难读处主要不在于术语多,语法文体外国式,障碍在于不明内容背景和思路,又由于中国人发展了佛教理论而有所误会,还因为觉得和欧洲近代思想体系差别太大。②

  四卷《楞伽经》虽然只有四卷,但有五万多字,内容非常丰富。有些内容,前后也有重复。按金克木先生的分析,这是由于印度人的条理性不够强所致:"再有一个问题是,这些问和句是怎么排列的?看来乱七八糟毫无逻辑次序可言。这又是古印度人常有的思路。"③《楞伽经》中世尊与大慧菩萨讨论到的主题有些繁杂,其中有些内容是反复提起的,如关于心意意识、五法、自性与二无我,分别为"心意意识、五法、自性相","心意意识、五法二无我","心意意识五法、自性、二无我相","五法、自性、识、二种无我"。还有一切法不生也是多处有多种提法,如为:"一切法不生","一切因缘所生","一切法如幻","一切法不生不灭"。这似乎更印证了金克木的分析。无论《楞伽经》中讨论了多少主题,其旨归可以归纳为两点:远离外道,步步趣向佛乘第一义。

---

① 刘泽亮:《〈楞伽经〉人间佛教义趣论要》,《世界宗教研究》2005年第2期。
② 金克木:《再阅〈楞伽〉》,《读书》1994年第5期。
③ 金克木:《再阅〈楞伽〉》,《读书》1994年第5期。

3.远离外道

《楞伽经》中论述佛乘与外道论的例子比比皆是,此处只撷取两例:

> 大慧!藏识灭者,不异外道断见论议。大慧!彼诸外道,作如是论,谓:"摄受境界灭,识流注亦灭。若识流注灭者,无始流注应断。"大慧!外道说流注生因,非眼识色明集会而生,更有异因。大慧!彼因者说言:"若胜妙,若士夫,若自在,若时,若微尘。"①

> 为离外道见故,当依无我如来之藏。②

4.趣向第一义

《楞伽经》同时又叫作《一切佛语心品》经,这就从根本上定位了《楞伽经》的指向。其中随处可见佛陀与大慧菩萨对第一义的讨论。如"三自性"之中的"成自性":

> 复次,大慧!菩萨摩诃萨,当善三自性。云何三自性?谓妄想自性、缘起自性、成自性。云何成自性?谓:离名相、事相妄想,圣智所得及自觉圣智趣所行境界,是名成自性。③

如善知诸法,是为了"趣究竟":

> 复次,大慧!菩萨摩诃萨善知心意意识、五法、自性、二无我相,趣究竟。④

---

① 〔刘宋〕求那跋陀罗译:《楞伽阿跋多罗宝经》,《大正藏》第16册,第483页中。
② 〔刘宋〕求那跋陀罗译:《楞伽阿跋多罗宝经》,《大正藏》第16册,第489页中。
③ 〔刘宋〕求那跋陀罗译:《楞伽阿跋多罗宝经》,《大正藏》第16册,第487页下。
④ 〔刘宋〕求那跋陀罗译:《楞伽阿跋多罗宝经》,《大正藏》第16册,第488页中。

如"四种禅"中的如来禅：

  复次，大慧！有四种禅。云何为四？谓：愚夫所行禅、观察义禅、攀缘如禅、如来禅。①

还有"自觉圣智相"与"一乘法"，都是第一义法门：

  大慧菩萨摩诃萨复白佛言："世尊！唯愿为说自觉圣智相及一乘，若说自觉圣智相及一乘，我及余菩萨善自觉圣智相及一乘，不由于他，通达佛法。"②

  佛告大慧："觉人法无我，了知二障，离二种死，断二烦恼，是名佛之知觉。声闻、缘觉得此法者，亦名为佛。以是因缘故，我说一乘。"③

所以，佛陀所讲的一切都是为了让诸位菩萨趣向一乘，即佛乘。

二、当代生活禅意义

  何为生活禅呢？简要言之，就是不离生活日用的禅法。即生活即禅修，生活与修禅圆融一体。生活以禅为旨归，在凡俗的生活中，不舍修禅，尤其不舍趣向佛乘第一义的出世追求。

  按四卷《楞伽经》，生活禅可以是一个世与出世，皆因缘所生，非常非断，时时更新的一种状态。在相续中无限趣向一个崭新的境界。这或许就是"世间出世间上上一切法，非常非无常。不觉自心

---

① 〔刘宋〕求那跋陀罗译：《楞伽阿跋多罗宝经》，《大正藏》第16册，第492页上。
② 〔刘宋〕求那跋陀罗译：《楞伽阿跋多罗宝经》，《大正藏》第16册，第497页上。
③ 〔刘宋〕求那跋陀罗译：《楞伽阿跋多罗宝经》，《大正藏》第16册，第498页中。

现量,堕二边恶见相续"的含义。

> 大慧! 我法起非常非无常。所以者何？谓外性不决定故。惟说三有微心,不说种种相有生有灭。四大合会差别,四大及造色,故妄想二种事摄所摄。知二种妄想,离外性无性二种见,觉自心现量。妄想者,思想作行生,非不作行。离心性无性妄想,世间出世间上上一切法,非常非无常。不觉自心现量,堕二边恶见相续。一切外道不觉自妄想,此凡夫无有根本,谓世间、出世间上上法,从说妄想生,非凡愚所觉。①

当代生活禅又有什么意蕴呢？这得把生活禅置入当代人的生存境遇中来进行考虑。较之古人,当代人的处境是,物质丰富,价值多元,通信方便,信息泛滥,人事纷繁,心思繁芜,信任减少,凡事易得,不知珍惜,欲望较重,较难静下心来研修佛典、反观内心。忙心难定,沉迷于世俗生活的人们,哪有时间和精力来修学定慧呢？又如何有生活禅呢？简单说来,当代生活禅即当代人如何修生活禅。

慧可禅法的当代生活禅意义有哪些呢？换言之,当代人在生活中贯彻慧可禅法的方式、方法有哪些呢？慧可禅法,是对达摩禅法的继承,达摩所传禅法包括重修证轻事功、真道与入道、四卷《楞伽经》之第一义。达摩禅重佛乘第一义的修证,远离断常、涅槃与非涅槃。慧可本人,为法舍躯,不仅传承《楞伽经》要义,而且身体力行,将对真法与入道法门的理解贯穿于自己的生命之中,慧可的"依位而立"正诠释了这样的观念;慧可临终前的抱怨大行也是对达摩入道法门的实践。据此可以看出,生活禅不离第一义禅,生活禅同时不废世俗人生。

慧可提倡依佛法僧住,他的历境练心,其本质都是在生活中以

---

① 〔刘宋〕求那跋陀罗译:《楞伽阿跋多罗宝经》,《大正藏》第16册,第508页下~509页上。

佛法为核心。慧可的瓦砾与与珍珠喻、即心即佛论、万法真如论,就是生活与禅法圆融不分之义。而《楞伽经》中的禅法内容更是很多,上文已经进行了总结。若依据以上禅法内容,可以分析出慧可生活禅的很多意义。为了简要论述,笔者将它们归纳为四点:随顺世间修出世、依佛法僧住、趣向第一义、起居与素食人生。

(一)随顺世间修出世

达摩真法的顺物与方便有随顺世俗的含义,安心有修出世法的含义。达摩入道四行就是提倡要在生活中修行禅法,抱怨行、随缘行、无所求行是随顺世间,而最终这一切都要归入称法行以修出世。慧可的历境练心、瓦砾与珍珠喻、即心即佛论、万法真如论等,都是生活禅的理论根基。

对于当代在家之人而言,随顺世间修出世,就是在承担个人世间的工作、家庭或社会责任之余,不忘学修禅法。这就是随缘应世,心不颠倒,心不滞留的含义。但不能废弃自己的世间责任,不能脱离自己的生存处境,不能只求单独经营一个自己的与世隔绝的禅修空间。为了禅修,不要工作,不要家庭,对社会漠不关心,是不可取的。

(二)依佛法僧住

不废世法修佛法,这是值得肯定的。但是一个人的精力毕竟是有限的,世法与佛法,二者兼顾,或融为一体,固是本意。但若完全被世法牵引,没有心力或时间来修出世法,生活禅的含义也就不复存在了。在圆融的世法与佛法之间,笔者认为,若需要分个主次的话,当以出世法为核心,引领世间法。因此,投胎为人,殊胜之意为亲证生活禅。亲证生活禅的含义在于依佛法僧住。恭敬三宝,实践佛法,用自己的人生阐扬佛法,当是依佛法僧住的含义。作为一种起步的生活禅修行,就需要研学经典、真修实践并定时坐禅。学习经典,是学佛的导引,学习典籍之后,才会明白何为佛法,何为外道,而不至于误入歧途。学习经典之余,更要注重实践,这样才不会将宝贵的修佛指南沦为名相之学。在达摩—慧可禅系中,"壁观"是一个有代表意义的法门,即提倡坐禅。

1.善读经书

有人说,达摩禅以"不立文字,教外别传,直指人心,见性成佛"为圭臬,因之就不需要文字了。笔者认为,此说大误。首先,根据这段文字的出处来分析,也只是说不要拘泥于语言文字,并不是说不要语言文字。

> 达磨西来,不立文字,教外别传,直指人心,见性成佛。奚拘于文字语言乎?从上三教圣人本是无言无说,只为后人迷失真智,不得已而开个门户与后人也。惜乎后人不行,是谁之咎欤?佛眼远和尚曰:"学者不可泥于文字、语言,盖文字、语言依他作解,障自悟门,不能出言象之表。"①

可见,"不立文字",不是以文字为旨归,而是要寻求文字之所指。

其次,若据《楞伽经》之"宗通与说通"相,"不立文字,教外别传,直指人心,见性成佛",当是指修禅要重"宗通相"而轻"说通相"。"说通相"为种种教门,为契合众生八万四千根性而设。而"宗通相"就为"远离言说文字妄想",直趣"无漏地自觉地自相",且"缘自觉趣光明晖发"之相,这或许指的是自修证境界,非语音文字所能明了。

> 佛告大慧:"一切声闻、缘觉、菩萨,有二种通相,谓:宗通及说通。大慧!宗通者,谓:缘自得胜进相,远离言说文字妄想,趣无漏界自觉地自相,远离一切虚妄觉想,降伏一切外道众魔,缘自觉趣光明晖发。是名宗通相。云何说通相?谓:说九部种种教法,离异不异、有无等相,以巧方便,随顺众生如应说法,令

---

① 〔明〕宗本:《归元直指集》,《续藏经》第61册,第467页下。

得度脱。是名说通相。大慧！汝及余菩萨,应当修学。"①

再次,若结合慧可本人"外通坟素,内通佛典"的经历,可知更是不可废弃文字,而是要提倡广学经论,为趣向第一义做理论准备。《楞伽经》中专门提到菩萨摩诃萨要善观"名句形身",从而契入"义句形身",以得证菩提。

> 复次,大慧！当说名句形身相。善观名句形身菩萨摩诃萨,随入义句形身,疾得阿耨多罗三藐三菩提。如是觉已,觉一切众生。大慧！名身者,谓若依事立名,是名名身。句身者,谓句有义身,自性决定究竟,是名句身。形身者,谓显示名句,是名形身(形身即字也)。又形身者,谓长短高下。又句身者,谓径迹。如象马人兽等所行径迹,得句身名。大慧！名及形者,谓以名说无色四阴,故说名。自相现,故说形。是名名句形身。说名句形身相分齐,应当修学。②

《楞伽经》中佛告诫大慧菩萨,若不讲佛法,即"不说一切法者",佛法则坏,即"教法则坏";若坏教法,又无诸佛等;没有诸佛,谁又为众生讲法呢？即无佛法。但若执着语言文字,又会掩埋佛法,废弃佛法,"法离文字"是说要寻求文字所传法。说法是随机而现的,不可执着,若执着言说文字,既不可能为世人开慧,也不可能自证佛法。即若"依文字",则"自坏第一义",不能自觉,"亦不能觉他"。

> 一切言说,堕于文字,义则不堕。离性非性故,无受生,亦

---

① 〔刘宋〕求那跋陀罗译:《楞伽阿跋多罗宝经》,《大正藏》第 16 册,第 499 页中~下。

② 〔刘宋〕求那跋陀罗译:《楞伽阿跋多罗宝经》,《大正藏》第 16 册,第 494 页上~下。

无身故。大慧！如来不说堕文字法,文字有无不可得故,除不堕文字。大慧！若有说言,如来说堕文字法者,此则妄说。法离文字故。是故,大慧！我等诸佛及诸菩萨,不说一字、不答一字。所以者何？法离文字故。非不饶益义说。言说者,众生妄想故。大慧！若不说一切法者,教法则坏。教法坏者,则无诸佛、菩萨、缘觉、声闻。若无者,谁说为谁？是故,大慧！菩萨摩诃萨,莫着言说,随宜方便,广说经法。以众生悕望烦恼不一故,我及诸佛,为彼种种异解众生而说诸法,令离心、意、意识故,不为得自觉圣智处。大慧！于一切法无所有,觉自心现量,离二妄想。诸菩萨摩诃萨依于义,不依文字。若善男子、善女人依文字者,自坏第一义,亦不能觉他。①

因此,广读经论,善读经书,是借语言文字而知佛法、修佛法、证第一义的基础。理论只是准备,但光有理论肯定是不行的,还要重在实践。

2.注重实践

恰当把握语言文字的地位或作用,寻求第一义的把握,这些都还不是目的。若只是注重理论意义,那佛法就沦为"名相",深可哀哉！达摩对后学研修禅法将堕入义理之说,废弃实践的可能性已早有预言。他说,在他之后二百年,说得多,懂得少；懂得多,做到得少。后来,慧可也说了这一趣向,说《楞伽经》将"变成名相"。托古以喻今,当代人尤其要重实践,不以会说禅为耀。

> 至吾灭后二百年,衣止不传,法周沙界。明道者多,行道者少。说理者多,通理者少。②

---

① 〔刘宋〕求那跋陀罗译:《楞伽阿跋多罗宝经》,《大正藏》第16册,第506页中~下。
② 〔宋〕道原:《景德传灯录》,《大正藏》第51册,第219页下。

然吾逝之后二百年后,衣钵止而不传,法亦大盛。当是知道者多,行道者少。说理者多,悟理者少。①

每可说法竟,曰:"此经四世之后,变成名相。一何可悲!"②

实践佛法一定会有效果,或者是心开慧解,或者是烦恼渐灭,或者是定功渐长。心相有变,身相也会有所表现。如慧可之吉祥相,其"顶骨"如"五峰秀出"。对于爱美的现代人而言,成就生活禅,自然能修得某种俊美之相,不亦乐哉。

翌日,觉头痛如刺,其师欲治之。空中有声曰:"此乃换骨,非常痛也。"光遂以见神事白于师,师视其顶骨,即如五峰秀出矣,乃曰:"汝相吉祥,当有所证。"③

实践生活禅的含义很广,如以佛法观世间人事,以佛心安处世间,以佛眼慈观众生,所在之处,传递出诸佛心境,那是何等高的实践法门!当然,在俗人修行佛法的次第中,还是需要渐进功夫的。因此,达摩壁观于现代人修禅仍然是非常有用的。

3.壁观坐禅

经典中多次提到达摩壁观。而以下这句话对如何修壁观当是一个很好的解释,就是只管静坐,远离自他分别,凡圣区分,直接契入真实,不随"他教",无为静坐,直到"与道冥符"。可见达摩壁观禅是理入法门。

---

① 〔宋〕契嵩:《传法正宗记》,《大正藏》第51册,第743页上。
② 〔唐〕道宣:《续高僧传》,《大正藏》第50册,第552页中~下。
③ 〔宋〕道原:《景德传灯录》,《大正藏》第51册,第220页下。

疑住壁观,无自无他,凡圣等一。坚住不移,不随他教。与道冥符,寂然无为,名理入也。①

如此说来,实践壁观坐禅时,可以不必太主观营求,而是以一种无为的心态,只管静坐就好了。

(三)趣向第一义

本来依佛法僧住,应该包括对佛乘第一义的追求。但是,若不单列此目,怎么能突出《楞伽经》与外道相区分,从而指向第一义佛乘的特点呢?这也是对当代人所有生活禅行为的最终要求,追求佛法第一义,而不是其他。一方面,佛乘第一义不同于外道第一义,是离有无、离生灭、离非性非无性的;另一方面,第一义境是非常快乐、安隐自在的,此时,世事烦恼永息。

> 佛告大慧:"我说不生不灭,不同外道不生不灭。所以者何?彼诸外道,有性自性,得不生不变相。我不如是堕有无品。大慧!我者离有无品,离生灭,非性非无性。如种种幻梦现,故非无性。云何无性?谓色无自性相摄受,现不现故,摄不摄故。以是故,一切性无性非无性,但觉自心现量,妄想不生,安隐快乐,世事永息。"②

若懂得了第一义,世间种种魔与非魔,魔说与非魔说,自然就能轻松辨别了。

(四)起居与素食人生

随顺世间修出世法,在世间依佛法僧住,时时不忘佛乘第一义

---

① 〔唐〕道宣:《续高僧传》,《大正藏》第50册,第551页下。
② 〔刘宋〕求那跋陀罗译:《楞伽阿跋多罗宝经》,《大正藏》第16册,第507页中。

的生活禅实践,但也不能忽略日常的起居与饮食。对于起居,当然可以是各有不同的,一般公认晚上9点至凌晨4点是休息的黄金时间,这对于夜生活丰富的当代人而言,要求似乎很高,但对恢复一个人的体力而言,无疑是非常有益的。若休息好了,还可随缘早起坐禅。

对于素食,据《楞伽经》讲,很有规范素食的必要。很久以来,有不少人说,素食非佛制,乃中国梁武帝所制。梁武帝有倡导素食制,这个说法或许是正确的,但据《楞伽经》,说是非佛制就不太准确了。在《楞伽经》中,佛对大慧菩萨讲了很多禁戒吃肉的理由。

>佛告大慧:"有无量因缘不应食肉,然我今当为汝略说。谓:一切众生从本已来,辗转因缘,常为六亲,以亲想故,不应食肉。驴骡、骆驼、狐狗、牛马、人兽等肉,屠者杂卖故,不应食肉。不净气分所生长故,不应食肉。众生闻气,悉生恐怖,如旃陀罗及谭婆等,狗见憎恶,惊怖群吠故,不应食肉。又令修行者慈心不生故,不应食肉。凡愚所嗜,臭秽不净,无善名称故,不应食肉。令诸咒术不成就故,不应食肉。以杀生者,见形起识,深味着故,不应食肉。彼食肉者,诸天所弃故,不应食肉。令口气臭故,不应食肉。多恶梦故,不应食肉。空闲林中虎狼闻香故,不应食肉。令饮食无节量故,不应食肉。令修行者不生厌离故,不应食肉。我常说言,凡所饮食作食子肉想,作服药想故,不应食肉。听食肉者,无有是处。复次,大慧!过去有王,名师子苏陀娑,食种种肉,遂至食人,臣民不堪,即便谋反,断其奉禄。以食肉者有如是过故,不应食肉。
>
>"复次,大慧!凡诸杀者,为财利故、杀生屠贩。彼诸愚痴食肉众生,以钱为网而捕诸肉。彼杀生者,若以财物,若以钩网,取彼空行水陆众生,种种杀害,屠贩求利。大慧!亦无不教不求不想,而有鱼肉。以是义故,不应食肉。大慧!我有时说,遮五种肉,或制十种。今于此经,一切种、一切时,开除方便,一

切悉断。大慧！如来应供等正觉,尚无所食,况食鱼肉?亦不教人。以大悲前行故,视一切众生,犹如一子,是故不听令食子肉。"①

据笔者观察,有些人学佛到一定程度后,吃肉会不消化,会上火。也许是心静到一定程度身体自然就拒绝肉食了吧。所以,吃肉与否,功夫到了一定程度,当会自然成就,加上世间种种因缘,可以随缘,不必刻意。但禁戒吃肉的观点还是应该有的。

(何则阴,成都医学院副教授)

---

① 〔刘宋〕求那跋陀罗译:《楞伽阿跋多罗宝经》,《大正藏》第16册,第513页下~514页上。

浅论禅宗二祖慧可大师的佛教思想及意义

释宽江

在中国禅宗历史上,二祖慧可(487~593)应该是有着划时代的意义的。他处于中国文化大交融和大发展的魏晋南北朝时代,也是佛教在中国的第一次发展高峰的时代。作为一个知识分子,他出家前饱学儒家,深契老庄玄学,有深厚的中国传统文化基础。出家后他参学当时学派林立的佛教,佛学知识扎实广博。最终,二祖契悟禅宗无上解脱之道,对上承接一祖达摩的法脉,代表当时整个中国文化和印度佛教核心思想的对接和融合,应该是禅宗中国化的第一人;对下将佛教核心的解脱内涵传递给三祖僧璨,为中国特色的禅宗确立了基础。

一、魏晋南北朝的社会文化及佛教背景

东汉末年,天下大乱,历经三国,最后曹魏代汉,进入魏晋南北朝时代。最重要的是,随着两汉皇权上层建筑的轰然倒塌和代表其帝王正统思想的儒学的崩溃,人们失去了思想上的依靠,开始重新审视和认识人生、社会、宇宙。一方面,玄学的兴起,去除了浓厚的

政治色彩,纯粹认识探讨宇宙本体等,代表了当时士大夫与知识分子对传统文化儒、道的重新认识和定位,人们试图从中国传统文化中来寻找宇宙人生问题的解答。另一方面,代表佛教思想精华的般若思想在此时翻译进来,般若思想在这时出现,给士大夫、知识分子打开了一个更加广阔的天地,指出了另外一个找到宇宙人生根本问题的道路,进入了一个更加玄之又玄的宇宙人生的本体。故此,代表传统文化的玄学和佛教般若思想一拍即合,水乳交融。随着后期佛教经典的进一步翻译,《涅槃》《法华》《楞伽》《华严》指出的法界唯心思想和如来藏佛性清净不灭思想,又加深了佛教的宇宙观,达到了人类对宇宙人生的最高认识——解脱的佛性本体论,至此代表着中国传统文化和外来佛教在思想上已经被士大夫、知识分子彻底地糅合在一起。

同时,随着社会上层从思想、文化上对佛教的接受、认可和推崇,产生了多种多样的佛教信仰形式。上到皇帝,下到大臣,出于对佛教的理解不同,有的大量建立寺院,有的大量供养僧人,有的组织规模宏大的译经,有的建造规模宏大的佛像石窟雕刻,有的勤学佛法并亲自讲经传法,求福报,求智慧,不一而足。

如此,随着社会上层建筑从思想上和形式上对佛教的大力推广,佛教文化渐渐影响到了社会各个阶层,尤其是佛教的善恶轮回报应思想,逐渐从思想深处影响着一般的老百姓,使他们在面对战乱频仍、灾难深重的社会现实时,得到一种自我的思想说服和精神生存力量。这对乱世的社会稳定起到了十分巨大的作用。

整个魏晋南北朝时代,随着两汉绝对皇权和儒家正统思想文化的丧失,随着整个社会对人生宇宙的重新认识和定位,外来的佛教获得了绝好的契入和发展时机。同时,魏晋南北朝时代,一方面战争频发,军阀频出,社会极端混乱,人民灾难深重,另一方面在局部区域或短暂时期,又有相对稳定和繁荣的社会环境的出现,从而使佛教在全国范围内得到了多方位的传播。它深入社会的各个阶级和生活的各个领域,与中国传统的思想文化冲撞激荡,参差交会,形成了独具中国历史特色的佛教思潮。

二、慧可大师的佛教经历

慧可大师出家前就饱读诗书,和当时大多知识分子一样,接受了儒、道的思想教育,同时,在当时的社会文化背景下,也学习并接受了当时流行的佛教文化思想。佛教典籍中有很多相关记载:

> 释僧可,一名慧可,俗姓姬氏,虎牢人。外览坟素,内通藏典。①

> 时有僧神光者,旷达之士也。久居伊洛,博览群书,善谈玄理。每叹曰:"孔老之教,礼术风规。《庄》《易》之书,未尽妙理。"②

> 自幼志气不群,博涉诗书,尤精玄理,而不事家产,好游山水。后览佛书,超然自得。即抵洛阳龙门香山,依宝静禅师,出家受具于永穆寺,浮游讲肆,遍学大小乘义。年三十三,却返香山,终日宴坐。③

> 自幼志气不群,博涉诗书,尤精玄理,而不事家产,好游山水。后览佛书,超然自得。即抵洛阳龙门香山,依宝静禅师,出家受具于永穆寺,浮游讲肆,遍学大小乘义。年三十二,却返香山,终日宴坐。又经八载。④

---

① 〔唐〕道宣:《续高僧传》卷十六,《大正藏》第50册,第551页下。
② 〔宋〕普济:《五灯会元》卷一,《续藏经》第80册,第40页中。
③ 〔宋〕普济:《五灯会元》卷一,《续藏经》第80册,第43页下。
④ 〔宋〕道原:《景德传灯录》卷三,《大正藏》第51册,第220页中。

  尊者少嗜学世书，无不窥者。尤能言庄老，年三十，遽自感而叹曰："老易世书，非极大理。"乃探佛经，遂远游求师，至洛阳香山，乃从禅师宝静者出家。寻得戒于永穆寺，去务义学。未几而经论皆通。三十二复归其本师，归八年。①

  上面也说明，慧可是在对儒、道所代表的中国文化所阐述的宇宙人生思想都有了完全的认识后，尤其是对佛法有了相当的觉悟后，又由于从小就有追求宇宙人生真理的思想，所以最终选择了出家追求佛教所说的真理。

  他在出家前，有着深厚的中国传统文化思想的基础。出家受戒后，慧可到处参学，关于他具体参学的时间和地点，现在没有史料记载，但从慧可出家求学真理的发心，以及当时没有严格的人口控制和管理，可以方便到处游历学习的佛教大环境，慧可应该是到处参访学习了当时有影响的佛教寺院、善知识、译师及大德等，具体是以什么方式和方法也就不得而知了。

  另外，慧可当时应该也在京都洛阳进行过讲经说法，并有一定的影响力。"达摩灭化洛滨，可亦埋形河涘。而昔怀嘉誉，传檄邦畿，使夫道俗来仪请从师范。"②这一段说明慧可当时讲经应当有着相当的美誉和影响，有着许多的追随者，他也以这种方法弘扬过佛法。

  最终，他放弃了外面的一切，又回到了出家的地方——洛阳龙门香山，整天打坐修行。这一点非常重要，因为当时的南北朝佛教，主要以义理整理、探讨、钻研和讲经说法为主，具体将义理和实际相结合的修行方法，除了早期小乘的数息等和刚刚兴起的净土观想念佛等，对绝大多数汉僧来说，可能还没有非常行之有效的系统方法。当然，当时来华的西域印度僧人，许多应该是有着一定的实践方法

---

① 〔宋〕契嵩：《传法正宗记》卷六，《续藏经》第 51 册，第 744 页下。
② 〔唐〕道宣：《续高僧传》卷十六，《大正藏》第 50 册，第 552 页上。

的,但他们主要还是以译经为主。所以,慧可在参学了当时的佛法后,最终在实践时回到了香山,对他来讲,一者是完成了义理的学习,二者是认识到只有通过实践才能完成对宇宙真理的追求,三者是在外没有修行的善知识可以学习和依止。在打坐修行八年后,他终于等到了人生的重要转机,听到菩提达摩在嵩山少林寺的事迹。于是,他来到达摩座前,依止学修。

年登四十,遇天竺沙门菩提达摩游化嵩洛。可怀宝知道,一见悦之,奉以为师,毕命承旨。从学六载,精究一乘,理事兼融,苦乐无滞。而解非方便,慧出神心。可乃就境陶研,净秽埏埴,方知力用坚固,不为缘陵。①

近闻达摩大士住止少林,至人不遥,当造玄境。乃往彼,晨夕参承。祖常端坐面壁,莫闻诲励。光自惟曰:"昔人求道,敲骨取髓,刺血济饥,布发掩泥,投崖饲虎。古尚若此,我又何人?"其年十二月九日夜,天大雨雪,光坚立不动,迟明,积雪过膝。祖悯而问曰:"汝久立雪中,当求何事?"光悲泪曰:"惟愿和尚慈悲,开甘露门,广度群品。"祖曰:"诸佛无上妙道,旷劫精勤,难行能行,非忍而忍。岂以小德小智,轻心慢心,欲冀真乘,徒劳勤苦。"光闻祖诲励,潜取利刀,自断左臂,置于祖前。祖知是法器,乃曰:"诸佛最初求道,为法忘形。汝今断臂吾前,求亦可在。"祖遂因与易名曰慧可。可曰:"诸佛法印,可得闻乎?"祖曰:"诸佛法印,匪从人得。"可曰:"我心未宁,乞师与安。"祖曰:"将心来,与汝安。"可良久曰:"觅心了不可得。"祖曰:"我与汝安心竟。"②

---

① 〔唐〕道宣:《续高僧传》卷十六,《大正藏》第50册,第552页上。
② 〔宋〕普济:《五灯会元》卷一,《续藏经》第80册,第40页中。

  时年四十,奉事大师六年。先名神光,初事大师前立。其夜大雪,至腰不移。大师曰:"夫求法不贪躯命。"遂截一臂,乃流白乳。大师默传心契,付袈裟一领。①

  唯道昱、慧可宿心潜会,精竭求之。师□六年,志取通晤。大师当从容谓曰:"尔能为法舍身命不?"惠可断其臂以验诚恳。(案:余传云,被贼斫臂盖是一时谬传耳)自后始密以方便开发。便开发皆师资。②

  上面慧可断臂求法的故事,在禅宗里面已经是耳熟能详的了,但是,这确实是常人难以做到的。从达摩来讲,他来到中国,面见了梁武帝,由于对佛法的认识差异,更由于他的解脱法门超越了世俗,超越了语言文字,一般的佛教徒很难契入,不能强求,所以,他拒绝了梁武帝的挽留,来到北方,等待传法的时机。虽然佛教博大精深,但是真正口口相传的解脱妙法确实是难闻难见的,没有非常的善根和非常的觉悟,即使说得一清二楚,也不可能觉悟得清楚明白。在当时的广泛重视佛教义理,轻视真正的解脱实践的佛教大环境下,只有树立一个追求无上解脱妙法的典型,才能给后学树立信心。还有,达摩自己是印度人,来到中国,为的就是把无上解脱妙法在中国传下去,但是一定要传给能明道、行道、证道、传道并弘道的法器,如果法传非人,后果不敢想象。出于种种的原因,慧可断臂求道是最好的表示求道决心的方法了。对于慧可来说,从小怀有追求宇宙真理的远大理想,从在家到出家,从佛教外到佛教内,把当时能学的都学了,能修的都修了,虽然没有契入无上真理,但也已经具备了相当的基础。现在听达摩说可以得到无上妙道,必须表明求法者的决心和信心,所以坚立雪中,断臂以示,表明了自己难行能行,难忍能忍,

---

① 《历代法宝记》,《大正藏》第51册,第181页上。
② 〔唐〕杜胐:《传法宝纪》,《大正藏》第85册,第1291页下。

具备无上解脱妙法的器质,这也充分表明慧可对宇宙人生真理的非同一般的追求的决心和信心。

达摩最终印可了慧可的觉悟解脱,并传袈裟,用来表示对慧可的认同,更重要的是,这表示从佛法传到中国开始,经历几世纪后,终于真正产生了佛法应有的效果,真正有解脱生死烦恼的中国人了,而且是公开的,不是秘密的,不是不被人知道的,而且这个人是从中国文化中走过来的,是从当时所有的佛法中走过来的。其实,从这时开始,从慧可被达摩印证的那一刻起,真正的佛法就开始中国化了。

三、慧可的佛教思想

从上面可知,慧可在悟道前,具备深厚的儒道基础和佛学素养,走过漫长的学修之路,他的觉悟,也就充满了更多的内涵和方便。

(一)如来藏佛性——悟道的核心

慧可悟道后,从如来藏佛性觉悟解脱的角度,将当时社会上流行的各种佛教经典思想去繁就简,提出其精华的核心思想,从各种经典及其信仰者本身出发,来解释并宣传他的佛教思想。

1.《楞伽经》:达摩传承的主要就是《楞伽经》的如来藏佛性本觉思想,所以,慧可首先继承的也是如来藏寂静观照的佛性本觉思想。《楞伽经》云:"牟尼寂静观,是则远离生死,是名为不取。"[1]明确解脱之道,佛性寂静,不取不舍,如此观照,自可解脱生死。

2.《十地经》:从当时流行的菩萨十地理论中,明确佛性本体就像太阳一样,光明圆满遍照。《十地经》云:"众生身中,有金刚佛,犹如日轮,体明圆满,庆大无边。只为五荫,重云覆障,众生不见。

---

① 〔唐〕净觉:《楞伽师资记》卷一,《大正藏》第85册,第1285页中~下。

若逢智风,飘荡五荫,重云灭尽,佛性圆照,焕然明净。"①只要悟道,自可扫尽五阴,使佛性光明照耀,像金刚一样,不生不灭。

3.《华严经》:解脱的佛性如虚空一样广大,如太阳一样光明清净,但有云雾障碍,不能照到光明。妄念执着就是云雾,只要妄念不生,清净默然,佛性光明自然显露。《华严经》云:"庆大如法界,究竟如虚空。亦如瓶内灯光,不能照外。亦如世间云雾,八方俱起,天下阴暗。日光起得明净,日光不坏,只为云雾障。一切众生,清净性,亦复如是。只为攀缘妄念诸见,烦恼重云,覆障圣道,不能显了。"②

4.《法华经》:佛性超越分别,没有实虚的分别,没有同和不同的分别,没有众生和佛的差别,没有自身和佛的差别,没有寻得到和寻不到的差别。佛性在一切处,又不在一切处。《法华经》云:"非实非虚,非如非异。太师之说此真法皆如实,与真幽理竟不殊,本迷摩尼谓瓦砾,豁能自觉是真珠。无明智慧等无异,当知法即皆如。敏此二见诸徒辈,申词投笔作斯。观身与佛不差别,何须更觅彼无余。"③

(二)寂观禅坐—— 入道的核心

针对当时佛教以义理讲授为主的潮流,慧可反复强调解脱生死的核心必须要脱离语言文字,实际的如法打坐,寂静观照,这样才能真正证到清净的心性本源,解脱生死,因为所有的佛陀都是这样成佛的。当然,能觉悟如来藏佛性本来就是很难的,能修行就更加不容易了。

今世后世,净十方诸佛,若有一人,不因坐禅而成佛者,无

---

① 〔唐〕净觉:《楞伽师资记》卷一,《大正藏》第85册,第1285页下。
② 〔唐〕净觉:《楞伽师资记》卷一,《大正藏》第85册,第1285页下。
③ 〔唐〕净觉:《楞伽师资记》卷一,《大正藏》第85册,第1286页上。

有是处。①

若忘念不生,默然净坐,大涅槃日,自然明净。②

俗书云:冰生于水而冰遏水,冰伴而水通。妄起于真而妄迷真,妄尽而真现。即心海澄清,法身空净也。故学人依文字语言为道者,如风中灯,不能破暗,焰焰谢灭。若净坐无事,如蜜室中灯,则解破暗,昭物分明。若了心源清净,一切愿足,一切行满,一切皆辨,不受后有。得此法身者,恒沙众生,莫过有一行。亿亿劫中,时有一人,与此相应耳。③

(三)精诚发心——行道的核心

真正学佛修道,必须发自内心,并且要以所有的佛陀为榜样,一定要有为证道解脱真理舍弃一切、舍去自我、勇于受苦、勇于牺牲、一心一意、勇往直前直到成佛的无私无我的奉献精神。只有这样,才能觉悟生死,修行解脱,证悟圆满佛性。

若精诚不内发,三世中纵值恒沙诸佛,无所为。是知众生识心自度,佛不度众生。佛若能度众生过去逢无量恒沙诸佛,何故我不成佛。只是精诚不内发。口说得,心不得,终不免逐业受形。故佛性犹如天下有日月,水中有火。人中有佛性,亦名佛性灯,亦名涅槃镜。是故大涅槃镜,明于日月,内外圆净,无边无际,犹如炼金,金质火尽,金性不坏。众生生死相灭,法身不坏。亦如塸团坏,亦如波浪灭,水性不坏。众生生死相灭,

---

① 〔唐〕净觉:《楞伽师资记》卷一,《大正藏》第85册,第1285页下。
② 〔唐〕净觉:《楞伽师资记》卷一,《大正藏》第85册,第1285页下。
③ 〔唐〕净觉:《楞伽师资记》卷一,《大正藏》第85册,第1285页下。

法身不坏。坐禅有功,身中自证故,昼日饼尚未堪餐,说食焉能使饱。虽欲去其前塞,翻令后楣弥坚。①

《华严经》云:譬如贫穷人,昼夜数他宝,自无一钱分,多闻亦如是。又读者暂看,急须并却。若不舍还,同文字学,则何异煎流水以求冰,煮沸汤而觅雪。是故诸佛说说,或说说于不说。诸法实相中,无说无不说。解斯举一千从。②

又云:吾本发心时,截一臂,从初夜雪中立,直至三更,不觉雪过于膝。以求无上道。③

(四)正受三昧——证道的核心

修行进入正确的轨道后,会从各个方面升起正确的觉受,并会进一步产生各种解脱的定界,一步步从眼、耳、鼻、舌、身意的解脱正受,到第七识的细微分别的解脱正受,到第八阿赖耶识最细我执分别善恶业海的解脱正受,最后,虚空粉碎,三界消灭,一切归于空寂光明,如来如去。

《华严经》第七卷中说:东方入正受,西方三昧起。于眼根中入正受,于色法中三昧起。示现色法不思议,一切天人莫能知。其色法中入正受,于眼起定念不乱。观眼无生无自性,说空寂灭无所有。乃至耳鼻舌身意,亦复如是。童子身入正受,于壮年身三昧起;壮年身入正受,于老年身三昧起;老年身入正受,于善女人三昧起;善女人入正受,于善男子三昧起;善男子入正受,于比丘尼身三昧起;比丘尼身入正受,于比丘身三昧起;比丘身入正受,于学无学三昧起;无学入正受,于缘觉身三

---

① 〔唐〕净觉:《楞伽师资记》卷一,《大正藏》第85册,第1285页下~1286页上。
② 〔唐〕净觉:《楞伽师资记》卷一,《大正藏》第85册,第1286页上。
③ 〔唐〕净觉:《楞伽师资记》卷一,《大正藏》第85册,第1286页上。

昧起;缘觉身入正受,于如来身三昧起;毛孔中入正受,一切毛孔三昧起;一切毛孔入正受,一毛端头三昧起;一毛端入正受,一切毛端三昧起;一切毛端入正受,一微尘中三昧起;一微尘中入正受,一切微尘三昧起;大海水入正受,于大盛火三昧起;一身能作无量身,以无量作一身。解斯举一千从,万物皆然也。①

(五)诸法无得——接引的核心

达摩接引慧可时,慧可求达摩给自己安心,达摩要慧可将心拿来,慧可追究自心,实无可得,一时顿然,不知我执我所,达摩适时点明,安心完毕,慧可顿然契入明了诸法无得、佛性本具的解脱正受。后来,慧可在接引三祖僧璨时,僧璨提出了表面类似、本质相同的问题,因为僧璨患有严重的疾病,从佛教因果生死的角度来说,应该是过去世做的恶业所致。所以僧璨求慧可给自己忏悔消除疾病产生的罪业,慧可要僧璨将罪业拿来,给其忏除,同样,僧璨追究自心良久,寻觅罪业不得,进入无我执我所的状态,慧可也适时点明,忏罪结束,僧璨也顿然契入诸法无得、佛性本照的解脱正受,给慧可汇报了自己的觉悟:诸法无得,不在内外中间。而这个接引的方法,在禅宗后来的祖师中历代相传,反复使用,形式虽然多变,本质从未变化,所谓换汤不换药。

> 至北齐天平二年(当作天保二年,乃辛未岁也。天平东魏年号二年乙卯也)有一居士年逾四十,不言名氏。聿来设礼,而问师曰:弟子身缠风恙,请和尚忏罪。师曰:将罪来与汝忏!居士良久云:觅罪不可得。师曰:我与汝忏罪竟。宜依佛法僧住。曰:今见和尚已知是僧,未审何名佛法?师曰:是心是佛,是心是法。法佛无二,僧宝亦然。曰:今日始知罪性不在内、不在

---

① 〔唐〕净觉:《楞伽师资记》卷一,《大正藏》第85册,第1286页上~中。

外、不在中间。如其心然,佛、法无二也。大师深器之,即为剃发。云:是吾宝也,宜名僧璨。①

(六)佛性无表——表法的核心

对佛性的契入,是超越语言文字的,是超越世间万法万相的,是超越生死执着的,是超越分别妄念的。所以,从慧可开始,在表述对解脱佛性的觉悟时,就已经弃用语言文字这种妄想分别的方法了,无表而表,默契佛性对分别的解脱,这也成为后世祖师表法的共道。

  时门人道副对曰:如我所见,不执文字,不离文字,而为道用。师曰:汝得吾皮。尼总持曰:我今所解,如庆喜见阿閦佛国,一见更不再见。师曰:汝得吾肉。道育曰:四大本空,五阴非有,而我见处,无一法可得。师曰:汝得吾骨。最后慧可礼拜后依位而立。师曰:汝得吾髓。②

  越九年,欲返天竺,命门人曰:时将至矣,汝等盍各言所得乎?时有道副对曰:如我所见,不执文字,不离文字,而为道用。祖曰:汝得吾皮。尼总持曰:我今所解,如庆喜见阿閦佛国,一见更不再见。祖曰:汝得吾肉。道育曰:四大本空,五阴非有,而我见处,无一法可得。祖曰:汝得吾骨。最后慧可礼拜,依位而立。祖曰:汝得吾髓。③

(七)任运成就——成道的核心

菩萨证道八地后,非空非有,即空既有;非空非色,即空即色;即

---

① 〔宋〕道原:《景德传灯录》卷三,《大正藏》第51册,第220页下。
② 〔宋〕道原:《景德传灯录》卷三,《大正藏》第51册,第219页下。
③ 〔宋〕普济:《五灯会元》卷一,《续藏经》第80册,第42页下。

世间即解脱,即解脱即世间;或在世间任运化众,或去佛土显化度众,慧可晚年即是这样,超越僧与非僧的世间诸相,游戏幻化。

即于邺都随宜说法,一音演畅四众归依,如是积三十四载。遂韬光混迹,变易仪相,或入诸酒肆,或过于屠门,或习街谈。或随厮役。人问之曰:师是道人,何故如是?师曰:我自调心,何关汝事。①

及可至邺下说法,人大化之,凡三十四载。一旦遽变节游息,不复择处,或鄽或野,虽屠门酒家皆一混之。识者或规曰:师高流,岂宜此为?尊者曰:我自调心,何关汝事。②

师于邺都随宜行化,经三十四年。乃晦迹混俗,或过屠门,或入酒肆。有怪而问之者,答曰:我自调心,非关汝事。③

(八)依法不依人——传承的核心

达摩确定慧可为接班人,是因为慧可是唯一契入解脱真理的弟子。慧可也有不少弟子,但他选择僧璨作为接班人,同样是由于僧璨契入了解脱的真理,而不是因为僧璨在世间的身份、地位、学识等,因为在慧可的弟子中,身份、学识、地位更好的有的是。所以,依法不依人,依解脱不依世间,依佛性不依分别,这是从慧可开始就明确的禅宗传承的原则,更是禅宗存在于世间的核心。

总之,魏晋南北朝时代开创了中国佛教的高峰,奠定了整个汉传佛教的基础,同时也开创了中国文化思想的高峰,确定了儒、释、

---

① 〔宋〕道原:《景德传灯录》卷三,《大正藏》第51册,第221页上。
② 〔宋〕契嵩:《传法正宗记》卷六,《续藏经》第51册,第745页上。
③ 〔元〕念常:《佛祖历代通载》卷第十,《大正藏》第49册,第560页上。

道三教互融互摄的中国传统文化思想的格局。在这个历史的特定时刻,出现了慧可这个特定的人物,作为成长在中国传统文化儒道思想和当时已经健全的佛教体系思想的沃土上的一个中国人,他开悟了,必然会有意无意、自然不自然地将儒道佛的宇宙人生观融汇在中国农业文化的精神特质中,从农业文明的特点出发,确立了汉传佛教简单易行的真理道路,为禅宗的兴起和发展明确了方向,慧可大师是建立中国禅宗的第一人,是使禅宗中国化的第一人,也是使佛教中国化的真正意义上的第一人。

(释宽江,湖北大洪山慈恩寺、陕西终南山法喜寺)

略论慧可大师的生平与禅法

昌 莲

中国禅宗,发源于印度,发扬光大于中国。本以传佛心印为宗趣,以用参究之方法而彻见心性之本源(即佛性)为主旨,故称为"佛心宗",可谓"以佛语心为宗,以无门为法门"①。又以其行貌似修习禅定,故自李唐以来,通称为"禅宗"。

据说释迦文佛曾于灵山会上,以无上正法眼藏付属摩诃迦叶尊者,是为本宗之起源。考诸佛典,《大梵天王问佛决疑经·拈华品第二》载:

尔时,大梵天王白佛言:"世尊出世四十余年,种种说法。云何有未曾有法耶?云何有及言语法耶?愿为世间一切人天,能示己自。"言了,金色千叶大婆罗华持以上佛,而退舍身以为床座,真诚念愿。尔时,世尊着坐其座,廓然拈华。时众会中百万人天,及诸比丘,悉皆默然。时于会中,唯有尊者摩诃迦叶即见其示,破颜微笑,从座而起,合掌正立,有气无言。尔时,佛告

---

① 〔宋〕杨彦国:《楞伽经纂》卷一,《续藏经》第17册,第287页上。

摩诃迦叶言:"吾有正法眼藏,涅槃妙心,实相无相,微妙法。不立文字,教外别传。有智无智,得因缘证。今日付属摩诃迦叶。摩诃迦叶,未来世中奉事诸佛,当得成佛。今日亦堪为世间师。"①

以此经为据,《五灯会元》《景德传灯录》等禅典,悉皆楷"世尊拈华,迦叶微笑"为禅宗起源之机缘公案。摩诃迦叶是为西天禅宗初祖,再传阿难,以后历代祖师以心印心,师资证契,灯灯续焰,辗转属累,至菩提达摩大师,是为西天禅宗二十八代祖师。他赍持付法衣钵泛海东来,传"不立文字,直指人心,见性成佛,教外别传"之心印,并授付法衣钵及《楞伽经》四卷。达摩传慧可,慧可传僧璨,僧璨传道信,道信传弘忍,弘忍传慧能。慧能初从弘忍参学,潜行密修,后呈"菩提本无树,明镜亦非台。本来无一物,何处惹尘埃"一偈,而为弘忍印可,遂传承弘忍之衣钵,在广州南海一带弘化,又于曹溪大转法轮。曹溪门下出青原行思与南岳怀让二系,后来形成了"洪州宗"与"石头宗"。于此二系下又派生出临济宗、曹洞宗、沩仰宗、云门宗、法眼宗等五家。后,临济下又出黄龙派与杨岐派。这五家二派,合称为禅门"五家七宗"。达摩所传高深的南印度如来藏禅,经曹溪慧能的简单化、生活化后,至南岳、青原时方真正转化为中华禅。是故刘禹锡说"凡天下言禅者,皆本曹溪"也。

正因禅宗由达摩传来,故东土尊达摩为初祖,慧能为六祖,衣钵遂止不复传矣。而别传之道,由是大行于天下。四祖道信门下,曾傍出法融一支,于牛头山别建一宗,递传数代而绝。故禅宗的东土传承为:达摩→慧可→僧璨→道信→弘忍→慧能。不同的是,达摩至道信,单传直指,以发挥《楞伽》奥义而印心;弘忍、慧能以宏演《金刚》妙典而印心。禅宗六祖中尊达摩为初祖者,以其付禅法衣钵于慧可,并授慧可四卷《楞伽经》故。同样,天台九祖中亦尊龙树为

---

① 《大梵天王问佛决疑经》,《续藏经》第1册,第442页下。

鼻祖者,因其慧文曾读龙树《中论》"因缘所生法"一偈而悟入"一心三观"之玄奥。在确立祖位方面,少室、天台,本无二致。虽说达摩为中国禅宗初祖,但二祖慧可却处于关键枢纽地位,若无慧可则无中国后世之禅宗。赵朴初曾说:"二祖是中国禅宗的初祖,达摩是印度人,慧可大师才是中国禅宗第一人,没有他就没有中国佛教禅宗今天的发展。"今就依有限之史料,对慧可生平与禅法略论如下,以求诸达人的慈悲斧正。

一、生平与门徒

曹溪以前,禅道处于萌芽状态,尚未盛行。达摩、慧可、僧璨时期,禅侣们悉皆过着居无定所的游化生活,以精严刻苦的"头陀行"体验禅的生活。虽秉"南天竺一乘宗"敷讲《楞伽经》,但只是随时随地地口述而已,出于文记者并不多。又因循"不立文字,教外别传"之宗旨,对于禅法传播人物的传记史料记载过略,以致后世众说纷纭。对于深得达摩禅法秘髓的慧可生平与门徒,今就综合诸方史料略作疏通而已。

1.生平

慧可(487~593),又名僧可。俗姓姬,名光。北魏太和十一年(487),出生于虎牢(今河南荥阳汜水镇)姬氏家族。据说,因其父姬寂晚年悲于膝下无子,长时祈祷,一日,忽感异光照室,其妻始怀慧可。出生后,遂以异光照室之瑞祥而名之曰光。《五灯会元》云:"二祖慧可大师者,武牢人也。姓姬氏。父寂,未有子时,尝自念言:'我家崇善,岂令无子?'祷之既久,一夕感异光照室,其母因而怀妊。及长,遂以照室之瑞,名之曰光。"[①]《景德传灯录》中亦有同样的记载。《释氏稽古略》云:"二祖慧可大师尊者,洛京武牢姬氏子,初名

---

① 《续藏经》第80册,第43页下。

神光。"①《续高僧传》只云:"释僧可,一名慧可。俗姓姬氏,虎牢人。"②显而易见,后人在唐人传记的基础上添加了神话色彩,刻意渲染,以吸引时人对禅宗祖师这一人物的青睐。

慧可从小受过良好的儒家思想教育,文化水准颇高。据说他的文字被后人辑成部帙,敦煌卷中的《四行论》极有可能是慧可的遗著。《续高僧传》说慧可"外览坟素,内通藏典"③。《五灯会元》说:"(慧可)自幼志气不群,博涉诗书,尤精玄理,而不事家产,好游山水。后览佛书,超然自得。即抵洛阳龙门香山,依宝静禅师,出家受具于永穆寺。浮游讲肆,遍学大小乘义。年三十二,却返香山,终日宴坐。又经八载,于寂默中倏见一神人谓曰:'将欲受果,何滞此邪?大道匪遥,汝其南矣。'祖知神助,因改名神光。"④《景德传灯录》中,亦有同样的记载。这说明慧可是一位精通世法与佛法的大学者,其生性却以游山玩水而自娱。这种寄幻身于大自然的超然情怀,决定了他日后必然步入佛门的归宿。出家受具后,亦以遍游讲肆,广学大小乘佛法为己任。由于北地尚坐禅之风,当慧可三十二岁时,又返回香山坐禅八年。

道宣在《续高僧传》中说:"(慧可)年登四十,遇天竺沙门菩提达摩游化嵩洛。可怀宝知道,一见悦之,奉以为师,毕命承旨。从学六载,精究一乘,理事兼融,苦乐无滞。而解非方便,慧出神心。可乃就境陶研,净秽埏埴。方知力用坚固,不为缘陵。"⑤这似乎是在达摩的晚年,才遇到年方四十的慧可。至于慧可谒见达摩的因缘,《景德传灯录》《五灯会元》,皆有文句可出。"翌日,觉头痛如刺,其师欲治之。空中有声曰:'此乃换骨,非常痛也。'祖遂以见神事白于师,师视其顶骨,即如五峰秀出矣。乃曰:'汝相吉祥,当有所证。神

---

① 《大正藏》第49册,第803页上。
② 《大正藏》第50册,第551页下。
③ 《大正藏》第50册,第551页下。
④ 《续藏经》第80册,第43页下。
⑤ 《大正藏》第50册,第551页下。

令汝南者,斯则少林达摩大士必汝之师也。'祖受教,造于少室。"①此亦乃后人所添之神话色彩。慧可是一名博通古今的学者,"末怀道京辇,默观时尚。独蕴大照,解悟绝群"②。"虽成道非新,而物贵师受"③,故慧可去参"面壁而坐,终日默然。人莫之测,谓之'壁观婆罗门'"④的达摩,所以"一时令望,咸共非之"⑤。"但权道无谋,显会非远。自结斯要,谁能系之!"⑥慧可从学达摩六年,精究南天竺一乘宗,寸步不离,直至达摩去世。达摩感其学法之精诚,便传授印度如来藏之秘髓。如云:

  于时合国盛弘讲授,乍闻定法,多生讥谤。有道育、慧可,此二沙门,年虽在后,而锐志高远。初逢法将,知道有归,寻亲事之。经四五载,给供咨接。(达摩)感其精诚,诲以真法。⑦

  此说明修学佛法贵在"竭诚恭敬"处,除此之外无别法。印光大师曾说:"若有暗地里口传心受之妙诀,即是邪魔外道,即非佛法。然印光实有人所不得而己所独得之诀,不妨由汝之请,以普为天下之诸佛子告。其诀唯何? 曰诚,曰恭敬。"⑧亦云:"入道多门,唯人志趣,了无一定之法。其一定者,曰诚,曰恭敬。此二事虽尽未来际诸佛出世,皆不能易也。"⑨达摩之所以传禅法于慧可、道育者,主要是感其精诚所致。但《景德传灯录》《五灯会元》为了强调"精诚"二字的可贵,便附有慧可"断臂求法"的公案。

---

① 〔宋〕普济集:《五灯会元》卷一,《续藏经》第80册,第43页下。
② 《大正藏》第50册,第551页下。
③ 《大正藏》第50册,第551页下。
④ 〔宋〕普济集:《五灯会元》卷一,《续藏经》第80册,第43页上。
⑤ 《大正藏》第50册,第551页下。
⑥ 《大正藏》第50册,第551页下。
⑦ 〔唐〕道宣:《续高僧传》卷十六,《大正藏》第50册,第551页中。
⑧ 《复永嘉某居士书三》,《增广·印光法师文钞》卷一,苏州灵岩山寺流通本。
⑨ 《复弘一师书一》,《增广·印光法师文钞》卷一,苏州灵岩山寺流通本。

其年十二月九日夜,天大雨雪,(慧可)光坚立不动。迟明,积雪过膝……光闻师诲励,潜取利刀,自断左臂,置于师前。师知是法器,乃曰:"诸佛最初求道,为法忘形。汝今断臂吾前,求亦可在。"师遂因与易名曰慧可。①

关于这点,印顺导师说:"慧可与达摩一样,在禅法的开展中,传说也发达起来。《传法宝纪》说:慧可为了求法,不惜身命,自'断其左臂,颜色无异',达摩这才方便开示,当下直入法界。与《传法宝纪》同时的《楞伽师资记》说:'吾本发心时,截一臂。从初夜雪中立,不觉雪过于膝,以求无上道。'这是从昙林序的'感其精诚',及慧可失臂而来的不同传说,表现了求法不惜身命的大乘精神。神会的《南宗定是非论》,更说慧可本名神光,因受达摩的赞可而改名,这可能与佛陀三藏弟子慧光相糅合了。本名神光,立雪,断臂求法,为后代禅者所信用。"②胡适认为,《景德传灯录》是根据《宝林传》捏造慧可初名神光而来的。这当然与道宣原义亦有关系,道宣后来补记云:

(慧可)遭贼斫臂,以法御心,不觉痛苦。火烧斫处,血断帛裹。乞食如故,曾不告人。后,(昙)林又被贼斫其臂,叫号通夕。可为治裹,乞食供林。林怪可手不便,怒之。可曰:"饼食在前,何不自裹?"林曰:"我无臂也,可不知耶?"可曰:"我亦无臂,复何可怒?"因相委问,方知有功。故世云"无臂林"矣。③

在周武灭法时,慧可与昙林"共护经像",彼此各失一臂,皆为贼

---

① 〔宋〕道原:《景德传灯录》卷三,《大正藏》第51册,第219页中。
② 印顺:《中国禅宗史》,中华书局,2010年,第25页。
③ 《大正藏》第50册,第551页下。

所斫。"火烧斫处,血断帛裹",是古代消毒疗伤之法。《景德传灯录》依《宝林传》把慧可的护法断臂讹传为断臂求法了,虽然与事实不符,但主要是为了突显为法忘躯的大乘精神,这种精神才是最为宝贵的。

达摩入寂洛滨之后,慧可亦埋形于河涘。在道俗的一再请求下,慧可"乃奋其奇辩,呈其心要",开始弘法。天平初年(534),东魏迁都邺城,慧可亦到邺城去了。邺城有位"徒侣千计"的道恒法师,指斥慧可所传"情事无寄"的达摩禅法为"魔语",与官府勾结,迫害慧可,几乎致其丧命。如云:

> 后以天平之初,北就新邺,盛开秘苑,滞文之徒,是非纷举。时有道恒禅师,先有定学王宗邺下,徒侣千计。承可说法,情事无寄,谓是魔语。乃遣众中通明者,来殄可门。既至闻法,泰然心服,悲感盈怀,无心返告。恒又重唤,亦不闻命。相从多使,皆无返者。他日遇恒,恒曰:"我用尔许功夫开汝眼目,何因致此诸使?"答曰:"眼本自正,因师故邪耳。"恒遂深恨,谤恼于可。货赇俗府,非理屠害。初无一恨,几其至死,恒众庆快。①

这就是说慧可初到邺下宣扬"情事无寄"的教义时,曾遭道恒的嫉恨与迫害。慧可经过这一致命的波折后,深知大法不宜弘通,所以才改变原有的"奋其奇辩,呈其心要"的风格,而采取"纵容顺俗"之态度,"时惠清猷,乍托吟谣。或因情事,澄汰恒抱,写割烦芜"。道宣原文不甚明白,大概意谓:慧可以"一大事因缘"故,随顺时机,将清明的谋划寄托于歌谣的吟唱中,或因情事之缠扰而淘汰以往恒有之怀抱,不是写得过于简单而不明了,就是写得过于繁杂。道宣慨叹曰:"故正道远而难希,封滞近而易结。斯有由矣。"②慧可晚年

---

① 《大正藏》第 50 册,第 552 页上。
② 《大正藏》第 50 册,第 552 页上。

的"纵容顺俗"生活,《历代法宝记》说:"入司空山隐,可大师后佯狂。"①《宝林传》说:"后而变行,复异寻常……或为人所(役)使。"②《传灯录》说:"(慧可)遂韬光混迹,变易仪相,或入诸酒肆,或过于屠门,或习街谈,或随厮役。"③最后因菩提流支与光统的徒党的诬告,说慧可实为"妖",才为城(应作"成")安县令所杀害。这是《历代法宝记》的说法,《宝林传》《景德传灯录》亦大致相同。如云:

> 菩提流支徒党告可大师云:"妖异。"奏敕。敕令所司推问可大师,大师答承实妖。所司知众,疾令可大师审。大师确答:"我实妖。"敕令城安县令翟冲侃依法处刑。可大师告众人曰:"我法至第四祖,化为名相。"语已,悲泪,遂示形。身流白乳,肉色如常。④

至于慧可的享年,《景德传灯录》说"一百七岁"。但胡适认为,这种说法不可靠。印顺导师说:"慧可的年龄,《历代法宝记》说一百零七岁。《宝林传》也说一百零七岁,而计算不同,错误百出。如依《续僧传》,四十岁遇见达摩,六年精究。达摩入灭后数年,慧可才去邺城。迁都邺城为五三四年,那时慧可应在五十岁以上。周武灭法,为五七四——五七七年,慧可与昙林护持经像,那时年在九十以上了。禅者,多数是长寿的。"⑤

2.门徒

"奉持《楞伽》,将为决妙"的慧可,由于过着头陀游化生活,居无定所,以故门徒并不多。道宣曾慨叹慧可曰:"遂流离邺卫,亟展

---

① 《大正藏》第51册,第181页上。
② 《中华藏》第1辑,第32843页下。
③ 《大正藏》第51册,第221页上。
④ 《历代法宝记》,《大正藏》第51册,第181页上。
⑤ 印顺:《中国禅宗史》,中华书局,2010年,第25页。

寒温。道竟幽而且玄,故末绪卒无荣嗣。"①《续高僧传》说慧可下传七人,即向居士、化公、廖公、和公、(昙)林法师、僧那、慧满。而《宝林传》卷八云:

> 可大师下,除第三祖自有一支,而有七人:第一者岘山神定,第二者宝月禅师,第三者花闲居士,第四者大士化公,第五者向居士,第六者弟子和公,第七者廖居士。②

此七弟子中,神定与宝月,见于《神会语录》:"(僧)璨大师与宝月禅师及定公,同往罗浮山。"③定公,应是岘山神定。《历代法宝记》说:"有岘禅师、月禅师、定禅师、严禅师,来璨大师所。"④对此,印顺导师说:"岘禅师与定禅师,似乎是'岘山神定'的一传为二。严,是宝月禅师弟子。神定与宝月,与僧璨同住皖公山,同往罗浮山,就此而传说为慧可弟子,其实是无可证实的。"⑤而最后四位出于道宣的《续高僧传·慧可传》:

> 有向居士者,幽遁林野木食。于天保之初,道味相师,致书通好……未及造谈,聊伸此意。想为答之……其发言入理,未加铅墨,时或缵之,乃成部类。……时复有化公、彦(或作"廖")公、和禅师等,各通冠玄奥,吐言清迥,托事寄怀,闻诸口实。而人世非远,碑记罕闻,微言不传,清德谁序!深可痛矣。时有林法师,在邺盛讲《胜鬘》并制文义。每讲人聚,乃选通三部经者,得七百人,预在其席。及周灭法,与可同学共护经

---

① 《大正藏》第50册,第552页上。
② 《中华藏》第1辑,第32844页下。
③ 印顺:《中国禅宗史》,中华书局,2010年,第27页。
④ 《历代法宝记》,《大正藏》第51册,第181页中。
⑤ 印顺:《中国禅宗史》,中华书局,2010年,第27页。

像。①

这么说来,向居士是因仰慕慧可,才致书呈偈而请益,以求慧可印证自己的见地,似乎彼此之间亦无直接之师承关系。化公、彦公、和禅师三人,皆为出家高僧,虽有传闻而无碑记可考,亦无言句流传下来。道宣虽附载于《慧可传》下,但亦不能说明彼此之间有直接之师承关系,或许是志趣投合的禅友道侣吧!而昙林法师在周武灭佛时,与慧可因"共护经像"而相识,彼此皆因被贼斫臂而互相照顾生活起居,有共患难之道谊。但这亦不能说明彼此之间有直接之师承关系。

道宣笔下的慧可弟子僧那禅师及那禅师弟子慧满禅师,《宝林传》中却忽略未记。估计《宝林传》中慧可下七人,是依据道宣《续高僧传·慧可传》中所附载的七人而来的。道宣在《慧可传》下所附带说明的化公、彦公、和禅师三人,只说明这三人在某些行径方面与慧可相类,或曾经参谒过慧可而已,因为本传与附载并无一定之关系,这是高僧传的一般体例。至于《宝林传》中的"花闲居士",更是无从考证。故唯有道宣笔下的僧那禅师才是继承慧可法脉的真正弟子。又慧满禅师是僧那的门人,那么慧满只能说是慧可的再传弟子了。向居士亦可说是慧可的在家弟子,毕竟密承印记。

道宣晚年,又在《续高僧传·法冲传》下详述《楞伽经》的历史与楞伽宗的师承,曰:

> 达磨禅师后,有惠可、惠育(笔者按:《达磨传》作"道育")二人。育师受道心行,口未曾说。
> 可禅师后:粲禅师、惠禅师、盛禅师、那老师、端禅师、长藏师、真法师、玉法师(已上并口说玄理,不出文记)。
> 可师后:善师(出抄四卷)、丰禅师(出疏五卷)、明禅师(出

---

① 《大正藏》第50册,第552页上~中。

疏五卷)、胡明师(出疏五卷)。

远承可师后:大聪师(出疏五卷)、道荫师(抄四卷)、冲法师(疏五卷)、岸法师(疏五卷)、宠法师(疏八卷)、大明师(疏十卷)。

不承可师,自依《摄论》(笔者按:《摄大乘论》)者:迁禅师(出疏四卷)、尚德律师(出《入楞伽疏》十卷)。

那老师后:实禅师、惠禅师、旷法师、弘智师(名住京师西明,身亡法绝)。明禅师后:伽法师、宝瑜师、宝迎师、道莹师(并次第传灯,于今扬化)。①

在这份"楞伽"师承表里,达摩以下凡二十八人。其不承慧可之后,而依《摄大乘论》治《楞伽经》者二人,共三十人。其所著疏钞(钞是注释疏的)共七十卷之多。"可禅师后",是指慧可的弟子,共十二人。"远承可师后",是指慧可的再传或传承不明者。"那老师后",却遗忘了慧满禅师。"旷法师"就是慧满在会善寺遇到的法友——昙旷。

更值得注意的是"可禅师后粲禅师",后来楞伽宗推崇僧璨为慧可的亲传弟子,禅宗亦尊僧璨为第三祖。但道宣在《续高僧传》中未为僧璨立传,所可依据的就"法冲传"中的七个字而已。此外,只有卷十三"辩义传"中曰:

仁寿四年(604)春,(辩义)奉敕于庐山独山梁静寺起塔。初与官人案行置地,行至此山,忽有大鹿,从山走下,来迎于义,腾踊往还,都无所畏。处既高敞,而恨水少,僧众汲难。本有一泉,乃是僧粲禅师烧香求水,因即奔注。至粲亡后,泉涸积年。及将拟置(塔),一夜之间,枯泉还涌,道俗欣庆。乃至打刹起基,数放大光,如火如电,旋绕道场,遍照城郭。官民同见,共嗟

---

① 《大正藏》第50册,第666页中。

希有。①

这里的"僧粲禅师",似是"法冲传"中的"可禅师后"之"粲禅师"。关于僧璨的史料极少,故诸多学者置疑僧璨与慧可之间的师承关系。净觉的《楞伽师资记》中的僧璨禅师传,其最有根据的话也只有引《续高僧传·法冲传》中的"可(禅师)后粲禅师"一句而已。如净觉的《楞伽师资记》云:

> 第四隋朝舒州思空山粲禅师,承可禅师后。其粲禅师,罔知姓位,不测所生。按:《续高僧传》曰:"可后粲禅师。"隐思空山,萧然净坐。不出文记,秘不传法。唯僧道信,奉事粲十二年,写器传灯,一一成就。粲印道信了了见佛性处,语信曰:"《法华经》云:'唯此一事实,无二亦无三。'故知圣道幽通,言诠之所不逮;法身空寂,见闻之所不及。即文字语言,徒劳施设也。"大师云:"余人皆贵坐终,叹为奇异。余今立化,生死自由。"言讫,遂以手攀树枝,奄然气尽。终于岘公山,寺中见有庙影。②

思空山,又作司空山,在安徽太湖县西北,岘公山在安徽灊山县(在今中国安徽霍山),两山毗邻相接。独山在安徽庐江县西北,即在岘公山东边。岘公山有三祖寺,这一带是僧璨生前活动的中心地。道宣"辩义传"中的独山僧璨,按理说应是《楞伽师资记》中的岘公山和司空山的僧璨,这点似无可疑。这与《法冲传》中的"可禅师后粲禅师"之说,不谋而合。故僧璨可说是慧可的门人,当然僧那禅帅与向居士亦是慧可的门人。

---

① 《大正藏》第 50 册,第 510 页中。
② 《大正藏》第 85 册,第 1286 页中。

二、禅法

慧可大师前承达摩禅法之秘髓,后又传此禅法于那禅师、璨禅师及向居士等,彼此之间一脉相承的是高深的印度如来藏禅。后人曾编集了《少室六门集》,其中《楞伽师资记·达摩传》中的《略辨大乘入道四行》,可以说是代表达摩禅法思想的较为可信的著述。慧可的著述早已佚失不见了,但慧可自小深受儒家文化的熏陶,契悟达摩禅法之精要,据说他的文章被后人辑成部帙,如敦煌卷中的《四行论》可能属于慧可的文体。深得慧可心传的僧璨,亦有《信心铭》流通于世。道宣《续高僧传》中对慧可及其门人的立传中亦记有精简的言论摘要,从中亦可窥见慧可禅法思想之概貌。今分三点,论述如下。

1. 秉《楞伽》"藉教悟宗"之旨而善巧安心

达摩、慧可举扬《楞伽》,弘忍、慧能弘演《金刚》,这是世人对禅宗演变史的一种共识。然弘忍虽"常劝僧俗,但持《金刚经》,即自见性,直了成佛"[1],但弘忍、慧能传播的依旧是以《楞伽》为宗旨的如来藏禅,一睹《坛经》则一目了然。

慧可深得达摩之衣钵真传,"从学六载,精究一乘"[2]。"初,达摩禅师以四卷《楞伽》授可曰:'我观汉地,惟有此经,仁者依行,自得度世。'"慧可不负达摩厚望,"专附玄理",即便是在周武灭法之时,慧可与昙林法师亦极力"共护经像","遭贼斫臂,以法御心,不觉痛苦"。这种为法忘躯的大乘佛教的无我精神,是禅师们必备的勇敢与机智。若无这种智勇,则难以真正步入禅门,以致善巧善心于禅修功夫。故慧可是以《楞伽》为心要的,注重"藉教悟宗"的善巧安心法门。达摩、慧可的禅风,对于经教的态度是"藉教悟宗",也

---

[1] 赖永海主编:《坛经》,中华书局,2011年,第2页。
[2] 《大正藏》第50册,第552页上。

就是以"藉教"为"悟宗"的敲门瓦子,而以"悟宗"为其究竟目的。慧可崇奉的是达摩所传的四卷《楞伽》,即刘宋时期求那跋陀罗三藏所译本。并以《楞伽》为禅修理论指导方面的正依经教,亦以《楞伽》为印证禅者悟境见地与如来知见是否契合的正依经教。刘宋本《楞伽经》云:"我谓二种通:宗通及言通。说者授童蒙,宗为修行者。"①这就是说,刘宋本《楞伽经》对崇奉达摩宗风的禅修者主要有两个方面的影响:一为"言通",一为"宗通"。《说文》:"通,达也。"《易·系辞》:"往来不穷谓之通。"本意为没有堵塞,可以通过。意谓可以通达禅室堂奥的途径唯有"言通"与"宗通"两种。言通者,亦称为"说通",是针对于初学童蒙类的一种须假语言三昧、藉文字般若之妙用,本一实相道而善巧安立名相分别,以说法教化形式而启悟之,令其先树立佛知佛见,坚固佛法信仰,从而由"理入"转归"行入",以落实禅修功夫,提升心上修养境界。宗通者,针对于全盘践履"四行"的修行者来说,则无须语言文字,而令其直下顿了自心,鞭辟入里,登堂奥入禅室,此为禅修者的"自觉圣智"境界。唯有身临其境者,方通个中消息,"如人饮水,冷暖自知"。

又"说者授童蒙",约悟他化他边说,为使童蒙者"理入"而开的权巧方便;"宗为修行者",约自悟自行边说,为使修行者"行入"而作的究竟指归。故授童蒙者,在方法论上须依"藉教悟宗"之旨;修行者须"理入"与"行入"合宜而为,可谓"依理成行,由行显理"。说通者,贵在"观机逗教,应病与药"。宗通者,正体现了达摩的"理、行同入"的宗风,这与曹溪禅法的"悟、修同时"特色,无二无别。正如蕅益大师所说:"既授童蒙,理须权实并用,四悉随机。既为修行,则唯有自觉圣智境界而已。"②修行者的自觉圣智境界是离心缘相、离文字相、离言说相的,不可说不可说,唯自悟自证者才知。但为了悟他化他,教授童蒙,则不妨于不可说中而作随顺机宜说,以"藉教"

---

① 《大正藏》第16册,第503页上。
② 〔明〕蕅益:《楞伽阿跋多罗宝经义疏》,《续藏经》第17册,第567页上。

说法形式而启发之,令其"悟宗"。四卷《楞伽经》云:

> 佛告大慧:"三世如来,有二种法通,谓说通及自宗通。说通者,谓随众生心之所应,为说种种众具契经,是名说通。自宗通者,谓修行者,离自心现种种妄想。谓不堕一异、俱不俱品,超度一切心意意识,自觉圣(智)境界,离因成见相。一切外道、声闻、缘觉堕二边者,所不能知。我说是名自宗通法。大慧:是名自宗通及说通相,汝及余菩萨摩诃萨,应当修学。"①

蕅益大师疏此段经文曰:"宗通而说不通,何以化他?说通而宗不通,何以自行?又宗既不通,则说何能通?如未饮食,何能辨味?说苟不通,则何名宗通?如不见色,岂名见空?是知宗、说本自不二。特约自行化他,说有二耳。菩萨应当修学此权实不二法门也。"②其实,"说通"即"藉教","宗通"即"悟宗"。约自悟说,"藉教"是"悟宗"的前锋;离教悟宗,无有是处;可谓"离经一字,等同魔说"也。约自行说,"悟宗"是修行的后劲,"理入"的同时方能确保"行入"的指归向上,这与"悟后起修方谓真正修行的开始"之说一样。如是,则能摄"行入"归"理入"中去,"四行"当体同一"自觉圣智"境界。约化他悟他说,须以"藉教"说法为"悟宗"通一线消息,否则"蚊子叮铁牛,无渠下嘴处"。当然"藉教"说法悟他化他者,亦须悟宗。若不悟宗,如何说得?这么说来,达摩"藉教悟宗"的法门,是从《楞伽经》中"说通"与"宗通"的不二法门中演化而来的。

达摩把成就佛道的方法总结为"二入四行"。二入者,即"理入"与"行入"。四行者,指行入之四行,即一者报怨行,二者随缘行,三者无所求行,四者称法行。这便是理悟与事行的不二结合法,

---

① 《大正藏》第16册,第503页上。
② 〔明〕蕅益:《楞伽阿跋多罗宝经义疏》,《续藏经》第17册,第566页下~567页上。

亦"理、行同入"的宗风。道宣《续高僧传·达摩传》云："有道育、慧可,此二沙门……感其精诚,诲以真法。如是安心,谓壁观也。如是发行,谓四法也。如是顺物,教护讥嫌。如是方便,教令不着。"①这就是说,唯道育与慧可二人深得达摩禅法之精髓血脉。"理入"着重于安心壁观,"行入"着重于调心修行。达摩、慧可依《楞伽》"藉教悟宗"的法门,主要是为令行人由"理入"而善巧安心壁观。唯有安心壁观,方可至"万缘放下,一念不生"的境地,才算真正步入了禅门。《五灯会元》载慧可乞达摩安心的公案曰:

> 可曰:"诸佛法印,可得闻乎?"祖曰:"诸佛法印,匪从人得。"可曰:"我心未宁,乞师与安。"祖曰:"将心来,与汝安!"可良久曰:"觅心了不可得。"祖曰:"我与汝安心竟。"②

这则公案,诸多学者认为是宋代禅林杜撰的,但这亦从侧面说明了善巧安心壁观对禅修者的无比重要性。

慧可继承的达摩禅风,对于经教的态度是"藉教悟宗"的,即是对经教要用高超手段去会,须具另一只眼也。刘宋本《楞伽经》卷一说:"一切修多罗所说诸法,为令愚夫发欢喜故,非实圣智在于言说。是故当依于义,莫着言说。"③这是"依义不依文"的看经演教的原则,原是大乘经论的共说,但学者每每拘泥于名相分别。达摩禅风是灵活灵现地发挥应用了如来经教的妙用,似与天台"观心"说一样。在经教的活用方面,慧可、僧那、慧满、法冲等人,悉皆极力发挥之。如:

> (慧)可乃奋其奇辩,呈其心要。故得言满天下,意非建立。

---

① 《大正藏》第 50 册,第 551 页下。
② 《续藏经》第 80 册,第 43 页上。
③ 《大正藏》第 16 册,第 489 页上。

玄籍遐览,未始经心。①

(慧)满每说法云:"诸佛说心,令知心相,是虚妄法。今乃重加心相,深违佛意。又增论议,殊乖大理。"故使(僧)那、(慧)满等师,常赍四卷《楞伽》以为心要。随说随行,不爽遗委。②

(法)冲公自从经术,专以《楞伽》命家。前后敷弘,将二百遍。须便为引,曾未涉文。而通变适缘,寄势陶诱,得意如一,随言便异。师学者若请出义,乃告曰:"义者,道理也。言说已粗,况舒在纸! 粗中之粗矣。"事不获已,作疏五卷,题为私记,今盛行之。③

这说明慧可及其门下对达摩的"藉教悟宗"法门,是极力发挥与应用的。不着文字,不粘语言,活用经教深义以诱导学人,其用意贵在"得意忘言""得鱼忘筌""得兔忘蹄"。以故欲"悟宗"须先"藉教",说明经教是"悟宗"的导火线,是前方便。亦说明未悟宗前须藉经教,悟宗后却不能还执着于经教不忘。这就是说悟宗既不能离开经教,又不能执着于经教文字相。藉教犹渡河须藉筏一样,悟宗若到彼岸。"渡河必藉筏,到岸须舍舟。"《金刚经》"所谓佛法,即非佛法"一句,堪为"藉教悟宗"之注脚也。慧能解义此句曰:

所说一切文字章句,如标如指。标、指者,影响之义。依标取物,依指观月。月不是指,标不是物。但依经取法,经不是法。经文则肉眼可见,法则慧眼能见。若无慧眼者,但见其文,不见其法。若不见法,即不解佛意。不解佛意,则诵经不成佛道。④

---

① 《大正藏》第50册,第552页上。
② 《大正藏》第50册,第552页下。
③ 《大正藏》第50册,第666页中。
④ 《金刚经解义》,《续藏经》第24册,第552页中。

慧能的"依标取物""依指观月",似乎是从"藉教悟宗"演化而来。慧可及门下,对于如来经教的态度,显然有"重宗略教"的倾向。其实,宗之于教本来是不二的,是须臾不可离的。"藉教悟宗"是一体的,自悟悟他须藉教,自行化他须悟宗,二者不可偏废。但在慧可门下的弘传中,却出现了两种不同的倾向:一是"口说玄理,不出文记"的楞伽禅师,二是以广着疏钞而专事讲说的楞伽经师。这两大流派的分化,犹孔门的以"忠信"为主的曾参派和以"约礼"为主的子游、子夏派一样。经师重教略宗,禅师重宗略教。从这点而论,后来"宗门"与"教下"的出现,早在达摩、慧可时已露荷尖了。道宣《续高僧传》称慧可"专附玄理",还举慧可以偈答向居士问为例。其实,慧可秉承达摩以《楞伽》为心要的"藉教悟宗"法门,以"专附玄理"的形式,而展开楞伽禅的化导。道宣在《续高僧传·法冲传》中说:

(法)冲以《楞伽》奥典,沉沦日久。……又遇可师亲传授者,依南天竺一乘宗讲之,又得百遍。其经本是宋代求那跋陀罗三藏翻,慧观法师笔受。故其文理克谐,行质相贯,专唯念惠,不在话言。于后达磨禅师传之南北,忘言忘念,无得正观为宗。后行中原,惠可禅师创得纲纽。魏境文学多不齿之。领宗得意者,时能启悟。①

看似慧可门下在"藉教悟宗"地弘传《楞伽经》,其实却早已表现出了禅宗的特色。慧可的宗风尚且如此,那些广著疏钞、专事讲说的楞伽经师们,不论是否出于慧可门下,其精神与宗旨早已流衍为分别名相的"说食数宝"者了。故"每(慧)可说法竟曰:此(楞伽)

---

① 《大正藏》第50册,第666页中。

经四世之后,变成名相,一何可悲"①,这该是慧可对广著疏钞者的慨叹吧!在慧可时,对"藉教悟宗"法门已显"重宗略教"的倾向,但慧可还是较为强调"藉教"与"悟宗"之间的不二关系。略教,则易堕入"未得谓得,未证谓证"之增上慢,犹无闻比丘一般;略宗,则易落入说食数宝,不务实修之流,慧可当时慨叹的就是这类流衍为名相分别的楞伽经师。足以说明慧可宗风是注重实修的,但"中国的禅者,虽禀承达摩的禅法,而专重'理入',终于形成了偏重理悟的中国禅宗"②。

2.以精严刻苦的"头陀行"而游化调心

深得达摩禅法秘髓的慧可及门下,生逢乱世,社会动荡不安,再加上"周武灭法"的劫难,悉皆过着居无定所的游化生活。这种游化生活,只利于禅者个人的调心修习,以提升心性上的修养功夫与境界。但这却不利于摄化徒众,举扬禅法。达摩禅风以《楞伽》为心要,在自悟悟他、自行化他的方法论上秉"藉教悟宗"之旨。深护达摩禅的慧可及门下,一方面极为讲究因地制宜之法,讲说《楞伽经》以摄化启悟徒众;另一方面又极为注重精严刻苦的头陀行,以实践体验禅法的生命与活力。《楞伽经》既可指导修行,亦可启悟学人,故达摩禅法是以《楞伽》教义贯穿始终的。既由"藉教"而"悟宗"后,则须付诸实行,而务禅修。若一再执著于专事讲说《楞伽经》,以名相分别为己任,则不但荒废禅修,而且亦不能悟宗。故"每(慧)可说法竟曰:此(楞伽)经四世之后,变成名相,一何可悲!"慧可及门下主要以头陀游化生活而举扬禅法、摄化徒众,如云:

(慧)可乃纵容顺俗……遂流离邺卫,亟展寒温。③

---

① 〔唐〕道宣:《续高僧传》卷十六,《续藏经》第24册,第522页中。
② 印顺:《中国禅宗史》,中华书局,2010年,第12页。
③ 〔唐〕道宣:《续高僧传》卷十六,《大正藏》第24册,第552页上。

向居士者,幽遁林野,木食。于天保之初,道味相师,致书通好。①

(昙)林法师,在邺盛讲《胜鬘》,并制文义。……可专附玄理,如前所陈。遭贼斫臂,以法御心,不觉痛苦。火烧斫处,血断帛裹,乞食如故,曾不告人。后林又被贼斫其臂,叫号通夕,可为治裹,乞食供林。②

那(禅师)自出俗,手不执笔及俗书。惟服一衣一钵,一坐一食。以可常行,兼奉头陀。故其所往,不参邑落。有慧满者……遇那说法,便受其道。专务无著,一衣一食,但畜二针。冬则乞补,夏便通舍覆赤而已。自述一生无有怯怖,身无蚤虱,睡而不梦,住无再宿。到寺则破柴造履,常行乞食。贞观十六年,于洛州南会善寺侧宿柏墓中,遇雪深三尺。其旦入寺,见昙旷法师,怪所从来。满曰:"法友来耶!"遣寻坐处,四边五尺许雪,自积聚不可测也。故其闻有括访诸僧逃隐。满便持衣钵,周行聚落,无可滞碍,随施随散,索尔虚闲。有请宿斋者,告云:"天下无人,方受尔请。"③

(法)冲一生游道为务,曾无栖泊。仆射于志宁曰:"此法师乃法界头陀僧也。"不可名,实拘之。④

如上所举之人,皆为达摩、慧可门下及再传者,或为崇奉达摩禅法之人,悉皆继承了达摩的头陀游化遗风。慧可的"纵容顺俗",乃至"流离邺卫,亟展寒温",过着流离失所的头陀游化生活,碍于时机

---

① 〔唐〕道宣:《续高僧传》卷十六,《大正藏》第24册,第552页上。
② 〔唐〕道宣:《续高僧传》卷十六,《续藏经》第24册,第552页中。
③ 〔唐〕道宣:《续高僧传》卷十六,《续藏经》第24册,第552页下。
④ 〔唐〕道宣:《续高僧传》卷三十五,《续藏经》第24册,第666页下。

略论慧可大师的生平与禅法

的不完全成熟,还不敢正面举扬达摩禅法,只好以"时惠清猷,乍托吟谣"的形式与风格而"专附玄理"。举扬禅法,须随顺一大时节因缘。慧可在极为艰苦的游化生涯中,毅然决然地奉行达摩遗风,其精神与勇气实为可嘉。向居士与慧可是因"道味相师",才"致书通好"的,这分明是仰慕慧可的德行与道范。但向居士一直是"幽遁林野,木食"的。木食者,是以山中野树果实充饥,形容隐逸之士远离世事。向居士的"幽遁林野",在生活上亦类似于头陀行,只是不往来游化于人间而已。曾一向盛讲《胜鬘经》的昙林法师,在周武灭佛时,与慧可因"共护经像"而相识,后因各失一臂,故彼此乞食相互照顾,而为患难之法友。慧可与昙林虽有"遭贼斫臂"之苦难,但依旧奉行达摩禅风。僧那是慧可的亲传弟子,生活极为简单,所用唯一衣一钵,日中一食,常年"兼奉头陀",崇奉达摩、慧可之遗风。慧满是僧那的弟子,他完全效法僧那,以乞食游化为务,即便是在积雪盈尺之寒冬腊月,亦不投寺寄宿,而出入聚落乞食布教,亦从不受人请而应供赴斋。法冲一向热衷于《楞伽》奥典的研读,后"遇(慧)可师亲传授者,依南天竺一乘宗讲之",受益匪浅,由是继承了达摩、慧可门下的"兼奉头陀"的遗风,法冲一生过着游化生活,随缘摄化有缘众生。这就是说,达摩禅风在修行的理论指导方面是以《楞伽》为心要的,在实修方面则须付诸精严刻苦的头陀行。对此,印顺导师评述曰:

> 头陀行,是出家人中生活最精苦的一流。住在阿兰若(无著、无事)处,所以不住聚落(佛教有无事比丘、聚落比丘二类)。在印度出家人中(外道中有,佛教中也有),有称为"遍行"的。他们经常地往来游化,没有定住的地方。对自行来说,当然专精极了。但没有定期安住,对摄化学众来说,是不方便的。①

---

① 印顺:《中国禅宗史》,中华书局,2010年,第31页。

达摩禅法的内容有二:"理入"与"行入",这正是所谓的"二入四行"。理入者,主要是发挥"藉教悟宗"的权巧方便,以俾学人入道安心。行入者,有四行,主要是落实禅修体验功夫,以使学人由入道安心而调心净性,以提升心性上的修养功夫与境界,可谓明心净性。故达摩禅法中的"理入"只是初入禅门而已,此时方可谓真正体验"行入"的开始。若不达"理入",即便有"行入"亦难指归心性,可谓盲修瞎炼,难趣正道。万勿错认入道安心时,则修学事毕。若至理入而罢行入,则会落入疏狂之流,如济公活佛的大权示现正是狂者之流,百丈野狐禅正是疏者之类。对此,蕅益老人在歙西丰南仁义院普说辩曰:

> 诸佛出现,祖师西来,"直指人心,见性成佛",无非破此二种(生死)根源。只如二祖见初祖云:"我心未安,乞师安心。"初祖云:"将心来,与汝安。"二祖良久云:"觅心了不可得!"初祖云:"与汝安心竟。"只此"觅心了不可得"一语,大须着眼。莫似鹦鹉禅,但能学语。我且问你,既了不可得,又谁为觅心者?且如现前此身,不出"地、水、火、风、空、识"六界。身中坚相是地界,湿相是水界,暖相是火界,动相是风界,骨节毫窍及腑脏疏通处即是空界,"见、闻、觉、知"分别妄想是心识界。若谓坚相能觅心者,则大地皆能觅心……"意如暗室见",昏扰扰相,自不明了,如何能知?见、闻、觉、知既不可得,安能觅心?如是"地、水、火、风、空、识"六界,皆不能觅心。毕竟谁为能觅心者?若是个有血性的男子,到者里,分疏不下,体会不来,决要讨个分晓。捱到水穷山尽处,如铜墙铁壁相似,老鼠入牛角,直至没兴路头穷。向有意无意间,忽然打失娘生鼻孔,方知能觅所觅,果然了不可得,方是宗门最初一步。若谓此外别有修行,便是天魔外道。若谓此后更无修行,便当朝打三千,暮打八百,贬向阿鼻地狱。何以故?如二祖半世弘法,将大法付与三

祖后,更复混迹尘寰,滥同乞士,以白调心。咄!既觅心了不可得,何故又说调心?终非二祖前后自语相违。当知此事,大不容易。沩山祖师云:"此宗难得其妙,切须仔细用心。可中顿悟正因,便是出尘阶渐。生生若能不退,佛阶决定可期。"古来宗匠,于此"一大事因缘",何等慎重真切!岂似末世秽浊狂禅,才得一知半解,便向人前妄开大口,自诳诳他,坏我祖意,贻祸无穷。当知若从了不可得处安心,则更无一物可贪,即是随顺修行施波罗蜜……更无颠倒愚痴,即是随顺修行般若波罗蜜。者个方是"应无所住,而生其心"。除此心性法门外,何处有戒可持,有教可看,有禅可参?况如来所制大小律仪,皆为断除现在、未来有漏,直下安心,本是至圆至顿。如来所说一代时教,皆是破除我、法二执,直下安心,亦是至圆至顿。祖师千七百则公案,皆是随机设教,解黏去缚,斩破情关识锁,直下安心,亦是至圆至顿。若不能断有漏法,即不知戒意。不能破我、法二执,即不知教意。不能斩破情关识锁,即不知祖师西来意。既不知戒意、教意、祖意,纵三千威仪,八万细行,性业遮业,悉皆清净,止是人天小果有漏之因。纵三藏十二部,无不淹贯谈说,五时八教,权实本迹,皆悉明了,止是"贫人数他宝,身无半钱分"。纵公案烂熟,机锋转语,颂古拈古,上堂普说等,一一来得,只足(疑为"是")长慢饰非,欺诳人天。皆所谓"因地不真,果招纡曲"。"邪人说正法,正法亦成邪。"故《圆觉经》云:"末世众生,(希望成道,)无令求悟,唯益多闻,增长我见。但当精勤降伏烦恼,(起大勇猛,)未得令得,未证令证(原经文为"未断令断")。"此之谓也。诸仁者:出生死事,大不容易。①

从蕅益老人的这一大段开示中则知:修习达摩以《楞伽》为心要

---

① 〔清〕成时辑:《灵峰蕅益大师宗论》卷四,《嘉兴藏》第36册,第319页下~320页中。

的印度如来藏禅法,依"藉教悟宗"法门而臻"理入"境地,方为宗门之最初一步,此时才具备了真正"行入"的先决条件。唯有把"理入"的境地回互到"行入"中去,方能理论联系实践,真正抵达究竟极则地。否则,只专重于"理入"而忽略"行入",最终形成了偏重理悟的中国禅宗。若也,则说也说得,讲也讲得,只是不敌生死而已,犹广著疏钞、专事讲说的楞伽经师一样。慧可随侍达摩"从学六载,精究一乘。理事兼融,苦乐无滞。而解非方,便慧出神心"①。慧可初于达摩处乞得入道安心之旨后,就把"理入"功夫回互到了"行入"中去,以历境调心锻炼,《续高僧传》云:"(慧)可乃就境陶研,净秽埏埴,方知力用坚固,不为缘陵。"②意谓唯有"行入"的功夫做到家了,方可广历净、秽诸境界而陶冶情操,久之待禅定力用坚固了,其如如之心才不被外缘所侵染动摇。为历境调心锻炼,慧可晚年在邺都曾遭盛开讲席的道恒法师的"深恨谤恼于(慧)可。货赇俗府,非理屠害"③,但慧可力修达摩"四行",故"初无一恨,几其至死"④,这便是对"报怨行"与"随缘行"的体验。慧可"随遇而安,乐天知命"的忍辱道行,终感得"(道)恒众庆快,遂使了本者绝学浮华,谤黩者操刀自拟"⑤。而慧可"始悟一音所演,欣怖交怀。海迹蹄滢,浅深斯在"⑥。又云:"(慧)可乃纵容顺俗,时惠清猷,乍托吟谣,或因情事,澄汰恒抱,写割烦芜。"⑦这便是对"无所求"与"称法行"的落实,在生活方面抱无所求之态度,但凡一举一动、一言一行,悉皆与道符,称性而行。故以"乍托吟谣"的形式称性举扬禅法,在生活方面的有些称性行为却乖违世道俗礼,不被世人所理解。如《景德传灯录》卷三载:

---

① 〔唐〕道宣:《续高僧传》卷十六,《大正藏》第50册,第551页上。
② 《大正藏》第50册,第522页上。
③ 〔唐〕道宣:《续高僧传》卷十六,《大正藏》第50册,第552页上。
④ 〔唐〕道宣:《续高僧传》卷十六,《大正藏》第50册,第552页上。
⑤ 〔唐〕道宣:《续高僧传》卷十六,《大正藏》第50册,第552页上。
⑥ 〔唐〕道宣:《续高僧传》卷十六,《大正藏》第50册,第552页上。
⑦ 〔唐〕道宣:《续高僧传》卷十六,《大正藏》第50册,第552页上。

(慧可)即于邺都,随宜说法。一音演畅,四众归依。如是,积三十四载。遂韬光混迹,变易仪相。或入诸酒肆,或过于屠门,或习街谈,或随厮役。人问之曰:"师是道人,何故如是?"师曰:"我自调心,何关汝事!"又于筦城县匡救寺三门下,谈无上道,听者林会。时有辩和法师者,于寺中讲《涅槃经》。学徒闻师阐法,稍稍引去。辩和不胜其愤,兴谤于邑宰翟仲侃。仲侃惑其邪说,加师以非法,师怡然委顺。识真者,谓之偿债。①

慧可晚年的行径,与南宋的道济有点相似。这种"和光同尘""韬光混迹""变易仪相"的随缘、称性之行,实属罕见,当然不被世人认可。在禅宗,这种貌离神合的做略正是禅者悟后的秘密保任潜修举措,因为"从悟到证"还需要一段时期的回互用功,这正是慧可所谓的"我自调心"。慧可之所以"或入诸酒肆,或过于屠门,或习街谈,或随厮役",就是为了于诸多逆缘违境中善护念、善付属其心,以达到调心自任的境界。足见禅法不易举扬,道业不易成就。

3. "自觉圣智"与"心作心是"的心性论思想

达摩、慧可、僧璨之间,一脉贯穿的是以《楞伽经》为心要的自性清净的如来藏思想,在禅法方面各自悉皆极力发挥以心性论为主的"体、用一如"的理论构架与思维模式,较为重视对心源本性的参究与探究。达摩的心性论思想主要体现在"理入"中,可谓:"藉教悟宗。深信含生同一真性,客尘障故。令舍伪归真,疑住壁观。无自无他,凡圣等一。坚住不移,不随他教。与道冥符,寂然无为,名理入也。"②既言"含生同一真性",则说明一切众生从本以来皆有佛性,一切众生将来皆可成佛。之所以众生不是佛者,《楞伽师资记》

---

① 《大正藏》第 51 册,第 251 页上。
② 〔唐〕道宣:《续高僧传》卷十六,《大正藏》第 50 册,第 551 页下。

补云"但为客尘妄覆,不能显了"①,故强调"舍伪归真,疑住壁观"的修证意义。这种思想源自《楞伽经》"如来藏"说及《涅槃经》"一切众生皆有佛性"②说。刘宋本《楞伽经》云:"虽自性净,客尘所覆故,犹见不净。"③此为如来藏自性清净心说。达摩所传的禅法,实际上就是印度南天竺如来藏法门,即如来藏禅。在达摩看来,真性即佛性,是本体,当体现用时,性即是心,故人人皆有一自性清净心,因为刘宋本《楞伽经》中的心与性是不二之关系,一体两面之物。"人同此心,心同此理",故以心为关键枢纽,把众生提升到与佛同一平等的地位,可谓"生佛平等,凡圣一如"。把二者统一起来,合称为"如来藏藏识"。如来藏即人人本有之佛性,藏识即生佛同禀共赋之一心,此心乃称性成佛之心,亦即自性清净心。故经云:"如来藏自性清净,转三十二相,入于一切众生身中。"④此则说明一切众生身中本来就具足如来三十二相,自性清净,犹唐密之"胎藏界"说,亦如《华严经》之"一切众生具有如来智慧德相"说一样。达摩的"理入"方法是"藉教悟宗",即"藉教"使其"深信含生凡圣同一真性,但为客尘妄覆,不能显了"之理,"悟宗"即是悟得此理后,则须于"行入"中以理除事,进而"依理成事,由事显理",以致由理事无碍法界转入事事无碍法界。达摩的这种大乘入道安心法门是即心性论而施设建立的,为的是开显同一真性,悟性证净。

慧可秉承以《楞伽》为心要的"藉教悟宗"法门,极力弘传达摩禅法。在"藉教"方面,慧可是以"专附玄理,不拘文字"的形式灵活解析如来经教的。慧可的"专附玄理",主要是指《楞伽》精要,即是体现"人成即佛成"的人生终极价值观与得证大观自在解脱门的禅

---

① 《大正藏》第85册,第1285页上。
② 〔北凉〕昙无谶译:《大般涅槃经》卷七,《大正藏》第12册,第404页下。
③ 〔刘宋〕求那跋陀罗译:《楞伽阿跋多罗宝经》卷四,《大正藏》第16册,第510页中。
④ 〔刘宋〕求那跋陀罗译:《楞伽阿跋多罗宝经》卷四,《大正藏》第16册,第489页上。

法根本教理,特别是对众生即心自性之道的尽力宣扬与彻底发挥。如慧可给僧璨的传法偈,就如实展现了他"专附玄理"的演教风格与弘禅手段。偈云:

本来缘有地,因地种华生。本来无有种,华亦不曾生。①

这里,"本来"二字,指不可说不可说之无量劫前,即无始以来的意思,亦《楞伽经》所云含生凡圣本具之"如来藏",《华严经》所云之大地众生本具如来智慧德相(真如佛性),宗门可谓之父母未生前之本来面目,须参破方知。"缘",本义为攀缘的意思,这里指因缘和合义。"有地",一般指三界有地而言,这里应指"心地",心为万法之本,能生万法,"心生则种种法生,心灭则种种法灭"②,故曰心地。"因地"与"果位"相对而言,意谓众生本具之如来藏清净自性,依于因缘和合之三界有地而修行,其因地之菩提种子自然会开花结果。这两句话,显然含有《楞伽经》之"如来藏"思想。如来藏,又称"如来胎",指于一切众生之烦恼身中,所隐藏的本来清净(自性清净)的如来法身。如来藏,又是佛性之异名。故此中以"如来藏"突显一切众生本具清净之如来法身理体,从而强化了"一切众生皆有佛性,一切众生皆可成佛"的"生佛平等"理念。《楞伽经》谓:众生从本以来所具之清净"如来藏"因受"客尘"所覆故,变成了污染的"识藏",从而使如来藏转变成了派生一切世法的阿赖耶识。由于"恒审思量我相随"③的末那识,寸步不离地追随并执着阿赖耶识,从而导致了"有情日夜镇昏迷"④的生灭不息。因此必须通过对佛法的修证功夫,才能将被熏习污染成识藏的如来藏再转变成清净的如来藏。

而"本来无有种,华亦不曾生"这两句话,则表达的是"三界唯

---

① 〔宋〕道原:《景德传灯录》卷三,《大正藏》第51册,第220页中。
② 〔梁〕真谛译:《大乘起信论》,《大正藏》第32册,第577页中。
③ 〔明〕普泰:《八识规矩补注》卷下,《大正藏》第45册,第473页中。
④ 〔明〕普泰:《八识规矩补注》卷下,《大正藏》第45册,第473页中。

心""万法唯识"的心性论思想。印度当时的两大学派中,大乘般若学派枢机可概括为"诸法缘生,生空无性",大乘瑜伽学派斗枃可总结为"诸法心生,心幻无性"。而《楞伽》实乃发挥大乘妙有法轮,以"妙用非有即真空"故,慧可亦用般若性空思想来破除世人对菩提佛性的执着。如来藏清净自性,乃"一尘不立,五蕴皆空"之谓欤,如是之处并无菩提佛性之可执,亦无般若花开之可着。有情众生无始以来被无明烦恼覆盖真如佛性,终日颠倒梦想,所以厌恶烦恼,欣求菩提涅槃,六根向外驰骋,永无休日。若能明悟"法本无生"之理,则直下便契清净真心,方知此心当人本具,不假外求,自然返璞归真于"本来无有种"的悟境见地。这两句话,看似仍是立足于《楞伽》如来藏之清净心,实则更突显了众生对即心自性本具之如来藏清净心的自我觉悟。悟得此理而修,即由安心而达调心的这一成就自行的过程中唯一自觉圣智而已。全事即理,一一行皆可指归心性也。

达摩禅法以《楞伽》为心要而注重"如来藏"说,这是以得证"自觉圣智"为目标的。自觉圣智者,无师自悟之谓。如《法华经》云:"又见诸如来,自然成佛道。"[1]《华严经》亦云:"不由他悟。"[2]即通过壁观功夫对自心的自觉省察,以排除颠倒梦想,进而达到般若妙用的现觉——断惑证真的无漏智。当然自觉圣智与如来藏说自有相通之处,如慧可与向居士之间的一封书信问答曰:

> 有向居士者,幽遁林野,木食。于天保之初,道味相师,致书通好。曰:"影由形起,响逐声来。弄影劳形,不知形之是影。扬声止响,不识声是响根。除烦恼而求涅槃者,喻去形而觅影。离众生而求佛,喻默声而寻响。故迷悟一途,愚智非别。无名作名,因其名则是非生矣。无理作理,因其理则诤论起矣。幻化非真,谁是谁非!虚妄无实,何空何有?将知得无所得,失无

---

[1] 〔后秦〕鸠摩罗什译:《妙法莲华经》卷 ,《大正藏》第9册,第4页中。
[2] 〔东晋〕佛驮跋陀罗译:《大方广佛华严经》卷八,《大正藏》第3册,第445页上。

所失。未及造谈,聊伸此意,想为答之。"可命笔述意曰:"说此真法皆如实,与真幽理竟不殊。本迷摩尼谓瓦砾,豁然自觉是真珠。无明智慧等无异,当知万法即皆如。愍此二见之徒辈,申词措笔作斯书。观身与佛不差别,何须更觅彼无余?"其发言入理,未加铅墨。时或缵之,乃成部类。具如别卷。①

这里向居士单从诸法性空层面出发,以诸法之"幻化非真""虚妄无实",而对缘起界的一切现象差别相皆作平等观,故以"得无所得,失无所失"为其禅悟境界。慧可的回答虽然肯定了向居士的悟境,但又本着"如实真幽理"之中道,而说明"幻化非真""虚妄无实"之缘起诸法的本自如如,故结云"万法即皆如"。慧可则突显了"幻化非真""虚妄无实"与"万法皆如"之间的"不二"关系。

通过这首偈颂中的参问酬答则知,慧可虽然以《楞伽》为心要而举扬达摩禅法,但又善巧地勾通了《般若》性空学与《涅槃》佛性论之间的关联,进一步加深了对达摩禅法思想的发挥与充实。向居士的"迷悟一途,愚智非别",慧可的"无明智慧等无异""观身与佛不差别",则把愚与智、迷与悟、生身与佛身等都给统一平等了,这正进一步发挥了《涅槃经》"一切众生皆有佛性"②说。达摩禅法中的"理入",就是要令学人藉如来经教而悟得此"佛性平等"之理。若悟得,则方可于"行入"中自然而然地历境调心锻炼,其成佛之事犹水到渠成、风行草偃一般。世人之所以执迷不悟此"佛性平等"者,因其无始以来无明覆盖真如佛性故。这需要用般若空观慧来观空无明烦恼,彻见当人即心本具之真如佛性。故慧可及门下都强烈反对离烦恼而别觅涅槃,离众生身而另求佛身,此中全用的是般若性空学理论,这亦为达摩禅法增添了大乘佛教的积极进取精神。

慧可还从众生"自性自度""自心觉悟"的角度出发,更为强调

---

① 〔唐〕道宣:《续高僧传》卷十六,《大正藏》第50册,第552页上~中。
② 〔北凉〕昙无谶译:《大般涅槃经》卷七,《大正藏》第12册,第404页下。

"是心作佛,是心是佛"的禅修原理。据《景德传灯录》卷三载:

> 北齐天平二年(当作天保二年,乃辛未岁也。天平东魏年号二年乙卯也),有一居士年逾四十,不言名氏。聿来设礼,而问师曰:"弟子身缠风恙,请和尚忏罪。"师曰:"将罪来与汝忏!"居士良久云:"觅罪不可得。"师曰:"我与汝忏罪竟。宜依佛、法、僧住。"曰:"今见和尚已知是僧,未审何名佛法?"师曰:"是心是佛,是心是法。法、佛无二,僧宝亦然。"曰:"今日始知罪性不在内、不在外、不在中间。如其心然,佛、法无二也。"大师深器之,即为剃发。云:"是吾宝也,宜名僧璨。"①

意谓"觅罪不可得"处正是入道安心时,真心彻露处自有般若妙用的现觉,此时方知"佛、法、僧"三宝不外当人即心自性也。佛者,觉也,悟也;法者,轨持义。佛唯依法修持,方可成等正觉,故云"法、佛无二"。既云"是(此)心是佛、是法、是僧",则把"佛、法、僧"三宝统一于一心,从而突显了"自性自度""自心觉悟"的倾向。这就是说当人即心自性本具"佛、法、僧"三宝,三宝同一心性,"法、佛与僧,是三差别",故慧可付嘱僧璨曰:"宜依佛、法、僧住。"这是以心性为开显自身三宝妙用的关键枢纽,心性是成佛作祖的根本。但决不能因偏执慧可的"是心是佛"之说,而废修证功夫(即"行入")。正因为藉教悟得"是心是佛",才须当仁不让,以"彼即丈夫我亦尔"之勇气与精神而直下承当,彻底掀翻,死尽偷心地务实"行入"。唯有"是心作佛",才能证悟"是心是佛"。不妨以"是心作佛,是心是佛"二句,对治我慢自高,不务修证者;以"是心作佛,是心是佛"二句,对治自甘退屈,不思进取者。如是而会慧可的"是心是佛,是心是法。法、佛无二,僧宝亦然"之说,方谓不二之中道也。慧能《坛经》亦有皈依"自心自性三宝"之说,处处启悟行人开发自心自性本

---

① 《大正藏》第51册,第220页下。

略论慧可大师的生平与禅法

具三宝之无上妙用,莫向外求!慧可以"心性"贯通"佛、法、僧"三宝,把心性提升到了成佛作祖的至关重要的地位。慧可的心性论思想,是依据"自觉圣智"与"心作心是"而施设建立起来的。他认为心的自性本来是觉悟的,故须自性自度。是故明心见性后的修行,直下唯一自觉圣智而已。修证达摩禅法的方法与原则,不外乎"是心作佛,是心是佛;是心作法,是心是法;是心作僧,是心是僧"也。慧可的这种心性论思想及心佛等观的理念,对后世禅宗乃至整个中国佛教思想发展的影响是极有深远意义的。

(昌莲,深圳弘法佛学院讲师)

略论二祖慧可禅宗功业之成因

陈金凤

慧可(487—593)是禅宗二祖,在禅宗发展史上居于崇高的地位。"没有慧可就没有中国禅宗,这不仅影响着整个中华文化,而且逐渐影响着世界文化。"[1]慧可这一地位的取得,当然在于他作为禅宗初祖菩提达摩的法定继承人,创造了非凡的禅宗功业——使达摩禅法得以在中国发扬光大,开辟了禅宗中国化的道路。这一点,已为诸多方家反复指明。笔者进而认为,成就一个伟大禅师,除了客观条件(环境、时代要求等),还在于禅师个人的主观努力与独特的精神风貌。因此,本文试图通过对慧可生平事迹与禅宗功业的考察[2],从慧可学法修法、弘法护法、对待禅法的态度等三个方面,揭示其特别的人格精神。这或许也是认识与评价慧可的一个比较重

---

[1] 中国佛教协会原会长赵朴初语,转引自王中华:《打好禅宗文化牌 弘扬人间佛教思想》,http://www.fjdh.com/wumin/2010/09/125547127573.html。

[2] 由于众所周知的原因,佛教史籍(禅史)中所载的慧可的生平事迹和禅宗功业,有一些是历史累积的结果,相互之间也存在若干的矛盾与抵牾。例如,慧可"断臂"就有二说,一是慧可为向达摩求法表决心而自断其臂,二是慧可因受到迫害而被人断臂,两说各有其理,但都难以证实。本文对禅史所载的慧可事迹并不加以特别的辨析,只是用以说明所要叙述的内容。

要的方面,有助于慧可研究课题的推进。

一、努力学习,积极进取,深究佛法之根本

慧可之所以能承担发扬光大禅宗的历史使命,成为弘传达摩禅法的关键人物,首先在于能深刻体会与践行达摩禅法。这与他广闻博学,不断进取,不达目的不罢休的学习精神密不可分。

据《续高僧传·齐邺中释僧可传》(以下简称《慧可传》)、《五灯会元·二祖慧可大祖禅师》等佛教史籍记载,姬光(慧可出家之前的姓名)自幼志气不凡,博闻强记,广涉儒书,尤精《诗》《易》。后来又努力学习佛典,成为"外览坟素,内通藏典。末怀道京辇,默观时尚,独蕴大照,解悟绝群"①的知名学者,并由此深感"孔老之教,礼术风规,《庄》《易》之书,未尽妙理"②,于是栖心佛理。姬光来到洛阳龙门香山永穆寺出家为僧,师从宝静禅师,不久又到永穆寺受具足戒。当时佛学界思想比较守旧,门户之见、派系之争相当严重。姬光因所承师父不太著名,"一时令望,咸共非之"③。然而,姬光学习不辍,遍游洛阳周边各地讲堂,修习大小乘佛教的教义。另外,姬光亦学习禅定,达八年之久,颇有所得,传说由此得神人帮助而"换骨",改名"神光"。经过多年的学习,神光在师从达摩之前已经对经教与禅定方法有了充分的认识,算得上是饱学的禅师了,但神光并不满足,仍然决定向达摩继续学习达摩禅法。

神光于北魏孝昌三年(527)来到少室山达摩祖师的面壁之地。据《五灯会元·初祖菩提达摩大师》载,开始,神光"晨夕参拜",但达摩"端坐面壁",不为所动。神光毫不气馁,内心反而越发恭敬和虔诚,不断地用古德为法忘躯的精神激励自己:"昔人求道,敲骨取

---

① 〔唐〕道宣:《续高僧传》卷十六,《大正藏》第50册,第551页下。
② 〔宋〕道原:《景德传灯录》卷三,《大正藏》第51册,第219页中。
③ 〔唐〕道宣:《续高僧传》卷十六,《大正藏》第50册,第552页上。

髓,刺血济饥,布发掩泥,投崖饲虎。古尚若此,我又何人?"如此每天从早到晚,肃立洞外,丝毫不敢懈怠。这一年腊月初九的风雪交加的晚上,神光仍旧肃立不动,天快亮之时,积雪竟然没过了他的膝盖。此时达摩祖师才慢慢地回过头来注视神光,心生怜悯,问道:"汝久立雪中,当求何事?"神光含悲忍泪道:"惟愿和尚慈悲,开甘露门,广度群品。"达摩祖师遂开导曰:"诸佛无上妙道,旷劫精勤,难行能行,非忍而忍。岂以小德小智,轻心慢心,欲冀真乘,徒劳勤苦。"听了达摩祖师的教诲和勉励,神光为示自己求法的殷切和决心,暗取利刀,自断左臂,置于达摩面前。达摩祖师被神光的虔诚举动所感动,深知神光是个法器,遂言:"诸佛最初求道,为法忘形,汝今断臂吾前,求亦可在。"于是将神光的名字改为慧可,收为入室弟子。慧可一至达摩门下时,便欲深究达摩禅法之精髓。《五灯会元·初祖菩提达摩大师》载,一天,他向达摩祖师请问:"诸佛法印,可得闻乎?"祖师道:"诸佛法印,匪从人得。"慧可听了很茫然,说:"我心未宁,乞师与安。"祖师回答说:"将心来,与汝安。"慧可沉吟了好久,回答道:"觅心了不可得。"祖师于是回答道:"我与汝安心竟。"慧可一听,当即豁然大悟,心怀踊跃:原来并没有一个实在的心可得,也没有一个实在的"不安"可安,安与不安,全是妄想。

据《续高僧传·慧可传》载,慧可开悟后,继续留在达摩祖师的身边,时间长达"六年"(九年?)之久[①],"精究一乘,理事兼融,苦乐无滞",切实地把握了达摩禅的本质。西魏文帝大统二年(536)达摩圆寂西归之前,要求诸弟子各言悟道心得,以定法嗣。《五灯会元·初祖菩提达摩大师》载:"(达摩祖师)命门人曰:'时将至矣,汝等盍各言所得乎?'时有道副对曰:'如我所见,不执文字,不离文

[①] 关于慧可侍奉达摩的时间,佛教典籍中有两说:一是"六年"说(如《续高僧传·慧可传》);二是"九年"说(如《五灯会元·二祖慧可大祖禅师》)。这两说均为当今禅宗界、学术界所奉行。笔者认为,如果考虑到慧可于北魏孝昌三年(527)始从达摩,而学界又大多认为达摩圆寂于西魏大统二年(东魏天平三年,536),或许"九年"说更为符合实际。

字,而为道用。'祖曰:'汝得吾皮。'尼总持曰:'我今所解,如庆喜见阿閦佛国,一见更不再见。'祖曰:'汝得吾肉。'道育曰:'四大本空,五阴非有,而我见处,无一法可得。'祖曰:'汝得吾骨。'最后慧可礼拜,依位而立。祖曰:'汝得吾髓。'"虽然这一记载不乏传说性质,甚至有些离奇,但慧可深得达摩禅法之精髓则是毫无疑问的。达摩本人认为慧可最能理解自己的禅法,决定将慧可作为自己法系的继承人。

慧可在成为达摩的法定继承人之后,仍不断地学习,坚持不懈地探索佛法的奥妙。其学习的内容并不仅限于《楞伽经》,而是广泛地阅读其他的佛教经典,使自己的学业不断精进(参见后述)。

总之,慧可一生学习不辍,志在佛法。皈依达摩之前,是一位对儒、佛、道三家学说都很有造诣的学者。师从达摩之时,又得达摩的悉心教导。在得达摩禅法之后,仍然坚持不懈地学习。正是这种积极学习的志趣与成效,为他理解、继承、弘传达摩禅宗奠定了良好的基础。

二、信念坚定,百折不挠,以弘法、护法作为自己的使命

慧可继承达摩衣钵后,即以弘法为己任。慧可在数十年的弘法生涯中,不断遇到困难与挑战,但他秉持推广达摩禅法的信念,毫不畏惧,积极应对。这方面的事迹一直伴随着慧可弘法生涯的始终。

东魏建立不久,将国都从洛阳迁至邺都(今河北临漳)①,北方佛教的中心亦由洛阳转移到了邺城,时人杨衒之《洛阳伽蓝记序》言:"暨永熙多难,皇舆迁邺,诸寺僧尼,亦与时徙。"②东魏天平

---

① 不少研究者将慧可活动的东魏北齐都城"邺"的地理位置认为是在"河南安阳市北"。事实上,东魏北齐都城邺所在地在今河北临漳。今所称河南安阳市北的邺城,为北周大臣杨坚将北齐邺城焚毁后南移重建的。因邺城的地理位置关系慧可活动的轨迹,特此注明。

② 〔北魏〕杨衒之撰,周祖谟校释:《洛阳伽蓝记校释》,中华书局,1963年,第24页。

(534~537)末①,慧可亦来到邺都,欲在此大弘达摩禅法,使自己的禅派势力得到统治者的认可与支持。然而,慧可受到了佛教旧学派的多方阻挠和打击。有一位拥有徒众千人的道恒禅师,正在大力传授旧禅学,见慧可到来,传播"情事无寄"的达摩禅,倡直探心源之法,由此吸引了不少信众,便攻击慧可的言论是"魔语",不断派人去骚扰而不得成功,遂不惜贿赂地方官加害慧可。慧可受到迫害,险些送了生命,不得已离开邺都,流离于邺、卫之间(相当于现在的河北临漳、河南卫辉一带),韬光晦迹,不再公开地大规模地传教。

慧可虽然身处逆境,但闻名遐迩,前来向他求教请益的人仍然不绝如缕,他也借此弘传达摩禅法。江南著名的三论宗学者慧布(518~587)到北方游学时,即曾慕名向慧可叩问禅法,得到印证。还有一位向居士,是北齐天保初年(550)著名的禅学学者,也曾修书与慧可通好请教,并咨询有关真如与宇宙万有之关系的问题。慧可以诗偈的形式做了回答(详见后述)。也正是在这一时期,慧可得到了最为重要的禅法传人僧璨。《五灯会元·二祖慧可大祖禅师》载,自达摩西归后,慧可继阐玄风,博求法嗣。"北齐天平二年②,有一居士,年逾四十,不言名氏,聿来设礼。而问祖曰:'弟子身缠风恙,请和尚忏罪。'祖曰:'将罪来,与汝忏。'士良久曰:'觅罪不可得。'祖曰:'与汝忏罪竟。宜依佛法僧住。'士曰:'今见和尚,已知是僧,未审何名佛、法?'祖曰:'是心是佛,是心是法,法佛无二,僧宝亦然。'士曰:'今日始知罪性不在内,不在外,不在中间,如其心然,佛法无二也。'祖深器之,即为剃发,云:'是吾宝也。宜名僧璨。'其年三月十八日,于光福寺受具,自兹疾渐愈。"僧璨执侍经二载后,慧可

---

① 很多研究者大概是根据《续高僧传·慧可传》所言"(慧可)后以天平之初,北就新邺,盛开秘苑"之语,将慧可至东魏京师邺的时间定在"天平之初(534)"。然而,达摩圆寂于东魏天平三年(536),慧可至邺是在达摩圆寂之后,故笔者认为慧可至邺在"天平之末(537)"才符合实际。

② 按:"北齐天平二年",应为"北齐天保二年"。"天平"为东魏年号,"天平二年"是535年。北齐只有"天保"年号,"天保二年"为551年。

决定以僧璨为法嗣,曰:"菩提达磨远自竺乾,以正法眼藏并信衣密付于吾。吾今授汝,汝当守护,无令断绝。听吾偈曰:本来缘有地,因地种华生。本来无有种,华亦不曾生。"慧可付衣法于僧璨后,又告诫道:"汝受吾教,宜处深山,未可行化,当有国难。"璨曰:"师既预知,愿垂示诲。"慧可道:"非吾知也。斯乃达磨传般若多罗悬记云'心中虽吉外头凶'是也。吾校年代,正在于汝。汝当谛思前言,勿罹世难。然吾亦有宿累,今要酬之。善去善行,俟时传付。"慧可授法僧璨后,觉得后继有人,不再有后顾之忧,于是又立即前往邺都,随宜说法,前后活动三十四年之久,力图将达摩禅法在当时的佛教中心邺都发扬光大。

北周建德三年(574)武帝宇文邕开始进行灭佛运动。建德六年(577),北周灭北齐,又将灭佛运动推广至原北齐境内。慧可和同学昙林曾努力保护经典和佛像。传说,后来他又南行隐居于陈朝境内舒州皖公山(今安徽潜山县境内),其间僧璨前来归依成为弟子。师徒初至此处,筚路蓝缕,兴建殿宇,潜修密化。他在更衣亭曾作诗吟咏:"跃过三湖四泽中,一肩担月上九龙。龛得葫芦可禅定,榻依岩石悟能空。禅衣破处裁云补,冷腹饥时饮露充。物与民胞共寒暑,调和风雨万帮同。"可见慧可法师上山时,环境相当艰苦。开皇十二年(592),即慧可大师圆寂前一年,在司空山的传衣石畔,将衣钵传给璨。[①]

据《五灯会元·二祖慧可大祖禅师》载,慧可"又于筦城县匡救寺三门下,谈无上道,听者林会。时有辩和法师者,于寺中讲《涅槃经》,学徒闻师(慧可)阐法,稍稍引去。辩和不胜其愤,兴谤于邑宰翟仲侃。翟惑其邪说,加祖以非法,祖怡然委顺,识真者谓之偿债。时年一百七岁"。据此,慧可约于隋开皇十三年(593),来河北成安匡救寺(一说匡教寺)弘法,被非法迫害至死。慧可却怡然顺受,曾

[①] 慧可于司空山传法僧璨,并没有直接的禅宗文献资料支持,只是安徽司空山一带的传说。不过,这一传说也从一个侧面说明了慧可努力弘法、护法的精神。

无怨色。这从一个侧面说明了慧可为禅法而体现出大无畏的牺牲精神。

慧可为了弘法、护法,遵行达摩的头陀苦行。《续高僧传·慧可传》所称慧可"苦乐无滞""流离邺卫,亟展寒温",就是典型的体现。林法师"在邺盛讲《胜鬘》并制文义。每讲人聚,乃选通三部经者,得七百人,预在其席"。后亦被断臂,由慧可乞食养之。

慧可在传法过程中,也不断地诠释其信念坚定、不畏艰难的精神内涵。无论人家对其禅法如何不理解,甚至视为"魔法",还是遭到菩提流支、光统律师徒党的毒害,或被辩和律师勾结县令"非理损害",或者他断臂求法,与昙林共护经像,乞食供养"无臂林",都可见他历尽磨难,志求佛法根本解脱的坚定行持和高尚节操。[1]

由于慧可积极的传法、护法,使达摩禅在一定程度上得以发扬光大,这集中体现在《楞伽经》的依持得以继续、"楞伽师"的递相传承得以成立。《续高僧传·法冲传》载:"冲以《楞伽》奥典,沉沦日久,所在追访,无惮夷险。会可师后裔盛习此经,即依师学,屡击大节。(其师)便舍徒众,任冲转教,即相续讲三十余遍。又遇可师亲传授者,依南天竺一乘宗讲之,又得百遍……冲公自从经术,专以《楞伽》命家,前后敷弘将二百遍。"法冲受弟子苦请,"事不获已,作疏五卷,题为私记"。据该传记载,慧可后裔中对《楞伽经》作钞疏者,尚有十多名禅师。由此可见,慧可对达摩禅的一大贡献,便是宣传了《楞伽经》的相关思想,培养了一大批"楞伽师"。[2] 正是慧可的努力,其门下形成了一个势力较大的"楞伽"系统。《续高僧传·慧可传》所称的慧可"卒无荣嗣",是指他门下无显贵人物,并不是没有出名的弟子。事实上,慧可有名的弟子很多,《慧可传》中有向居士、林法师、那禅师、化公、彦(廖)公、和禅师。《法冲传》有分类记载,其中"并口说玄理,不出文记"者有粲禅师(僧璨)、惠禅师、盛

---

[1] 吴立民主编:《禅宗宗派源流》,中国社会科学出版社,1998年,第41页。
[2] 潘桂明:《中国佛教思想史稿》(第一卷),江苏人民出版社,2009年,第579页。

禅师、那老师、端禅师、长藏师、真法师、工法师;出《楞伽》抄疏者有善师、丰禅师、明禅师、胡明师;"远承可师后"的有大聪师、道荫师、冲法师、岸法师、宠法师、大明师,也有《楞伽》疏解。由于这批人大都"常赍四卷《楞伽》以为心要",所以也被称为"楞伽师"。此外,不承可师自依《摄大乘论》而疏解《楞伽经》的,还有迁禅师、尚德律师等。在那老师后,有实禅师、惠禅师、旷法师、弘智师;明禅师后有伽法师、宝瑜师、宝迎师、道莹师,也都属于楞伽师系统。[①] 虽然在慧可门下的弘传中,出现了不同的倾向:"口说玄理,不出文记"的禅师,著作疏释的经师。"口说玄理,不出文记"的禅师自然是达摩禅的继承者。虽然专重讲说、广作文疏的楞伽师,"无论是否为慧可门下,精神上早已漂流于达摩禅的门下了"[②],但毕竟对达摩禅法的张扬还是有一定的积极意义的。

总之,达摩、慧可的早期禅宗时代,禅宗的生存与发展环境恶劣,弘传、维护禅宗极其艰难。但慧可是一位意志坚定、性格坚强的禅师,在数十年的弘法、护法生涯中,不畏艰险、百折不挠,甚至不惜牺牲自己的性命。由此在一定程度上改善了禅宗生存的环境,打开了禅宗发展的新局面。

三、尊师重教,与时俱进,在继承的基础上创新发展禅宗

在禅宗发展过程中,传统与创新相辅相成,没有传统就没有禅宗的根本,而没有创新禅宗就不可能有发展与进步。慧可将传统与创新有机地结合起来,在继承的基础上创新,在创新中更好地继承,从而使达摩禅得到了较大的发展。

慧可传承达摩禅,秉持尊师重教,与时俱进,在继承基础上创新

[①] 任继愈主编:《中国佛教史》第三卷,中国社会科学出版社,1988年,第509页。
[②] 印顺:《中国禅宗史》,江西人民出版社,2007年,第23页。

发展的理念,这主要表现在传法方式和方法上。《续高僧传·慧可传》载:"达摩灭化洛滨,可亦埋形河涘。而昔怀嘉誉,传檄邦畿,使夫道俗来仪,请从师范。"慧可受此鼓励,激发起传道授业的情怀,"乃奋其奇辩,呈其心要,故得言满天下,意非建立;玄籍遐览,未始经心"。也就是说,慧可善于用巧妙的言辞向求学者宣讲禅法,虽无意推广自己的禅法,但天下人知道他的禅法的人日多;他虽也读佛经,但并不执着拘泥于经文。① 由此可见,慧可所传的禅法,既保持了达摩禅的基本内容,又在风格上有所变化。事实上,慧可在传法时的确并不严守达摩纯粹的"壁观"方式,而是如《续高僧传·慧可传》所说的"奋其奇辩,呈其心要",《楞伽师资记》所说"附于玄理,略说修道",即采用语言文字方式,对达摩禅的"玄旨幽赜"之处予以解释,对《楞伽经》等作自由发挥。

东魏天平年间,慧可因在邺都弘法遭到以道恒禅师为代表的守旧势力的破坏而失败,遂反思自己的传法方式,对自己的弘法风格加以改变。《续高僧传·慧可传》载:"可乃从容顺俗,时惠清猷,乍托吟谣。或因情事,澄汰恒拘,写割烦芜。"慧可改变传法方式,"从容顺俗",有时以吟谣来表达清新的禅境;或者"因情事"而汰除旧有的内容,改作写得烦芜不易明白的内容。由此使深奥的禅理更加接近民众,从而更有利于禅法的弘传。慧可弘法的方式,与达摩相较,也更加的丰富多彩,不拘一格。《五灯会元·二祖慧可大祖禅师》载,北齐年间,慧可在京师邺都弘法,"随宜说法,一音演畅,四众皈依,如是积三十四载。遂韬光混迹,变易仪相,或入诸酒肆,或过于屠门,或习街谈,或随厮役。人问之曰:'师是道人,何故如是?'祖曰:'我自调心,何关汝事?'"这种不拘一格的传法方式,或许可以称得上是开唐中期以来马祖道一洪州禅法的先河。

在禅法思想方面,慧可也较好地坚持了继承与创新的统一。据《续高僧传·慧可传》载,达摩将四卷《楞伽经》授予慧可,并说:"我

---

① 杨曾文:《唐五代禅宗史》,中国社会科学出版社,1995年,第34页。

观汉地,惟有此经,仁者依行,自得度世。"此后,慧可便依《楞伽经》说法,还令弟子们"常赍四卷《楞伽》,以为心要,随说随行,不爽遗委"。《楞伽经》其精神重视念慧而不在语言,它的根本主旨是经"忘言忘念无得正观"为宗,慧可依"南天竺一乘宗"讲授并"创得纲纽"。《续高僧传·法冲传》云:"其经本,是宋代求那跋陀罗三藏翻,慧观法师笔受。故其文理克谐,行质相贯,专唯念惠,不在话言。于后达磨禅师传之南北,忘言忘念无得正观为宗。后行中原,惠可禅师创得纲纽。魏境文学,多不齿之。领宗得意者,时能启悟。"慧可是以《楞伽》为心要"藉教悟宗"的。慧可的禅学思想与《楞伽经》精神和"南天竺一乘宗"精神一脉相承,但显然又有所发展。关于慧可的禅法,据《楞伽师资记》卷一中记载,慧可"略说修道明心要法",是依据大乘经典《楞伽经》《十地经》《华严经》《法华经》等的思想,教导弟子和信众应当在"修道"和"明心"上下功夫。研究者指出,慧可仍从《涅槃》《胜鬘》等佛性、如来藏的思想出发,通过对世俗认识的否定,完成一种无是无非的应世哲学。这显然也是《楞伽经》的基本精神。但也有其特点,那就是由批驳烦恼与涅槃的割裂,转到在根本上反对无余涅槃的追求,从承认一切众生皆有佛性、如来藏,到高唱众生现实之"身","与佛不差别",即众生就是佛。这种观念的本意,同一般佛性论者或许相差无几,但在客观上,都给了人生以更加崇高的价值,强化了人们顽强生活下去的信心。[①]

慧可对达摩禅的继承与创新发展,在他与向居士切磋禅法中也可以清楚地看到。《续高僧传·慧可传》载,北齐天保初年(550),有一向居士,闻二祖盛化,致书通好云:"影由形起,响逐声来。弄影劳形,不知形之是影。扬声止响,不识声是响根。除烦恼而求涅槃者,喻去形而觅影。离众生而求佛,喻默声而寻响。故迷悟一途,愚智非别。无名作名,因其名则是非生矣。无理作理,因其理则诤论起矣。幻化非真,谁是谁非?虚妄无实,何空何有!将

[①] 任继愈主编:《中国佛教史》第三卷,中国社会科学出版社,1988年,第511页。

知得无所得,失无所失。未及造谈,聊伸此意,想为答之。"向居士给慧可写信,用偈的形式表达他对修行解脱的见解。大意说:烦恼与涅槃,众生与佛本来是相即不二的,如果离开烦恼也就没有涅槃,没有众生也就没有佛;佛教最高真理是难以用语言文字表述完整的,人们不应当执着于描述它的文字(经教);佛教最高的精神境界应是自己的认识与"空寂"相契合,不再存在什么得与失的问题。他希望慧可谈谈自己的看法。慧可看到向居士的偈颂十分赞赏,也用偈颂表达自己的看法:"备观来意皆如实,真幽之理竟不殊。本迷摩尼谓瓦砾,豁然自觉是真珠。无明智慧等无异,当知万法即皆如。愍此二见之徒辈,申词措笔作斯书。观身与佛不差别,何须更觅彼无余?"慧可在偈颂中说,因为人们不了解自己本有佛性,众生与佛之间不存在根本差别,便离开自身而到别处寻求解脱。然而从根本上来说,"无明"与智慧二者是相对立而又互相依存,是不一不异的,一切事物都是真如的显现,是它的现象。因此,修行不应当远离日常生活,达到解脱的关键是能否自我觉悟。显然,慧可一方面认可了向居士的说法,但另一方面又对其说法做了补充:诸法"非真""无实",也就是"真如""幽理";说万法"幻化""虚妄",也就是"万法即皆如"。慧可在此阐发了达摩禅无相的本意,明确提出了万法皆如、身佛无别的主张。达摩谓一切众生同一真性,客尘所覆,犹见不净,但离妄缘,即是实际。悟入即此一心,本来具足,即"理入"也。慧可承达摩"理入"之旨,悟此身与佛并无差别,即身是佛,叮谓得达摩之真传。[1]与此同时,慧可使"原属怀疑论性质的般若体系","变成了有本体论意义的如来藏体系,般若学同佛性论很自然地结合起来,从而使达摩禅中'虚宗'与'真性'的矛盾说法得以协调"[2]。这是对达摩禅的发展。

---

[1] 吴立民主编:《禅宗宗派源流》,中国社会科学出版社,1998年,第41页。
[2] 杜继文、魏道儒:《中国禅宗通史》,江苏人民出版社,2007年,第68页。

值得一提的是,达摩传法更多的是依被动的方式,故而学人不多,使初期禅宗陷入危殆之中。而慧可传法则积极得多,取得了较好的效果,形成了有一定势力的楞伽禅系(参见前述),这为禅宗在以后的兴盛发展奠定了良好的基础。

达摩的禅法称为"如来禅",它以《楞伽经》为主要的理论基础,它所宣扬的是世界万物乃"自心所现",不重语言,而在慧念,冥心虚寂,内外俱明,修持以"忘言忘念,无碍正观"为宗。这一禅法,虽然为中国佛教注入了一种清新的气息,开启了中国佛教由上层向民间下移的端倪,但由于达摩本人传法的相对封闭性,又遭受到上层佛教人士的嫉恨和破坏,因而传播并不广泛,其禅法的命运如悬一线。正是慧可以自己特别的能力,在继承中创新发展达摩禅,使达摩禅在中国开始找到了自己发展的道路。

"二祖是中国禅宗的初祖,达摩是印度人,慧可大师才是中国禅宗第一人,没有他就没有中国佛教禅宗今天的发展。"[1]慧可虽不是中国禅宗的开山,但他适应了"纯禅时代"[2]禅宗发展的要求,开始致力于把印度佛法教义与中国的国情相结合,使佛教迈开了走中国化道路的步伐。这是他对中国佛教文化最伟大的贡献。同时,慧可也以自己的一生,书写了特别的禅宗人文精神,给中国佛教文化留下了一笔宝贵的精神财富。笔者以为,我们纪念、缅怀历史上的伟大禅师,不只是在于重温其生平、思想、功业,而且在于学习他们的精神。因为这种精神,正是中国禅宗得以源远流长、慧命无限的源泉所在。

(陈金凤,江西师范大学历史研究中心教授)

---

[1] 中国佛教协会原会长赵朴初语,转引自林斗山:《慧可大师与司空山》,《禅》网络版2001年第六期,http://chan.bailinsi.net/2010/6/2001610.html。

[2] [日]忽滑谷快天著,朱谦之译:《中国禅学思想史》,上海古籍出版社,2002年,第55页。

论慧可对达摩禅的接续与传承

赖功欧

中土禅宗的历史可追溯到南朝宋代年间,即420年,释迦牟尼弟子摩诃迦叶所开创的印度禅宗第二十八代宗主菩提达摩(又称西天二十八祖),于此年奉师命到达"震旦"(即中国)传播禅法,这位西天二十八祖,也就是今天人们所称的"东土禅宗第一祖"。达摩禅传慧可、僧璨、道信、弘忍,直至六传慧能,由慧能而开始了"纯粹中国化佛教"的禅宗历程。

一、"壁观婆罗门"的"二入四行"达摩禅法及其"安心"功效

达摩,又称菩提达摩,意译为觉法,为中国禅宗的始祖,故中国的禅宗又称达摩宗。达摩被禅宗尊称为"东土第一代祖帅""达摩祖师",与宝志禅师、傅大士合称梁代三大士,于中国南朝梁武帝时期航海到广州。梁武帝信佛,达摩至南朝都城建业会梁武帝,面谈不契,遂一苇渡江,北上北魏都城洛阳,后卓锡嵩山少林寺,面壁九年,传衣钵于慧可。后出禹门游化终身。据《续藏经·禅灯世谱》载

菩提达摩:"南天竺国香至王第三子,从般若多罗出家付法,化被六宗,声驰五印。其后六十七年乃以法东来震旦,即东土初祖。以梁普通元年庚子九月二十一日浮海至广州,十一月一日至建业见武帝,机缘不契,乃往北魏,止于嵩少九年。得神光立雪断臂,乃示法要,后以衣法付之,奄然长逝,即梁大通二年。塔熊耳山定林寺。"①

据胡适的《菩提达摩考》,达摩在华已有50年之久(470~520年之间),当卒于东魏天平(534~537)之前。胡适在《致柳田圣山》的信中指出:"我想向先生陈述我对于禅宗'西土二十八祖'的传说的一些见解。我今日的看法是:(1)菩提达摩来中国,是在刘宋晚年,他在中国北方住了五十年左右,故他建立了一派'禅学',有道宣的《续高僧传》的《达摩传》《僧副传》《法冲传》,及'习禅'总论,可以作证。(2)菩提达摩建立的宗派,用'四卷楞伽'为'心要',故后来称为'楞伽宗',参看我的《楞伽宗考》及净觉的《楞伽师资记》。(3)这个'楞伽宗'是注重'头陀'苦行,自达摩至神秀,自470左右至700,都还是一个山林苦修的头陀禅。……"②

达摩重视修行功夫,因其常面壁而坐,终日默然,人称其为"壁观婆罗门",然其基本特色实为"二入四行"的禅法,功效则在"安心"二字。宗密对此的解释是到位的:

> 达摩以壁观教人安心:外止诸缘,内心无喘;心如墙壁,可以入道。③

杜继文、魏道儒的《中国禅宗通史》称:"'大乘壁观'在当时的影响最大,所谓'功业最高,在世学流,归仰如市'。后世有人即将'壁观'当成达摩禅的代称。它的功效在于'安心',亦即'遣荡',后

---

① 《禅灯世谱》卷一,《续藏经》第86册,第323页下。
② 胡适:《致柳田圣山》,见《胡适卷》,武汉大学出版社,2008年,第555页。
③ 〔唐〕宗密:《禅源诸诠集都序》,《大正藏》第48册,第403页下。

来禅宗统称为'摄心''凝心',早期则归由'数息观'承担。……北方禅师行禅的处所,或为石窟洞穴,或为黄土墙垣,为'外止诸缘',当然以面壁而坐最佳。所观,即'专注一境',当是墙壁或石壁的颜色,其效用与'白骨观''十一切处'等禅法引发青、白、赤、黄等色相、幻象是一样的,属于达摩多罗禅法的变形,同样可以令心宁静。"①

那么,什么是"二入四行"呢?"二入",就是"理入"与"行入";而所谓"四行",指的是"报冤行、随缘行、无所求行、称法行"。杨曾文老师在《唐五代禅宗史》中指出:"可以认为,《二入四行论》是达摩与其弟子和他们的追随者关于禅法修行言论的集录,论述了达摩禅法的基本主张。……'二入四行'是达摩禅法的基本要求。二入是理入、行入;行有四行。理入是纲,行入是目,纲举目张,二者相辅相成。"②此中重要的是,"理入"并非离于大小乘佛经之基本教理,由于圆融通达所有"了义教"的教理,深信一切众生本自具足同一真性,只因客尘烦恼的障碍,所以不能明显地自证自了。如果能够遣荡扫除妄想而归真返璞,凝定在"壁观"之境上,住于寂然无为之境而契悟宗旨,便能自与"了义"之教理冥相符契,当为真正的"理入"法门。所以,"达摩禅的特点,不在壁观的形式,而是用以指导禅观的教理,以及证见之后用这一教理对实践的指导"③。杜继文、魏道儒还深论道:"'理入'有三个步骤,第一是随经教文字所说,确立'众生得一真性',修行者必定达到'舍伪归真'这一教理的牢固信仰;第二,通过坐禅'壁观',令心安定,专一观想上述经教之'理',而别无分别;第三,由此摆脱对经教文字的依赖,使自身实证所观之'理'。'理'与认识默然合一,认识全化为'理',此即谓之'与道冥符',也就是'壁观'要达到的最高目的。因此,所谓'理入'者,就是

---

① 杜继文、魏道儒:《中国禅宗通史》,江苏人民出版社,2008年,第64页。
② 杨曾文:《唐五代禅宗史》,中国社会科学出版社,1999年,第58~59页。
③ 杜继文、魏道儒:《中国禅宗通史》,江苏人民出版社,2008年,第65页。

通过壁观沉思,把握佛经说的教理。……完成上述对教理的内证,只属于禅的'壁观'部分,菩提达摩还特别主张起坐后的如理践行,认为这也是禅的组成因素,此即谓之'行入'。'行入'包括四项内容,所以称为'四行',或谓之'发行'四法。"①由此看来,达摩确实是把入道之"入"分为了理入与行入两个部分。质言之,达摩大师原始所传的禅,是不离以禅定为入门方法的禅。当然,禅定(包括四禅八定)也不过是求证教理从而进入佛法心要的一种必经的途径而已。因而,所谓"壁观",最终是一种主体实现其自身与所习理论直接契合之方法,这在根本上是一种强调"自悟"的禅法。

就文献本身而言,我们现在所见到的较为完整的仍为敦煌本《二入四行论》;然就思想基础而言,则不仅采纳了般若类经典《维摩诘经》《中论》《金刚经》的理论,也引用了《肇论》《楞伽经》的说法。杨曾文老师就此而得出结论:达摩禅法的主要理论基础是般若中观思想。他还进一步指出:"敦煌本《二入四行论》为我们了解菩提达摩与他的弟子、追随者的禅法提供了比较丰富的资料。依据此论和其他史料可以看出,达摩与其弟子所提倡的禅法是以大乘佛教的般若中观理论为指导的,教导修行者通过坐禅认识众生皆有'同一真性',使自己的内心与最高实相之理相契;强调修行不脱离日常生活,在日常生活中修行六度,以'自利利他',实践菩萨之道,最后达到觉悟解脱。"②

二、慧可的接续与创发——"无明智慧等无异"

慧可(487~593),俗姓姬,虎牢(又作武牢,今河南荥阳)人。其父在慧可出生之前每每担心无子,于是祈求诸佛菩萨保佑,希望能生个继承祖业的儿子。终于,一日黄昏,感应到佛光满室,慧可之母

---

① 杜继文、魏道儒:《中国禅宗通史》,江苏人民出版社,2008年,第65页。
② 杨曾文:《唐五代禅宗史》,中国社会科学出版社,1999年,第67页。

不久便有了身孕。为了感念佛恩,慧可出生后,父母便给他起名为"光"。慧可自幼志气不凡,为人旷达,博闻强记,广涉儒书,尤精《诗》《易》,喜好游山玩水,而对持家立业不感兴趣。后来接触了佛典,深感"孔老之教,礼术风规,《庄》《易》之书,未尽妙理",于是栖心佛理,超然物外,产生了出家念头。不久来到洛阳龙门香山,随宝静禅师学佛,后又到永穆寺受具足戒。四十岁时,遇菩提达摩游化嵩洛,一见而悦之,奉以为师,从学六载,精究一乘,理事兼融。

慧可从不拘泥经文,主张"情事无寄",强调直探心源。慧可的禅法,从其与传法弟子向居士的答问中可见一斑:

> 向居士幽栖林野,木食涧饮。北齐天保初,闻二祖盛化,乃致书通好,曰:"影由形起,响逐声来。弄影劳形,不识形为复印件;扬声止响,不知声是响根。除烦恼而趣涅槃,喻去形而觅影;离众生而求佛果,喻默声而寻响。故知迷悟一途,愚智非别。无名作名,因其名则是非生矣;无理作理,因其理则争论起矣。幻化非真,谁是谁非?虚妄无实,何空何有!将知得无所得,失无所失。未及造谒,聊申此意,伏望答之。"二祖大师命笔回示曰:"备观来意皆如实,真幽之理竟不殊。本迷摩尼谓瓦砾,豁然自觉是真珠。无明智慧等无异,当知万法即皆如。愍此二见之徒辈,申辞措笔作斯书。观身与佛不差别,何须更觅彼无余!"居士捧披祖偈,乃伸礼觐,密承印记。①

这位受法于慧可的向居士想说的是:欲去除烦恼而趋向涅槃,那就好比是弃去形体而寻觅影子;远离众生而寻求最终的佛果,那就好比是不发出声音而寻响。因此,迷惑与觉悟是一样的,愚蠢与智慧本无差别。这无疑是将智、愚等一切差别作等量齐观,从而逻

---

① 〔宋〕道原著,原宏义译注:《景德传灯录译注(一)》卷三《向居士》,上海书店出版社,2009年,第150~151页。

辑地引申出"无所得"的境界,当为禅的最高境界。慧可在回答中认可了向居士的说法,并在其偈语中作出了一个这样的命题——"无明智慧等无异",无明与智能二者是相同无异的,当知万法皆是如此。慧可进一步说:若察觉此身与佛并没有差别,那又何须更去寻觅那"无余"!

就此,我们可以透见:"这番问答的理论意义,在于把般若性空之'理'当作遍在于一切的'真如',它遍在于一切众生之中,表现为一种本有的'智慧',即所谓'摩尼真珠'的佛智。这样一来,原属怀疑论性质的般若体系,就变成了有本体论意义的如来藏体系,般若学同佛性论很自然地结合了起来,从而使达摩禅中'虚宗'与'真性'的矛盾说法得以协调。这番问答还有一个要点,那就是向居士所谓的'迷悟一途,愚智非别',慧可说的'无明智慧等无异'、'观身与佛不差别',把愚与智、迷与悟、众生身和佛身这三者等同起来,也就是把愚人、迷人、众生的地位抬高到与智人、悟者、佛身等同的高度,为他们的存活,至少在宗教上提供了自尊和信心。"① 此中最大的意义即在增添人生的生存价值上,人生从来就离不开烦恼,要想离烦恼而寻求超脱,那就像拔着自己的头发超升地面。真正的超越来自对"无明智慧等无异"的认识与觉悟——烦恼与涅槃,是相即不二的,离开烦恼何有涅槃!这一理念为禅宗后来的发展别开生面。

然而,慧可禅观的主要依托是《楞伽经》,《楞伽经》是早期唯识经典之一。问题是,达摩、慧可当已见到菩提流支所新译的十卷本《楞伽》,即《入楞伽经》,然何以他们仍沿用南朝的旧本《楞伽经》?对此,杜继文、魏道儒提出了他们的看法:"达摩、慧可有机会见到新译本而不使用,反而采用南朝旧本,是一件颇值得玩味的事。从社会背景上看,显然带有同当权僧团不合流的因素,在思想上则与两种《楞伽》存在差别有关系。"② 在他们看来,两种《楞伽经》观念上

---

① 杜继文、魏道儒:《中国禅宗通史》,江苏人民出版社,2008年,第68页。
② 杜继文、魏道儒:《中国禅宗通史》,江苏人民出版社,2008年,第69页。

的差别,主要在对"寂静观"的界定上,四卷本的界定是"性空",而十卷本的界定是"一心"。

事实上,达摩更为强调的是"可以印心"的简化修行方法。达摩将《楞伽经》四卷传授给慧可,并且嘱咐慧可曰:"吾观震旦唯有此经可以印心,仁者依行,自得度世。"①实际上,达摩西来,即以此经为指导来简化修行方法,大倡觉悟禅法而不拘形式,从而以此来破除妄想执着而显示真如实相。其时,出现了一批专修《楞伽经》的禅师,被称为"楞伽师";在此基础上,形成了相当有势力的以楞伽学系为核心的"楞伽宗"。杨曾文老师洞察到:"《楞伽经》中有一条主线:既然心为万有和人的行为的本源,那么人们要达到解脱,超离世俗世界,就应在心上下功夫;心的本体是清净的如来藏,是众生生来具有的成佛的内在依据,现实的心是受无明烦恼污染的第八识——识藏(阿梨耶识),由它引起种种虚妄认识和烦恼,招致生死轮回,只要转变心识,回归本来的清净寂静的心体——如来藏,就可达到解脱;最高真理——第一义谛、真如、法性等,不是言语文字可以把握的,只有通过坐禅,最后通过修如来禅才能领悟得到。"②故慧可在承受《楞伽经》后,即大力说法,弘化三十四载,史称"一音演畅,四众归依"。但后来慧可又预言:"此经四世之后变成名相,深可悲哉!"③

三、慧可之后的达摩禅传扬

达摩禅初传就不是很顺利,慧可之后情况仍较为复杂,此诚如杜继文、魏道儒在《中国禅宗通史》中所言:"四卷本《楞伽》的信受

---

① 〔宋〕道原著,顾宏义译注:《景德传灯录译注(一)》卷三《僧那禅师》,上海书店出版社,2009年,第148页。
② 杨曾文:《唐五代禅宗史》,中国社会科学出版社,1999年,第54页。
③ 〔宋〕道原著,顾宏义译注:《景德传灯录译注(一)》卷三《僧那禅师》,上海书店出版社,2009年,第148页。

者,并不都是禅师,所谓楞伽师也不限于信奉四卷本《楞伽》,更不等于达摩—慧可僧团;同理,达摩—慧可禅僧团中的人物,也不一定全是楞伽师。像前述的林法师、向居士以及化公、廖公、和禅师等,就都不在楞伽师之列。这说明,四卷本《楞伽》曾是流布于魏末以及隋唐佛教界的一股重要思潮,在达摩—慧可僧团及其传承中曾占有指导地位,但这个禅团与楞伽师毕竟不是一回事,不能画等号。一些禅宗文献把禅宗'血脉'简单地归结为楞伽传宗,与史实不尽符合。"①

《景德传灯录》中对三祖僧璨的记载,先列于慧可传记之中:"自少林托化西归,大师继阐玄风,博求法嗣。至北齐天平二年,当作天保二年,乃辛未岁也。天平,东魏年号。二年,乙卯也。有一居士,年逾四十,不言名氏,聿来设礼,而问师曰:'弟子身缠风恙,请和尚忏罪。'师曰:'将罪来,与汝忏。'居士良久云:'觅罪不可得。'师曰:'我与汝忏罪竟,宜依佛、法、僧住。'曰:'今见和尚,已知是僧。未审何名佛、法?'师曰:'是心是佛,是心是法,法、佛无二,僧宝亦然。'曰:'今日始知罪性不在内,不在外,不在中间,如其心然,佛法无二也。'大师深器之,即为剃发,云:'是吾宝也,宜名僧璨。'其年三月十八日,于光福寺受具。"②后在《僧璨大师》又载:"初以白衣谒二祖,既受度传法,隐于舒州之皖公山。属后周武帝破灭佛法,师往来太湖县司空山,居无常处,积十余载,时人无能知者。"③尽管如此,三祖僧璨仍是禅宗史上备受争议,这可能与他"不出文记"大有关系。但据《续高僧传》《传法宝纪》等佛教典籍,他应为历史人物,《楞伽师资记》就将他列为"师资"之一。

四祖道信尤其强调《楞伽经》及《文殊说般若经》的价值,其禅

---

① 杜继文、魏道儒:《中国禅宗通史》,江苏人民出版社,2008年,第71页。
② 〔宋〕道原著,顾宏义译注:《景德传灯录译注(一)》卷三《第二十九祖慧可大师》,上海书店出版社,2009年,第142页。
③ 〔宋〕道原著,顾宏义译注:《景德传灯录译注(一)》卷三《第二十九祖僧璨大师》,上海书店出版社,2009年,第155页。

法重增强修行者觉悟之信心。道信有言:"夫百千法门,同归方寸,河沙妙德,总在心源。"①据此,忽滑谷快天在论及"道信之教旨"时总结说:"道信之教人也,立脚于其师僧璨不二之大道,得一切处解脱安乐。一心灵源是不二之真宗也,不二真宗者生佛同得,更无阙少。行住坐卧,快乐无限。可以任心自在,随意纵横,触处解脱,随处安心。"②此中关键在于指出了解脱之道作为心源真宗的根本取向。忽滑谷快天所依据的是《景德传灯录》卷四《牛头山之法融》中的道信之语:

> 祖(四祖)曰:"夫百千法门,同归方寸,河沙妙德,总在心源。一切戒门、定门、慧门,神通变化,悉自具足,不离汝心。一切烦恼业障,本来空寂。一切因果,皆如梦幻。无三界可出,无菩萨可求。人与非人,性相平等。大道虚旷,绝思绝虑。如是之法,汝今已得,更无阙少,与佛何殊?更无别法。汝但任心自在,莫作观行,亦莫澄心,莫起贪瞋,莫怀愁虑,荡荡无碍,任意纵横,不作诸善,不作诸恶,行住坐卧,触目遇缘,总是佛之妙用。快乐无忧,故名佛。"师(牛头法融)曰:"心既具足,何者是佛?何者是心?"祖曰:"非心不问佛,问佛非不心。"师曰:"既不许观行,于境起时,心如何对治?"祖曰:"境像无好丑,好恶起于心。心若不强名,妄情从何起?妄情既不起,真心任遍知。汝但随心自在,无复对治,即名常住法身,无有变易。吾受璨大师顿教法门,今付于汝。汝今谛受吾言,只住此山。向后当有五人达者,绍汝玄化。"③

---

① 〔宋〕道原著,顾宏义译注:《景德传灯录译注(一)》卷四《牛头山之法融》,上海书店出版社,2009年,第171页。
② 〔日〕忽滑谷快天撰,朱谦之译,杨学文导读:《中国禅学思想史》(上),上海古籍出版社,2002年,第113页。
③ 〔宋〕道原著,顾宏义译注:《景德传灯录译注(一)》卷四《牛头山之法融》,上海书店出版社,2009年,第171~173页。

这段话十分重要,其中不仅道出了道信的根本宗旨,还指出了禅法路径。这里我们还可通过净觉《楞伽师资记》中的《唐朝蕲州双峰山道信禅师》来理解:"其信禅师,再敞禅门。宇内流布有《菩萨戒法》一本,及制《入道安心要方便法门》,为有缘根熟者说。我此法要,依《楞伽经》'诸佛心第一';又依《文殊说般若经》'一行三昧'。即念佛心是佛,妄念是凡夫。"①如何看待"诸佛心第一"和"一行三昧"? 前者是本体,是心源真宗;后者是方法,是修行门径。这无疑可作为东山法门两个相互关联而不可或缺的组成部分。然而正是在将《楞伽经》与《般若经》这两者融通的前提下,道信使其成为了东山法门的核心所在,从而表征了其对达摩禅法的承续与发展。从此,东山法门成为达摩禅向慧能禅过渡的重要环节。其中"任心自在"一说,尤成为慧能开启而由马祖道一定格的"平常心是道"禅旨所承接。然而重要的是,作为融会南北、遍参诸方的道信而言,东山法门确立的根本依据既首在"诸佛心第一"和"一行三昧",那么,他与弘忍对此前禅法的改变究竟体现于何处呢? 道信《入道安心要方便法门》云:"《无量寿经》云:诸佛法身,入一切众生心想,是心作佛。当知佛即是心,心外更无有别佛也。略而言之,凡有五种:一者知心体,体性清净,体与佛同;二者知心用,用生法宝,起作恒寂,万惑皆如;三者常觉不停,觉心在前,觉法无相;四者常观身空寂,内外通同,入身于法界之中,未曾有碍;五者守一不移,动静常住,能令学者明见佛性,早入定门。"②可见,在道信给出的五种"观心"方便法门中,最为核心者即为"守一不移"之原则。

弘忍于东山另辟道场,"唐朝蕲州双峰山幽居寺大师,讳弘忍,承信禅师后。忍传法,妙法人尊,时号为东山净门。又缘京洛道俗称叹,蕲州东山多有得果人,故东山法门也"③。他并未撰过著作,

---

① 〔唐〕净觉:《楞伽师资记》,《大正藏》第85册,第1286页下。
② 〔唐〕净觉:《楞伽师资记》,《大正藏》第85册,第1288页上。
③ 〔唐〕净觉:《楞伽师资记》,《大正藏》第85册,第1289页中。

《修心要论》很可能是其弟子所录。必须看到的是,弘忍禅观是有其根本主张的,此即《楞伽师资记》中概括的"四议皆是道场,三业咸伪佛事"①二句,此中透露的解脱观,当然在传达一种通过人们日常行住坐卧中的行为、思想、语言达到解脱的禅观。然而更为重要的是,他把道信的"守一不移"方法论原则具体化了,弘忍坚信:"此守心者,乃是涅槃之根本,入道之要门,十二部经之宗,三世诸佛之祖。"②然前提条件是"自识当身本来清净",达此条件后才可能"努力会是守本真心,妄念不生,我所心灭,自然与佛平等不二"③。其"守心"论,可视为是达到自证菩提、解脱成佛的根本法门。其《修心要论》有言:

> 若初心学坐禅者,依《无量寿观经》,端坐正身,闭目合口,心前平视,随意近远,作一日想守之,念念不住。即善调气息,莫使乍粗乍细,即令人成病苦。若夜坐时,或见一切善恶境界,或入青、黄、赤、白等诸三昧,或见自身出入光明,或见如来身相,或见种种变现,知时摄心莫着,皆并是空,妄想而现。经云:十方国土皆如虚空,三界虚幻惟是一心作。若不得定,不见一切境界者,亦不须怪。但于行住坐卧中,恒常了然守真心,会是妄念不生,我所心灭。一切万法不出自心,所以诸佛广说若许多言教譬喻者,只为众生行行不同,遂使教门差别。其实八万四千法门,三乘位体,七十二贤圣行宗,莫过自心是本。④

这种"守之"而"念念不住"的禅法,实与其师道信的"守一不移"并无二致。不过弘忍作为一个极力主张"静居修行"的禅者,不但将其师的主张更具体化,也更深刻地洞察到"大厦之材,本出幽

---

① 〔唐〕净觉:《楞伽师资记》,《大正藏》第85册,第1289页中。
② 〔唐〕弘忍:《最上乘论》,《大正藏》第48册,第377页下。
③ 〔唐〕弘忍:《最上乘论》,《大正藏》第48册,第377页下。
④ 《敦煌宝藏》第130册,第560页。

谷,不向人间有也。以远离人故,不被刀斧损斫,一一长成大物后,乃堪为栋梁之用。故知栖神幽谷,远避嚣尘,养性山中,长辞俗事,目前无物,心自安宁,从此道树花开,禅林果出也"①。然而须知,此仍可溯源到达摩禅法——达摩禅法自始即为禅宗重视菩萨戒点燃慧灯;不过在道信开悟后,实质上已与十二头陀行有不相融合之处,故以菩萨戒法取代之,则此变化确然成为自然而然之事。赵怡平有个较平实的说法:"因道信早年遍参诸方,思想融会南北,所以他的行为与以往诸师比较有三大改变:一、不再居无定处,过起固定的团体生活,这不但加强了集体力量,而且有力于禅学的弘扬;二、不再以《楞伽经》为唯一的所依经典,而兼依其他大乘经典,从而扩大了他的思想范围,能根据不同的禅者,因机施教,不像达摩那样因机不投缘,显得寡不合众;三、不再'不立文字',而开始著述立说。正因为道信的三大改变,从而显出他的禅学的三大特色:一、禅与戒的合一;二、《楞伽经》与《般若经》的合一;三、念佛与成佛的合一。特别是《楞伽经》与《般若经》的融会贯通,成立的'入道安心要方便'禅门,为后来'东山法门'的崛起奠定了基础。"②显然,这里指出的三大特色,前两者成为"念佛与成佛合一"的方法论前提。故赵怡平坚认:《入道安心要方便门》有着十分明确的教旨,此即为"入道安心"设立种种善巧方便法门。是以《文殊般若经》的"一行三昧"来"安心"的。此亦诚如杨曾文所强调的:"道信对在修持一行三昧过程中观想的对象——佛、心、实相等有不同的解释,但最突出的是强调三者等同,说念心也就是念佛、念实相。既然世俗世界的一切烦恼是从'妄想'产生的,那么,修持禅定就应努力从断除妄想、杂念上入手。如何断除它们呢?就应反其道而行之,'端坐念实相',去掉一切'三毒心、攀缘心、觉观心',简而言之,就是对一切事物、一切现象

---

① 《大正藏》第 85 册,第 1289 页中。
② 赵怡平:《"东山法门"是如何建立起来的?》,见黄夏年主编:《禅宗三百题》,上海古籍出版社,2000 年,第 33 页。

都不分别,不思念,对任何东西既不追求,也不舍弃。这种无所思念的心境是与'诸法实相'、'佛'的境界相应的。"①只有彻悟"一切万法不出自心"时,亦即"自见佛性"之时。在这个境界上,诚如《传法宝纪》所言的"密来自呈,当理与法"了。

由此可见,由道信、弘忍定格的"东山法门",首在确立"诸佛心第一"和"一行三昧"的本体论与方法论原则,其根本取向在"觉悟解脱"。道信对"一行三昧"确有自己的发挥,其关键处就在"念佛心心相续,忽然澄寂,更无所缘念"与"一切诸缘,不能干乱"的修行方法上,满足此两种方法论前提,就有可能达到"无所念"的"泯然无相,平等不二"之禅悟境界。道信给出的五种"观心"方便法门中,最为核心者即为"守一不移"之原则,而有了弘忍更具体化的"守心"论,就更使东山法门成为达到自证菩提、解脱成佛的方便法门。慧能以独特的哲学思维即以对自性、自心范畴的开掘而接续了东山法门中的"觉悟解脱"宗旨。

六祖慧能尤其强调即心即佛。《坛经》中之所以强调"一切万法,本自不有","故知万法尽在自心,何不从自心中顿见真如本性?""各自观心,自见本性"②就是在倡导即心即佛的理论。从达摩禅到东山法门的开创,慧能对"东山法门"的教旨有无接续与弘扬?当然有。笔者以为,他是以独特的哲学思维,即以对自性、自心范畴的切入而弘扬了东山法门中的"觉悟解脱"宗旨。事实上,从六祖慧能始,开始高度关注主体自性自心的发掘。《坛经》正是以"自性"范畴的开掘及内涵延展而弘扬了东山法门的心源真宗。他一方面抓住了如来藏佛性及其根本空义,一方面又抓住了自性自心之本体范畴。慧能创立的禅宗其核心范畴固然是佛性,然而慧能认为佛性即是"自性"。

总体上,我们可将慧能视为继中土禅宗始祖达摩开创南禅,并

---

① 杨曾文:《唐五代禅宗史》,中国社会科学出版社,1999年,第75页。
② 〔唐〕慧能:《六祖大师法宝坛经》,《大正藏》第48册,第351页上。

于弘忍之后对禅宗做出最大贡献的禅宗祖师。从禅的观念及实践上说,他都算得上中国禅宗史上的一个革命性人物。慧能之前的禅宗前史,主要特征是"藉教悟宗";慧能开创了以"心"为宗的禅学体系,一扫传统佛教的烦琐教条,建立了符合人性自然发展、简捷明了的有中国特色的佛教教派。这一佛教史上的"革命",使禅宗"一花开五叶,结果自然成"。从某种角度来说,达摩是以"理入"为根本宗旨而开创禅系,弘忍继起,则是"法门大启,根机不择"。此后慧能将禅法引向简易直捷,通俗普及。他认为人人皆有佛性,提出自识本心、直见本性的"识心见性"成佛说。慧能要求门人彻见本来面目,而这"本来面目"犹如西方思想中所说的未吃知识之树的果子之前而有的纯真面目。慧能的根本宗旨在"见性通达,更无滞碍"的"自归依"。因而,只要除却妄念,拨去云雾,即可见性成佛。慧能"明心见性"的思想影响极为深广,对此后禅宗的发展起了导向性作用,"南方宗旨"从此而兴盛。慧能还在入世与出世、个体与群体的修行观上对禅宗做了极富中国特色的革新。"佛法在世间,不离世间觉"是其革新修行观的最佳表征。然而,正如印顺禅师在《中国禅宗史》中所认为的那样:慧能之后,直到马祖道一的洪州禅出现,才真正标志着禅学中国化的完成。马祖的禅道自然观的确是接续的充满着中国特色的慧能禅的佛性论。胡适先生在《论禅宗史的纲领》中亦指出:"达摩一宗亦是一种过渡时期的禅。此项半中半印的禅,盛行于陈隋之间,隋时尤盛行。至唐之慧能、道一,才可说是中国禅。中国禅之中,道家自然主义成分最多","道一门下不久成为正统。'中国禅'至此完全成立"[①]。至此,我们可以说,禅宗作为最具中国特色的佛教宗派,之所以最具中国特色,当与东山法门的禅观、慧能此后的弘扬及其"自性观"的开掘有极大关系。禅宗在融于中国传统文化的历程中,还逐渐形成了它的地域文化色彩,如禅宗

---

① 胡适:《论禅宗史的纲领》,见《胡适文存》第三集卷四,黄山书社,1996年,第233、234页。

有南宗、北宗之分,南禅又有五家七宗之分。五家七宗,全靠慧能禅观接续达摩禅旨真髓并深掘"自性"范畴而得以延续。

(赖功欧,江西省社会科学院哲学所)

慧可生平再研究

王荣国

慧可承菩提达摩之传,成为后代禅僧公认的中国禅宗二祖。笔者曾撰写《慧可生平的几个问题》[①]一文对慧可生平的若干方面进行探讨,因水平所限加上时间仓促,存在诸多问题,兹在原文的基础上进行损益修改,特别是增加了对现存的几种有关菩提达摩"二入四行"文字的比较研究,不妥之处,祈以求同行的指正。

一、慧可的出生地与俗籍

王晖先生在《"大祖禅师"慧可考——兼论慧可在禅宗史上的地位与作用》一文中提出慧可是何方人、俗姓什么的问题,因"古经籍僧传和近现代佛教文献记述很不统一","胡适先生,也未能考证清楚"。相反,他"校注补遗《荷泽神会禅师语录》时,在洛阳周围找

---

① 《慧可生平的几个问题》一文写于2006年,乃为广州华林寺召开的有关菩提达摩的研讨会而作。后收入拙著《中国佛教史论》一书(宝庆讲寺丛书,宗教文化出版社,2008年)。

不到武牢这个地方，又依慧可以北周灭法之后，南下长江北，便突发奇想，将慧可改为'武汉人'；周姓源于姬氏，又改其'俗姓周'。这一改就把慧可变成南朝人周氏了"，造成慧可研究中不一致的看法。王晖根据"时近"的史料《续高僧传》的记载，提出"慧可者，俗姓姬氏，虎牢人也"，要求学界"纠正和统一"。① 在笔者看来，王晖先生没有进行充分的考证与论证，难以令人信服。

有关慧可是何方人氏，道宣在《续高僧传·慧可传》中说：慧可是"虎牢人"，《佛祖历代通载》亦然；《楞伽师资记》及其后的《传法宝纪》②均作"武牢人"，《历代法宝记》《宝林传》《景德传灯录》《天圣广灯录》《嘉泰普灯录》《佛祖统纪》《南岳单传记》《传法正宗记》《五灯会元》等亦然，《祖堂集》则作"武牢人"，实则与《楞伽师资记》所载相同。显然，道宣的《续高僧传》之后，除了《佛祖历代通载》外，几乎绝大多数的佛教史籍都说慧可是"武牢人"。

---

① 王晖在《"大祖禅师"慧可考——兼论慧可在禅宗史上的地位与作用》一文中说："慧可出生的公元487年，依南北朝两个年号时，则是南齐永明五年，北魏太和十一年。慧可究竟是南朝人还是北朝人？俗姓什么？占经籍僧传和近现代佛教文献记述很不统一，对禅宗史研究做出贡献的胡适先生，也未能考证清楚。宋真宗景德年间（1004~1007），道原编的《传灯录》记载：'慧可大师者，武牢人也，姓姬氏……'然而'武牢'既找不到实际的地方，也不见古今地名辞典。近现代研究禅宗学者依慧可在洛阳龙门香山寺出家，乃定是洛阳武牢人；后来又发现他经常到洛阳东邺都（今河北临漳县与大名县一带）说法，于是又将'武牢'二字注解为洛阳东。胡适先生校注补遗《荷泽神会禅师语录》时，在洛阳周围找不到武牢这个地方，又依慧可以北周灭法之后，南下长江北，便突发奇想，将慧可改为'武汉人'；周姓源于姬氏，又改其'俗姓周'。这一改就把慧可变成南朝人周氏了。清史志学家章学诚说：'地近则易核，时近则迹真。'查丢距慧可三四十年代的史料，唐《续高僧传》记载：'释僧可，一名慧可，俗姓姬氏，虎牢人'。虎牢乃古地名。在今河南荥阳县汜水镇，相传周穆王获虎于榷畜干此，故名。此地正在洛阳与邺都之间，与慧可出家演化的范围相吻合。慧可何方人氏，笔者认为，宋代以来的传讹乃至当代《宗教辞典》等工具书和文献中的错误记录，应该依据'时近'的史料和符合实情的记载予以纠正和统一：慧可者，俗姓姬氏，虎牢（今河南荥阳县汜水镇）人也。"（释光明主编：《达摩禅学研究》下册，中国大百科全书出版社，2003年，第407~409页）

② 〔唐〕净觉：《楞伽师资记·惠可传》，蓝吉富主编：《禅宗全书》史传部（一），台湾文殊出版社，1988年，第8页；〔唐〕杜胐：《传法宝纪·释慧可》，杨曾文校写：《敦煌新本六祖坛经》，宗教文化出版社，2001年，第177页。

在当代学者的研究中,《宗教词典》"慧可"条作"洛阳武牢(今河南洛阳东)人"。①胡适在《楞伽宗考》一文中依据《续高僧传》的记载认为,"慧可,又名僧可,俗姓姬氏,虎牢人"②。而他在校注独孤沛撰的《菩提达摩南宗定是非论一卷并序》中说:"[惠可]时登四十,俗姓姬,武牢人也(武牢即虎牢,唐朝人避讳,改虎作武)。"③意思是说,慧可为"虎牢人",唐代因避"虎"讳而改称"武牢人"。胡适的这一说法为此后学界所沿用,几乎成了定论。

笔者披览史籍发现,在唐朝以前人的著述中已有"武牢"地名。晋人杜预在《春秋释例》中说:"东虢国,一名武牢,亦郑之制邑,汉之成皋县。"④据《汉书》记载:"成皋(县),故虎牢。"⑤可见《春秋释例》中"武牢"与"虎牢"是同一地方。北齐人魏收所撰的《魏书》中也有"武牢"地名,如:"时官军陷武牢。"⑥"北豫州刺史高仲密据武牢西叛。"⑦"河内北连上党,南接武牢……"⑧这里"河内北连上党,南接武牢"中的"武牢",按照空间关系判定,是指北齐时北豫州之"虎牢",也就是北魏成皋县之"虎牢"。应该说,北齐魏收的《魏书》与晋杜预的《春秋释例》所载的"武牢"都是指"虎牢"。

在唐人的著述中固然多使用"武牢"为地名,但也不乏使用"虎牢"为地名。道宣《续高僧传》称慧可为"虎牢人"就是一例。杜佑《通典》载:"汜水(县)……有故虎牢城,即周穆王获虎,命畜之,故曰虎牢。……宋毛德祖戍虎牢……东魏武定中,将陆子章又增筑虎

---

① 《宗教词典》,上海辞书出版社,1981年,第1127页。
② 胡适:《楞伽宗考》,《胡适说禅》,东方出版社,1993年,第207页。
③ 《胡适集外学术文集》,《胡适文集》第10册,北京大学出版社,1998年,第467页。
④ [晋]杜预:《春秋释例》卷七《土地名·东虢国》,文渊阁四库全书本。
⑤ 《汉书》卷二十八《地理志第八上》,中华书局,1962年,第1556页。
⑥ 《魏书》卷一百五《天象志一之三第三》,中华书局,1974年,第2399页。
⑦ 《魏书》卷一百五《天象志一之四第四》,中华书局,1974年,第2448页。
⑧ 《魏书》卷八十九《李洪之传》,中华书局,1974年,第1918页。

牢城。"①李吉甫《元和郡县志》载:"汜水县……古东虢国……一名虎牢。《穆天子传》曰:……东虢因曰虎牢。……至宋武帝北平关洛,置司州刺史,理虎牢。……开元二十九年,自虎牢城移于今理……"②《元和郡县志》也有记作"武牢"的,如"河口元置武牢仓……"③在四库全书本《元和郡县志》中,凡因避讳而改正的均注出,但上述两则记载都没有加注。可见"虎牢"与"武牢"并存于《元和郡县志》中。唐人李百药撰的《北齐书》中多使用"武牢",但也有使用"虎牢"为地名的。据《北齐书》载:"王南临黎阳,济于虎牢……"④据此,笔者认为,胡适所说唐人因避讳将"虎牢"改称"武牢"的说法似应重新审视。

有关唐人讳"虎"的记载始见于宋人的著述中,如李昉的《太平御览》《文苑英华》,叶廷珪的《海录碎事》等,但这只是宋人就自己的阅读经验所得出的看法,只能作为参考,而胡适则是将"宋人看法"作为唯一的证据。

笔者认为,唐人因避讳而改"虎牢"为"武牢"的是"虎牢关",而不是"虎牢城"。现阐述如下。

其一,唐书中"虎牢城"与"武牢城"的记载。《新唐书》载:"郑州荥阳郡……武德四年置,治虎牢城。"⑤《旧唐书》载:"汜水……显庆二年,割属洛州,仍移治武牢城。"⑥上述的"虎牢城"即"武牢城"。

其二,唐书中"虎牢关"与"武牢关"的记载。《新唐书》载:"作昭武庙于虎牢关。"⑦"汜水(县)……有虎牢关。"⑧又载:"破武牢关

---

① 〔唐〕杜佑:《通典》卷第一百七十七《州郡七·古荆河州》,中华书局,1988年,第4653页。
② 〔唐〕李吉甫:《元和郡县志》卷六《河南道·汜水县》,文渊阁四库全书本。
③ 〔唐〕李吉甫:《元和郡县志》卷六《河南道·河阴县》,文渊阁四库全书本。
④ 《北齐书》卷三《帝纪第三·文襄》,中华书局,1972年,第37页。
⑤ 《新唐书》卷三十八《地理二·郑州荥阳郡》,中华书局,1975年,第987页。
⑥ 《旧唐书》卷三十八《地理一·汜水》,中华书局,1975年,第1426页。
⑦ 《新唐书》卷八《武宗纪》,中华书局,1975年,第245页。
⑧ 《新唐书》卷三十九《地理三·河北道》,中华书局,1975年,第1009页。

金城门汜水桥。"①上述"虎牢关"即"武牢关"。

那么,"虎牢关"与"虎牢城"有何区别与联系呢?笔者认为,"虎牢关"属于军事城堡,"虎牢城"则属于地方政区治所之地,但二者在空间上应是勾通的。前已述及,在晋人杜预、北齐人魏收的书中已有称"虎牢"为"武牢"的,是指"城邑""城",也就是说,在唐以前即有称"虎牢城"为"武牢城"的例子。唐代避李渊之祖李虎之讳而将"虎牢关"改称为"武牢关"。据《册府元龟》载:"梁太祖开平元年七月……又改'武牢关'为'虎牢关'。"②又据《五代会要》载:"梁开平元年七月……敕改武牢关为军,仍置虎牢关军使。"③显然《五代会要》所说的是将"武牢关"改为"虎牢关"并置"虎牢关军使"。这两则记载揭示,原来因避讳将"虎牢关"改为"武牢关",至此又将关名还原为"虎牢关"。这也说明唐代因避"虎"讳改的是"虎牢关",而非"武牢城"。

据《通典》记载可知,刘宋毛祖德戍守"虎牢"时,在其旁还有"广武城",说明在虎牢一带并非仅一座"城"。④又据《唐会要》载:"会昌五年七月,中书门下奏:孟州汜水县武牢关……关城东峰有高祖、太宗像在一堂之内。……今缘定觉寺理合毁拆,望取寺中大殿材木,于东峰改造一殿,四面兼置垣墙。伏望号为昭武,以昭圣祖受功之盛。"⑤又《旧唐书·武宗纪》载:会昌五年"十月乙亥,中书奏:'汜水县武牢关……关城东峰有二圣塑容,在一堂之内。……今缘定觉寺例合毁拆。望取寺中大殿材木,于东峰以造一殿,四面置宫

---

① 《新唐书》卷三十六《五行三》,中华书局,1975年,第935页。
② 〔宋〕王钦若等:《册府元龟》卷五百四《关市》,文渊阁四库全书本。
③ 〔宋〕王溥:《五代会要》卷二十六《关》,文渊阁四库全书本。
④ 〔唐〕杜佑《通典》卷一百七十七《州郡七》载:"汜水,古东虢国……有故虎牢城,即周穆王获虎,命畜之,故曰虎牢。汉谓之成皋县。后汉置成皋关。宋毛德祖戍虎牢,后魏昼夜攻围,二百日方破。其侧有广武城。东魏武定中(543~544),将陆子章又增筑虎牢城。后魏孝文帝置东中郎将府于此城中。"(中华书局,1988年,第4653页)
⑤ 〔宋〕王溥:《唐会要》卷十二《庙制度》,中华书局,1955年,第298~299页。

墙,伏望名为昭武庙,以昭圣祖武功之盛。……'从之"①。从上述记载可知,虎(武)牢关的关城位于山上,关城内原设一堂供奉唐高祖、太宗的像。笔者认为,本来"虎牢"之名就已犯忌,再加上"关"字,感觉上更不舒服,而改为"武牢"能显示高祖、太宗的赫赫武功。

那么,虎牢何以会在唐朝以前演化为"武牢"呢?笔者认为要说明这一问题必须从"虎牢"所处的地方政区沿革入手。

据《通典》载:"汜水,古东虢国,为郑灭之,郑为制邑,《左传》曰'制,岩邑也'。有故虎牢城,即周穆王获虎,命畜之,故曰虎牢。汉谓之成皋县。后汉置成皋关。"②由此可知,这里的"虎牢"一词有两方面内涵:其一为关隘,后汉设置"成皋关",亦即"虎牢关",此后,关隘一直延续,关名因朝代不同而不同;其一为城邑,原为古东虢国之地,郑灭东虢,其地成了郑国的"制邑",亦即"岩邑"。作为城邑后来演变为地方政区的理(治)所。汉代开始在其地设"成皋县"并设理所。之后随着地方政区的或撤或置,作为理所也或废或兴。

据《汉书》记载:"河南郡……县二十二……成皋,故虎牢。"③这就是说,西汉时设成皋县于"虎牢"。这里的"虎牢"是指"虎牢"及其周围之地。东汉因之。④ 两汉"成皋"作为县级地方政区在西晋仍然延续。⑤

"成皋"在北朝的北魏仍为县级地方政区。据《魏书·地形志》记载:"荥阳郡领县五",其中"成皋,二汉、晋属河南,后属"⑥。可见"成皋"仍然延续两汉西晋作为县级地方政区的传统,而"虎牢"之地也仍然归属成皋管辖。又据《魏书·地形志》记载:"成皋郡,天

---

① 《旧唐书》卷十八《武宗纪》,中华书局,1975年,第606~607页。
② 〔唐〕杜佑:《通典》卷一百七十七《州郡七》,中华书局,1988年,第4653页。
③ 《汉书》卷二十八《地理志第八上》,中华书局,1962年,第1556页。
④ 《后汉书》志第十九《郡国一》载:"成睾,有旃然水。有瓶丘聚。有漫水。有汜水。"(中华书局,1965年,第3390页)"成睾"即"成皋"。
⑤ 《晋书》卷十四《地理上》载:"成皋,有关,郑之武牢。"(中华书局,1974年,第415~416页)
⑥ 《魏书》卷一百六《地形志二中第六》,中华书局,1974年,第2537页。

慧可生平再研究　189

平元年分荥阳置。领县二……西成皋,天平元年分荥阳之成皋置,州、郡治。有厄井、汉高祖坛、汜水、成皋城。巩,二汉、晋属河南,天平初属。"①可见到东魏天平元年(永熙三年十月十七日改元),成皋之地从荥阳郡分出,另设"成皋郡"管辖"西成皋"与"巩"二县。位于汜水之滨的"虎牢"归属"成皋郡"的西成皋县。

《隋书·地理志》记载:"荥阳郡,旧郑州。开皇十六年置管州。大业初复曰郑州。统县十一。"这十一县是管城、汜水、荥泽、原武、阳武、圃田、浚仪、酸枣、新郑、荥阳、开封。②又载:"汜水,旧曰成皋,即武牢也。后魏置东中府,东魏置北豫州,后周置荥州。开皇初曰郑州,十八年改成皋曰汜水。大业初置武牢都尉府。"③可见,隋开皇十八年改"成皋县"为"汜水县",隶属于荥阳郡,"虎牢"之地则属于荥阳郡汜水县。《旧唐书·地理一》载:"汜水,隋县。武德四年,分置成皋县。贞观元年,省入汜水,属郑州。显庆二年,割属洛州,仍移治武牢城。垂拱四年,改为广武。神龙元年,复为汜水。开元二十九年,移治所于武牢。成皋府在县北。"④《新唐书·地理三》⑤所载相同。

基于上述可知,"虎牢"在先秦作为城邑,汉代起至唐代也只是作为地方行政区的理(治)所之地,从来没有作为县级以上地方行政区。这就决定了"虎牢"改为"武牢"很可能始于民间。因为作为地方行政区之名的变更,要经过官方的批准。而作为理(治)所之地的"虎牢",属于地名,民间最初可能因"虎"与"武"音相近,将"虎牢"误说为"武牢",而"武"字也正好体现了"虎"的精神,遂相沿下来。大概在唐以前即为官方所接受,也将"虎牢城"称为"武牢城"并载入史籍。到了唐代则将"武牢城"邻近的"虎牢关"也改称"武牢

---

① 《魏书》卷一百六《地形志二中第六》,中华书局,1974年,第2537页。
② 《隋书》卷三十《地理中》,中华书局,1973年,第835~836页。
③ 《隋书》卷三十《地理中》,中华书局,1973年,第835页。
④ 《旧唐书》卷三十八《地理一》,中华书局,1975年,第1426页。
⑤ 《新唐书》卷三十九《地理三》,中华书局,1975年,第1009页。

关",以避"虎"讳也。

慧可禅师的出生地应该是在"虎牢城"或"武牢城"及其附近,不太可能出生在"虎牢关城"之中,因为关城内一般没有居民点,也没有资料显示慧可的父亲出身行伍。因此,可以直接称慧可为"虎牢人"或"武牢人",不必如胡适附加说明"武牢即虎牢,唐朝人因避讳,改虎作武"①。古籍记载中通常有袭用古地名的习惯,《续高僧传·慧可传》实际上袭用了周穆王时的古地名"虎牢"。但要注意的是,不能称"虎牢"或"武牢"为慧可的俗籍,因为"虎(武)牢"不是县级以上的地方行政区。若说慧可的俗籍,则属北魏豫州荥阳郡"成皋县"②(即今河南省荥阳市,而"虎牢"则属于今荥阳市汜水镇③)。所谓慧可为"洛阳虎牢人"之说不合史实。至于慧可的俗姓,佛教史料记载几乎没有歧异,都认为慧可俗姓"姬"。石井光雄认为慧可"俗姓周,武汉人"④的观点无法成立。

二、慧可遇达摩的年龄

慧可遇菩提达摩时的年龄,学界大多持"四十岁"说,亦有持"十四岁"说。⑤ 据道宣的《续高僧传·慧可传》载:

---

① 欧阳哲生主编:《胡适文集》第10册,北京大学出版社1998年,第467页。
② 《魏书》卷一百六《地形二》:"豫州,刘义隆置司州,治悬瓠城。皇兴中改。……领郡九,县三十九。……荥阳郡,领县五:荥阳(县)……成皋(县)……京(县)……密(县)……卷(县)。"(中华书局,1974年,第2533~2537页)
③ 杨曾文先生在《唐五代禅宗史》(中国社会科学出版社,1999年)第34页注:慧可"虎牢(在今河南荥阳县汜水镇)人"是正确的。荥阳县现改为县级市,仍属郑州市管辖。
④ 欧阳哲生主编:《胡适文集》第10册,北京大学出版社,1998年,第467页。
⑤ 杨笑天在《关于达摩和慧可的生平》(《法音》2000年第5期)说:"《楞伽师资记》的'慧可传'中却说慧可与达摩相遇时是十四岁。只是由于这是唯一一个独家异说,所以迄今为止便完全没有被研究者们所注意。……十四岁之说亦应有其一理……可以断定慧可初遇达摩的时候,不应该是四十岁,而应该是十四岁。'十四岁',与《续高僧传》的'年虽在后'、昙林《二入四行论序》的'年虽后生'之说正好吻合,可以相互印证。"

慧可生平再研究 191

> (慧可)年登四十,遇天竺沙门菩提达摩游化嵩洛。①

意即慧可到四十岁时遇菩提达摩。

《续高僧传》成书后半个世纪成书的净觉的《楞伽师资记·惠可传》则载:

> 齐朝邺中沙门惠可,承达磨禅师后,其可禅师,俗姓姬,武牢人,年十四,遇达摩禅游化嵩洛。②

引文中"遇达摩禅"之后应脱漏"师"字,意即慧可于十四岁时遇菩提达摩。显然与上引《续高僧传》的记载不同。而此后的《传法宝纪》《历代法宝记》均作"年四十"遇达摩。《传法宝纪·释僧可》载:

> 释僧可,一名惠可,武牢人也,俗姓姬氏……因出家。年四十,方遇达摩大师,深求至道……③

《历代法宝记·惠可传》载:

> 惠可禅师,俗姓姬,武牢人也,时年四十,奉事大师……④

以上四则引文中,《续高僧传》与《传法宝纪》《历代法宝记》都

---

① 〔唐〕道宣:《续高僧传》卷十六《惠可传》,《高僧传合集》,上海古籍出版社,1991年,第231页。
② 〔唐〕净觉:《楞伽师资记·惠可传》,蓝吉富主编:《禅宗全书》史传部(一),台湾文殊出版社,1988年,第8页。
③ 〔唐〕杜朏:《传法宝纪·释僧可》,杨曾文校写:《敦煌新本六祖坛经》,宗教文化出版社,2001年,第177页。
④ 〔唐〕佚名:《历代法宝记》卷上《惠可传》,蓝吉富主编:《禅宗全书》史传部(一),台湾文殊出版社,1988年,第46页。

说慧可遇菩提达摩时年龄是"四十岁",而《楞伽师资记》则作"年十四"。笔者认为,就文献考证而言,如果要确认《楞伽师资记·惠可传》的"年十四"遇菩提达摩的记载为正确,我们就要对《续高僧传》与《传法宝纪》《历代法宝记》"四十岁"遇达摩的记载提出令人信服的否证,这显然是不可能的。而且也无法解释慧可遇菩提达摩时已是"外览坟素〔索〕,内通藏典"①。所谓"藏典"是指佛教典籍;所谓"坟索"则是"三坟、五典、八索、九丘"的简称。"三坟"指山坟、气坟、形坟三皇(伏羲、神农、黄帝)之书,五典指"少昊、颛顼、高辛、唐、虞之书"。"八索"为"八泽之志","九丘"为九州岛之志。可见,慧可在遇菩提达摩时已是一位很有佛学素养的僧人,而且还博览儒家等中国古代典籍。一个年仅十四岁的少年要做到"外览坟索,内通藏典"显然是困难的。而且就本证而言,《楞伽师资记·惠可传》的这则记载还存在脱漏现象,即"禅"字之后脱"师"字。总的看来,《楞伽师资记·惠可传》的记载除了存在"脱漏",还存在"颠倒",其"可禅师,俗姓姬,武牢人,年十四,遇达摩禅游化嵩洛"记载中的"年十四",比较令人信服的解释应是传抄过程导致的"颠倒"错误,将"四十"误为"十四"。正确的应是"可禅师,俗姓姬,武牢人,年四十,遇达摩禅(师)游化嵩洛"。

事实上,法琳所撰的《惠可禅师碑》载:

> 禅师讳惠可……时有西国达摩大师,乃挹持之菀,不二之川泽者也。……禅师年逾四十,方始遇也。②

先谈法琳所撰的《慧可禅师碑》。此碑附于金藏广胜寺本唐智炬《双峰山曹侯溪宝林传》(简称《宝林传》)卷八《惠可传》之后,其文

---

① 〔唐〕道宣:《续高僧传》卷十六《慧可传》,《高僧传合集》,上海古籍出版社,1991年,第231页。
② 〔唐〕智炬:《双峰山曹侯溪宝林传》卷八《惠可传》附法琳《惠可禅师碑》,见蓝吉富主编:《禅宗全书》史传部(一),台湾文殊出版社,1988年,第321页。

载"遇唐内供奉沙门法琳撰碑文曰……"。五代的《祖堂集》卷二《惠可传》亦称:"唐内供奉沙门法琳撰碑文。"据此,《宝林传》所附法琳所撰的《惠可禅师碑》应是可信的。此碑早于道宣的《续高僧传》的《慧可传》。日本学者宇井伯寿在其《禅宗史研究》①一书中提及法琳所撰的《惠可禅师碑》,同时也提到慧可四十一岁时遇达摩。② 上引法琳的《惠可禅师碑》中的"年逾四十",不应理解为"四十一岁",属大约的年龄,也可能超过"四十一岁"。引文的意思是说,慧可年过四十岁才遇见达摩。

《宝林传·达摩传》称:

> 有一僧名曰神光,昔在洛中,久传庄老,谈吐清奇,每自叹言,未尽理妙……年逾四十,始遇菩提达摩,礼事为师。③

意即慧可(神光)年过四十岁遇达摩。

《宝林传·惠可传》则称:

> (神)光年至十五,九经通诵,每发言说,常人难会。心好儒学,每赞仲尼,性近逍遥,频推伯氏。一言一气,不与凡同。每吐每谈,恒加妙健。年近三十,重览佛书……偶至龙门香山寺,事宝静禅师,常修定慧。既出家已,而至东京永穆寺具戒,年四十二,却步香山寺,侍省尊长。又经八载,忽于夜静见一神人谓光曰:"当欲受果,何于此住,不南往采〔乎〕而近于道?"是时本名曰光,光见神现故,乃号为神光……时有西国达摩大师……

---

① 〔日〕宇井伯寿:《禅宗史研究》,波岩书店,1982年,第37页。
② 宇井伯寿没有注明依据法琳撰的《惠可禅师碑》以外的资料。
③ 〔唐〕智炬:《双峰山曹侯溪宝林传》卷八《达摩传》,见蓝吉富主编:《禅宗全书》史传部(一),台湾文殊出版社,1988年,第308页。

于是神光大师乃凑玄旨,遂礼辞近随而从之。①

引文说,慧可(神光)"年近三十,重览佛书",后"偶至龙门香山寺,事宝静禅师,常修定慧。既出家已,而至东京永穆寺具戒","年四十二,却步香山寺,侍省尊长。又经八载……时有西国达摩大师……于是神光大师乃凑玄旨,遂礼辞近随而从之"。依照引文,慧可应于"五十岁"后才遇达摩。显然,既与《宝林传·达摩传》所谓"年逾四十"矛盾,更与法琳的《惠可禅师碑》所谓"年逾四十"抵牾。

《祖堂集·慧可传》载:

> 慧可禅师……年十五,九经通诵。至年三十,往龙门香山寺……年三十二,却步香山,侍省尊长。又经八载,忽于夜静见一神人而谓光曰:"当欲受果,何于此住,不南往乎而近于道?"本名曰光,光因见神现故,号为神光。……遂辞师南行,得遇达摩,豁悟上乘。②

引文说,慧可"年三十二,却步香山,侍省尊长。又经八载……遂辞师南行,得遇达摩……"依照引文,慧可应于"四十岁"后才遇达摩。

《祖堂集·达摩传》又载:

> 达摩……潜过江北,入于魏邦。……大师自到东京,有一僧名神光,昔在洛中,久传庄老,年逾四十,得遇大师,礼事为师。③

---

① 〔唐〕智炬:《双峰山曹侯溪宝林传》卷八《惠可传》,见蓝吉富主编:《禅宗全书》史传部(一),台湾文殊出版社,1988年,第317~318页。
② 〔五代〕静、筠二禅师:《祖堂集》卷二《第二十九祖慧可祖师》,中华书局,2007年,第105~106页。
③ 〔五代〕静、筠二禅师:《祖堂集》卷二《第二十八祖菩提达摩和尚》,中华书局,2007年,第97页。

引文说,慧可"年逾四十"遇达摩。与上述《祖堂集·慧可传》的记载相同。据此,可以确定上引《宝林传·惠可传》"年四十二"中的"四"应是"三"字之误,正确的应是"年三十二,却步香山寺,侍省尊长。又经八载……时有西国达摩大师……于是神光大师乃凑玄旨,遂礼辞近随而从之"。

宋《景德传灯录·慧可传》亦载:

(慧可)年三十二,却返香山,终日宴坐。又经八载,于寂默中倏见一神人,谓曰:"将欲受果,何滞此耶,大道匪遥,汝其南矣。"……光(按:神光,即慧可)受教,造于少室,其得法。传衣事迹,达磨章具之矣。①

可见,此处也是说慧可年过四十岁遇达摩,与上述法琳撰的《惠可禅师碑》和《宝林传》《祖堂集》的记载相同。

基于上述可以认定,慧可遇菩提达摩的年龄既不是"年登四十",更非"年十四",而是"年逾四十"。

三、"道育、慧可,此二沙门,年虽在后"的解读与"二入四行"的版本

《续高僧传·菩提达摩传》中,与慧可遇菩提达摩问题相关的有如下记载:

有道育、慧可,此二沙门,年虽在后而锐志高远,初逢法将,知道有归。寻亲事之,经四五载,给供谘接。感其精诚,诲以真

---

① 〔宋〕道原:《景德传灯录》卷三《慧可传》,《大藏经》第74册,中华书局,1994年,第29页。

法。(以下为介绍"二入四行"的文字,从略)①

引文中"年虽在后"一语颇为费解。学界一般认为,道宣《续高僧传·菩提达摩传》中的"二入四行"的文字源于昙林作序的《略辨大乘入道四行》。然而,这一看法并没有经过论证。有关昙林作序的《略辨大乘入道四行》,笔者所见的有唐净觉《楞伽师资记》与《景德传灯录》所附的两种。唐净觉《楞伽师资记》中称"《略辨大乘入道四行》弟子昙林序"(简称"师资记本"),而宋道原《景德传灯录》中称"《菩提达磨略辨大乘入道四行》弟子昙林序"(简称"灯录本")。兹将《续高僧传·菩提达摩传》的记载与"师资记本"与"灯录本"进行列表比较如下:

《续高僧传·菩提达摩传》	师资记本	灯录本	说 明
菩提达摩,南天竺婆罗门种,神慧疏朗,闻皆晓悟,志存大乘,冥心虚寂,通微彻数,定学高之。悲此边隅,以法相导。	法师者,西域南天竺国,是大婆罗门国王第三之子也,神慧疏朗,闻皆晓悟,志存摩诃衍道,故舍素从缁,绍隆圣(种),冥心虚寂,通鉴世事,内外俱明。德超世表,悲悔边隅,正教陵替。	法师者,西域南天竺国,是大婆罗门国王第三之子,神慧疏朗,闻皆晓悟,志存摩诃衍道,故舍素从缁,绍隆圣种,冥心虚寂,通鉴世事,内外俱明。德超世表,悲悔边隅,正教陵替。	前者"志存大乘"与后二序"志存摩诃衍道"意同。因"摩诃衍"为梵语,华译为"大乘"。
初达宋境南越,末又北度至魏,随其所止,诲以禅教。于时,合国盛弘讲授,乍闻定法,多生讥谤。	遂能远涉山海,游化汉魏。亡心寂默之士,莫不归信,取相存见之流,乃生讥谤。	遂能远涉山海,游化汉魏。忘心之士,莫不归信,存见之流,乃生讥谤。	

---

① 〔唐〕道宣:《续高僧传》卷十六《达摩传》,《高僧传合集》,上海古籍出版社,1991年,第231页。

慧可生平再研究 197

续表

《续高僧传·菩提达摩传》	师资记本	灯录本	说明
有道育、慧可,此二沙门,年虽在后,而锐志高远,初逢法将,知道有归。寻亲事之,经四五载,给供谘接。感其精诚,诲以真法。	于时,唯有道育、惠可,此二沙门,年虽后生,俊志高远,幸逢法师,事之数载,虔恭谘启,善蒙师意。法师感其精诚〔诚〕,诲以真道。	于时,唯有道育、慧可,此二沙门,年虽后生,俊志高远,幸逢法师,事之数载,虔恭谘启,善蒙师意。法师感其精成〔诚〕,诲以真道。	僧传的"年虽在后"费解,后二书均作"年虽后生",意思明朗。
如是安心,谓壁观也;如是发行,谓四法也;如是顺物,教护讥嫌;如是方便,教令不著。	如是安心,如是发行,如是顺物,如是方便。此是大乘安心之法,令无错谬。如是安心者,壁观;如是发行者,四行;如是顺物者,防护讥嫌;如是方便者,遣其不著。此略所由,意在后文。	令如是安心,如是发行,如是顺物,如是方便。此是大乘安心之法,令无错谬。如是安心者,壁观;如是发行者,四行;如是顺物者,防护讥嫌;如是方便者,遣其不著。此略序所由云尔。	以上为昙林序文。
然则,入道多途,要唯二种,谓理、行也。	未〔夫〕入道多途,要而言之,不出二种:一是理入,二是行入。	夫入道多途,要而言之,不出二种:一是理入,二是行入。	从此起,以下为《略辨大乘入道四行》内容。
藉教悟宗,深信含生同一真性,客尘障故,令舍伪归真,疑〔凝〕住〔注〕壁观,无自无他,凡圣等一,坚住不移,不随他教,与道冥符,寂然无为,名理入也。	理入者,谓藉教悟宗。深信含生。凡圣同一真性,但为客尘妄覆,不能显了。若也舍妄归真,凝住〔注〕辟〔壁〕观,(无)自他、凡圣等一,坚住不移,更不随于言教。此即与真理冥状,无有分别,寂然无(名)之理入。	理入者,谓藉教悟宗。深信含生,同一真性,但为客尘妄想所覆,不能显了。若也舍妄归真,凝住〔注〕辟〔壁〕观,无自无他,凡圣等一,坚住不移,更不随于文教。此即与理冥符,无有分别,寂然无为,名之理入。	

续表

《续高僧传·菩提达摩传》	师资记本	灯录本	说明
行入四行,万行同摄。	行入者,所谓四行,其余诸行,悉入此行中。何等为四?一者报怨(行),二者随缘行,三者无所求行,四(者)称法行。	行入者,谓四行,其余诸行,悉入此中。何等四耶?一报冤行,二随缘行,三无所求行,四称法之行。	
初报怨行者,修道苦(时),至当念往劫,舍本逐末,多起爱憎,今虽无犯,是我宿作,甘心受之,都无怨对。经云:逢苦不忧,识达故也。此心生时与道无违,体怨进道故也。	云何报怨行?修道行人,若受苦时,当自念言:我从往昔无数劫中,弃本逐末,流浪诸有,多报〔起〕怨憎,违害无限,今虽无犯,是我宿殃,恶业果熟,非天非人,所能见与,甘心忍受,都无(所)怨诉。经云:逢苦不忧,何以故?识达本故,此心生时,与理相应,体怨进道。是故,说言报怨行。	云何报冤行?谓修道行人若受苦时当自念言:我从往昔无数劫中,弃本从末,流浪诸有,多起冤憎,违害无限,今虽无犯,是我宿殃,恶业果熟,非天非人,所能见与,甘心忍受,都无冤诉。经云:逢苦不忧,何以故?识达故。此心生时,与理相应,体冤进道,故说言报冤行。	
二随缘行者,众生无我,苦乐随缘,纵得荣誉等事,宿因所构,今方得之,缘尽还无,何喜之有?得失随缘,心无增减,违顺风静,冥顺于法也。	第二随缘行者,众生无我,并缘业所传〔转〕,苦乐齐受,皆从缘生。若得胜报荣誉等事,是我过去宿因所感,今方得之,缘尽还无,何喜之有?得失从缘,心无增减,喜风不动,冥顺于通〔道〕。是故,说言随缘行。	二随缘行者,众生无我,并缘业所转,苦乐齐受,皆从缘生。若得胜报荣誉等事,是我过去宿因所感,今方得之,缘尽还无,何喜之有?得失从缘,心无增减,喜风不动,冥顺于道。是故,说言随缘行也。	

慧可生平再研究 199

续表

《续高僧传·菩提达摩传》	师资记本	灯录本	说　明
三名无所求行,世人长迷,处处贪著,名之为求,道士悟真,理与俗反,安心无为,形随运转,三界皆苦,谁而得安?经曰:有求皆苦,无求乃乐也。	第三无所求行者,世人长迷,处处贪著,名之为求,智者悟真,理将俗反。安心无为,形随运转。万有斯空,无所愿乐。功德黑暗,常相随逐,三界久居,犹如火宅,有身皆苦,谁得而安?了达此处,故于诸有,息想无求。经云:有求皆苦,无求乃乐,判如无求,真为道行。	三无所求行者,世人长迷,处处贪著,名之为求,智者悟真,理将俗反,安心无为,形随运转,万有斯空,无所愿乐,功德黑暗,常相随逐,三界久居,犹如火宅,有身皆苦,谁得而安?了达此处,故舍诸有,息想无求。经云:有求皆苦,无求乃乐,判知无求,真为道行,故言无所行也。	
四名称法行,即性净之理也。	第四称法行者,性净之理。因之为法,理此〔此理〕众相斯空,无染无著,无此无彼。经云:法无众生,离众生垢故;法无有我,离我垢故。智若能信解此理,应当称法而行。法体无悭,于身命则行檀舍施,心无吝惜,达解三空。不倚(不)著,但为去垢,摄(化)众生,而无取相,此为自(利)复地〔他〕,亦能庄严菩提之道。檀〔但〕度既尔,余五亦然,为除妄想,修行六度,而无所行是为称法行。	四称法行,性净之理,目之为法。此理众相斯空,无染无著,无此无彼。经云:法无众生,离众生垢故;法无有我,离我垢故。智者若能信解此理,应当称法而行。法体无悭,于身命财〔则〕行檀舍施,心无吝惜。达解三空,不倚不著,但为去垢,称化众生而不取相,此为自行。复能利他,亦能庄严菩提之道。檀施既尔,余五亦然,为除妄想,修行六度而无所行,是为称法行。	

续表

《续高僧传·菩提达摩传》	师资记本	灯录本	说　明
摩以此法开化魏土,识真之士,从奉归悟。			
录其言诰,卷流于世。	此四行,是达摩禅师亲说,余则弟子昙林记师言行,集成一卷,名曰《达磨论》也。菩提师又为坐禅众,释《楞伽要义》一卷,有十二三纸,亦名《达磨论》也。此两本论文,文理圆净〔满〕,天下流通。自外更有人,伪告〔造〕《达磨论》三卷,文繁理散,不堪行用。大师又指事问义,但指一物,唤作何物,众物皆问之,回换物名,变易问之。又云:此身有不?身是何身?又云:空中云雾,终不能染污虚空,然能翳虚空,不得明净。《涅槃经》云:无内六入,无外六尘,内外合故,名为中道。		从此起,以下为《略辨大乘入道四行》文末附记。
自言年一百五十余岁,游化为务,不测于终。			

从上表可知:(1)唐净觉《楞伽师资记》中昙林序的《略辨大乘入道四行》与宋道原《景德传灯录》中昙林序的《菩提达磨略辨大乘入道四行》,虽题目有别,但属同一书。据"师资记本"可知,《略辨大乘入道四行》为一卷,名《达磨论》。(2)唐净觉《楞伽师资记》中昙林序的《略辨大乘入道四行》属敦煌文书中的抄本,文字脱漏、错讹比较多,且有颠倒现象。《景德传灯录》中昙林序的《菩提达磨略辨大乘入道四行》则少有文字脱漏、错讹。(3)唐净觉的《楞伽师资记》中的昙林序《略辨大乘入道四行》属较完整的本,前有序,中为《略辨大乘入道四行》全文,文末有附记。而宋道原的《景德传灯录》中昙林序的《菩提达磨略辨大乘入道四行》,前有序,中为《略辨大乘入道四行》全文,缺文末附记,且文字也略有差别,应属同一书的两个不同的本子。

将上表中两个本子的昙林序的《略辨大乘入道四行》与《续高僧传·菩提达摩传》比较,我们不难看出确实存在相同之处,但还是有明显差别。如《续高僧传》称:"初逢法将,知道有归。寻亲事之,经四五载",两个本子的昙林(琳)序均称:"幸逢法师,事之数载",二者含义不同。又如《续高僧传》称:"有道育、慧可,此二沙门,年虽在后,而锐志高远……"两个本子的昙林序均称:"于时,唯有道育、惠可,此二沙门,年虽后生,携志高远……"再如,前书称:"入道多途,要唯二种,谓理、行也",后二书称:"夫入道多途,要而言之,不出二种:一是理入,二是行入"等。这些都说明,《续高僧传·菩提达摩传》所依据昙林序的"二入四行"的文字并非上述两个本子的《略辨大乘入道四行》,很可能是另一种版本昙林序的《略辨大乘入道四行》。此种版本或许有待发现,或许已失传了。①

认真辨析上引《续高僧传·菩提达摩传》的记载可以发现,《续高僧传》所谓"有道育、慧可此二沙门,年虽在后,而锐志高远",并

---

① [日]宇井伯寿《禅宗史研究》对达摩、慧可、昙林等人及"二入四行"有比较多的论及,但本文所论该书未见有涉及。

非道宣撰写传文时的口气,应是他采纳昙林序的"二入四行"文字(即《达磨论》)时,文字处理较粗糙,保留了昙林的口气,从而导致后人理解上的困难。从"年虽在后"或"年虽后生"判断,昙林的年龄比道育、慧可的年龄大得多,故称道育、慧可"年虽在后"或"年虽后生"。笔者推测,当慧可40岁出头遇菩提达摩时,昙林至少是接近50岁的人了。这是道宣文字处理不精细无意中为我们保留了有关昙林年龄的历史信息。

四、慧可开法的年代与地点

有关慧可开法的年代与地点,据《续高僧传·慧可传》载:

> (慧可)以天平(534~537)之初,北就新邺,盛开秘苑,滞文之徒,是非纷举。①

引文中的"天平之初,北就新邺"是说,慧可于天平初年北上孝静帝新近迁都的邺城。据《续高僧传·菩提流支传》载:永熙三年二月,永宁寺塔毁于火。"七月,平阳王为侍中斛斯椿所挟,西奔长安。至十月而洛京迁于漳邺。"②就是说,永熙三年十月孝静帝迁都"漳邺",即临漳邺都。从此,北魏分为东魏与西魏,孝静帝为东魏。有关此次迁都的过程,《魏书·孝静纪》说得更清楚。《魏书》记载:"孝静皇帝……冬十月丙寅(十七日,534年11月8日),即位于城东北,大赦天下,改永熙三年为天平元年。庚午(廿一日,11月12日),以太师、赵郡王谌为大司马,以司空、咸阳王坦为太尉,以开府仪同三司高盛为司徒,以开府仪同三司高昂为司空。……丙子(廿

---

① 〔唐〕道宣:《续高僧传》卷十六《慧可传》,《高僧传合集》,上海古籍出版社,1991年,第231页。
② 〔唐〕道宣:《续高僧传》卷一《菩提流支传》,《高僧传合集》,上海古籍出版社,1991年,第108页。

七日,11月18日),车驾北迁于邺。……十有一月……庚寅(十一日,12月2日),车驾至邺,居北城相州之廨。改相州刺史为司州牧,魏郡太守为魏尹,徙邺旧人西径百里以居新迁之人。分邺置临漳县,以魏郡、林虑、广平、阳丘、汲郡、黎阳、东濮阳、清河、广宗等郡为皇畿。十有二月……庚午(廿二日,1月11日),诏内外解严,百司悉依旧章,从容雅服,不得以矛钐从事。丙子(廿八日,1月17日),遣侍中封隆之等五人为大使,巡谕天下。丁丑(廿九日,1月18日),赦畿内。闰月(按:此为闰十二月)……"①就是说,永熙三年十月十七日,孝静帝即位于洛阳城东北,大赦天下,并宣布改元,改"永熙三年为天平元年",十月二十七日(534年11月18日),正式迁都邺城,前后经历15天抵达邺都。抵达邺都后一直处于戒严状态,至十二月二日,开始下诏内外,宣布解严,王朝的中央各部门开始运转。十二月二十九日,大"赦畿内",即引文所说的"皇畿",包括"魏郡、林虑、广平、阳丘、汲郡、黎阳、东濮阳、清河、广宗等郡"。又据《魏书》载:"兴和二年(540)春,诏以邺城旧宫为天平寺。"②东魏孝静帝诏改邺城旧宫为天平寺,应是以此纪念天平迁都与改元。这一举动表明孝静帝开始重视佛事。"天平"年号共4年。基于上述,笔者认为,所谓慧可"天平之初,北就新邺……",不可能是在"天平元年(534)",最快在"天平二年"春季。至于慧可在邺城"盛开秘苑"则是在天平年间以后的事了。

慧可"盛开秘苑"的邺城在何处?学界看法不一,有的认为在今河南安阳县境内,有的认为在今河北临漳县境内。20世纪30年代起,考古学家们就对邺城遗址进行勘探,至20世纪80年代已基本上探明邺城的位置。据《河北临漳邺城遗址勘探发掘简报》说:邺城遗址在河北临漳县境内,位于县城西南20公里,南距安阳市区18

---

① 《魏书》卷十二《孝静纪》,中华书局,1974年,第297~298页。
② 《魏书》卷一百一十四《释老志》,中华书局,1974年,第3047页。

公里。① 邺城由邺北城与邺南城两座相连的城组成,曹魏时的邺城位于邺北城,北朝的东魏、北齐建都于邺南城,但邺北城仍继续使用。② 据此可知,慧可开法之地"新邺"在今河北省临漳县县城西南。

　　总之,慧可出生于虎牢城及其附近,称之为"虎牢人"或"武牢人"均可,不必附加说明因避讳而改"虎"为"武"。因在唐以前就存在"虎牢城",别称"武牢城",唐代因避讳而改的是"虎牢关",而非"虎牢城"。其俗籍则是北魏豫州荥阳郡"成皋县"。慧可是"年过四十岁"或"四十岁出头"遇菩提达摩,并非"四十岁",更非"十四岁"。《楞伽师资记·惠可传》中的慧可"年十四,遇达摩禅游化嵩洛"中的"十四"当为"四十"颠倒所致。慧可"北就新邺"开法的年代最早早不过"天平二年春",其开法地点邺城在今河北临漳县县城西南。

（王荣国,厦门大学历史系教授、博士生导师）

---

　　①　河北省临漳县文物保管所《邺城考古调查和钻探简报》则称:邺城遗址在河北省临漳县境内西南,距县城约18.5公里,南距安阳市约15公里。(《中原文物》1983年第4期)
　　②　中国社会科学院考古研究所、河北省文物研究所邺城考古工作队:《河北临漳北城遗址勘探发掘简报》,《考古》1990年第7期。

《续高僧传·慧可传》义理发微

荆三隆　魏　玮

追溯中国的禅宗起源,要推溯至南北朝刘宋时期,佛陀的第二十八代弟子,也是天竺禅宗的第二十八代祖师菩提达摩,将印度祖师禅带入中国,将禅宗思想的种子播撒在中国这片文化的沃土中,因此,菩提达摩被奉为中国的禅宗初祖,也称菩提祖师。

思想重在传承,承袭达摩祖师思想精华并传承其衣钵的就是中国的禅宗二祖慧可,慧可是中国禅宗至关重要的人物之一,其一生都值得人们探究。关于慧可的生平记述集中出现在道宣的《续高僧传》之中。《慧可传》不仅是一篇僧传,它在高度概括慧可人生的同时,也肯定了慧可对中国禅宗发展的贡献,还宣扬了慧可执着、坚忍的人生理念。《慧可传》将其丰富的思想义理展示于世人面前,引人思考。

一、慧可的历史地位

(一)传承印度禅、艰难传法

佛教起源于印度,自东汉传入我国以来,在和本土文化不断地砥砺和圆融中影响着中国的本土文化,在经历了漫长的岁月洗礼后,逐渐融入中国的主流文化,成为千百年来中国人的主要信仰之一。禅宗作为中国佛教的八大宗派之一,更是备受人们推崇和喜爱。中国禅宗创始于南北朝时期来到中国的印度僧人菩提达摩,他是天竺禅宗的第二十八代祖师,他将印度禅学带到了中国。相传菩提达摩在中国南朝梁武帝时期传法来到中国,梁武帝信奉佛教,四处设立道场、营造佛寺、译写经书,梁武帝自以为这样便是功德圆满了,而菩提达摩却说梁武帝毫无功德,功德并不是以布施多少钱财来衡量的,功德的关键在于心。菩提达摩因此与梁武帝面谈不契,便一苇渡江,北上洛阳,后至嵩山少林寺,面壁九年。

此时的慧可经人指点知道有一位来中国传法的大师叫达摩在少林寺面壁,慧可知道达摩禅师非一般人物,便前往嵩山少林寺拜师求学。慧可来到少林寺早晚参见达摩,侍奉左右,而达摩却置若罔闻,但慧可并未就此放弃,坚持追随其后,悉心照料,长久之后,达摩禅师终被感动,开始讲经说法。达摩大师的弟子不多,但也只有慧可得其禅法精髓,遂将衣钵传于慧可。

达摩在佛陀"人皆可以成佛"的思想基础上,进一步主张"人皆有佛性,透过各自修行,即可获启发而成佛"。菩提达摩的天竺禅法能够在中国生根、开花、结果,必须有坚韧不拔的传播者,慧可担负了这伟大的历史使命,他尽得达摩的佛法要义,承袭达摩衣钵,是中国承袭印度禅的第一人。他将达摩的禅学思想进一步整理,重视对心性的提倡,修禅主要就是在于修心,主张明心见性,见性成佛。也就是在达摩和慧可耐心探索、积极宣扬的基础上,禅宗在后期才会一花五叶,传播广泛。

达摩祖师将禅学思想带入中国时,本土的儒、道等文化根深蒂固,中国佛教界思想保守、顽固,派系之争又异常复杂,再加上没能得到统治阶级的支持,因此要想将禅宗文化在中国发扬光大是异常困难的。而二祖慧可在传承禅宗法脉后,不被面前的艰难险阻所吓倒,勇往直前,积极传法。

《慧可传》中提到,慧可在达摩祖师圆寂之后便隐姓埋名,在黄河一带行走。然而由于慧可早年宣讲佛法的好名声,许多人慕名前来,慧可便为大家传播达摩禅法,达摩禅直指人心,因此广泛地为人所知。传法的道路从来都不是一帆风顺的。天平初年(534),慧可到东魏新都邺城(今河南安阳市北)大力传播达摩禅学理念时,便受到了旧学派的多方阻挠和打击。

> 时有道恒禅师,先有定学王宗邺下,徒侣千计。承可说法,情事无寄,谓是魔语。乃遣众中通明者,来殄可门。既至闻法,泰然心服,悲感盈怀,无心返告。恒又重唤,亦不闻命。相从多使,皆无返者。他日遇恒,恒曰:"我用尔许功夫开汝眼目,何因致此诸使?"答曰:"眼本自正,因师故邪耳。"恒遂深恨谤恼于可,货赇俗府,非理屠害。初无一恨,几其至死。恒众庆快。遂使了本者绝学浮华,谤黩者操刀自拟。始悟一音所演,欣怖交怀,海迹蹄滢,浅深斯在。可乃纵容顺俗,时惠清猷,乍托吟谣,或因情事,澄汰恒抱,写割烦芜。故正道远而难希,封滞近而易结,斯有由矣。遂流离邺卫,亟展寒温。道竟幽而且玄。①

有一位道恒法师,座下僧侣从者以千计,是旧佛学的挺立者。他看到慧可宣讲这种全新的佛法禅学,并且吸引了不少的信众,便攻击慧可所讲都是迷惑人心的妄语,于是派弟子和慧可辩法,没想

---

① 〔唐〕道宣:《续高僧传》卷十六,《大正藏》第50册,第552页上。

到弟子听了慧可的说法反而心悦诚服地向慧可求学,道恒又连派几人,悉皆如此。道恒责问派出的弟子:"我教导你们佛法多年,仿佛打开了你们的眼睛,你们怎么能背叛师门呢?"弟子们回答:"我们的眼睛本来是正的,因为听了您的教导才变斜了。"道恒因此更加痛恨慧可,甚至买通官员加害慧可,慧可因此险些断送了性命。然而慧可并未因此退缩,更没有放弃传播禅法,宣扬达摩禅的想法一直根植于慧可心中。慧可离开邺都,虽不再大规模地传法,但依旧在积极寻觅能够担当禅宗家业的下一代接班人。真正有生命力的新学说、新思想是绝不会被旧学说打压、摧残的。慧可虽然身处逆境,甚至生命受到了威胁,可是向他求教请益的人仍然不绝如缕,将禅宗思想发扬光大、普度众生、让世人重视自我本心的信念也一直支撑着慧可将禅宗思想传播下去。

(二)全面传承《楞伽经》思想

达摩祖师选择慧可作为禅宗的接班人时传授给慧可四卷《楞伽经》,并且嘱咐慧可只有这本经书才最适合在中国境内传播,要按照这本经书修行传教,方可普度众生。这也是达摩对汉地佛教传播现况的认识。

《楞伽经》,全称《楞伽阿跋多罗宝经》。《楞伽经》内容丰富,共一百零八义,以唯识学的三界唯心、万法唯识为主旨进行论述,对唯识学主要逻辑体系中的五法、三自性、八识、二无我等范畴逐一阐发。其思想包括了佛教的基本理论,如"四谛""八正道""十二因缘",涉及"无我"论、"涅槃"论、"佛性"论、"宗说兼通"论、"渐悟顿悟"并重论,见性成佛、转识成智、由凡入圣的"三身四智"说。这些论说在佛教史上异说并起,教界、学界皆非只一家之言,反映了禅学思想史的诸多理论问题,并最终演化为佛教中国化的典型宗派——禅宗,自唐至今,一直影响着中国佛教,影响着中国的社会文化和思想。

《楞伽经》中反复强调,世间的一切事物,本来就没有单独存在的自性,世间的事物所存在的物相也都是虚相,都是因自心的妄想而引生出的眼前所见,是不真实的,这种由自心产生的妄想,自无始以来便一直虚幻存在。若是能够将妄想的因缘灭尽,破离迷妄之心,便能明了身心。佛陀教导世人要放下本自身心的妄心作用和依因缘会聚而生的妄心现象,因妄心会迷乱世人的判断力。自性本心如风平浪静、澄然湛寂的大海,忽然吹来一股"迷妄之风"(由于迷妄而产生的心念),大海便不再平静,海浪层叠、风号浪吼,眼见的大海景象是由于"风"的作用引起的而非本身存在的,这景象实际就是一种虚相,它扰乱了人们对本真事物的认识。如若能够坚定本真的自心,破了迷妄之心,那也自会心平气定,也无来"迷妄之风",海面依旧是平静的海面,人们才能真切、清楚地认识这"大海"。

> 不勤因缘,远离内外境界,心外无所见。次第随入无相处,次第随入从地、至地,三昧境界。解三界如幻,分别观察,当得如幻三昧。度自心现,无所有,得住般若波罗蜜。舍离彼生所作方便。金刚喻三摩提,随入如来身,随入如如化。神通自在,慈悲方便,具足庄严。等入一切佛刹,外道入处。离心意意识,是菩萨渐次转身,得如来身。大慧,是故欲得如来随入身者,当远离阴界入心,因缘所作方便,生住灭妄想虚伪。唯心直进,观察无始虚伪过,妄想习气因,三有。思惟无所有,佛地无生,到自觉圣趣。自心自在,到无开发行,如随众色摩尼,随入众生微细之心,而以化身随心量度。诸地渐次,相续建立。是故大慧,自悉檀善,应当修学。①

认为只有注重内心的修持,不受主客观因素的因引缘牵,才能彻底破除迷妄之心,才能彻底了解万法唯心,才能彻底解脱欲、色、

---

① 〔刘宋〕求那跋陀罗译:《楞伽阿跋多罗宝经》卷一,《大正藏》第16册,第483页下~484页上。

无色三界对心的束缚,认清宇宙万有。脱离心之意念,自识妄见,便得智慧,才能自觉觉他,普度众生,最终达到寂静圆满的圣地。这种高度关注人内心世界的自我认识、自我完善、自我清澄的修身思想是很有认识价值的,它强调了自我认识、真实正确对待自心的重要性,在对自心的清醒和清楚认识上才能观照周围,才能提升判断力,进而对于修学才能有创新、有推进。

> 《慧可传》中提到,慧可在与人探讨佛法时有一偈:"说此真法皆如实,与真幽理竟不殊。本迷摩尼谓瓦砾,豁然自觉是真珠。无明智慧等无异,当知万法即皆如。愍此二见之徒辈,申词措笔作斯书。观身与佛不差别,何须更觅彼无余。"[①]

偈语中的"无余"其实指的就是涅槃。全偈是说:万法皆同真如,众生与佛本没有什么差别。如果非指出差别,那就是一种迷惘的认识。只要空一切相,断一切差别,灭一切迷惘,就能达到本心清净的涅槃境界。所以涅槃成佛,都要向自己内心去寻求,无须在身外另求涅槃境界。

慧可这段偈中所阐述的修心正心思想正是《楞伽经》中所提倡的。慧可极力推广达摩祖师留下的《楞伽经》,并依此修行,这与禅宗修心的理念是相吻合的,而这种理念也最容易被人们所理解和接纳,也最有利于禅宗思想的传播。

二、《慧可传》的文化价值

(一)对慧可人生的高度概括

慧可,生于北魏孝文帝太和十一年(487),俗姓姬氏,虎牢人

---

① 〔唐〕道宣:《续高僧传》卷十六,《大正藏》第50册,第552页中。

（今河南荥阳）。慧可自幼聪慧，博闻强记，广涉儒道，饱读经史，并对佛藏经典略有研究，曾与人交流佛学思想，但由于当时佛教界思想保守，慧可虽有独到见解，但始终怀才不遇，无法宣扬自己的佛学主张，于是只身继续探索佛法奥义。直到遇到菩提达摩，慧可才找到了方向，一心求法，最终承袭衣钵、普度众生。

《慧可传》既是对慧可生平的记录也是对慧可思想的总结。文章开始对慧可进行了简要介绍，之后讲述了慧可从独自探究佛法奥义到拜菩提达摩为师，再到弘法乃至传法于三祖僧璨，最后坐化。此传语言文字平实，却将慧可的一生的行藏出处概括地展现在世人面前，文中着重记述了慧可在探究佛法以及求法和传法中所遭受的多重磨砺，表现了慧可矢志不渝的精神品质。文中择取了慧可一生中的几大事件进行叙述，我们从这些事件中，可以看出慧可的人生态度和理念。

如果将慧可的人生概括起来，可以用探法、求法、弘法来总结。人生在世，最重要的莫过于要明白自己来到世间是要做什么的。慧可先天聪慧，后天饱读经史书籍，因此慧可有着过人的学识和见解。接触佛法后，慧可知道这才是自己毕生追求的方向，便告别父母，出家修行，尽管慧可的父母是老来得子，但看到慧可为佛法执着的态度便成全了慧可的心愿。慧可拥有丰富的学识，精通多家学派思想，但慧可却最终选择了佛教作为自己的追求，可见佛教思想之博大精深，其极具魅力的哲理性和普世性的思想是人们难以抗拒的。慧可独到的佛学思想不能被人们所接受，但是慧可并未就此消沉，这反而成为了慧可更加深入研习佛学的动力。遇到达摩祖师后，慧可为求真法侍奉左右长达数年，甚至最后雪中断臂以证真心，这是一种人生信念在顽强地支撑着他。最后在世间弘法时又被他人陷害，但这也并没有打消慧可传法的意愿，为世人宣讲菩提要义就是在做功德，在救度世人，是让真正的无上妙法在世间流传，普度众生，这是慧可毕生之追求。心胸决定境界，心态决定命运。慧可每一次遇到困难时都积极面对，每一次面对坎坷时都泰然处之，他的一生都在为禅法付出。慧可是中国禅宗史上至关重要的人物,是值得人们尊重和敬仰的。

(二)《慧可传》的人生理念

《慧可传》短短一千五百余字,却从中尽显对慧可的肯定和对慧可的人生理念的宣扬。慧可是积极向上的,他的一生命运多舛,可正是这多舛的命运推动着慧可更勇敢地前进。人生最宝贵的就是有追求、有目标,为了心中的理想拼尽全力去努力实现,而追求梦想的道路不可能是平坦的,其间经历的艰难险阻也便成了一种难能可贵的磨砺,重在有足够的信心和勇气将自己的信念坚持下去,对佛法的执着是慧可的人生追求,慧可就凭借着对佛法的执着一路向前,从未停止。

而在追求佛法真谛的过程中只有执着是不够的,还要拥有坚忍的态度。禅门口口相传的慧可立雪断臂的故事就充分体现了慧可的隐忍。慧可追随菩提达摩,常年侍奉左右,菩提达摩并不理睬慧可,更未授只言片语。有一年冬日的晚上,天气陡然变冷,寒风刺骨,并下起了鹅毛大雪。慧可依旧纹丝不动地站在那里等待着菩提达摩,天快亮的时候,积雪居然没过了他的膝盖。这时,达摩才慢慢地回过头来,看了他一眼,心生怜悯,问道:"你长久站在雪中,为的是什么?"慧可答道:"只愿您能传道布法。"达摩说:"诸佛所开示的无上妙道法门,是要经过精进勤苦的修行,忍常人所不能忍,行常人所不能行,才能证得的。岂是凭小德小智、轻心以待的人所能获取的?若以这种态度来求无上妙法,那是不会有结果的。"慧可听后,为了表示自己求法的决心和诚心,便用刀砍断了自己的左臂。达摩被慧可的虔诚所打动,感到慧可是可塑之才,必能修得正果,便传法于他。

起初慧可对达摩禅师的精心照料,并未得到达摩丝毫回应,可是慧可并未因此怠慢,甚至最后断臂明志,这种隐忍常人是做不到的。正是这种坚忍的态度,慧可才得以从达摩祖师那里承袭法脉衣钵。

《慧可传》字字珠玑,耐人寻味。值得细品的不是文字的魅力,而是文字中所宣扬的一种积极、执着、坚忍的思想，这是值得人们关注和学习的。

三、《慧可传》的义理对当代社会的启示

（一）虚心的学习态度

正如人们常说的："低着头才能往上走。"慧可大师一生谦虚谨慎，熟读百家经典，这为大师更好地探求佛理奠定了良好的基础。取百家之精华，对比出佛法的玄妙，才能在此基础上对佛法更深入地领悟。无论是之前宣讲自己的见解还是之后向达摩求法，或是后期在传法中遇到其他佛法派别的种种刁难，慧可始终保持着虚心求学的态度，因此才能集禅法要义于一身。所谓"虚心使人进步，骄傲使人落后"，以慧可大师的例子来观看，正好印证了这个道理。

我们每个人都要经历求学生涯，每个人获取知识的能力是不同的，有些人一点就透，有些人就需要反复琢磨，我们不能以一个人对知识的瞬间领悟能力来判定一个人是优秀还是平庸，因为生活中有太多的例子：有些人聪明绝顶却自恃清高、骄傲自满，长久下去这种人就永远不会有突破，更别说创新；而有些人虽资质平庸，但是却虚心求学，点点积累，慢慢超越自我，这种人更有可能会实现自我突破。

工作中也是如此，每个领导都喜欢谦虚的下属，这不仅是礼节的体现，也是一种上进的态度。试想一下，一个骄傲自满、不听指挥的员工和一个谦卑有礼、虚心学习的员工，如果你是他们的上司，你会更欣赏哪一个？再反过来，一个是傲慢清高、喜欢发号施令的上司，一个是平易近人、虚心有礼的上司，如果你是他们的员工，你更愿意为哪一个效力呢？有时候站在高处是掌控全局，有时候站在低处才能了解真实的状况。人也同样如此，有时候高傲体现的是一种身份和姿态，有时候同样需要弯下腰来做一个谦谦君子，彬彬有礼。

再往大了看，在我们的社会中，就算我们拥有一流的技术、优秀

的人才和良好的社会氛围,我们也不能因此骄傲自满,这样只会固步自封。技术的更新日新月异,虚心的学习才会获得更大的革新。人才不是固定不变的,今日的人才若停滞不前则很快便会被他人取代。而一个国家,不恃强凌弱,不得意自满,保持虚心的态度,这不仅是一个国家文化素养的体现,也会为国家赢取更好的口碑和更多的伙伴,是为国家进一步的发展铺路。

虚心,不仅是一种学习态度,也是一种人生态度,更是一种治国方策,保持一颗谦虚的心,才能走向更高。

(二)忘我的传法精神

忘我,就是对"我"的否定,这与佛教无我论的思想是有相通之处的。只有抛弃对"我"的执着才能全身心地奉献和付出,行大乘菩萨道,那么首先要做的就是要舍弃小我。一般来说,无我意指世间的万事万物都是因缘和合的产物,没有永恒不变、独立自存的实体和内部主宰。在《无我相经》中论述了佛陀的"无我论",告诫世人如果能认识无我,就能远离"五蕴",即色、受、想、行、识这五类形态的积聚,灭绝贪欲,最终获得解脱。佛教的"无我论"代表着人类最高的修身思想,它抛弃了自我,否定了包括人在内的一切生命存在的实体性,打破了生命主体自身的优越感和在世界中的优先性,是对一切范畴的自我中心论的反动。它看到的是整个人类,是彻底的无我和奉献,是佛教涅槃学说的基础,它也是彻底的、真正的唯物主义。无我即无神,是真正的牺牲,是对自身精神的彻底超越。慧可就是秉承着佛教无我论的思想,在求法和传法的道路上不顾自我安危,一心只有佛法,为了把禅法传播到众生,救度众生于苦难的心愿,也为了成就禅法,所以即使立雪断臂,即使受奸人所害险些丧命,也在所不惜,甘愿牺牲。

在慧可的心中,一切肉体上的苦难都不足为过,他在求法和传法的过程中已经全然忘却了自我,所以一切身体的磨难都不能磨灭他的信念。在他的认识中,身相只是一种称谓罢了,是因缘而生的虚相,世间的所有相都是流动变化的虚相,生灭皆由因缘而定。若是明白了众相皆虚妄的道理,便会不执着于相了,也便能通达如来佛境。所以,苦难只是一种相的存在,离除了这种相,才能通达清静本心,了悟佛法要义。

这样的忘我精神是难能可贵的,为了信念忘却一切所受苦难的精神是伟大的。当今社会缺乏的就是这样一种精神,人们都太过于在意自我存在,自我意识太强,最为关注的是个人的主观感受,这样的社会是自私自利的,是冷漠没有人情味的,在这样的社会氛围中人们总是考虑自我得失、关注个人利益,那么倘若每个人都是这样,那么家将何以为家,国又何以为国?我们倡导忘我、倡导奉献,不是要消灭人们的自我认识,而是在牺牲自我小利益的基础上来满足团体的大利益,这样最终自己收获的也是大利益。2008年中国遭遇的雪灾和四川的地震,是在各行各业工作人员忘我的工作中克服重重困难的。大爱无疆,忘掉的是小我,成就的是大爱,这让人与人之间的距离更近,让社会更加温暖和谐。个人的忘我推动的是小团体的前进,小团体推动的是大集体,大集体推动的就是国家,人们的一点奉献、牺牲,成就的是国家的未来,这样的忘我奉献是值得的。

四、结语

《慧可传》简短精辟、发人深省,我们从中不仅能够看到慧可大师为禅宗在中国的发展做出的巨大贡献,而且也会被慧可执着坚忍的人生态度、坚定不移的人生信念、为法忘我的人生追求深深地打动。《慧可传》的价值不仅在于对禅宗二祖慧可生平的记述,更重要的是对慧可的精神进行了肯定和宣扬。我们今天重温其思想内容,对当今社会的文化建设也是具有启示意义的。

(荆三隆,西安电子科技大学人文学院教授;
魏玮,人文学院宗教学硕士研究生)

慧可大师之生平及启示

吕建福

中土早期禅宗大师,犹如印度八十四大成就者,大多功德巍巍、声名远播而个人生平事迹极略,乃至于无,这也是早期弘教大德专志大道,无意身与名之风范体现。禅宗早期祖师慧可、僧璨、道信几乎都生平不详,留于后人的基本是开悟因缘及弘化事迹,如《祖堂集》载三祖生平:"第三十祖僧璨者,即是大隋三祖。不知何许人,不得姓字。遇可大师,得付心法。"[1]有如此之简。

慧可大师,中土禅宗二祖,实为达摩西来传法第一人,对中华禅宗之成立意义巨大。大师之生平,目前研究者一般均依据唐道宣《续高僧传》之《慧可传》,略引于下:

> 释僧可,一名慧可,俗姓姬氏,虎牢人。外览坟素,内通藏典。末怀道京辇。默观时尚,独蕴大照,解悟绝群。卓成道非新,而物贵师受。一时令望,咸共非之。但权道无谋,显会非

---

[1] 〔南唐〕静、筠二禅师编撰,孙昌武、〔日〕衣川贤次、〔日〕西口芳男点校:《祖堂集》,中华书局,2007年,第110页。

远。自结斯要,谁能系之。年登四十,遇天竺沙门菩提达摩游化嵩洛。可怀宝知道,一见悦之,奉以为师,毕命承旨。从学六载,精究一乘。理事兼融,苦乐无滞。而解非方便,慧出神心。可乃就境陶研,净秽埏填,方知力用坚固,不为缘陵。达摩灭化洛滨,可亦埋形河涘。……后于洛陶中无疾坐化,年可七十。①

事实上,更早的《祖堂集》即有慧可大师作为从第一毗婆尸佛以来第二十九祖之记载。略引如下:

第二十九祖师慧可禅师者,是武牢人也,姬氏。父寂,初无其子,共室念言:"我今至善家而无慧子,深自叹羡,何圣加卫?"时后魏第六主孝文帝永宜十五年正月一日,夜现光明,遍于一宅,因兹有孕,产子,名曰光。光年十五,九经通诵;至年三十,往龙门香山寺,事宝静禅师,常修定慧。既出家已,至东京永和寺具戒。年三十二,却步香山,侍省尊长。又经八载,忽于夜静见一神人而谓光曰:"当欲受果,何于此住,不南往乎而近于道?"本名曰光,光因见神现故,号为神光。至于第二夜,忽然头痛如裂。其师欲与灸之,空中有声报云:"且莫,且莫!此是换骨,非常痛焉。"师即便止。遂说前事见神之由,以白宝静。宝静曰:"必是吉祥也。汝顶变矣,非昔首焉。五峰垂坠玉軿,其相异矣。"遂辞师南行,得遇达摩,豁悟上乘。师乃云:"一真之法,尽可有矣,汝善守护,勿令断绝。汝传信衣,各有所表。"慧可曰:"有何所表?"达摩曰:"内传心印以契证心;外受袈裟,而定宗旨,不错谬故。吾灭度后二百年中,此袈裟不传。法周沙界,明道者多,行道者少;说理者多,通理者少,于后得道还近千万。汝所行道,勿轻末学:此人回志,便获菩提;初心菩萨,与佛功等。"……寿龄一百七岁。示于时灭,当隋第一主文帝开皇十

---

① 〔唐〕道宣:《续高僧传》卷十六,《大正藏》第50册,第552页上~下。

三年癸丑之岁。唐内供奉沙门法琳撰碑文。德宗皇帝谥号大弘禅师、大和之塔。自隋癸丑岁迁化,迄今唐保大十年壬子岁,得三百五十九年矣。净修禅师赞曰:"二祖硕学,操为坚石霍。心贯三乘,顶奇五岳。天上麒麟,人间鸳鸯。断臂立雪,混而不浊。"①

《祖堂集》乃现存最早的禅宗史书,全书内容记述了过去七佛、西土二十八祖和东土六祖以及到编者时代的256位禅宗祖师的主要事迹和代表各自家风的法语,可以说是禅宗正式灯录中最古之灯录,为研究早期禅宗的珍贵资料。全书共二十卷,系五代南唐保大十年(952)泉州招庆寺静、筠二禅僧所编。未编入《大藏经》,乃因宋以后《祖堂集》在中国本土失传,久已佚失。后日本学者于20世纪20年代在朝鲜发现,才重现于世。

从《祖堂集》可见,慧可大师出生神异,年少不凡,年十五即"九经通诵"。三十岁出家,皈依宝静禅师,常修定慧。三十二岁受具戒。这远比唐道宣《续高僧传》之《慧可传》记载详细。《慧可传》记载慧可至四十岁见达摩祖师,《祖堂集》载"年三十二,却步香山,侍省尊长。又经八载……得遇达摩,豁悟上乘",这是完全一致的。至于大师之归去,道宣《慧可传》记载"达摩灭化洛滨,可亦埋形河涘。……后于洛陶中无疾坐化,年可七十",而《祖堂集》载"寿龄一百七岁。示于时灭,当隋第一主文帝开皇十三年癸丑之岁",两者差异较大,亦无可考矣。

道宣《慧可传》记载慧可"外览坟素,内通藏典",虽极简,也可见大师是精通儒、道及世间外学的,并"内通藏典",通晓佛学。"独蕴大照,解悟绝群"之评语,道出了大师在"开悟"之前的学问成就。

《祖堂集》更详述大师"九经通诵""常修定慧"及八载苦行的经

---

① 〔南唐〕静、筠二禅师编撰,孙昌武、〔日〕衣川贤次、〔日〕西口芳男点校:《祖堂集》,中华书局,2007年,第105—109页。

慧可大师之生平及启示 219

历,说明大师曾广学世间之学,出家后又精研佛学、勤修戒定慧并游历八载,苦行参学,这是大师见达摩前的重要经历,也是禅宗开悟之重要基础。后世学禅,大多关注二祖开悟"安心"公案及立雪断臂的求法精神,于大师悟前之修较少涉及,这不能不说是一种不足。

慧可大师见达摩公案,道宣《慧可传》是这么写的:

> 年登四十,遇天竺沙门菩提达摩游化嵩洛。可怀宝知道,一见悦之,奉以为师,毕命承旨。从学六载,精究一乘。理事兼融,苦乐无滞。而解非方便,慧出神心。

从上可知,慧可大师在四十岁之前,于外学学问已极有成就,于佛典修学、定慧修持也有广参、精修、长年宴坐之实修经验,这正是他"怀宝"之所在,是慧可大师拜见达摩"一见悦之,奉以为师"之内因。

禅宗之悟,既有悟前之修,也有悟后之行,这常为今日之学禅者所忽略。悟前之修、悟后之行,这在慧可大师的生平中有明确记述,对今日学禅甚有启示。

关于慧可大师的"悟后之行",首先,有"毕命承旨。从学六载,精究一乘"之记载,可见慧可大师在达摩祖师坐下开悟后曾有六年时间承事师长、依达摩祖师修学的经历和"精究一乘"、功夫日渐精纯的过程,非只一开悟"安心"公案而已。

其次,广弘佛法,尽佛子本分,所谓"以弘法为家务",虽禅者也莫例外。《祖堂集》载:"尔时可大师得付法已,广宣流布,度诸有情。"其中即有二祖度僧璨之公案:

> 有一居士,不说年几,候有十四(四十),及至礼师,不称姓名,云:"弟子身患风疾,请和尚为弟子忏悔。"师云:"汝将罪来,为汝忏悔。"居士曰:"觅罪不可见。"师云:"我今为汝忏悔竟,汝今宜依佛、法、僧宝。"居士问:"但见和尚,则知是僧。未审世间何者是佛?云何为法?"师云:"是心是佛,是心是法,法、

佛无二,汝知之乎?"居士曰:"今日始知,罪性不在内、外、中间,如其心然,法、佛无二也。"师知是法器,而与剃发,云:"汝是僧宝,宜名僧璨。"亦受具戒。师告曰:"如来以大法眼付嘱迦叶,如是展转,乃至于我。我今将此法眼付嘱于汝,并赐袈裟以为法信。①

其三,晚年之混俗还债,《祖堂集》之记载,文字甚简,内涵却极丰富:

> 告璨曰:"吾往邺都还债。"便去彼所,化导群生,得三十四年。或在城市,随处任缘;或为人所使,事毕却还。彼所有智者,每劝之曰:"和尚是高人,莫与他所使。"师云:"我自调心,非关他事。"②

从中可见禅宗祖师之伟大菩萨行。"或为人所使"一句,微言大义,想见祖师之卑微俗行乃至疯狂行径,必行人之不能行,忍人之不能忍。

后来之禅宗灯录如《景德传灯录》《五灯会元》等更将二祖之悟后行、晚年之韬光混俗描写为"韬光混迹,变易仪相,或入诸酒肆,或过于屠门,或习街谈,或随厮役也……"这常令后世学人狐疑甚至垢病,乃至怀疑大师之悟何至晚年尚需"调心"。事实上,慧可大师之悟前经历及悟后广行,几乎就是达摩大师《四行观》之生动展示。大师晚年之混俗,与古印度八十四大成就者之奇行异迹亦如出一辙。藏传佛教也有狂智、疯行者一脉。由此观之,不只是禅宗,印、藏佛教(实为其中之金刚乘)也有同样之显现。禅以见地论而非以形迹

---

① 〔南唐〕静、筠二禅师编撰,孙昌武、〔日〕衣川贤次、〔日〕西口芳男点校:《祖堂集》,中华书局,2007年,第107页。
② 〔南唐〕静、筠二禅师编撰,孙昌武、〔日〕衣川贤次、〔日〕西口芳男点校:《祖堂集》,中华书局,2007年,第107~108页。

观,本不足为奇,中土有济颠,印藏有狂智,佛法真义在见地,而非事相,《楞严》有云:"圣性无不通,顺逆皆方便。"

(吕建福,金陵刻经处)

大唐国里只得一人
——论后代禅师如何诠解慧可大师

简逸光

一、前言

慧可大师出家前名光,出家后为神光,遇达摩,更名慧可,后谥大祖。每一次名字的变更,代表着不同的生命转折。母亲怀孕时家中夜现光明,以为祥兆,故名光;出家后得神人换骨,遂名神光;后求道达摩祖师,得授慧可;逝后唐德宗谥大祖。

若将慧可大师的一生区分为四个阶段:姬光→神光→慧可→大祖,其间可包括:母娠、出家、求道、得法、传衣、命终。多数文本着意于"神光→慧可",即求道得法这阶段的叙述。原因为何?因为得到了达摩祖师的衣钵,确定了其身份意义上的特殊性。

这个特殊性是就禅宗传承法脉之说而有的。禅宗传法具有特殊性并被系谱化,基本上是在唐神会和尚之后至五代十国,随着禅宗的兴盛,禅宗祖师相传衣钵的系谱才被排列出来。之前若有提到传承,也是师徒间的传授而已,非为宗派师承。故在唐代道宣《续高僧传》中并无禅宗的"二祖"之说。

后人回顾前史,追溯过去,回返认识的目标不同,所建构/描绘出的形象便有差异。如慧可在禅宗法脉中为"二祖大师",然在禅宗外的世界,慧可便如《续高僧传·习禅》所收二十三人的其中之一,没有特别之处。

唐德宗赐慧可"大祖禅师"谥号,若于俗世,乃备极尊宠,值得道说,但在释教文献中,论及"大祖"云云,并不多见,也非重点。可知后人回归的目标,主要回到慧可求道这个阶段。

另外,禅宗至唐代以后渐渐强调凡所有相皆是虚妄,故呵佛骂祖有之,谤法毁经者亦有之,如此之下,慧可在禅师语录中也常被当作一个戏论的对象。诸如种种对应的态度与僧传、灯录世界所描绘的"二祖"不甚相同。

前人研究中国僧传、灯录,提到祖师们透过书写来建立佛教正统,此则可信,但若提到藉佛典的编录是为政治影响的用意[①],则笔者有不同的看法。原因为何?在中国,经学与政治向来比其他学问更密切地联系在一起,要说一位经学家的著作目的是为了政治目的而书写,有则有之,但真正能够得到预想的影响则微乎其微。何故?因为知识分子所认知的道理,不是帝王所熟悉的知识,二者有太大的鸿沟,更别论释、道之士想用宗教来进行政治上的意图,相反的,往往朝廷透过笼络特定教团或僧统,以进行干涉僧团运作的意图是更大的。

---

① Robin Wagner(瓦格纳):"Buddhism, Biography and Power: A Study of Daoxuan's Continued Lives of Eminent Monks", Ph.D.Dissertation, Harvard University, 1995.瓦格纳言道宣《续高僧传》的动机是为了在宫廷广播佛教,其写作的背后含有深刻的宗派权力和政治意识。或布斯韦尔认为,该传并不是有关历史人物的事实记录,而是根据不同历史要求而"重构"的理想人物的象征。格拉诺夫(Phyllis Granoff)与筱原亨一通过对中印僧传的个案研究,也意识到僧传的制造过程是非常复杂的,不同的"僧侣想象"反映了特定共同体的"实际的政治和宗派"需要。如筱原亨一对天台智顗传形成的研究就表明,该传的书写与获得官方合法性的支持、宗派谱系的建立等之间存在密切的关联。(Phlis Granoff, Koichi Shinohara, "Speaking of Monks: Religious Biography in India and China", Ontario: Mosaic Press, 1992.)以上转引自龚隽:《唐宋佛教史传中的禅师想象——比较僧传与灯录有关禅师传的书写》,《佛学研究中心学报》2005年第10期,第157、161页。

笔者以为书写者本身在实际撰写时,把仅知的知识写进去,永远比把构想的目的写出来,更容易直接进入文字之中。所以读者见文本文字,最容易捕捉到的是作者最原初的理解,而不是其精心设计的文字内容。从历来云慧可之叙述文字多有雷同,即可见一斑。

故本文拟还原僧传、灯录原来著作之意,就此,以祖师们撰述及诠解的内容来了解他们如何看待慧可大师。

二、重构慧可大师生平图像

慧可大师平生种种,今得见于佛教大藏经中,约有600笔。不同的文本,或详或略,大抵可归纳出六个主题:母娠、出家、求道、得法、传衣、命终。唯各家所写,略有差异。今择要排列,以见诸家祖师们着眼于何,说明重构即是代表诠释意义。

慧可大师生平图像

情节 \ 文本	母娠	出家	求道	得法	传衣	命终
1 《菩提达摩略辨大乘入道四行序》(543)			事达摩数载			
2 《续高僧传》(667)			亲事达摩四五载			

续表

文本\情节	母娠	出家	求道	得法	传衣	命终
2-1 《续高僧传》			从学六载,受经			道恒谓魔语,遭贼斫臂
3 《历代法宝记》(774)				得髓		
3-1 《历代法宝记》			奉事达摩六年,立雪截臂	传心契,付袈裟	付嘱僧璨法	菩提流支徒党,翟冲侃
4 《景德传灯录》(1004)			立雪断臂,安心	依位而立得髓,受经		
4-1 《景德传灯录》	异光照室	依宝静禅师出家,神人指引			为僧璨忏罪	入酒肆屠门,辩和,翟仲侃,识真者,谥大祖
5 《十不二门指要钞》(959~1028)				云本无烦恼得髓		
6 《传法正宗记》(1061)			立雪断臂,安心	拜归位而立得髓,受经		
6-1 《传法正宗记》	异光发其家	依宝静出家,神人指引			为僧璨忏罪	入屠门酒家,辩和,翟仲侃,谥大祖
7 《联灯会要》(1183)			立雪断臂,息诸缘			

续表

情节\文本		母娠	出家	求道	得法	传衣	命终
8	《佛祖统纪》(1269)			■ 传法及袈裟		■ 传法于僧璨	辩和,邑宰,自云偿债
9	《禅林类聚》(1307)				礼拜后依位而立得髓		
10	《祖庭嫡传指南》(1652)			立雪断臂,安心	礼拜后依位而立得髓		
10-1	《祖庭嫡传指南》	异光照室	依宝静禅师出家,神人指引		■ 造少室得法	为僧璨忏罪	入酒肆,辩和,翟仲侃,识真者,谥大祖
11	《宗统编年》(1689)			安心	■ 嗣宗统		
合计		3	3	9	10	6	5

(1)《菩提达摩略辨大乘入道四行序》:求道

于时唯有道育、慧可此二沙门,年虽后生,俊志高远。幸逢法师,事之数载,虔恭咨启,善蒙师意。法师感其精诚,诲以真道。①

昙琳提到慧可事达摩数载,即得教诲。此为《续高僧传》的参考原型。

---

① 昙琳:《菩提达摩略辨大乘入道四行序》,《景德传灯录》卷三十,《大正藏》第51册,东京大藏经刊行会,1924~1935年,第458页。

(2)《续高僧传》:求道

有道育、慧可,此二沙门年虽在后,而锐志高远。初逢法将,知道有归,寻亲事之,经四五载,给供咨接,感其精诚,诲以真法。①

(2-1)《续高僧传》:求道、命终

年登四十,遇天竺沙门菩提达摩游化嵩洛,可怀宝知道,一见悦之,奉以为师,毕命承旨。从学六载,精究一乘。理事兼融,苦乐无滞。

他日遇恒。恒曰:"我用尔许功夫开汝眼目,何因致此诸使?"答曰:"眼本自正,因师故邪耳。"恒遂深恨谤恼于可。货赇俗府,非理屠害。初无一恨,几其至死。……初达摩禅师以四卷《楞伽》授可,曰:"我观汉地,惟有此经,仁者依行,自得度世。"可专附玄理,如前所陈,遭贼斫臂,以法御心,不觉痛苦。火烧斫处,血断帛裹,乞食如故,曾不告人。②

《续高僧传》叙述慧可亲事达摩有四五载,传中另带出慧可命终、断臂之事,说害慧可者为道恒。

(3)《历代法宝记》:得法

大师来至魏朝居嵩高山,接引群品六年,学人如云奔如雨聚,如稻麻竹苇,唯可大师得我髓。时魏有菩提流支、三藏光统

---

① 〔唐〕道宣:《续高僧传》卷十六,《大正藏》第50册,东京大藏经刊行会,1924~1935年,第551页。

② 〔唐〕道宣:《续高僧传》卷十六,《大正藏》第50册,东京大藏经刊行会,1924~1935年,第551~552页。

律师于食中着毒饷大师。大师食讫，索盘吐蛇一升，又食着毒再饷大师，取食讫，于大磐石上坐，毒出石裂，前后六度毒。大师告诸弟子："我来本为传法，今既得人厌，久住何益？"遂传一领袈裟以为法信，语惠可："我缘此毒，汝亦不免此难，至第六代传法者，命如悬丝。"言毕遂因毒而终。每常自言："我年一百五十岁，实不知年几也。"大师云："唐国有三人得我法，一人得我髓，一人得我骨，一人得我肉。得我髓者惠可，得我骨者道育，得我肉者尼总持也。"①

(3-1)《历代法宝记》：求道、得法、传衣、命终

北齐朝第二祖惠可禅师，俗姓姬，武牢人也。时年四十，奉事大师六年，先名神光。初事大师前立，其夜大雪至腰不移。大师曰："夫求法，不贪躯命。"遂截一臂，乃流白乳。

大师默传心契，付袈裟一领。……经三十年开化，时有难起，又被菩提流支三藏、光统律师徒党欲损可大师。

师付嘱僧璨法已，入司空山隐。

菩提流支徒党告可大师，云妖异，奏敕，敕令所司推问可大师，大师答："承实妖。"所司知众疾，敕令可大师审，大师确答："我实妖。"敕令城安县令翟冲侃依法处刑。可大师告众人曰："我法至第四祖，化为名相。"语已悲泪，遂示形身流白乳，肉色如常。②

---

① 《历代法宝记》，《大正藏》第51册，东京大藏经刊行会，1924~1935年，第180~181页。
② 《历代法宝记》，《大正藏》第51册，东京大藏经刊行会，1924~1935年，第180~181页。

《历代法宝记》提出《续高僧传》未有叙述得髓、传衣、立雪断臂三事。说害慧可者为菩提流支、光统律师徒党,与《续高僧传》云道恒不同。

(4)《景德传灯录》:母娠、出家、传衣、命终

第二十九祖慧可大师者,武牢人也,姓姬氏。父寂,未有子时,尝自念言:"我家崇善,岂无令子?"祷之既久,一夕,感异光照室,其母因而怀妊。及长,遂以照室之瑞,名之曰光。

自幼志气不群,博涉诗书,尤精玄理,而不事家产,好游山水。后览佛书,超然自得,即抵洛阳龙门香山,依宝静禅师出家,受具于永穆寺。浮游讲肆,遍学大小乘义。年三十二,却返香山,终日宴坐。又经八载,于寂默中,倏见一神人,谓曰:"将欲受果,何滞此耶?大道匪遥,汝其南矣。"光知神助,因改名神光。翌日,觉头痛如刺,其师欲治之,空中有声曰:"此乃换骨,非常痛也。"光遂以见神事白于师。师视其顶骨,即如五峰秀出矣,乃曰:"汝相吉祥,当有所证,神令汝南者,斯则少林达磨大士必汝之师也。"光受教,造于少室。

其得法、传衣事迹,《达磨章》具之矣。

自少林托化西归,大师继阐玄风,博求法嗣。至北齐天平二年,有一居士,年逾四十,不言名氏,聿来设礼,而问师曰:"弟子身缠风恙,请和尚忏罪。"师曰:"将罪来,与汝忏。"居士良久云:"觅罪不可得。"师曰:"我与汝忏罪竟,宜依佛法僧住。"曰:"今见和尚,已知是僧,未审何名佛法?"师曰:"是心是佛,是心是法,法佛无二,僧宝亦然。"曰:"今日始知罪性不在内,不在外,不在中间,如其心然,佛法无二也。"大师深器之,即为剃发

云："是吾宝也！宜名僧璨。"……大师付嘱已，即于邺都随宜说法，一音演畅，四众归依。如是积三十四载，遂韬光混迹，变易仪相，或入诸酒肆，或过于屠门，或习街谈，或随厮役。人问之曰："师是道人，何故如是？"师曰："我自调心，何关汝事？"又于筦城县匡救寺三门下谈无上道，听者林会。

时有辩和法师者，于寺中讲《涅槃经》，学徒闻师阐法，稍稍引去。辩和不胜其愤，兴谤于邑宰翟仲侃。仲侃惑其邪说，加师以非法，师怡然委顺。识真者，谓之偿债。时年一百七岁，即隋文帝开皇十三年癸丑岁三月十六日也。

后葬于磁州滏阳县东北七十里。唐德宗谥大祖禅师。自师之化，至皇宋景德元年甲辰，得四百一十三年。[①]

(4-1)《景德传灯录》：求道、得法

时有僧神光者，旷达之士也，久居伊洛，博览群书，善谈玄理，每叹曰："孔、老之教，礼术风规；《庄》《易》之书，未尽妙理。近闻达磨大士住止少林，至人不遥，当造玄境。"乃往彼，晨夕参承。师常端坐面墙，莫闻诲励。光自惟曰："昔人求道，敲骨取髓，刺血济饥，布发掩泥，投崖饲虎，古尚若此，我又何人？"其年十二月九日夜，天大雨雪，光坚立不动。迟明，积雪过膝，师悯而问曰："汝久立雪中，当求何事？"光悲泪曰："惟愿和尚慈悲，开甘露门，广度群品。"师曰："诸佛无上妙道，旷劫精勤，难行能行，非忍而忍，岂以小德小智，轻心慢心，欲冀真乘？徒劳勤苦！"光闻师诲励，潜取利刀，自断左臂，置于师前。师知是法

---

① 〔宋〕道原：《景德传灯录》卷三，《大正藏》第 51 册，东京大藏经刊行会，1924～1935 年，第 220～221 页。

器,乃曰:"诸佛最初求道,为法忘形,汝今断臂吾前,求亦可在。"师遂因与易名曰慧可。光曰:"诸佛法印,可得闻乎?"师曰:"诸佛法印,匪从人得。"光曰:"我心未宁,乞师与安。"师曰:"将心来,与汝安。"曰:"觅心了不可得。"师曰:"我与汝安心竟。"

迄九年已,欲西返天竺,乃命门人曰:"时将至矣,汝等盍各言所得乎?"时门人道副对曰:"如我所见,不执文字,不离文字,而为道用。"师曰:"汝得吾皮。"尼总持曰:"我今所解,如庆喜见阿閦佛国,一见更不再见。"师曰:"汝得吾肉。"道育曰:"四大本空,五阴非有,而我见处,无一法可得。"师曰:"汝得吾骨。"最后,慧可礼拜后,依位而立。师曰:"汝得吾髓。"乃顾慧可而告之曰:"昔如来以正法眼付迦叶大士,展转嘱累而至于我。我今付汝,汝当护持,并授汝袈裟,以为法信,各有所表,宜可知矣。"可曰:"请师指陈。"师曰:"内传法印,以契证心;外付袈裟,以定宗旨。后代浇薄,疑虑竟生,云吾西天之人,言汝此方之子,凭何得法?以何证之?汝今受此衣法,却后难生,但出此衣,并吾法偈,用以表明其化无碍。至吾灭后二百年,衣止不传,法周沙界,明道者多,行道者少;说理者多,通理者少。潜符密证,千万有余,汝当阐扬,勿轻未悟,一念回机,便同本得。听吾偈曰:'吾本来兹土,传法救迷情。一华开五叶,结果自然成。'"师又曰:"吾有《楞伽经》四卷,亦用付汝,即是如来心地要门,令诸众生开示悟入。吾自到此,凡五度中毒,我常自出而试之,置石石裂。缘吾本离南印,来此东土,见赤县神州有大乘气象,遂逾海越漠,为法求人,际会未谐,如愚若讷,今得汝传授,吾意已终。"言已,乃与徒众往禹门千圣寺。①

---

① 〔宋〕道原:《景德传灯录》卷三,《大正藏》第51册,东京大藏经刊行会,1924~1935年,第219~220页。

《景德传灯录》提及慧可出生及向达摩求道之前的故事,其中有其未出家前为博览群书之儒生,及神明指引南诣达摩,并增加传衣僧璨的内容。说害慧可者为辩和法师、翟仲侃,命终时有偿债之说。于慧可与达摩的对话多了安心解及得髓的内容。

(5)《十不二门指要钞》:得法

> 相传云达磨门下三人得法,而有浅深。尼总持云:"断烦恼,证菩提。"师云:"得吾皮。"道育云:"迷即烦恼,悟即菩提。"师云:"得吾肉。"慧可云:"本无烦恼,元是菩提。"师云:"得吾髓。"①

《十不二门指要钞》提出另一种得髓的内容。《景德传灯录》载:"慧可礼拜后,依位而立。师曰:'汝得吾髓。'"《十不二门指要钞》:"慧可云:'本无烦恼,元是菩提。'师云:'得吾髓。'"一则无语,一则说偈。今不可考慧可究竟说与无说。但见内容可知,是借几位师兄弟的悟境言语来判别高下。

(6)《传法正宗记》:求道、付法

---

① 知礼述:《十不二门指要钞》卷上,《大正藏》第46册,东京大藏经刊行会,1924~1935年,第707页。另参考《大童凝禅师上四明法师第一书》问:"但为传闻,故无实证,未知斯语得自何人?大凡开物诱迷,必须据文显解,岂可以道听途说将为正解?"《四明法师复天童凝禅师第一书》:"敢冀宗师之观览,其中所引,达磨门下三人得法浅深不同,尼总持云:'断烦恼证菩提。'师云:'得吾皮。'道育云:'迷即烦恼,悟即菩提。'师云:'得吾肉。'慧可云:'本无烦恼,元是菩提。'师云:'得吾髓。'来书云:'此语不契《祖堂》及《传灯录》,谓是道听途说,采乎鄙俚之谈。'而不知此出《圭峰后集》(《禅门师资承袭图》),裴相国(休)问禅法宗徒源流浅深,密禅师因为答释,广叙诸宗,直出傍传,源同派别。首云达磨直出慧可,傍传道育及尼总持,乃示三人见解亲疏。故有斯语。此之《后集》印本见存,南北相传,流行不绝。曾逢点授,因是得闻。而况有唐圭峰禅师,帝王问道,相国亲承,和会诸宗,集成禅藏,制《禅源诠都序》两卷,及兹《后集》,为世所贵,何为鄙俚之谈?岂是道听途说!此乃禅门自生矛盾,固非讲士敢此讥呵。"(宗晓编:《四明尊者教行录》卷四,《大正藏》第46册,东京大藏经刊行会,1924~1935年,第895页)

未几洛有沙门号神光者,其为人旷达混世,世亦以为不测之人。及闻尊者风范尊严。乃曰:"至人在兹,吾往师之。"光虽事之尽礼,尊者未始与语,光因有感曰:"昔人求道乃忘其身,今我岂有万分之一?"其夕,会雪大作,光立于砌。及晓,而雪过其膝。尊者顾光曰:"汝立雪中,欲求何事?"神光泣而告曰:"惟愿和尚以大悲智,开甘露门,广度我辈。"尊者谓之曰:"诸佛无上妙道,虽旷劫精勤,能行难行,能忍难忍,尚不得至,岂此微劳小效,而辄求大法?"光闻诲乃潜以刃自断左臂,置之其前。尊者复请光曰:"诸佛最初求道,为法忘形,汝今断臂吾前,求亦可在。"光复问曰:"我心未宁,乞师与安。"尊者曰:"将心来,与汝安。"曰:"觅心了不可得。"答曰:"与汝安心竟。"光由是有所契悟,尊者遂易其名曰慧可。

居魏方九年,尊者一旦遽谓其徒曰:"吾西返之时至矣,汝辈宜各言所诣。"时有谓道副者,先之曰:"如我所见,不执文字,不离文字,而为道用。"尊者曰:"汝得吾皮。"有谓尼总持者曰:"我今所解,如庆喜见阿閦佛国,一见更不再见。"尊者曰:"汝得吾肉。"有谓道育者曰:"四大本空,五阴非有,而我见处无一法可得,言语道断,心行处灭。"尊者曰:"汝得吾骨。"及慧可者,趋前拜已,归位而立。尊者曰:"汝得吾髓。"……复谓慧可曰:"此有《楞伽经》四卷者,盖如来极谈法要,亦可以与世开示悟入,今并付汝。然我于此屡为药害,而不即死之者,盖以兹赤县神州虽有大乘之气而未得其应故,久默待之,今得付受,其殆有终。"[①]

(6-1)《传法正宗记》:母娠、出家、传法、命终

[①] 〔宋〕契嵩编修:《传法正宗记》卷五,《大正藏》第51册,东京大藏经刊行会,1924~1935年,第744~745页。

慧可尊者,武牢人也,姓姬氏。母始娠时,有异光发其家,及生以故名之。

尊者少嗜学世书,无不窥者,尤能言庄老。年三十遽自感而叹曰:"《老》《易》世书,非极大理。"乃探佛经。遂远游求师,至洛阳香山,乃从禅师宝静者出家。寻得戒于永穆寺,去务义学,未几而经论皆通。三十二复归其本师。归八年,一夕有神人现,谓尊者曰:"何久于此?汝当得道,宜即南之。"尊者以神遇,遂加其名曰神光。次夕,其首忽痛,殆不可忍,师欲为灸之。俄闻空中有言曰:"此换骨,非常痛也。"以告其师,即罢不敢治。及晓视其元骨,果五处峰起。其师曰:"异乎!汝必有胜遇行矣,无失其时。"然其为人旷达有远量,虽有所出入,而未尝辄发,混然自隐,故久于京洛而世莫之知。及会菩提达磨授道易名,当为法师宗,学者乃知其有大德。竞归如水,沛然趋下。

一日,俄有号居士者,年四十许,以疾状趋其前。不称姓名,谓尊者曰:"弟子久婴业疾,欲师为之忏罪,愿从所请。"尊者曰:"将罪来,为汝忏。"其人良久曰:"觅罪不可得。"曰:"我与汝忏罪竟。然汝宜依止乎佛、法、僧。"其人曰:"适今睹师,已知僧矣,不识何谓佛、法。"答曰:"是心是佛,是心是法,法佛无二,汝知之乎?"其人遂曰:"今日乃知罪性不在内、外、中间,如其心然,诚佛、法无二也。"尊者器之,即为其释褐落发,曰:"此法宝也,宜名之僧璨。"戒后二载乃命之曰:"昔佛传大法眼,转至达磨,达磨授我,我今以付于汝,并其衣钵。汝专传之,无使辄绝。"听我偈曰:"本来缘有地,因地种花生。本来无有种,花亦不能生。"既而复谓僧璨曰:"我有夙累在邺,将往偿之。然汝后自亦有难,甚宜避之。"

及可至邺下说法,人大化之,凡三十四载。一旦遽变节游息,不复择处,或鄽或野,虽屠门酒家,皆一混之。识者或规曰:"师高流,岂宜此为?"尊者曰:"我自调心,何关汝事?"初邺有僧曰辨和者,方聚徒讲《涅槃经》于筦城县之匡救寺。尊者每往其寺门与人演说,适会正朝众大从于可,辨和之徒亦为之迁。辨和愤之,寻谓其令翟仲侃曰:"慧可狂邪,颇诳惑人众,此宜治之。"仲侃听其言,乃取加之酷刑,尊者因是而化,时世寿一百七岁,士女哀之。共收其遗骸葬于磁州滏阳之东,当隋开皇癸丑之十三年也。唐德宗赐谥曰大祖禅师。①

《传法正宗记》承继《景德传灯录》的书写脉络,内容与形式皆一样。

(7)《联灯会要》:求道

有僧神光者,来参礼,莫闻诲励。光自惟曰:"古人求道,敲骨取髓,刺血济饥,布发掩泥,投崖饲虎,古尚如此,我又何人?"其年十二月初九日夜,天大雪,光立庭下。迟明,雪积过膝,师悯而问之曰:"汝立雪中,当何所求?"光垂泪云:"愿和尚开甘露门,广度群品。"祖云:"诸佛无上妙道,旷劫精勤,能行难行,能忍难忍,岂以小德小智,轻心慢心,欲继真乘?徒劳勤苦!"光闻祖语,潜取利刀,自断左臂,置于祖前。祖知是法器,乃云:"诸佛求道,为法忘躯,汝今断臂吾前,求亦可在。"遂与易名曰慧可,仍与说法,告之曰:"汝但外息诸缘,内心无喘,心如墙壁,乃可入道。"慧可种种说心说性,曾未契理。忽一日契悟,走告祖云:"我已息诸缘耳。"祖云:"莫成断灭否?"可云:"不断灭。"祖云:"以何为验?"可云:"了了常知故,言之不可及。"祖云:

---

① 〔宋〕契嵩编修:《传法正宗记》卷六,《大正藏》第51册,东京大藏经刊行会,1924~1935年,第742页。

"此是诸佛所传心体,更勿疑也。"①

《联灯会要》提出慧可自云偿债之说。且在慧可断臂后,达摩授与入道心解,要慧可"外息诸缘,内心无喘,心如墙壁"。此乃达摩传授入道之机,当下慧可并未契理,是经多时,忽有一日契悟,方得达摩印可。由《联灯会要》的叙述,南宗顿悟之学于此显然可见,并且弟子悟后需师父印可的程序,也慢慢成为后代传法时一个必要的关键。

(8)《佛祖统纪》:得法、传衣、命终

(北魏文帝)大统元年,初祖达磨坐少林九年,先传法及袈裟于慧可,乃往禹门千圣寺。②

(隋文帝)十二年,二祖慧可禅师先传法于舒州僧粲,以是年往管城正救寺说法。有和法师先于寺讲《涅槃》,学徒稍稍引去听法,和不胜愤,乃谤于邑宰,加以非法。师怡然委顺,寿一百七。先谓粲曰:"吾有宿累,今当偿之。"③

《佛祖统纪》没有叙述慧可求道、传法的细节,仅简要交代某传法于某。这与《佛祖统纪》以天台宗为中心有关。

(9)《禅林类聚》:得法

达磨大师将返西天。谓门人云:"时将至矣,盍各言所得乎!"时门人道副对云:"如我所见,不执文字,不离文字,而为道

---

① 〔宋〕悟明集:《联灯会要》卷二,《续藏经》第 79 册,东京国书刊行会,1975~1989年,第 22~23 页。
② 〔宋〕志磐:《佛祖统纪》卷三十八,《大正藏》第 49 册,东京大藏经刊行会,1924~1935 年,第 356 页。
③ 〔宋〕志磐:《佛祖统纪》卷三十九,《大正藏》第 49 册,东京大藏经刊行会,1924~1935 年,第 360 页。

用。"师云:"汝得吾皮。"尼总持云:"我今所解,如庆喜见阿閦佛国,一见更不再见。"师云:"汝得吾肉。"道育云:"四大本空,五阴非有,而我见处,无一法可得。"师云:"汝得吾骨。"最后慧可礼拜后,依位而立。师云:"汝得吾髓。"于是传法付衣。①

(10)《祖庭嫡传指南》:求道、付法

有僧神光,久居伊洛,博览群籍,善谈玄理。每叹曰:"孔老之教,礼术风规;《庄》《易》之书,未尽妙理。近闻达磨大士住止少林,至人不遥,当造玄境。"遂诣祖参承。祖常端坐面壁,莫闻诲励。光自惟曰:"昔人求道,敲骨取髓,刺血济饥,布发掩泥,投崖饲虎。古尚若此,我又何人?"值大雪,光夜侍立。迟明,积雪过膝。立愈恭。祖顾而悯之,问曰:"汝久立雪中,当求何事?"光悲泪曰:"惟愿和尚慈悲,开甘露门,广度群品。"祖曰:"诸佛无上妙道,旷劫精勤,难行能行,非忍而忍,岂以小德小智,轻心慢心,欲冀真乘,徒劳勤苦。"光闻祖诲励,潜取利刀,自断左臂,置于祖前。祖知是法器。乃曰:"诸佛最初求道,为法忘形,汝今断臂吾前,求亦可在。"祖遂因与易名曰慧可。可曰:"诸佛法印,可得闻乎?"祖曰:"诸佛法印,匪从人得。"可曰:"我心未宁,乞师与安。"祖曰:"将心来,与汝安。"可良久曰:"觅心了不可得。"祖曰:"我与汝安心竟。"

越九年,欲返天竺,命门人曰:"时将至矣,汝等盍言所得乎。"有道副对曰:"如我所见,不执文字,不离文字,而为道用。"祖曰:"汝得吾皮。"尼总持曰:"我今所解,如庆喜见阿閦佛国,一见更不再见。"祖曰:"汝得吾肉。"道育曰:"四大本空,

---

① 《禅林类聚》卷十,《续藏经》第67册,东京国书刊行会,1975~1989年,第62~63页。

五阴非有,而我见处,无一法可得。"祖曰:"汝得吾骨。"最后慧可礼拜,依位而立。祖曰:"汝得我髓。"乃顾慧可而告之曰:"昔如来以正法眼付迦叶大士,展转嘱累,而至于我。我今付汝,汝当护持。"并授汝袈裟,以为法信。①

(10-1)《祖庭嫡传指南》:母娠、出家、传法、命终

二祖慧可大师武牢人,姬氏子。父寂以无子,祷祈既久。一夕有异光照室,母遂怀妊。故生而名之曰光。

少则超然,博极载籍,尤善谈老庄。后览佛乘,遂尽弃去,依宝静禅师出家,遍学大小乘义。年三十三,返香山,终日燕坐。又八年,于寂默中,忽见一神人谓曰:"将欲受果,汝其南矣。"翌日,觉头痛如刺,欲治之。忽闻空中曰:"此换骨也。"往见静,述其事。静视之,见顶骨峣然,如五峰秀出,以有神异,更名神光。静语祖曰:"汝相吉祥,而神令汝南。彼少林有达磨大士,必汝师矣。"祖遂造少室,逮得法。

至北齐,天平二年,有一居士年逾四十,不言名氏,聿来设礼,而问祖曰:"弟子身缠风恙,请和尚忏罪。"祖曰:"将罪来,与汝忏。"士良久曰:"觅罪了不可得。"祖曰:"与汝忏罪竟,宜依佛、法、僧住。"士曰:"今见和尚,已知是僧。未审何名佛、法?"祖曰:"是心是佛,是心是法,法、佛无二,僧宝亦然。"士曰:"今日始知罪性不在内,不在外,不在中间。如其心然,佛、法无二也。"祖深器之,即为剃发。曰:"是吾宝也。名僧璨。"其年三月十八,于光福寺受具,自兹疾渐愈。执侍经二载,祖遂

---

① 〔清〕徐昌治编述:《祖庭嫡传指南》卷上,《续藏经》第87册,东京国书刊行会,1975~1989年,第157~158页。

大唐国里只得一人　239

嘱累付以衣法。

  俟时传付祖,乃往邺都,化导四众,归依三十四载,遂韬光混迹,变易仪相,或入酒肆,或过屠门,或习街谈,或随厮役。或问之曰:"师是道人,何故如是?"祖曰:"我自调心,何关汝事?"后至筦城县匡救寺说法,有辨和法师正于寺讲《涅槃经》。其徒多去之而从祖,和愤嫉兴谤于邑宰翟仲侃。侃加祖以非法,祖怡然委顺。识真者谓之偿债。时年一百七矣。

  唐德宗谥大祖禅师。①

《祖庭嫡传指南》与《景德传灯录》《传法正宗记》一脉相承,皆以最完整的篇幅来书写慧可大师。

(11)《宗统编年》:求道、得法

  第二世祖讳慧可,造少林,安心得法。逮初祖西归乃阐化。武帝丁巳大同三年,第二世邺都祖嗣宗统。②

  以上为关于慧可大师的纪传文本,透过这些文本的记载,可见文本上是有差异的。这些差异取决于:第一,作者对慧可大师资料的掌握及其如何取舍"书"与"不书",即可见作者欲想传达给读者的慧可大师图像为何。第二,当作者面对两种以上的传世叙述时,采用何种叙述作为其书写的内容,便是其所理解的慧可大师。第三,文本记载了前所未见的内容。

  这些内容的差异能让阅读者产生些许迷惑,究竟何为真?有前

---

 ① 〔清〕徐昌治编述:《祖庭嫡传指南》卷上,《续藏经》第87册,东京国书刊行会,1975~1989年,第158页。
 ② 《宗统编年》卷九,《续藏经》第86册,东京国书刊行会,1975~1989年,第130页。

人研究提出传记内容乃作者欲建构圣人形象故有虚构,以宣告真实并不存在。如龚隽云:

> "僧侣的想象"(monastic imagination)从书写的性质上看,非常类似于西方宗教传统中圣徒传(hagiography)。圣徒传的编撰通常都被赋予了强烈的教化功能,是宗教社群为了规范其成员的行为方式而创造出来的"神圣性的形象"(the sacred image)。于是被塑造出的圣人应具有的"典范化行为"(paradigmatic action)决定了其叙述的方式。也就是说,处于教化意义而书写的圣徒传,本质上并不单是历史的叙事,为了宗教或道德的目的,作者并不意在处理纯粹的历史事实,而必须把人物的塑造与理想的圣人形象结合起来。作为宗教历史重要人物的书写,通常就是游移于事实与虚构、历史与传记之间的。①

笔者以为书写本身具有的虚构性并不高,原因为何?就以上僧传、灯录的文字来看,彼此间的重复极高,意谓后人遵循前人所述的部分是后代书写者的基本状态。而且基本上皆有所本,唯"有所本"的来源是从何而来?这是无法追述的。笔者无法证明有所本的来源为何,但可以理解的是,当这些书写者欲书写为文字时,其并非是第一位叙述者,其是透过眼见文献或耳听口传的资料进行统合后,才决定如此书写。因为这些文本的撰写者都是信仰佛法僧的三宝弟子,撰写本身不是一个创作文学,也就是即便内容有不是事实的部分,也不会是这些文本的撰述者所创造出来的。所以虚构的部分并非由僧传或灯录的书写者所进行的。他们只是因为见到相关材料,"信以传信,疑以传疑",故书于文本之中。

值得注意的是,母娠、出家、求道、得法、传衣、命终这几个情节

---

① 龚隽,《唐宋佛教史传中的禅师想象——比较僧传与灯录有关禅师传的书写》,《佛学研究中心学报》2005年第10期,第159页。

单元,在诸文本中并未在同一篇记述慧可大师的文字中一起全部出现,较完整的如《景德传灯录》《传法正宗记》《祖庭嫡传指南》等,也是分开记载,如求道、得法在"达摩章";母娠、出家、传衣、命终在"慧可章"。这几本都是建立在禅宗法脉下所编排成的,在内容之外,其框架本是达摩、慧可、僧璨、道信、弘忍、慧能。所以传承的意义比传记来得重要。余者文本或仅述求道、得法等,皆不是完整的传记。

为何无完整传记?后代的书写者由于阅读的铭印现象(imprinting),虽然书写者在内容上会有取舍判断,但多会依循着第一次阅读的记忆,加以追随,所以有许多文本内容经过不断的传抄,致使文本的形式、内容是一样的。当最早所见的慧可传记数据并不是呈现完整的内容,后来的书写者也就依循惯例书写,成为目前所见的内容,如一部分写在"达摩章",一部分写在"慧可章"。另有一部分则是秉持"信以传信,疑以传疑"的态度书写,对于前人有疑义的部分加以存留,以待后贤考证。

从传记文本的差异还可看到,在宋代以前,关于慧可的主要记载着重在求道,宋代以降则以得法为重要的叙述重心。这可说明唐以后禅宗传法法脉的建立逐渐成为重点。求道固然重要,但传法的重要性由弟子求道的坚固心转移到传法师父的权威性上,此则受到儒家尊师的思想影响。汉代至魏晋六朝时期恰是中国儒家重视师法、家法传承的朝代,举凡师法、家法,正统性、正名观念皆变得重要,故影响刺激了佛教创造宗派、重视传衣的思维。此约在《历代法宝记》至《旧唐书》期间慢慢转变的。

另外,在禅宗未流行前,慧可、僧璨等资料本非显学,数据流传有限,今日所见的传记种种,乃为后人重构之图像。

三、正面诠解慧可大师

慧可大师事迹如立雪断臂事,祖师们如何看待?可从有关他们的论赞中加以查察。此章节主要选录正面诠解慧可大师的内容加以讨论。

（一）如水任器

释德清《初祖赞》：

> 师心甚急,其来太早。一语不投,此心不了。
> 冷坐少林,幸得神光。一臂堕落,其道大昌。①

《二祖赞》：

> 航海特来,多少苦心。震旦国里,只得一人。
> 觅不可得,如水任器。以此传家,是为第二。②

德清以达摩独坐终得神光,因此禅宗得以一脉相传。于禅宗传法来说,达摩至六祖慧能皆代代单传,故慧可为达摩在震旦国里唯一传人,序列第二。其特殊的师徒相传,成为慧可重要的存在意义。德清用了老子的"上善若水"来理解"觅心了不可得",心因为空,所以无所不容,无所不器。在诸祖师颂中,慧可还是位博学之人,然虽博览群书,也能够坚守三乘,一以贯之,不会混杂诸多之学,致使无所依归。如颂云：

> 二祖硕学,操力坚确。心贯三乘,项寄五岳。

---

① 释德清：《八十八祖传赞》卷二,《续藏经》第86册,东京国书刊行会,1975~1989年,第629页。
② 释德清：《八十八祖传赞》卷二,《续藏经》第86册,东京国书刊行会,1975~1989年,第629页。

天上麒麟，人间鸳鸯。断臂立灵，混而不浊。①

（二）丈夫意气

若将慧可立雪断臂事当成一个故事，或许也会觉得其道心坚定，而对此一事件留下印象。然试想面对的是亲眼所见的事件时，就会有不一样的体会。因为立雪断臂不是一般人做得到的，若非有大愿力，是不可能办到的。试想，寒冬之际，站在大雪纷飞的户外，如何安心？就算心想安，身体不可控制地颤抖，如何可安？为求道断臂，就算是一时冲动，当没有人逼迫的情况下，欲举刀自断，此刀下去或失血过多，或白断一臂，一定都浮过慧可的脑际，方有此举。

此事先不论真否，当事件成为文字记载，读者透过阅读进入了慧可的生平，便开始在心中产生回响。祖师们的颂赞正是呈现其如何理解慧可立雪断臂及其求道精神的。《普庵录》对于慧可立雪断臂有这样的描述，其云：

直截猛利，立雪断臂。千古万古，丈夫意气。②

普庵印肃禅师认为慧可有大丈夫的气象。这样的精神得以千古传颂，既直截威猛，如钢铁般坚强，也意谓着慧可悟道的迅捷了当，信心不二，没有退转。了庵和尚曾说："（达摩）至于中国，游梁历魏，无所契合，兀坐少林者九年。不料撞着一个浑钢打就，生铁铸成底硬脚禅和，名曰慧可大师。"③将慧可描绘成一位硬脚和尚。

---

① 《泉州千佛新著诸祖师颂》，《大正藏》第 85 册，东京大藏经刊行会，1924～1935 年，第 1322 页。

② 《普庵印肃禅师语录》卷二，《续藏经》第 69 册，东京国书刊行会，1975～1989 年，第 403 页。

③ 祖运、志道等编：《了庵和尚语录》卷三，《续藏经》第 71 册，东京国书刊行会，1975～1989 年，第 331 页。

（三）成于大事

慧可求道，千载一时，看似命若悬丝，一息存焉，然佛教因缘所讲乃是一切缘分的俱合，为此早已注定，故慧可以其恳切心志，使达摩传法，为后来禅宗和中国佛教带来难以想象的辉煌历史。正如野竹禅师所云：

> 声飞伊洛，发为名言，孔老不足，嵩少日瞰。立雪不获兮断臂，将心来安兮消魂，皮髓分兮三拜，风恙除兮道存。谁知鸿业归华夏，心血枯兮是几番。①

故明眼人看到的不只是慧可为法忘躯之相，成就后来事业才是真正重要的事。如无德禅师云：

> 断肱求法人，今古应难比。立雪至齐腰，屈身礼到地。
> 愿开甘露门，广度群生类。不是小因缘，必成于大事。②

释纪荫说神光断臂安心"此是东土第一个样子学道求法者。急着眼"③，将视野还原到当时的中国佛教发展景况，实际上在慧可之前佛教已透过诸多渠道传进中国，并在中国产生不同传承，则慧可大师学道求法的样子便不是第一个。但就禅宗来说，慧可接命达摩心法，是东土第一位，当然值得特别关注，尤其在最初的接法过程中，能得到达摩的印可，殊非容易。

---

① 宗燨编:《益州嵩山野竹禅师后录》卷六,《嘉兴大藏经》第33册,新文丰出版社,1987年,第450页。
② 楚圆:《汾阳无德禅师歌颂》卷下,《大正藏》第47册,东京大藏经刊行会,1924～1935年,第625页。
③ 释纪荫:《宗统编年》卷八,《续藏经》第86册,东京国书刊行会,1975～1989年,第129页。

四、另面诠解慧可大师

历来祖师虽有正面评价慧可断臂求道之事，但也有从另一角度来讨论者。如佛果禅师云慧可立雪："一人传虚，万人传实。将错就错，阿谁曾见尔来？"①这说明在禅宗世界里，也有不同的声音在讨论慧可。以下分别引述。

（一）立雪空阶太苦辛

百愚禅师云：

> 梅枝孕玉少林春，立雪空阶太苦辛。
> 佛法若从断臂得，西天东土没全人。②

百愚禅师认为求佛法若像慧可这般才能求得，那大概全世界都没有人能够仿效吧！也觉得为求道而立于寒冬大雪，太过辛苦。二祖求道之心固然令人感动，但祖师们亦或惧佛法以此来接引众生，则众生避之唯恐不及，如何愿意亲近佛教？亦与中国传统对于身体发肤受之父母，不可任意毁伤的孝道精神违背，更难传播。故蔗庵

---

① 《佛果圆悟禅师碧岩录》卷十，《大正藏》第48册，东京大藏经刊行会，1924~1935年，第219页。另参考(1)：《天竺第二十八祖菩提达磨尊者传下·评曰》："唐僧传"谓：'可遭贼断臂。'与予书云曷其异乎？"曰："余考法琳碑曰：'师乃雪立数宵，断臂无顾，投地碎身，营求开示。'然为《唐传》者与琳同时，琳之说与禅者书合，而宣反之。岂非其采听之未至乎？故其书，不足为详。"（契嵩编修：《传法正宗记》卷六，《大正藏》第51册，东京大藏经刊行会，1924~1935年，第742页）参考(2)：唯道昱、慧可宿心潜会，精竭求之。师□六年，志取通晤。大师当从容谓曰："尔能为法舍身命不？"惠可断其臂，以验诚恳。（案：余传云："被贼斫臂"，盖是一时谬传耳）（杜朏：《传法宝纪(并)序》卷一，《大正藏》第85册，东京大藏经刊行会，1924~1935年，第1291页）

② 智觉编：《百愚斯禅师语录》卷十七，《嘉兴大藏经》第36册，新文丰出版社，1987年，第693页。

范禅师说"始悔从前落一臂"①,提到慧可晚年应该会后悔吧。又如内绍禅师云:

> 血溅深雪遍山红,冻壑冰泉顷刻通。
> 百草头边风凛凛,一枝独拔少林宗。
> 将个心来与汝安,通身冷汗即时干。
> 那堪一印源头浊,带累儿孙啖铁丸。②

也许这样的做法还会连带拖累了后代佛弟子出家求法的负担,彷佛没有像慧可这般的行止,便显不出求道心切。故以"儿孙啖铁丸"说之。

(二)好肉无端剜作疮

万峰和尚质疑达摩传什么法给慧可。对于有分别心一事,亦有疑议。其云:

> 至道无难,惟嫌拣择。达磨大师分皮、分髓,分别不少,且道有法付神光? 无法付神光? 若道无,少林因甚么付嘱;若道有,且道付个甚么? 勘破少林端的意,了无一法付神光。近前合掌施三拜,好肉无端剜作疮。③

因达摩付法时曾教弟子各抒己怀,后以皮、肉、骨、髓,分成四个不同深度的悟道境,故万峰和尚从既已无心,何有分别来疑难。求

---

① 道存编录:《蔗庵范禅师语录》卷二十,《嘉兴大藏经》第36册,新文丰出版社,1987年,第991页。
② 照昱记录:《内绍种禅师语录》卷二,《嘉兴大藏经》第34册,新文丰出版社,1987年,第421页。
③ 普寿编,《万峰和尚语录》卷二十,《嘉兴大藏经》第40册,新文丰出版社,1987年,第489页。

法乃自然不过的放下,则好端端的一个人,何需断臂求法？这与弘觉禅师所说一致,其云:"自拌为法便捐躯,放下元来一物无,早信心宗传不得,何须换却旧头颅？"①若能放下,了透空性遍满虚空界,断不断臂与换不换头颅,又有什么差别呢？万峰和尚又云：

神光立雪夜深寒,达磨天明转面看。
断臂安心流血髓,至今涂污未曾干。

万峰和尚说达摩乃一狠心肠,眼看慧可断臂血流。仿佛这样的事不值得大加宣说,是一个错误的示范,却至今仍在传颂。东苑禅师亦云:"西来面壁,不妨令人疑着。末后分皮分髓,者一场败阙,又谁能救得？"②提到大概无人能够改变此事继续这样传播下去了。

雪岩和尚云：

利刀拈起白如霜,可惜无端成自伤。
消尽少林三尺雪,古今天地只寻常。③

雪岩和尚认为佛法在古今天地间,既是真理,何处不是？其再寻常不过,实不必以自我毁伤来表明心志。

(三)至今白受老胡瞒

寒松禅师从另一种角度去探讨,慧可自己是否明白达摩传的法？是否被达摩给蒙骗了呢？其云:

---

① 显权编:《天童弘觉忞禅师语录》卷十七,《乾隆大藏经》第155册,新文丰出版社,1991年,第327页。
② 道盛集:《建阳东苑晦台镜禅师语录》卷三,《续藏经》第72册,东京国书刊行会,1975~1989年,第221页。
③ 昭如、希陵等编:《雪岩和尚语录》卷三,《续藏经》第70册,东京国书刊行会,1975~1989年,第617页。

何事空阶立雪寒,至今白受老胡瞒,休云心觅得犹难。仔细看月上,青山玉一团。①

《宗门拈古汇集》引翠岩芝也云:"二祖被他当面涂糊,莫道髓皮也不曾摸着,因甚却绍祖位。"②说明禅师对于慧可求道一事的方式并不认同。

关于慧可传法三祖僧璨一事,祖师们亦对二祖有所疑难。

僧璨问:"弟子身缠风恙,请和尚忏罪。"
祖曰:"将罪来,与汝忏。"
璨良久曰:"觅罪了不可得。"
祖曰:"与汝忏罪竟,宜依佛、法、僧住。"
璨曰:"今见和尚已知是僧,未审何名佛、法?"
祖曰:"是心是佛,是心是法,法、佛无二,僧宝亦然。"
璨曰:"今日始知罪性不在内、外、中间,如其心焉,佛、法无二。"
祖深器之。

一方面二祖与三祖的对话和达摩与二祖的对话如出一辙,另一方面云居齐云:"二祖深器之。且道是肯他会佛法耶?是肯他说谙理耶?"耽源宁云:"尽道可大师得初祖安心之法,克绍西宗。看他怎么酬对。向来俗气,一毫也不曾移易。更有个承虚接响者,道:'如其心焉,佛、法无二。'似者般汉,总与一坑埋,却有什么过。"③皆对二

---

① 德润编录:《寒松操禅师语录》卷十四,《嘉兴大藏经》第37册,新文丰出版社,1987年,第615页。
② 净符汇集:《宗门拈古汇集》卷五,《续藏经》第66册,东京国书刊行会,1975~1989年,第30页。
③ 净符汇集:《宗门拈古汇集》卷五,《续藏经》第66册,东京国书刊行会,1975~1989年,第30页。

祖是否真为悟道者有所质疑。

以上或是祖师们苦口婆心,为的是帮佛教正名,为免非正信之佛法混淆世人,使佛教因而受到误解,故于初祖身上、二祖名上,辨析如此。若不会得,以为祖师背祖忘宗;若会得,则知佛法空性,或誉或毁,不有增损。佛果禅师引述雪窦禅师语:

> 雪窦道:"立雪如未休,何人不雕伪。"立雪若未休,足恭谄诈之人皆效之,一时只成雕伪,则是谄诈之徒也。①

这正可说明祖师们担忧后人一味仿效外在的行止,未能真正理解佛法真谛,故不得不如此言语。另外,佛教传到中国,必然与中国传统的身体观产生冲突与调和,从祖师们的反应,也可看到这样的过程是如何转化的。

如果说普鲁斯克(Prusek)认为中国传记人物的书写是按照传统所理想化的人物形象来进行选择的,因此其并不重视对人物具体生活的描述,而是把传记的人物放在某一特定的思想和感情模式中去"创造一种拟定好的形象"②,则中国有一批祖师们则是在还原传记书写者原本创造拟定好的形象的基础上进行解构。

五、结论

慧可大师在禅宗系谱之中乃达摩西传第一人,而且在禅宗六位祖师传法过程里是最为激烈的求道人。历代祖师及学界已提出僧传与灯录叙述不同,或是后人为创造禅师不立文字、教外别传的圣人形象所致,也怀疑慧可求道部分事迹的真实性。然我们深入去体

---

① 《佛果圆悟禅师碧岩录》卷十,《大正藏》第48册,东京大藏经刊行会,1924~1935年,第219页。

② Jaroslav Prusek, "History and Epics in China and in the west" 转引自 Sheldon Hsiao-Peng Lu, "From Historicity to Fictionality: the Chinese Poetics of Narrative", p.81.

会其求道的意义,如立雪断臂究竟悟道否,心安否,就叙述的次第来说是尚未。寒冬立雪,求道断臂,在明志上,看似为情绪上的激烈表现,但还原至一个实际的情景下,若非于境已能有所不扰,立雪一夜决难办到,断臂明志又如何堪忍?故慧可于求道过程中已然具备悟道之准备,唯待达摩印可。是悟虽是自己有所体认,还需明师见证,此为禅宗传法师承相授的重要内涵,亦具中国儒家师徒意义。陈寅恪先生有深刻的洞见,他说:

> 华夏学术最重传授渊源,盖非此不足以征信于人,观两汉经学传授之记载,即可知也。……至唐代之新禅宗,特标教外别传之旨,以自矜异,故尤不得不建立一新道统,证明其渊源之所来,以压倒同时之旧学派,此点关系吾国之佛教史。[1]

后人对慧可的理解,可由传世著述中得到相关认识。因为慧可未有著述,事迹不多,能传颂讨论者有限。如佛果禅师云:"宣律师《高僧传》载二祖事不详。三祖传云:'二祖妙法,不传于世。'"[2]因此立雪断臂成为讨论慧可的一个焦点,在所难免。面对这样一个事件,当后人书写或评论此事时,就代表其对慧可的理解为何。这已不是事件存在否或真伪的问题,而是读者接受了文字的描述后,其反应所言就是对慧可此人的理解。大部分对慧可的讨论多是从生平记载的内容来讨论,本文特意从读者回馈的角度去讨论,讨论前人如祖师们读过慧可生平种种后,将如何与弟子宣说。例如雪严和尚说:"(慧可)自断左臂,置于师前,是名真法供养。"[3]一改断臂求

---

[1] 陈寅恪:《论韩愈》,《金明馆丛稿初编》,生活·读书·新知三联书店,2001年,第319页。
[2] 《佛果圆悟禅师碧岩录》卷十,《大正藏》第48册,东京大藏经刊行会,1924~1935年,第219页。
[3] 昭如、希陵等编:《雪岩和尚语录》卷三,《续藏经》第70册,东京国书刊行会,1975~1989年,第617页。

道仅是明志之说,雪严和尚说是供养。这部分恰是禅师慧心独具处,却是一般人比较少去注意的环节。

经以上初步探研后人如何诠解慧可大师,提出几点小结。

(一)如何看待后人诠解慧可大师的图像?可从三方面来理解。其一,从目前所见有关慧可生平记载的内容,可见书写者大抵依着前人叙述语言,慢慢地增加一些内容,以重构慧可大师的生平图像。其二,从历代祖师的语录中去看他们如何看待慧可大师的记传内容,有正面的颂赞。其三,也有不同的声音来评论慧可。

在第一部分,虽有不同的文本差异,但目的都是一样的,让慧可大师的形象透过文本加以流传。第二部分,慧可大师既为禅宗二祖,其有值得后人学习效法之处,透过祖师阐述,让后人更加清楚地知悉慧可大师的成就。第三部分,在祖师语录中似有不同评价的声音,但是若从其目的来看,佛教需要在中国传播弘扬,当其佛法教义与中国民情有所冲突时,其如何转化?祖师们对于慧可的看法,正可以说明这些变化的过程。

(二)透过文本分析可知"二祖"在不同的脉络中,会有不同的书写模式,即后人从禅宗法脉去书写慧可,其即为"二祖",若从僧传来写慧可,则其为禅师。

(三)慧可传记文本的内容差异来自三点。其一,作者对慧可大师资料的掌握及其如何取舍"书"与"不书",即可见作者欲想传达给读者的慧可大师图像为何。其二,当作者面对两种以上的传世叙述时,采用何种叙述作为其书写的内容,便是其所理解的慧可大师。其三,文本出现前所未有的内容。书写者以"信以传信,疑以传疑"的态度书写,将之书于文本之中。因以上三点,由是产生慧可传记文本的多样性。

(四)为何无完整传记?后代的书写者由于阅读的铭印现象(imprinting),认知上虽会有取舍判断,但总会依循着其阅读过的内容加以追随,模仿其内容与形式。至今未有一篇将所有慧可大师的相关种种汇为一篇的传记,这也是书写者在继承形式传统上有一定的遵循轨迹,不会擅加改造传统的证据。

(五)在语录中有祖师大德对慧可大师有不同的声音,此或是祖师们为帮佛教正名,担忧后人一味仿效外在的行止,未能真正理解佛法真谛,也为免非正信之佛法混淆世人,使佛教因而受到误解,故不得不如此言语。例如慧可断臂,此乃佛教传到中国,与中国的孝道精神相违逆之处,祖师们欲在中国弘扬佛教,必然需与中国传统的身体观产生冲突的地方加以调和。从祖师们的反应,也可看到这样的过程是如何转化的。

普鲁斯克(Prusek)认为中国传记人物的书写是按照传统所理想化的人物形象来进行选择的,因此其并不重视对人物具体生活的描述,而是把传记的人物放在某一特定的思想和感情模式中去"创造一种拟定好的形象"。若由此去理解禅师语录中的不同声音,则中国有一批祖师们则是在还原传记书写者原本创造拟定好的形象的基础上进行解构。

(六)在宋代以前,关于慧可的记载着重在求道,宋代以降则以得法为重要的叙述重心。这可说明唐以后禅宗传法脉的建立逐渐成为重点。求道固然重要,但传法的重要性移转到传法师父的权威性上,此则受到儒家尊师影响。汉代至魏晋六朝时期恰是中国儒家重视师法、家法传承的朝代,举凡师法、家法、正统性、正名观念皆变得重要,故影响刺激了佛教创造宗派、重视传衣的思维。这也是从慧可僧传在历代流传的文本差异中发现的。

(简逸光,佛光大学佛教研究中心)

唐宋间禅宗二祖慧可化迹的演变轨迹及其缘由[①]
——以敦煌写本《历代法宝记》为考察中心

张子开

一、现存有关慧可化迹的主要文献

禅宗二祖慧可(487~593)之化迹,自以唐内供奉沙门法琳撰碑文[②]最为可靠。此外,道宣(596~667)《续高僧传》卷十六《齐邺中释僧可传》,敦煌写本如《历代法宝记》之"北齐朝第二祖惠可禅师",杜朏撰《传法宝纪》之"北齐嵩山少林寺释惠可",净觉《楞伽师资记》之"第三齐朝邺中沙门惠可",建康沙门释智炬(一作"慧炬")于贞元十七年(801)撰《双峰山曹侯溪宝林传》卷第八《第二十九祖可大师断臂求法品第四十》[③],泉州招庆寺释静、筠于五代南唐保大

[①] 本文为2012年度教育部人文社会科学重点研究基地重大项目"中国西南佛教文献研究"(批准号:12JJD750022)中期成果之一。
[②] 《双峰山曹侯溪宝林传》卷八《第二十九祖可大师断臂求法品第四十》,见蓝吉富主编:《禅宗全书》史传部(一),文殊出版社,1988年,第321页上~323页上。
[③] 蓝吉富主编:《禅宗全书》史传部(一),文殊出版社,1988年,第317页下~323页下。

十年(952)编《祖堂集》卷二《第二十九祖师慧可禅师》,北宋道原成于北宋真宗景德元年(1004)的《景德传灯录》卷三《第二十九祖慧可大师》,契嵩(约1007~1072)《传法正宗记》卷六《震旦第二十九祖慧可尊者传》,李遵勖(?~1038)编、南宋高宗绍兴十八年(1148)刊行之《天圣广灯录》卷七《第二十九祖慧可大师》,佛国惟白撰于徽宗建中靖国元年(1101)之《建中靖国续灯录》卷一《正宗门》,南宋晦翁悟明撰于孝宗淳熙十年(1183)之《联灯会要》卷二《二祖慧可大师》,雷庵正受编于宁宗嘉泰四年(1204)之《嘉泰普灯录》卷一《二祖慧可大士》,普济(1179~1253)撰《五灯会元》卷一《二祖慧可大师》,宗鉴(?~1206)集《释门正统》卷八《禅宗相涉载记·慧可》,志盘撰于宝祐六年(1258)的《佛祖统纪》卷二十九《诸宗立教志第十三·达摩禅宗·二祖慧可大祖禅师》,以及宋宗永集、元清茂续集《宗门统要续》卷第一下《东震六代祖师》等,并有详略不一的记载①。

以上文献之中,首造二十八祖、世尊拈花微笑、七佛说偈等之《宝林传》,因其说为《祖堂集》《景德传录录》等灯录以及契嵩书等所因袭,颇受教内外诟病。唐神清《北山录》卷六《讥异说第十》云:"《宝林传》者,乖误极多。后之学者,宜更审之也。"②《释门正统》卷四《兴衰志》云:"德宗之末,乃有金陵沙门慧炬撰《宝林传》,夸大其宗,至与僧传所纪,如皂白冰炭之不相入。迨及我宋吴僧道原进《传灯录》于景德之初,李遵勖集《广灯录》于天圣之十,惟白禅师集《续灯录》于建中靖国,后有所谓《普灯》者,有所谓《联灯》者,而皆以《宝林》为口实。故铠庵论之曰:'《宝林》说诡,非特达摩、慧可事迹,与僧传不同,其最虚诞无稽而流俗至今,犹以为然者,七佛说偈、世尊拈华是也。'"③更明确地指出《宝林传》系统的慧可传有异于其

---

① 项楚、张子开等:《唐代白话诗派研究》,巴蜀书社,2005年,第348~356页。
② 《北山录》卷六,《大正藏》第52册,第612页上。
③ 《释门正统》卷四,《续藏经》第75册,第312页上。

他佛教文献。

陈垣《中国佛教史籍概论》卷五,亦谓此书虽出于中唐,然讹误极多,即以慧可部分而论:

> ……同卷①又有二十九祖(即东土二祖)可大师碑,题唐内供奉沙门法琳撰,法琳见《续高僧传》二十四,又有唐彦悰撰《法琳别传》。法琳未闻掌内殿道场,何云内供奉。据赞宁《僧史略》,内供奉授僧,始自唐肃宗,唐初何能有内供奉沙门,此谬之显然者。且法琳著述存于今者,尚有《破邪论》、《辩正论》等,其风格绝与可大师碑文不类。
>
> 碑又有"东山之法,于是流焉"之句。因东土四祖信与五祖忍,并曾住蕲州东山寺,后人始目其法为东山法门。四祖卒于永徽二年,五祖卒于高宗上元二年,琳先以贞观十四年卒,何能于二祖碑预有东山法门之语,此皆不足信者也。②

认为《宝林传》卷八慧可传所录碑文不是法琳所撰,证据未必足够,只可视为一家之言耳。

按,内道场之"内供奉"一职,确实始于至德元年(756)。《大宋僧史略》卷下"内供奉并引驾"条:"内供奉授僧者,自唐肃宗聚兵灵武,至德元年,回趋扶风。僧元皎受口敕,置药师道场,令随驾仗内赴。请公验,往凤翔府开元寺,御药师道场,三七人六时行道。时道场内忽生一丛李树。奉敕使验实,李树四十九茎。元皎表贺,批答:'瑞李繁滋,国兴之兆。生伽蓝之内,知佛日再兴。感此殊祥,与师同庆。'又李让国宣敕云:'敕内供奉僧元皎。'置此官者,元皎始也。"③然《宝林传》称法琳(572~640)为"内供奉",不过欲抬高其地

---

① 引者按:谓卷八。
② 陈垣:《中国佛教史籍概论》,中华书局,1962年,第109页。
③ 《大宋僧史略》卷三,《大正经》第54册,第250页上。

位而已,并不一定实有其事。其次,与此相类,智炬所录"法琳"所撰慧可碑文,有可能是他人所创,而托法琳之名,法琳本人也可能知晓甚至同意此事,这在古代文献史上经常见到,何况,一个人的写作风格完全可能发生较大变化,故而法琳以前的著述"风格绝与可大师碑文不类"。另外,慧可卒于隋开皇十三年(593),其时当然不可能有道信(580~651)、弘忍(602~675)阐扬佛法;法琳寂灭年代,亦早于四祖、五祖,碑文"乃法山峨峨,禅河汩汩,东山之法,于是流焉"之语,似乎就显得荒诞了。然而弘忍七岁即从道信出家,道信武德七年(624)亦归蕲州黄梅破头山弘法①。在法琳逝世前,道信、弘忍已然住蕲州黄梅十余年矣。笔者于 2012 年 8 月 29 日在黄梅四祖寺听净慧老和尚开示曰:"在古代,蕲春东边的一片山皆称'东山',包括现在的四祖寺、五祖寺所在地;在弘忍另于双峰山东面的冯茂山建寺之后,方目四祖寺所在的双峰山为西山,冯茂山为东山,寺称东山寺。"也就是说,慧可碑文中的"东山"很可能指的是双峰山,并不一定就是位于冯茂山的东山寺。——更何况,四祖道信实无缘东山寺也。碑文中出现"东山"之名,只说明托名法琳或法琳找人代笔之慧可碑文,作于武德七年之后。

总之,仅据部分内容甚至写作风格的疑窦,并不能否定碑文本身的真实性和宝贵价值。即便《传法正宗记》《释门正统》和《佛祖统纪》等能够辨别《宝林传》系错误之作,在流传过程中也难免存在无意的讹脱或有意加以增删等情况的出现。

与此相对的是,敦煌写本《历代法宝记》和《楞伽师资记》最大程度地保存了中唐时期禅宗文献的原貌,足以考见当时流传的种种观点和学说,故而具有独特的价值。

---

① 《景德传灯录》卷三《第三十一祖道信大师》:"唐武德甲申岁,师却返蕲春,住破头山,学侣云臻。"武德甲申岁,即武德七年也。

二、《历代法宝记》与《楞伽师资记》之慧可传比较

《楞伽师资记》与《历代法宝记》皆是上个世纪初发现于敦煌遗书中的禅宗文献。《楞伽师资记》前有"大唐中宗孝(和皇)帝景龙二年,敕召入西京。便于东都广开禅法。净觉当众归依,一心承事"云云,则净觉是书当撰于景龙二年(708)以后。

《历代法宝记》详记保唐无住化迹,而无住于大历九年(774)坐化;《历代法宝记》之末,附《大历保唐寺和上传顿悟大乘禅门门人写真赞文并序》,此赞文很可能就成于无住寂灭当年,故而敦煌本《历代法宝记》当成于大历九年以后。也就是说,《历代法宝记》的成书时间,应该晚于《楞伽师资记》七八十年。

《历代法宝记》之"北齐朝第二祖惠可禅师"与《楞伽师资记》之"第三齐朝邺中沙门惠可"的主要异同点如下:

敦煌文献 主要事实或内容	《历代法宝记》	净觉《楞伽师资记》
姓名、出生地等	惠可,俗姓姬,先名神光。武牢人	惠可,俗姓姬。武牢人
始师达摩之时间和地点	时年四十,奉事大师六年	年十四,遇达摩禅师游化嵩洛,奉事六载
达摩收徒缘由	第三人称叙述:慧可立大雪地,截一臂。达摩遂默传心契,付袈裟一领	慧可自述:截一臂;从初夜雪中立,直至三更
达摩预示慧可之难	我缘此毒,汝亦不免。善自保爱	无
达摩告知法脉源流,以及传信袈裟的缘由	说"此法本国承上所传嘱付法者",以及唐国传袈裟以为法信之因	无

续表

敦煌文献 主要事实或内容	《历代法宝记》	净觉《楞伽师资记》
慧可说"修道明心要法"	无	有。引《楞伽经》《十地经》《华严经》等,细加阐说
慧可"说此真法皆如实"偈	无	有
慧可再说佛法	无	有
寂灭经过	受菩提流支徒党诬告,敕令城安县令翟仲侃依法处刑。时年一百七岁	无
慧可墓位置	墓葬在相州城安县子陌河北五里东柳构,去墓一百步,西南十五里吴儿曹口是	无
碑文情况	只言"后释法琳造碑文"	无

由以上的对比可知:

首先,《历代法宝记》称慧可为"北齐朝第二祖",而《楞伽师资记》呼之为"第三齐朝邺中沙门惠可"。个中缘由,当然是法脉的不一样了。《楞伽师资记》始自第一祖刘宋求那跋陀罗(394~468),止于第八祖普寂(651~739),反映的是初期禅宗的面貌,即以《楞伽经》为主要传承内容的谱系,是为当时的正统。而《历代法宝记》则记录了佛法初传中华,从释迦如来以至保唐无住的传承历史,而特别详于"梁朝第一祖菩提达摩多罗禅师"以下的事迹。《历代法宝记》辨明净觉书之误,称求那跋陀罗与达摩一系并无关联,应该剔除出去:

有东都沙门净觉师,是玉泉神秀禅师弟子。造《楞伽师资血脉记》一卷,接引宋朝求那跋陀三藏为第一祖,不知根由,或乱后学,云是达摩祖师之师。求那跋陀自是译经三藏、小乘学人,不是禅师;译出四卷《楞伽经》,非开受《楞伽经》与达摩祖师。

那么,这说明了什么呢? 一般认为,至慧能特别是荷泽神会一系,以《金刚经》取代《楞伽经》[1]。其实,主要修习什么经典,应该只是表面现象而已,体现净众保唐派观点的《历代法宝记》和代表岭南曹溪一派的《坛经》皆以达摩为中土初祖,有意淡化楞伽师在历史上的作用,其实反映的是自弘忍之后,楞伽宗已然分化为若干个支派,每个支派都自视为正统,而否认坚持旧有传统的神秀、普寂一系。也就是说,神秀、普寂依然为楞伽宗系统,而慧能、智诜则为新兴的禅宗。禅宗产生于弘忍门下分头弘化之时,以慧能逝后荷泽神会在开元二十年(732)"定是非"为正式形成标志[2]。产生于中唐初年的《历代法宝记》,反映的正是盛唐年间禅宗已经形成的情况。

其次,二者的侧重点不同。《楞伽师资记》以记录慧可的禅学观点为主,甚至载有二祖的口述。而《历代法宝记》则详细列举了慧可的生平,包括其俗名"神光"、传袈裟原因、遇难经过、墓地所在处、碑文作者等。可以说,《楞伽师资记》是为实修者而撰,而《历代法宝记》更像是为了证明法统的正当性而作。

考虑到《历代法宝记》"北齐朝第二祖惠可禅师"后有"《楞伽》《邺都故事》具载"之语,《楞伽》自然是指《楞伽师资记》,则《历代法宝记》亦不排除是为了区别于《楞伽师资记》而故意略去后者部分内容的可能性。

---

[1] 胡适:《楞伽宗考》,载姜义华主编:《中国佛学史》("胡适学术文集"之一),中华书局,1997年,第94~128页。

[2] 项楚、张子开等:《唐代白话诗派研究》,巴蜀书社,2005年,第363~371、401~402、420~429页。

三、《历代法宝记》与《宝林传》系统的异同

智炬《双峰山曹侯溪宝林传》迟于《历代法宝记》约二十年,早于《祖堂集》一百五十载,《景德传灯录》更比《宝林传》晚了逾两百岁。将这几种文献中的慧可传作一对比,可发现其异同。

主要事实或内容 \ 与《宝林传》一系的文献	《历代法宝记》	《宝林传》	《祖堂集》①	《景德传灯录》
姓名、出生地等	惠可,俗姓姬。先名神光。武牢人。	(1)武牢人。姓姬氏。(2)父寂。后魏第六主孝文帝永兴十五年正月一日,因祈而孕;出生后,名"光"。	(1)武牢人。姓姬氏。(2)父寂。时后魏第六主孝文帝永宜十五年正月一日,祈而有孕;产子,名曰"光"。	(1)武牢人。姓姬氏。(2)父寂。祷而有孕,生而名"光"。未及祈祷之时间。
早期成长情况	无。	(1)年至十五,九经通诵,心好儒学。(2)年近三十,重览佛书,遂远迈参风。(3)至龙门香山寺,事宝静禅师。(4)至东京永穆寺具戒。(5)年四十二,再回香山寺。	(1)光年十五,九经通诵。(2)(3)至年三十,往龙门香山寺,事宝静禅师。(4)出家后,至东京永和寺具戒。(5)年二十,却步香山,侍省尊长。	(1)自幼志气不群,博涉诗书,尤精玄理。而不事家产,好游山水。(2)后览佛书,超然自得。(3)抵洛阳龙门香山,依宝静禅师出家。(4)受具于永穆寺。(5)年三十二,却返香山,终日宴坐。

---

① 高丽高宗王皞三十二年(1245)开雕本。

续表

与《宝林传》一系的文献 主要事实或内容	《历代法宝记》	《宝林传》	《祖堂集》	《景德传灯录》
始师达摩之时间和地点	时年四十，奉事大师六年。	(1)年五十，于夜静见一神人，命南寻近道。遂号"神光"。第二夜，头痛如裂，空中有声称是换骨；宝静一看，顶有五峰，垂坠玉軟。 (2)因辞宝静，南至少林寺礼达摩。	(1)又经八载，忽于夜静见一神人，遂更号"神光"。至于第二夜，忽然头痛如裂，空中有声谓是换骨；宝静一看，五峰垂坠玉軟。 (2)遂辞师南行，得遇达摩，豁悟上乘。	(1)又经八载，于寂默中候见一神人，因改名"神光"。翌日，觉头痛如刺，空中有声称因换骨；师视其顶骨，即如五峰秀出矣。 (2)宝静谓："神令汝南者，斯则少林达摩大士必汝之师也。"光受教，造于少林。
达摩收徒缘由	第三人称叙述：慧可立大雪地，截一臂。达摩遂默传心契，付袈裟一领。	第三人称叙述： (1)扣门，不应。 (2)复于一夜，中庭雪立，达摩称："汝(不)以小意，欲求大法，终不能得。" (3)以利刀自断右臂，达摩喜而纳之，改名"惠可"，侍奉左右。 (4)经于九年，以无上法宝及一领袈裟付嘱。	无。	只言："其得法传衣事迹，达摩章具之矣。"

续表

与《宝林传》一系的文献 主要事实或内容	《历代法宝记》	《宝林传》	《祖堂集》	《景德传灯录》
达摩预示慧可之难	"我缘此毒,汝亦不免。善自保爱。"	"吾自到此国来,六度被药。……今此一度被菩提流支三藏光统法师等食中下药,吾不捡出也。"	无。	无。
达摩告知法脉源流,以及传信袈裟的缘由	说"此法本国承上所传嘱付法者",以及唐国传袈裟以为法信之因。	只言:"当我悲慜,汝须好去,吾自善安。以吾袈裟用为法信。"未及以上传承,但述"内传法印以契证心,外受袈裟以定宗旨不错谬,故而自明焉。吾灭度后二百年中,此衣不传"。	(1)传与信衣。(2)达摩言:"内传心印以契证心,外受袈裟而定宗旨不错谬故。吾灭度后二百年中,此袈裟不传。"	无。
达摩亲告得其法者	无。	"所得吾法者四人":得髓者,惠可;得骨者,僧道育;得肉者,尼揔持;得血者,偏头副。	无。	无。

唐宋间禅宗二祖慧可化迹的演变轨迹及其缘由　263

续表

主要事实或内容 \ 与《宝林传》一系的文献	《历代法宝记》	《宝林传》	《祖堂集》	《景德传灯录》
慧可得付嘱后的情况	（1）隐峴山、洛相二州四十年。（2）经二十年开化，时有难起，菩萨流支三藏、光统律师徒党又欲损之。	只略言："大师得付嘱已，广宣流布，度脱无数。"	尔时可大师得法已，广宣流布，度诸有情。	仅曰："自少林托化西归，大师继阐玄风，博求法嗣。"
度僧璨及付法之因缘	无。	（1）天平年中，后周第二主己卯之岁，有一居士，"候有四十"，身患风疾，"及所礼拜"。（2）慧可与之有将罪来忏悔一段对答。"师知是法器"，为之剃发，名曰"僧璨"。（3）其年三月十八日于光福寺受具戒。（4）二年后，付正法眼藏和袈裟，说"本来缘有地"偈。（5）复预言僧璨后有难，自己灭度后一百五年亦有"小难"。	（1）"于天平年中，后周第二主孝闵己卯之岁"，有一居士，"候有十四"，身患风疾，"及至礼师"。（2）亦有将罪来忏悔一段对答。"师知是法器"，而与剃发，名曰"僧□"。（3）只言"亦受具戒"。（4）未及付法时间。说"本来缘有地"偈。（5）无。	（1）"至北齐天平二年"，有一居士，"年逾四十，不言名氏"，身患风恙，"聿来设礼"。（2）有请慧可忏罪一段对答。"大师深器之，即为剃发"，名为僧璨。（3）其年三月十八日于光福寺受具，自兹疾渐愈。（4）"执侍经二载"，付正法眼藏和达摩信衣，说"本来缘有地"偈。（5）慧可曰："汝受吾教，宜处深山，未可行化，当有国难。"并称"然吾亦有宿累，今要酬之"。

续表

主要事实或内容	与《宝林传》一系的文献 《历代法宝记》	《宝林传》	《祖堂集》	《景德传灯录》
付法僧璨之后	(1)入司空山隐。 (2)佯狂，于四衢城市说法。	(1)慧可自"归邺都还债"，"化导群品三十四载"。 (2)"后而变行，复异寻常。或在城市，或于巷陌，不拣处所，说法度人。或为人所使，事毕却往。"不听某"智者"之劝。	(1)"吾往邺都还债"，"化导群生得三十四年"。 (2)"或在城市，随处任缘。或为人所使，事毕却还。"不听某"智者"之劝。	(1)"即于邺都随宜说法"，"如是积三十四载"。 (2)此后，"遂韬光混迹，变易仪相。或入诸酒肆，或过于屠门，或习街谈，或随厮役。"亦不听某人之劝。
寂灭经过	受菩提流支徒党诬告，敕令城安县令翟仲侃依法处刑。时年一百七岁。	(1)"其年正月一日"，辩和法师在邺都管城安县匡救寺讲《涅槃经》，慧可至寺门说法，"集众叵多"。 (2)辩和"再三恠于大师"，遂向县令翟仲侃称慧可为"邪见道人"。 (3)"于时翟令不委事由，非理损害而终。" (4)"时当隋第一主文帝开皇十三年癸丑岁"（593），"春秋一百七岁"。	(1)辩和法师于邺都管城安县匡救寺讲《涅槃经》，慧可至寺门说法，"集众颇多"，而"法师讲下，人却衰少"。 (2)"辩和恠干师"，遂向县令翟仲侃说慧可为"邪见道人"。 (3)"翟令不委事由，非理损害而终。" (4)"当隋第一主文帝开皇十三年癸丑之岁"，"寿龄一百七岁"。	(1)"又于筦城县匡救寺三门下，谈无上道，听者林会。"寺中辩和法师讲《涅槃经》，"学徒闻师阐法，稍稍引去。" (2)辩和愤而"兴谤于邑宰翟仲侃"。 (3)"仲侃惑其邪说。加师以非法。" (4)"时年一百七岁，即隋文帝开皇十三年癸丑岁三月十六日也"。

续表

主要事实或内容\与《宝林传》一系的文献	《历代法宝记》	《宝林传》	《祖堂集》	《景德传灯录》
慧可墓位置	墓葬在相州城安县子陌河北五里东柳构,去墓一百步,西南十五里吴儿曹口是。	葬磁州滏阳东北七十余里。	葬在磁州涂阳东北七十余里。	葬于磁州滏阳县东北七十里。
碑文情况	只言"后释法琳造碑文"。	"遇唐内供奉沙门法琳撰碑文",并抄碑文全文。	"唐内供奉沙门法琳撰碑文"。无碑文具体内容。	无。
其他	无。	无。	(1)"德宗皇帝谥号大弘禅师、大和之塔。自隋癸丑岁迁化,迄今唐保大十年壬子岁,得三百五十九年矣。"(2)净修禅师赞。	(1)"唐德宗谥大祖禅师。自师之化,至皇宋景德元年甲辰,得四百一十三年。"(2)无。

从表中我们可以看出:

第一,《宝林传》卷第八《第二十九祖可大师断臂求法品第四十》撷取了《历代法宝记》中相应部分的主要内容,而又增添了若干内容,如慧可其母乃因其父恳祈而得孕,早年通儒学,尝师事龙门香山寺宝静禅师等。因为太过于详尽,这部分内容更显得像传说一般,即陈垣所说的"惟其言不雅驯,荐绅难言"①。

值得注意的是,《宝林传》载,达摩告诉慧可,付袈裟乃因"内传法印以契证心,外受袈裟以定宗旨不错谬",之后复言:"汝所行道,勿轻末学。此人回志,便及菩提。初心菩萨,与佛功等。""吾灭度后二百年中,此衣不传。"而神会恰在开元二十年(732)始"定是非",又于天宝四载(745)著《显宗记》再明其意,复在天宝八载楷定南宗宗旨②,时距达摩弃世刚好两百年!"末学"的"此人"当指神会。这明确地表明,《宝林传》其实体现的是荷泽神会一系的禅宗观念。

第二,《宝林传》叙事时,确实存在时代错乱等与史实乖舛的情况。"今观其书,即以年代一节论,舛误者十之八九,盖依据一俗陋年表所为,而《景德录》仍之,如一祖至十三祖各章是。有经《景德录》改正者,如十六、十七、十八、十九、二十、二十二祖各章是。有《景德录》改而仍误者,如二十一、二十四祖各章是。"③除陈垣指出的达摩卒年、昭明太子撰祭文之误外,我们再明两例。一者,智炬称慧可孕于"后魏第六主孝文帝永兴十五年正月一日"。"后魏"即"北魏""元魏"或"拓跋魏"。孝文帝只使用过"延兴""承明"和"太和"三个年号,并无"永兴"。后魏另有两个"永兴"年号:明元帝拓跋嗣永兴元年(409)至五年(413);孝武帝元脩永兴元年(532),十二月更元,同月复废。两者皆没有十五年。综合种种材料而言,慧可实孕于孝文帝元宏太和十一年(487)也。二者,《宝林传》载,慧可在"天平年中,后周第二主己卯之岁"初见僧璨。"天平"为东魏孝静帝元善见年号,共用了四年(534~537);太平二年的干支乃乙卯。然这与五代"后周"毫无关系,因后周始于太祖郭威广顺元年(951),亡于显德二年(960)恭帝柴宗训时。"后周第二主己卯之

---

① 陈垣:《中国佛教史籍概论》卷五,中华书局,1962年,第106页。
② 项楚、张子开等:《唐代白话诗派研究》,巴蜀书社,2005年,第420~429页。
③ 陈垣:《中国佛教史籍概论》卷五,中华书局,1962年,第108~109页。

岁","后周"当指"北周",北周第二主为明帝宇文毓,明帝即位第三年恰为己卯岁(559)。

第三,《宝林传》卷八《第二十九祖可大师断臂求法品第四十》的内容,大部分为《祖堂集》和《景德传灯录》取用,如因父祷而孕、少年通儒经、初依宝静禅师、夜见神人而更名"神光"、化度僧璨及付法经过、归邺都弘法、与辩和法师的冲突、埋葬地点等,这表明《祖堂集》《景德传灯录》等灯录系统,更多地承袭了《宝林传》的风格。这些内容,《历代法宝记》或没有,或截然有异。至于《宝林传》和《历代法宝记》皆有的立雪断臂、被人下毒之事,《宝林传》更可能是袭自《楞伽师资记》等史料。也就是说,《宝林传》虽然晚于《历代法宝记》成书,但它却全然弃用其内容,当然智炬也可能根本没有见过《历代法宝记》。

当然,《祖堂集》和《景德传灯录》对于《宝林寺》亦有舍弃之处,如立雪断臂,菩提流支三藏、光统法师等下毒,达摩四弟子得法情况。《祖堂集》《景德传灯录》自己新加的,则是唐德宗谥号、制撰本书的时间间隔等与时俱进的东西而已。

那么,为什么在存在着如此明显和众多错讹的情况下,《祖堂集》《景德传灯录》等还是径直采纳了《宝林传》?

"宝林者,韶州曹溪宝林寺也,六祖真身在焉。"[1]智炬《双峰山曹侯溪宝林传》的主旨,正如其书名所显示的那样,是欲巩固曹溪一脉的正统性,彰扬唯曹溪乃双峰的嫡传的观念。

《祖堂集》《景德传灯录》以及此后的其他"四灯"及《五灯会元》,秉持的乃是曹溪正统路线,故而会全盘袭用《宝林传》的主要观念。前已言及,《宝林传》载,达摩付法及袈裟是为了"内传法印以契证心,外受袈裟以定宗旨不错谬",并预言信衣将在"吾灭度后二百年中"不传,颇似为荷泽神会张目。而《祖堂集》述达摩付法之语,文辞几同,亦预示了某"末学"定是非的成就:"汝所行道,勿轻

---

[1] 陈垣:《中国佛教史籍概论》卷五,中华书局,1962年,第106页。

末学。此人回志,便获菩提。初心菩萨,与佛功等。"《祖堂集》和《景德传灯录》并皆无提及得髓、骨、肉、血四人,其实还是为了突出得髓的慧可而已。至于《景德传灯录》弃用达摩传正法及袈裟、预言"末学"大功,这是因为到了北宋,曹溪一派早已一统禅宗,已然不需要"定是非"了。当然,这也表明,《祖堂集》还肩负有一定的张扬曹溪法脉的任务。

《宝林传》系统文献与《历代法宝记》的差异,反映的是唐五代禅宗内部不同派别的观念。这样,宣传智诜最终得到达摩袈裟、着力彰显净众保唐禅派的《历代法宝记》[①],自然为《宝林传》《祖堂集》和《景德传灯录》等曹溪派文献所漠视了。

我们说,《祖堂集》《景德传灯录》等唐宋间的禅宗灯录文献的作者并不是没有能力辨别出《宝林传》中的讹误,而是出于信仰感情或宗教禁忌,认为从前有关祖师言行的记录乃本宗本派的史实,不得轻易变动,更不能加以否定,故而会全盘照抄智炬书中的大部分内容。这实质上是一个禅宗文献中的宗教真实问题,而不是世俗人士或学者们所惯于认定的历史真实。

(张子开,四川大学文学与新闻学院教授)

---

① 项楚、张子开等:《唐代白话诗派研究》,巴蜀书社,2005年,第442~448页。

二祖慧可行迹三题

谭 洁

释慧可(487~593),又名僧可,中国禅宗二祖。俗姓姬[①],虎牢(或作武牢,今河南荥阳汜水镇)[②]人。三十岁时往洛阳龙门香山,事宝静禅师出家。后至洛阳永和寺(或称永穆寺)受具足戒。三十二岁时返回香山,在此静坐修行八年。后去河南少室山依菩提达摩为师,精诚求法,得其印可。天平初年慧可至北方邺都(河北临漳县西南)弘扬禅法,然遭遇佛教界同行的抵制。又逢北周武帝毁佛(575),遂隐遁舒州皖公山。北齐法难后,慧可又归邺都,过着颠沛流离的生活,也因此未能广收弟子。于隋开皇十三年(593)入寂,世寿一百七岁。

[①] 一说慧可俗姓周:"第二代北齐可禅师,承达摩大师后。俗姓周,武牢人也。"(参见杨曾文编校《神会和尚禅话录》之《南阳和尚问答杂征义》,中华书局,1996年,第105页)又一说慧可俗姓卢:"二祖慧可大祖禅师,姓卢,名神光。"(参见《御定渊鉴类函》卷三百十七《佛二》)

[②] 《春秋明志录》载:"虎牢,今郑州汜水古城皋地,在郑西。"参见〔明〕熊过撰:《春秋明志录》卷九《襄公》。

一、慧可的"换骨"故事及文化互动

慧可的换骨故事,今存完整的禅宗灯录所出年代最早的典籍为五代南唐静、筠两禅师编撰的《祖堂集》,其卷二《慧可禅师》中有记载,云:

> (在洛阳香山)又经八载,忽于夜静见一神人而谓光曰:"当欲受果,何于此住,不南往乎而近于道?"本名曰光,光因见神现故,号为神光。至于第二夜,忽然头痛如裂。其师欲与灸之,空中有声报云:"且莫,且莫!此是换骨,非常痛焉。"师即便止。遂说前事见神之由,以白宝静。宝静曰:"必是吉祥也。汝顶变矣,非昔首焉。五峰垂坠玉軿,其相异矣。"遂辞师南行,得遇达摩,豁悟上乘。①

在宋人佛教典籍中,此故事再被录入。如宋真宗年间释道原的《景德传灯录》卷三、释契嵩的《传法正宗记》卷六、宋人编的《五灯会元》卷一等,均有慧可换骨故事。这些记载大体相同,均云慧可在洛阳龙门香山时,突感头痛得厉害。时空中有声音说:这是换骨之痛,不同于平常所说的头疼。慧可于是告诉师父,他曾恍然若见神人,且此神人指点他南行。师父见其头骨宛如五峰秀出,就说这是吉祥相。后慧可辞师南行,成为菩提达摩的弟子。

中国有个成语"脱胎换骨",原为道教用语,意指服食金丹后,脱去凡骨凡胎后而成仙。因为当时达摩的禅法在中国尚处于初传阶段,还是新生事物,慧可的换骨故事,意在为其亲近中土禅宗初祖菩提达摩说明因缘。值得注意的是换骨一说与中国茶文化、中国文学

---

① 〔南唐〕静、筠二禅师编撰,孙昌武、〔日〕衣川贤次、〔日〕西口芳男点校:《祖堂集》,中华书局,2007年,第106页。

的相互启发。

自佛教传入后,中国茶文化、中国文学均与佛教发生关系。就茶文化而言,国人很早就开始饮茶。① 在品尝的过程中,中国人发明了茶的妙用:饮茶可使人神清气爽,体会羽化飞升之轻快。于是制造茶饼、讲究茶的饮用方式和所使用的器具,逐渐形成中国茶文化传统。唐代饮茶成风,名士僧人多有关于饮茶的佳作。如释皎然的"三碗茶"②和卢仝(约795~835)的"七碗茶"③之诗。宋代苏轼(1037~1101)、陆游(1125~1210)亦喜饮茶。苏轼曾云"何须魏帝一丸药,且尽卢仝七碗茶"④。浅斟慢饮热茶之后,人浑身毛孔舒坦不少,头脑清醒,思维也跟着清晰起来。所以,《纬略》卷四记云:"陶弘景《新录》曰:茶茗轻身换骨。"⑤《徐氏笔精》卷八《大茶》亦载:

《天台记》:丹丘出大茶,服之生羽翼。又蒙山顶茶,一服祛疾,二服无病,三服换骨,四服即为地仙。故卢仝歌云:但觉两腋习习,清风生蓬莱。山在何处,玉川子乘此欲归去,皆有所据,非漫语也。⑥

而伴随着禅宗,特别是南宗禅的兴起,中国文人雅士的品茶与修禅悟道产生了共鸣,从而结出"禅茶一味"的文化硕果。唐代有赵州禅师(778~897),法号从谂,南泉普愿的法嗣,禅宗六祖慧能之后

---

① 《诗经·谷风》云:"谁谓荼苦,其甘如荠。"这里的"荼",是"茶"的古字。
② 参见〔唐〕皎然《饮茶歌诮崔石使君》:"一饮涤昏寐,情思朗爽满天地。再饮清我神,忽如飞雨洒轻尘。三饮便得道,何须苦心破烦恼。"
③ 参见〔唐〕卢仝《走笔谢孟谏议寄新茶》:"一碗喉吻润,两碗破孤闷。三碗搜枯肠,唯有文字五千卷。四碗发轻汗,平生不平事,尽向毛孔散。五碗肌骨清,六碗通仙灵。七碗吃不得也,唯觉两腋习习清风生。"
④ 〔宋〕苏轼:《游诸佛舍,一日饮酽茶七盏,戏书勤师壁》。
⑤ 〔宋〕高似孙撰:《纬略》卷四《茶》。
⑥ 〔明〕徐𤊹:《徐氏笔精》卷八。

的第四代传人。他于唐大中十一年(857)至河北赵州观音院(即今柏林禅寺),在此弘法40年,接引信众无数,"吃茶去"①的开示语也成为了有名的禅宗公案。其时雅意栖禅者,都倾心饮茶,以领略佛法的清净三昧。明清年间医学家卢之颐(1599~1664)撰《本草乘雅半偈》,就说饮茶之妙在于:

> 正欲先使人涤净烦恼,蠲除心渴,扫却黑暗,远离颠倒。然后如法点瀹,领略瓯牺,两腋生风,岂非羽翰?实以形骸中既空一切,原是轻身换骨之人,茗碗策勋,理实可信。读子瞻茶谱者,当作如是观。②

就中国文学而言,唐诗、宋词一直被视为古典文学的两大高峰,这一时期文人与佛教交涉甚深。与两晋南北朝时的情况不同的是,受益于早期佛典的大量翻译,以及前朝诸帝王对佛教的大力扶持,唐宋文人对佛典的学习与领悟已有相当的思想根基和生活体验。隋唐宗派佛教兴起,禅宗的教理教义对文人思想和创作的启发更是深刻。金代元好问曾以"诗是禅客添花锦,禅是诗家切玉刀"③来描述诗与禅之间在中国相互作用、相互影响的关系。

北宋后期,中国文坛出现了以黄庭坚(1045~1105)为中心的诗歌流派。因黄庭坚是江西人,诗人中有不少也来自江西,故又称"江西诗派"。其文学主张是"点铁成金""夺胎换骨"之说。张伯伟曾以《祖堂集》卷二《慧可禅帅》的"换骨"故事为例,推测云:"'夺胎换骨'之说,其实也可能是出于禅宗。"④此诗派代表人物之一的陈

---

① 师问新到:"曾到此间么?"曰:"曾到。"师曰:"吃茶去。"又问僧,僧曰:"不曾到。"师曰:"吃茶去。"后院主问曰:"为什么曾到也云吃茶去,不曾到也云吃茶去?"师召院主,主应诺。师曰:"吃茶去。"(参见〔明〕瞿汝稷集:《指月录》卷十一,《续藏经》第83册,第522页下)
② 〔明〕卢之颐:《本草乘雅半偈》卷七。
③ 〔金〕元好问:《答俊书记学诗》。
④ 张伯伟:《禅与诗学》,浙江人民出版社,1992年,第48页。

师道(1053~1102)有首《次韵答秦少章》诗,其中两句是"学诗如学仙,时至骨自换"①。这里的"换骨",还是道教意义上的用语。

文学诗歌的"换骨"说,定义来自宋代诗僧惠洪(1071~1128)。他在其所撰《冷斋夜话》中云:

> 山谷(指黄庭坚)云:诗意无穷,而人之才有限。以有限之才,追无穷之意,虽渊明(指陶渊明)、少陵(指杜甫)不得工也。然不易其意,而造其语,谓之换骨法。窥入其意,而形容之,谓之夺胎法。②

惠洪把"不易其意,而造其语",称为"换骨法",意思是不改变原意,但采用新的词汇来表达。如有首古诗:"芦花白间蓼花红,一日秋江惨憺中。两个鹭鸶相对立,几人唤作水屏风。"惠洪认为:"然其理可取,而其词鄙俚。余为改之,曰换骨法。"③遂改写成:"芦花蓼花能白红,数曲秋江惨憺中。好是飞来双白鹭,为谁妆点水屏风。"对于古人翻用前人诗句作诗的这种方法,明代人曾总结道:"因识古之诗人用前人语,有翻案法、有伐材法、有夺胎法、有换骨法。翻案者,反其意而用之,东坡特妙此法。伐材者,因其语而新之矣,益加莹泽。夺胎、换骨,则宋人诗话详之矣。"④明末高僧莲池法师曾以"换骨"为题,拟陈师道之诗句。他说:

> 陈后山(即陈师道)云学诗如学仙,时至骨自换。予亦云:学禅如学仙,时至骨自换。故学者不患禅之不成,但患时之不

---

① 〔宋〕陈师道:《次韵答亲少章》。
② 〔宋〕释惠洪:《冷斋夜话》卷一《换骨夺胎法》。
③ 〔宋〕惠洪著,觉慈编录:《石门文字禅》卷十六《七言绝句》,《嘉兴藏》第23册,第649页下。
④ 〔明〕杨慎:《丹铅总录——总论》卷十二。

至;不患时之不至,但患学之不勤。①

由上可知"换骨"一说与中国佛、道二教均有关涉。

慧可的"换骨"故事看似离奇,却引发中国禅文化与茶文化以及文学诗歌的互动,从中也可窥见佛、道两教在中土相互影响、彼此作用催生出的文化繁荣。

二、慧可的断臂求法故事及流传效应

慧可断臂求法之事,在佛教界广为流传。他的手臂到底是自己斫断以表求法决心的,还是遇贼不幸被砍断的呢?关于此事的记载,唐及五代史籍就已出现分歧。兹将这些记载摘录如下:

> 遭贼斫臂,以法御心,不觉痛苦。火烧斫处,血断帛裹,乞食如故,曾不告人。②

> 大师当从容谓曰:"尔能为法舍身命不?"惠可断其臂,以验诚恳。(案:余传云,被贼斫臂,盖是一时谬传耳)自后始密以方便开发,便开发皆师资……③

> 大师曰:"夫求法者不以身为身,不以命为命方得也。"禅师

---

① 《云栖法汇》卷十二《竹窗随笔》,《嘉兴藏》第33册,第25页下。
② 〔唐〕道宣:《续高僧传》卷十六,《大正藏》第50册,第551页下。
③ 〔唐〕杜朏:《传法宝纪》卷一,《大正藏》第85册,第1291页下。杨曾文先生校写的《敦煌新本六祖坛经》所引《传法宝纪》的记载与之不同,云:"(慧可)年四十,方遇达摩大师,深求至道,六年勤恳,而精心专竭,始终如初闻。大师言:'能以身命,为法不吝。'便断其左臂,颜色不异,有若遗土。大师知堪闻道,乃方便开示,即时其心直入法界。"此中并无案中注文。(参见杨曾文校写:《敦煌新本六祖坛经》,上海古籍出版社,1993年,第165页)

乃雪立而数宿,断臂而无顾,投地碎身,策求开示。①

可遇贼断其臂,以法御心,初无痛恼。②

达摩传慧可,慧可尝断其左臂,以求其法。③

净修禅师赞曰:二祖硕学,操为坚礭,心贯三乘,顶奇五岳。天上麒麟,人间鸳鸯,断臂立雪,混而不浊。④

从以上记载可知,说慧可是遭贼斫臂的,有道宣的《续高僧传》和神清的《北山录》;而说慧可是自断臂以求法的,有杜朏的《传法宝纪》、最澄的《血脉谱》、刘昫的《旧唐书》以及静、筠二禅师的《祖堂集》。

日本忽滑谷快天在其所著《中国禅学思想史》中,对道宣此说予以了质疑。他的理由是"依《传灯录》(指北宋释道原所纂《景德传灯录》)卷三,慧可之参达磨立雪中不动,断臂不惜身命以求法。据《续高僧传》卷十九遇贼斫臂云。《续高僧传》依何史料不可知,《传灯录》则据法琳之碑者也"⑤。除了法琳碑,忽滑谷快天又引证了《少林寺志》所载唐顾少连《少林寺厨库记》文:"跋陀之经始灵塔,劫火焚指,昑泉流使之西注。稠公挥杖而二兽解斗,惠可割臂而三

---

① 〔唐〕最澄:《内证佛法相承血脉谱》,转引自[日]忽滑谷快天撰,朱谦之译,杨曾文导读:《中国禅学思想史》,上海古籍出版社,2002年,第101页。
② 〔唐〕神清撰,(北宋)慧宝注:《北山录》卷六,《大正藏》第52册,第610页上。
③ 〔后晋〕刘昫等撰:《旧唐书》卷一百九十一,中华书局,1975年,第5109页。
④ 〔南唐〕静、筠二禅师编撰,孙昌武、[日]衣川贤次、[日]西口芳男点校:《祖堂集》,中华书局,2007年,第108~109页。
⑤ [日]忽滑谷快天撰,朱谦之译,杨曾文导读:《中国禅学思想史》,上海古籍出版社,2002年,第100页。

业息尘。"①此记由唐代崔溉于贞元十四年(798)书。应该说,他的证据还是颇有说服力的。不过,我国佛教研究学者陈垣在其所著《中国佛教史籍概论》卷五《宝林传》中已指出:

> 同卷又有二十九祖(即东土二祖)可大师碑,题唐内供奉沙门法琳撰,法琳见《续高僧传》二十四,又有唐彦悰撰《法琳别传》。法琳未闻掌内殿道场,何云内供奉。据赞宁《僧史略》,内供奉授僧,始自唐肃宗,唐初何能有内供奉沙门,此谬之显然者。且法琳著述存于今者,尚有《破邪论》、《辩正论》等,其风格绝与可大师碑文不类。
> 碑又有"东山之法,于是流焉"之句。因东土四祖信与五祖忍,并曾住蕲州东山寺,后人始目其法为东山法门。四祖卒于永徽二年,五祖卒于高宗上元二年,琳先以贞观十四年卒,何能于二祖碑预有东山法门之语,此皆不足信者也。②

陈先生认为《宝林传》所记《法琳碑》不足信,这等于否定了忽滑谷快天的证词。而在《太平广记》卷九十一《异僧五·法琳》引《感通记》中,有一则记录或许可以解开忽滑谷快天对道宣和法琳所记全然不同的疑惑:

> 唐武德中,终南山宣律师修持戒律,感大人韦将军等十二人自天而降,旁加卫护。内有南天王子张玚,常侍于律师。时法琳道人饮酒食肉,不择交游,坐有事了。律师在城内,法琳过之,律师不礼焉。天王子谓律师曰:"自以为何如人?"律师曰:"吾颇圣也。"王子曰:"师未圣,四果人耳。法琳道人即是圣

---

① [日]忽滑谷快天撰,朱谦之译,杨曾文导读:《中国禅学思想史》,上海古籍出版社,2002年,第101页。
② 陈垣:《中国佛教史籍概论》,中华书局,1962年,第109页。

二祖慧可行迹三题 277

人。"律师曰："彼破戒如此,安得为圣?"王子曰："彼菩萨地位,非师所知。然彼更来,师其善待之。"律师乃改观。后法琳醉,猝造律师,直坐其床,吐于床下。臭秽虽甚,律师不敢嫌之。因以手攫造功德钱,纳之袖中径去,便将沽酒市肉。钱尽复取,律师见即与之。后唐高祖纳道士言,将灭佛法。法琳与诸道士竞论,道士惭服。又犯高祖龙颜,固争佛法。佛法得全,琳之力也。佛经护法菩萨,其琳之谓乎![1]

释法琳(572~640)和释道宣(596~667)都生活在5至6世纪。释法琳俗姓陈,颖川人。远祖隋官,寓居襄阳。内外兼学,善《庄》《老》。武德初,住京师济法寺。适逢傅奕上表废法,与之大辩,大有功于佛法。贞观初,居终南山龙田寺为寺主。贞观三年(629)被召入京从事翻经工作。贞观十三年(639)因所著获罪下狱。次年卒,时年六十九。释道宣俗姓钱,吴兴人。尤工律藏。唐武德七年之后,入住终南山,开始整理著述。两者都有终南山居住之经历,但从时间上分析,似未能有交集。然而,《广弘明集》卷二十五收录有释道宣的《叙高祖皇帝问出家损益诏表》,其中云:

> 武德四年,有太史令傅奕者,先是黄巾,深忌缁服。既见国家别敬,弥用疚心,乃上废佛法事,十有一条……有济法寺沙门襄阳释法琳,愤激傅词,侧听机候,承有斯问,即陈对曰……[2]

表明道宣对法琳的事情颇为了解。《太平广记》这条记录文末记明引自《感通记》,由于道宣撰有《感通记》(又名《道宣律师感通录》《律师感通传》《感天侍传》)一卷,故疑此记录即为道宣本人所记。

对于僧家所撰僧史,如慧皎的《高僧传》、道宣的《续高僧传》、

---

[1] 《太平广记》卷九十一《异僧·法琳》。
[2] 《广弘明集》卷二十五《叙高祖皇帝问出家损益诏表》,《四库丛刊》本。

赞宁的《宋高僧传》,北宋诗僧惠洪所撰《石门文字禅》里曾有评论。在《题修僧史》中,惠洪告诫年轻的小沙门们,要多看僧史,了解前辈所言。但有位小和尚却抱怨道:"僧史自惠皎、道宣、赞宁而下,皆略观矣。然其书与史记、两汉南北史、唐传大异,其文杂,烦重如户婚斗讼按检。"①而惠洪也在《题佛鉴僧宝传》中说出了他对前辈所撰僧史的看法:

  禅者精于道,身世两忘,未尝从事于翰墨,故唐宋僧史皆出于讲师之笔。道宣精于律,而文词非其所长,作禅者传如户婚按检。赞宁博于学,然其识暗,以永明为兴福,岩头为施身;又聚众碣之文为传,故其书非一体,予甚悼惜之。②

惠洪以"作禅者传如户婚按检"来评价道宣之作,台湾黄启江对此推测云:"说道宣之著作如'户婚按检',可能是道宣之文太琐碎之故,而其文词繁复,佶屈聱牙,可能是因四文文体不若古文清晰可读之故。"③然笔者有不同意见:所谓"如户婚按检",指的是以户律规定婚姻、户籍、赋税等,按此检查落实。此户婚律,自汉代推行《九章律》,历经三国、两晋、南北朝,至隋唐,到宋代,户婚律都存在。如隋制新律十二章五百条,其中"四曰户婚"④;宋代的户婚律则见载于《宋刑统》。律令旨在处理不同情况时,均能有法可依。因而无论是小和尚的抱怨,还是惠洪的评价,其实都说明了道宣撰著的严肃性,即谨守史实,缺乏大胆的文学创造。以道宣享有的"宣之持律,声振竺乾;宣之编修,美流天下"⑤的世誉,加之佛教中"出家人不打诳语"

---

① 〔宋〕惠洪著,觉慈编录:《石门文字禅》,《嘉兴藏》第23册,第700页上。
② 〔宋〕惠洪著,觉慈编录:《石门文字禅》,《嘉兴藏》第23册,第705页上。
③ 参见黄启江:《僧史家惠洪与其"禅教合一"观(上)》,《大陆杂志》1991年4月,第147页。
④ 〔唐〕李林甫等撰,陈仲夫点校:《唐六典》卷六,中华书局,第180页。
⑤ 〔宋〕赞宁等撰:《宋高僧传》卷十四,《大正藏》第50册,第790页中。

的戒律,我们更有理由相信,道宣所记慧可之事,才是符合实情的。

从东晋南北朝至隋唐宋时期,受佛陀本生舍己故事以及《法华经》中药王菩萨烧身供佛成佛的信仰所引导,佛教史上自毁形骸者,诸如烧身的、断臂的、燃指燃臂的、投水的、以刀自刎的,可谓不绝于史。① 唐代反佛斗士韩愈(768~824)写作《谏迎佛骨表》文,曾对唐懿宗欲迎佛骨发表意见说:"若不即加禁遏,更历诸寺,必有断臂脔身以为供养者。"②另据史料记载,唐元和六年(811)佛教华严五祖圭峰宗密前往东都洛阳,礼祖塔,驻锡永穆寺。时宗密在永穆寺讲经,"听徒中有泰恭者,不胜庆遇,断臂酬恩"③。永穆寺是慧可出家之所,泰恭在此断臂,不排除受慧可故事之影响。如果说唐代僧人关于慧可是自断臂还是遭贼斫臂时有议论的话,宋代则普遍接受慧可为求法而自断其臂的说法。如北宋晁迥所撰《法藏碎金录》卷一云:

> 释迦氏舍去王宫,入雪山修道六年而成,不恋富贵之乐,其果决也如此。慧可断臂,立雪求法于达摩,不顾支体之苦,其恳切也又如此。因原佛理精,真殊胜可归仗也,何如哉!④

又如宋代释普济所撰《五灯会元》卷一云:"光(指慧可)闻祖诲励,潜取利刀,自断左臂,置于祖前。"⑤南宋普庵印肃禅师也对慧可此举大为赞叹,其《赞三十六祖颂》之《第二十九慧可大祖禅师》云:

---

① 可参看《高僧传·遗身篇》《续高僧传·遗身篇》以及《宋高僧传·遗身篇》。
② 〔后晋〕刘昫等撰:《旧唐书》卷一百六十,中华书局,1975年,第4200页。
③ 〔清〕续法编:《起信论疏记会阅》卷一,《续藏经》第45册,第539页下。
④ 〔宋〕晁迥撰:《法藏碎金录》卷一,《四库全书》本。
⑤ 〔宋〕普济撰:《五灯会元》卷一,《续藏经》第80册,第40页中。

直截猛利,立雪断臂。千古万古,丈夫意气。咄!①

至明代徐应秋撰述《玉芝堂谈荟》,则仍将两种说法一并记录:

　　慧可二祖断臂,《传灯录》以为断臂求法,置达摩前。《续高僧传》则云,共□经像,遭贼断臂,以法御心,不觉痛楚。②

因为唐代已有部分典籍把慧可的"遭贼斫臂"演绎成"为法忘躯",其后历代都深为慧可"断臂以求法"的故事所感动。日本室町时代的画家雪舟晚年特绘《慧可断臂图》,也因此颇负盛名。

三、慧可的法嗣传人

　　慧可晚年流落在邺都、舒州皖公山等地。他在邺都传法三十四年,然遭遇界内人士的抵制和迫害。慧可的嗣法弟子中,最有名者是后来称为禅宗三祖的僧璨。然而,唐代道宣的《续高僧传》之慧可本传中,并未提到僧璨,记录的慧可系的弟子是:

1.向居士。传云:"于天保之初,道味相师,致书通好。"③

2.化公、彦公、和禅师等。传云:"各通冠玄奥,吐言清迥,托事寄怀。"④

3.那禅师。传云:"俗姓马,年二十一,居东海讲《礼》《易》。行学四百,南至相州,遇可说法,乃与学士十人出家受道。"⑤

4.慧满,荥阳人,俗姓张。原住相州隆化寺,遇那禅师说法,受其道。后那禅师以慧可为师,他应是随行受道者之一。故道宣记

---

① 《普庵印肃禅师语录》卷二,《续藏经》第69册,第403页下。
② 〔明〕徐应秋撰:《玉芝堂谈荟》卷六《乘槎入汉》。
③ 〔唐〕道宣撰:《续高僧传》卷十六,《大正藏》第50册,第552页上。
④ 〔唐〕道宣撰:《续高僧传》卷十六,《大正藏》第50册,第552页中。
⑤ 〔唐〕道宣撰:《续高僧传》卷十六,《大正藏》第50册,第552页下。

为,"斯徒并可之宗系"①。

不过,在晚年所撰《法冲传》里,道宣对慧可的法嗣给予了补充。此传中写道:

> 可禅师后,粲禅师、惠禅师、盛禅师、那老师、端禅师、长藏师、真法师、玉法师(已上并口说玄理,不出文记)。可师后,善师(出抄四卷)、丰禅师(出疏五卷)、明禅师(出疏五卷)、胡明师(出疏五卷)。②

这是说慧可的法嗣传人除了以上所记数人,还有僧璨、惠禅师、盛禅师、那老师、端禅师、长藏师、真法师、玉法师、善师、丰禅师、明禅师、胡明师十二人。

《传法宝纪》则记载慧可在邺都的弟子有向居士、化公、廖公禅师,以及僧璨:

> 后魏天平中,游邺卫,多所化度……时有向居士、化公、廖公禅师,咸因得本心,皆任道用。自后门人滋广,开悟甚多。临终谓弟子僧璨曰:"吾身法而受传嘱,今以付汝,汝当广劝开济。亦以《楞伽经》与人手传。"③

考虑到慧可晚年在北方邺都传法的种种遭遇,亲近他的人能留下事迹的并不多。道宣所记,不少人仅存称号,具体事迹难以详究。

宋代释契嵩的《传法正宗记》仅记慧可旁出法嗣三人:那禅师、向居士、慧满禅师。④ 而明代瞿汝稷所集《指月录》则将慧可的法嗣

---

① 〔唐〕道宣撰:《续高僧传》卷十六,《大正藏》第50册,第552页下。
② 〔唐〕道宣撰:《续高僧传》卷二十五,《大正藏》第50册,第666页中。
③ 杨曾文校写:《敦煌新本六祖坛经》,上海古籍出版社,1993年,第165页。
④ 〔宋〕契嵩撰:《传法正宗记》卷九,《大正藏》第51册,第764页中。

减至两人:那禅师、向居士,连僧璨都不提了。①

慧可虽有心"继阐玄风,博求法嗣"②,但诚如日本镰田茂雄所云:"从前在邺都受到同门佛教徒的排斥,到了晚年又横遭国家权势的压迫,慧可的一生,予人所见得到的都是在流离和迫害频仍中过活。"③故道宣《僧传》所记慧可"流离邺卫,亟展寒温,道竟幽而且玄,故末绪卒无荣嗣"④,此语确属客观。

(谭洁,湖北工程学院政治与法律学院教授)

---

① 〔明〕瞿汝稷集:《指月录》卷一,《续藏经》第83册,第397页下。
② 〔宋〕普济撰:《五灯会元》卷一,《续藏经》第80册,第43页下。
③ 〔日〕镰田茂雄著,关世谦译:《中国禅》,深圳弘法寺印行,2008年,第45页。
④ 〔唐〕道宣撰:《续高僧传》卷十六,《大正藏》第50册,第551页下。

禅宗二祖慧可大师三事记

释佛心

前言

慧可大师，亦名僧可，得初祖达摩大师之精髓，秉受衣钵、接其法脉者唯慧可大师一人也。因此，慧可大师实为中国禅宗第一人，在中国佛教史上，被尊为东土禅宗二祖。

慧可大师之事迹，始见于道宣律师所著《续高僧传》。其后，《五灯会元》《楞伽师资记》《历代法宝记》《祖堂集》《景德传灯录》《传法正宗记》《佛祖统记》《佛祖历代通载》等书均有记载和转述，学界以道宣律师的《续高僧传》为最早，故尚崇信。

在各史传中，关于慧可大师"立雪断臂""遭受迫害"和"不择处所调心"之说，皆有各自不同之记载。究竟孰是孰非，未有定论，余则根据史传文献，将慧可大师一生中有种种异说之处，呈现出来，仅作参考而已，以便诸君更好地研究慧可大师。

一、断臂之说

关于慧可大师断臂之说,有如下几种记载:

1.遭贼斫臂之说

《续高僧传》①所云:"初,达摩禅师以四卷《楞伽》授可,曰:'我观汉地,惟有此经,仁者依行,自得度世。'可专附玄理,如前所陈,遭贼斫臂,以法御心,不觉痛苦,火烧斫处,血断帛裹,乞食如故,曾不可人。"②

2.断臂求法之说

《唐内供奉沙门法琳撰碑文》上曰:"(神光)禅师年逾四十,方始遇也,不舍昼夜,精进九年。大师曰:'夫求法者,不以身为身,不以命为命,方可得也。'禅师乃雪立数霄,断臂而无顾,投地碎身,营求开示。大师乃喜曰:'我心将毕,大教已行,一真之法,尽可有矣!'"③

《楞伽师资记》④所载:"吾本发心时,截一臂,从初夜雪中立,直至三更,不觉雪过于膝,以求无上道。"⑤

《历代法宝记》⑥所载:"初事大师,夜于大师前立,其夜大雪,至腰不移。大师曰:'夫求法者,不贪躯命。'遂截一臂,乃流白乳。大师默传心契,付袈裟一领。"⑦

---

① 《续高僧传》或名为《唐高僧传》,系道宣撰,共三十卷,成书于唐高宗时期,早于《景德传灯录》150年左右。
② 《续高僧传》,《高僧传合集》,上海古籍出版社,1991年,第232页。
③ 《宝林传·唐内供奉沙门法琳撰碑文》,《禅宗全书》第1册,北京图书馆出版社,2004年,第321~322页。
④ 《楞伽师资记》系唐净觉撰,净觉为8世纪人,该书成书于708年。
⑤ 《楞伽师资记》,《禅宗全书》第1册,北京图书馆出版社,2004年,第9页。
⑥ 《历代法宝记》系唐佚名撰,共三卷,成书于代宗与德宗年间,即766~790年间。
⑦ 《历代法宝记·北齐朝第二祖慧可禅师》,《禅宗全书》第1册,北京图书馆出版社,2004年,第46页。

《祖堂集》①所载:"大师自到东京,有一僧名神光,昔在洛中,久传《庄》《老》,年逾四十,得遇大师,礼事为师,从至少林寺。每问于师,师并不言说。又自叹曰:'古人求法,敲骨取髓,刺血图像,布发掩泥,投崖饲虎,古尚如此,我何惜焉?'时大和十年十二月九日,为求法故,立经于夜,雪乃齐腰。天明,师见问曰:'汝在雪中立,有如何所求耶?'神光悲啼,泣泪而言:'唯愿和尚开甘露门,广度群品。'师云:'诸佛无上菩提,远劫修行。汝以小意而求大法,终不能得。'神光闻是语已,则取利刀,自断左臂,置于师前。师语神光云:'诸佛、菩萨求法,不以身为身,不以命为命。汝虽断臂,求法亦可在。'遂改神光名为惠可。又问:'请和尚安心?'师曰:'将心来,与汝安心。'进曰:'觅心了不可得。'师曰:'觅得岂是汝心?与汝安心竟。'达摩语惠可曰:'为汝安心竟,汝今见不?'惠可言下大悟。"②

《双峰山曹侯溪宝林传》③所载:"(神光)年逾四十,始遇菩提达摩,礼事为师,从达摩行至少林寺,每问大师,师不言说。又自叹曰:'昔人求法,敲骨取髓,刺血图像,布发掩泥,投崖饲虎,古人如此,我何藉焉?'时太和十年十二月九日为求胜法,立经于宿,雪齐至腰,天明,大师见而问曰:'汝在雪中立有何事?'是时,神光悲泣而言曰:'惟愿和尚大慈大悲,开甘露门,广度群品,是所愿也。'达摩告曰:'诸佛无上菩提,旷劫修行。汝不以小意欲求大法,终不能得。'时,神光闻是语已,即取利刀,自断左臂,置达摩前。达摩语神光曰:'诸佛菩萨不以身为身,不以命为命,汝虽断臂,求亦可在。'达摩遂改神光字惠可。侍奉左右经八九年。"④

---

① 《祖堂集》系五代末静、筠二禅德所编辑,共二十卷,成书于952年。
② 《佛光大藏经·禅藏·史传部·祖堂集》卷二,佛光出版社,1994年,第92~93页。
③ 《双峰山曹侯溪宝林传》系唐智矩所撰,共十卷,成书早于《景德传灯录》和《传法正宗记》。
④ 《宝林传·达摩行教游汉土章布六叶品第三十九》,《禅宗全书》第1册,北京图书馆出版社,2004年,第308页。

《双峰山曹侯溪宝林传》所载:"神光大师,乃凑玄旨,遂礼辞近,随而从之,不经旬日,至少林寺,频有扣门,师不发机。复于一夜中庭雪立,大师乃见而问之曰:'汝在雪中立有何事?'神光悲泣而言曰:'惟愿和尚大慈大悲,开甘露门,广度群品,是所愿也。'达摩告曰:'诸佛无上菩提,旷劫修行。汝不以小意欲求大法,终不能得。'神光闻是语已,即取利刀,自断左臂,置达摩前。达摩大师乃喜曰:'一真之法尽可有矣!语曰:诸佛菩萨不以身为身,不以命为命,汝虽断臂,求亦可在。'是时,达摩大师遂改神光字惠可,侍奉左右,经于九年。"①

《景德传灯录》②上云:"时有僧神光者,旷达之士也,久居伊洛,博览群书,善谈玄理,每叹曰:'孔老之教,礼术风规;《庄》《易》之书,未尽妙理。近闻达摩大士住止少林,至人不遥,当造玄境。'乃往彼,晨夕参承。师常端坐面墙,莫闻诲励。光自惟曰:'昔人求道,敲骨取髓,刺血济饥,布发掩泥,投崖饲虎,古尚若此,我又何人?'其年十二月九日夜,天大雨雪,光坚立不动。迟明,积雪过膝,师悯而问曰:'汝久立雪中,当求何事?'光悲泪曰:'惟愿和尚慈悲,开甘露门,广度群品。'师曰:'诸佛无上妙道,旷劫精勤,难行能行,非忍而忍,岂以小德小智,轻心慢心,欲冀真乘?徒劳勤苦!'光闻师诲励,潜取利刀,自断左臂,置于师前。师知是法器,乃曰:'诸佛最初求道,为法忘形,汝今断臂吾前,求亦可在。'师遂因与易名曰慧可。光曰:'诸佛法印,可得闻乎?'师曰:'诸佛法印,匪从人得。'光曰:'我心未宁,乞师与安。'师曰:'将心来,与汝安。'曰:'觅心了不可得。'师曰:'我与汝安心竟。'"③

---

① 《宝林传·第二十九祖可大师章断臂求法品第四十》,《禅宗全书》第1册,北京图书馆出版社,2004年,第318页。
② 《景德传灯录》系原撰,共三十卷,成书于1004~1007年间。
③ 《佛光大藏经·禅藏·史传部·景德传灯录》卷三,佛光出版社,1994年,第100页。

《传法正宗记》①上云:"洛有沙门,号神光者,其为人旷达混世,世亦以为不测之人。及闻尊者风范尊严,乃曰:'至人在兹,吾往师之。'光虽事之尽礼,尊者未始与语。光因有感曰:'昔人求道,乃忘其身,今我岂有万分之一。'其夕,会雪大作,光立于砌,及晓而雪过其膝。尊者顾光曰:'汝立雪中,欲求何事?'神光泣而告曰:'惟愿和尚以大悲智,开甘露门,广度我辈。'尊者谓之曰:'诸佛无上妙道,虽旷劫精勤,能行难行,能忍难忍,尚不得至,岂此微劳小效而辄求大法。'光闻,诲,乃潜以刃,自断左臂,置之其前。尊者复请光曰:'诸佛最初求道,为法忘形,汝今断臂吾前,求亦可在,求亦可在。'光复问曰:'我心未宁,乞师与安。'尊者曰:'将心来,与汝安。'曰:'觅心了不可得。'答曰:'与汝安心竟。'光由是有所契悟,尊者遂易其名曰慧可。"②

《佛祖历代通载》③云:"有僧神光者,因神人发起来见师。师端坐不顾,会天大雪,光立雪中,至积雪过膝。师悯而问曰:'汝久立雪中,求何事耶?'光曰:'唯愿大慈,开甘露门,广度群品。'师:'诸佛无上妙道,旷劫难逢,岂小德小智、轻心慢心,欲冀真乘,徒劳勤苦。'光闻诲励,喜不自胜,即以利刀,自断左臂,置于师前。师曰:'诸佛最初求道,重法忘身,汝今断臂吾前,求亦可矣。'光承其言即易名惠可。复问曰:'诸佛法印,可得闻乎。'师曰:'诸佛法印,匪从人得。'曰:'我心未宁,乞师与安。'师曰:'将心来,与汝安。'可曰:'觅心了不可得。'师曰:'与汝安心竟。'"④

《五灯会元》⑤所载:"时有僧神光者,旷达之士也。久居伊洛,

---

① 《传法正宗记》系宋契嵩所撰,共十卷,成书于1062年。
② 《传法正宗记》卷五,《禅宗全书》第3册,北京图书馆出版社,2004年,第488~489页。
③ 《佛祖历代通载》系念常撰,共二十二卷,成书晚于《景德传灯录》。
④ 《佛祖历代通载》卷十,《续藏经》第132册,新文丰出版股份有限公司,1987年,第403页。
⑤ 《五灯会元》系宋普济撰,计二十卷。

博览群书,善谈玄理。每叹曰:'孔老之教,礼术风规,《庄》《易》之书,未尽妙理。近闻达摩大士住止少林,至人不遥,当造玄境。'乃往彼,晨夕参承。祖常端坐面壁,莫闻诲励。光自惟曰:'昔人求道,敲骨取髓,刺血济饥,布发掩泥,投崖饲虎,古尚若此,我又何人?'其年十二月九日夜,天大雨雪。光坚立不动,迟明,积雪过膝。祖悯而问曰:'汝久立雪中,当求何事?'光悲泪曰:'惟愿和尚慈悲,开甘露门,广度群品。'祖曰:'诸佛无上妙道,旷劫精勤,难行能行,非忍而忍。岂以小德小智、轻心慢心,欲冀真乘,徒劳勤苦。'光闻祖诲励,潜取利刀,自断左臂,置于祖前。祖知是法器,乃曰:'诸佛最初求道,为法忘形,汝今断臂吾前,求亦可在。'祖遂因与易名曰慧可。可曰:'诸佛法印,可得闻乎?'祖曰:'诸佛法印,匪从人得。'可曰:'我心未宁,乞师与安。'祖曰:'将心来,与汝安。'可良久曰:'觅心了不可得。'祖曰:'我与汝安心竟。'"①

3.小结

从以上引文来看,慧可大师其断臂之原因有二:一是遭贼斫臂,二是断臂求法。然而,前者唯有《续高僧传》一书中有记载此说,而余者史传均为断臂求法之说。又,在述说断臂为左臂还是右臂之际,自断左臂者有《宝林传》《祖堂集》《景德传灯录》《传法正宗记》《佛祖历代通载》及《五灯会元》等六部史传上有此说明,余者史传中只言"断臂"一语,就连《续高僧传》也没有加以说明断其左臂还是断其右臂。

考其断左臂还是右臂,已不重要,其重要的乃是慧可大师断臂实有所载。余较为同意印顺导师之说法:"《传法宝纪》说:慧可为了求法,不惜身命,自'断其左臂,颜色尤异'。……这是从昙林序的'感其精诚',及慧可失臂而来的不同传说,表现了求法不惜身命的大乘精神。"②

---

① 《五灯会元》卷一,中华书局,1984年,第44页。
② 印顺著:《中国禅宗史》,江西人民出版社,2007年,第20页。

二、迫害之说

慧可大师遭受迫害之说,在史传中有如下记载:

1.道恒指其为魔说而遭受迫害

《续高僧传》所载:"时有道恒禅师,先有定学王宗邺下,徒侣千计。承可说法,情事无寄,谓是魔语。乃遣众中通明者,来殄可门。既至,闻法泰然心服,悲感盈怀,无心返告。恒又重唤,亦不闻命,相从多使,皆无返者。他日遇恒,恒曰:'我用尔许功夫,开汝眼目,何因致此诸使。'答曰:'眼本自正,因师故邪耳。'恒遂深恨谤恼于可。货赇俗府,非理屠害,初无一恨,几其至死。"①

2.遭菩提流支三藏、光统律师徒党所害

《历代法宝记》上所云:"被菩提流支三藏、光统律师徒党,欲损可大师。师付嘱僧璨法已,入司空山隐。可大师后佯狂,于四衢城市说法,人众甚多。菩提流支徒党,告可大师云:'妖异。'奏敕,敕令所司,推问可大师。大师答:'承,实妖。'所司知众疾,令可大师审,大师确答:我实妖。敕令城安县令翟冲侃依法处刑。可大师告众人曰:'我法至第四祖,化为名相。'语已悲泪,遂示形,身流白乳,肉色如常。所司奏帝,帝闻悔过,此真菩萨。举朝发心,佛法再兴。"②

3.遭辩和的嫉妒而被害

《祖堂集》上所载:"时有辩和法师,于邺都管城安县匡救寺讲《涅槃经》。是时,大师至彼寺门说法,集众颇多,法师讲下人少。辩和怪于师,遂往县令翟仲侃说之:'彼邪见道人,打破讲席。'翟令不委事由,非理损害而终。"③

《双峰山曹侯溪宝林传》上所载:"有辩和法师于邺都管城安县

---

① 《续高僧传》卷十六,《高僧传合集》,上海古籍出版社,1991年,第231~232页。
② 《历代法宝记·北齐朝第二祖慧可禅师》,《禅宗全书》第1册,北京图书馆出版社,2004年,第47页。
③ 《佛光大藏经·禅藏·史传部·祖堂集》卷二,佛光出版社,1994年,第100页。

匡教寺,讲《涅槃经》。是时,大师至彼,寺门说法,集众巨多,法师讲下人却衰少。时辩和法师再三怪于大师,遂于县令翟仲侃言之,云彼邪见道人,打破讲席,乱坏佛法,诳惑百姓。于时,翟令不委事由,非理损害而终。"①

《景德传灯录》所载:"又于管城县匡救寺三门下,谈无上道,听者林会。时有辩和法师者,于寺中讲《涅槃经》,学徒闻师阐法,稍稍引去。辩和不胜其愤,兴谤于邑宰翟仲侃。仲侃惑其邪说,加师以非法,师怡然委顺,识真者,谓之偿债。"②

《传法正宗记》所载:"初邺有僧曰辩和者,方聚徒讲《涅槃经》于筦城县之匡救寺。尊者每往其寺门与人演说,适会正朝众大从于可。辩和之徒亦为之迁,辩和愤之,寻谓其令翟仲侃曰:'慧可狂邪,颇诳惑人众,此宜治之。'仲侃听其言,乃取,加之酷刑,尊者因是而化。"③

《佛祖历代通载》所载:"于管城县匡救寺三门下谈无上道,听者云集。有辩和法师者,于寺中讲《涅槃经》,学徒闻师说稍稍别去。和不胜愤,兴谤于邑宰翟仲侃。侃惑其说,加师以非法,遂怡然委顺。"④

《五灯会元》上所载:"于管城县匡救寺三门下,谈无上道,听者林会。时有辩和法师者,于寺中讲《涅槃经》,学徒闻师阐法,稍稍引去。辩和不胜其愤,兴谤于邑宰翟仲侃。翟惑其邪说,加祖以非法,祖怡然委顺,识真者,谓之偿债。"⑤

---

① 《宝林传·第二十九祖可大师章断臂求法品第四十》,《禅宗全书》第1册,北京图书馆出版社,2004年,第320~321页。
② 《佛光大藏经·禅藏·史传部·景德传灯录》卷三,佛光出版社,1994年,第110页。
③ 《传法正宗记》卷六,《禅宗全书》第3册,北京图书馆出版社,2004年,第507页。
④ 《佛祖历代通载》,《续藏经》第132册,新文丰出版股份有限公司,1977年,第428页。
⑤ 《五灯会元》卷一,中华书局,1984年,第48页。

4.小结

纵观以上史传所载,关于慧可大师遭受迫害之说有三则不同:一则为道恒指其为魔说;一则为菩提流支一系所损;一则为辩和所嫉妒。然究其原因乃都是嫉妒慧可大师之故。对于慧可大师来说,并没有生起嗔恨之念,而此等之事只不过是"偿还业债"而已,若有嗔恨,岂有"身流白乳,肉色如常"之相?岂又有"帝闻悔过,此真菩萨"之说?

不论何种史传中指其为"魔",或言其为"妖",还是云彼为"邪见道人",对于慧可大师来说,如等之事皆为修持忍辱波罗蜜,这正体现了慧可大师实践大乘菩萨道之精神特色。

三、调心之说

"我自调心,何关汝事"乃是所列史传中皆为一致的观点,然以何处为"调心",史传中存有异说,如下文所述:

1.不择处所以调心

《祖堂集》所载:"(慧可)说此偈已,告璨曰:'吾往邺都还债。'便去彼所,化导群生,得三十四年。或在城市,随处任缘;或为人所使,事毕却还。彼所有智者,每劝之曰:'和尚是高人,莫与他所使。'师云:'我自调心,非关他事。'"[①]

《双峰山曹侯溪宝林传》所载:"(慧可)便往邺都,化导群品,三十四载。后而变行,复异寻常,或在城市,或于巷陌,不择处所,说法度人,或为人所使,事毕却往,彼有智者,每劝之曰:'和尚高人,莫与他使。'可大师曰:'我自调心,何关汝事。'"[②]

[①] 《佛光大藏经·禅藏·史传部·祖堂集》卷二,佛光出版社,1994年,第100页。
[②] 《宝林传·第二十九祖可大师章断臂求法品第四十》,《禅宗全书》第1册,北京图书馆出版社,2004年,第320页。

2. 入酒肆屠门以调心

《景德传灯录》所载:"即于邺都随宜说法,一音演畅,四众归依。如是积三十四载,遂韬光混迹,变易仪相,或入诸酒肆,或过于屠门,或习街谈,或随厮役。人问之曰:'师是道人,何故如是?'师曰:'我自调心,何关汝事。'"①

《传法正宗记》所载:"及可至邺下说法,人大化之。凡三十四载,一旦遽变节游息,不复择处,或厘或野,虽屠门酒家皆一混之。识者或规曰:'师高,流岂宜此为?'尊者曰:'我自调心,何关汝事。'"②

《佛祖历代通载》所载:"然吾亦有夙累,今要偿之。师于邺都,随宜行化,经三十四年,乃晦迹混俗,或过屠门,或入酒肆,有怪而问之者。答曰:'我自调心,非关汝事。'"③

《五灯会元》云:"(慧可)即往邺都随宜说法,一音演畅,四众皈依。如是积三十四载,遂韬光混迹,变易仪相。或入诸酒肆,或过于屠门,或习街谈,或随厮役。人问之曰:'师是道人,何故如是?'祖曰:'我自调心,何关汝事。'"④

3. 小结

依上述史传所载,《祖堂集》和《宝林传》并未言及"酒肆"或"屠门"之词,且就城市中或巷陌中,不择处所随缘度化众生;而《景德传灯录》《传法正宗记》《佛祖历代通载》和《五灯会元》有言及"酒肆"或"屠门",而且从内容上来看,《景德传灯录》和《五灯会元》的文字内容以及表述是相同的。然,慧可大师不论是在城市中,或在巷陌中,还是酒肆、屠门内,只不过是随缘度众,以此达到以"调心"为目

---

① 《佛光大藏经·禅藏·史传部·景德传灯录》卷三,佛光出版社,1994 年,第 110 页。
② 《传法正宗记》卷六,《禅宗全书》第 3 册,北京图书馆出版社,2004 年,第 507 页。
③ 《佛祖历代通载》,《续藏经》第 132 册,新义丰出版股份有限公司,1977 年,第 428 页。
④ 《五灯会元》卷一,中华书局,1984 年,第 48 页。

的的一种修持功夫。

至于《续高僧传》中并没有说到慧可大师或于城市,或于巷陌,或于酒肆,或于屠门,以此度生和调心之说,只是言及"可乃纵容顺俗,时惠清猷,乍托吟谣。或因情事,澄汰恒抱,写割烦芜,故正道远而难希,封滞近而易结,斯有由矣,遂流离邺卫,亟展寒温"①。如此可见,道宣律师的这段记文,文意上隐约不明,采取"为贤者讳"而不便明说。

四、结语

纵观史传记载,被尊为禅宗东土二祖的慧可大师,一生历经坎坷。然,慧可大师的圆寂之地的考究和禅学思想的研究,并未在本文中加以述说,只是就大师的"断臂""迫害"和"调心"之说,依据史传的不同记载,呈现于本文中,以此达到三个方面的说明:(1)慧可大师的断臂,表现了求法不惜身命的菩萨精神;(2)遭受迫害而不起嗔恨,表现了修持忍辱波罗蜜之大乘精神;(3)慧可大师不论入酒肆或是屠门,还是城市、巷陌,皆以"调心"为目的,并随缘度众。

慧可大师不论是在中国佛教史上,还是中国思想史上,都是一位具有重要影响力的人物,研究中国禅宗史,不可忽视对二祖慧可大师的研究,而大师具有坎坷一生的行迹,也不可不知晓。诚如赵朴老所说:"二祖是中国禅宗的初祖,达摩是印度人,慧可大师才是中国禅宗第一人,没有他就没有中国禅宗。"②

(释佛心,闽南佛学院讲师)

---

① 《续高僧传》卷十六,《高僧传合集》,上海古籍出版社,1991年,第232页。
② 参见台湾《安庆分讯》,1992年二、三期合刊,第26页。

二祖慧可在安徽传法略考

金小方

一、引言

随着当代学者对二祖慧可生平、传法活动的深入考证、研究,加上20世纪90年代二祖道场的修复工作的启动,他在安徽的传法活动图景变得清晰起来。学者代表论文如王晖《"大祖禅师"慧可考——兼论慧可在禅宗史上的地位与作用》①对慧可出生地、断臂原因、传衣传法的时间地点、圆寂地点等问题进行了考证,杨笑天《关于达摩和慧可的生平》②论述了慧可得法与隐居,汪同元《中国禅宗"成熟阶段"浅论——司空山在中国禅宗史上的地位》③根据二祖慧可在司空山的灵迹胜景分析了慧可避地司空山的原因与意义。

---

① 王晖:《"大祖禅师"慧可考——兼论慧可在禅宗史上的地位与作用》,《法音》1994年第3期。
② 杨笑天:《关于达摩和慧可的生平》,《法音》2000年第5期。
③ 汪同元:《中国禅宗"成熟阶段"浅论——司空山在中国禅宗史上的地位》,《佛教文化》2007年第4期。

1991年,二祖道场修复委员会①发出的《修复二祖道场缘起》指出:"无相寺、二祖禅堂系佛教禅宗二祖慧可之道场,位于中国安徽省岳西、太湖县毗邻的司空山和狮子山。"②安徽省人民政府宗教管理局文件《关于修复禅宗二祖道场的意见》(皖宗字[1991]68号文件)指出:"岳西县司空山现存二祖石屋、传衣石、三祖洞、空观、坐化塔林、石牌坊、三重大殿的基脚、太白仙踪等;太湖县狮子山现存二祖禅床、二祖仙山、葫芦石等。遵照赵朴老和我省佛教界人士的意见,两处均命名为'二祖道场',一处为'无相寺',一处为'二祖禅堂'。"③由此确立了安徽二祖道场在中国禅宗史上的重要地位。

　　学者们的研究虽涉及慧可在安徽的活动情况,但对慧可在安徽的活动历程研究仍存在一些疑点。笔者将在前人研究的基础上,依据相关佛教典籍分析二祖慧可在安徽的隐居与传法情况,勾勒二祖慧可在安徽的传法历程。

二、早期禅宗史未载慧可在安徽的活动

　　唐道宣的《续高僧传》是记载慧可情况的关键史料,该书在梁慧皎《高僧传》的基础上,记载了梁初到贞观年间僧人的传记,完成于贞观十九年(645),但其后二十年间,又有所增补,成《后集》十卷。道宣在世时,《后集》已按科分别并入初稿,仍作三十卷。④ 然而,《续高僧传·齐邺中释僧可传》(以下简称《慧可传》)没有记载慧可在安徽的传法情况,没有记载慧可传法给僧璨一事。

　　《慧可传》提到慧可活动的地点有五处,这五处分别是:①虎牢。慧可祖籍虎牢,即今河南荥阳汜水镇。②京辇。慧可早年"怀道京

---

① 二祖道场修复委员会成员主要有赵朴初、圣一、仁德、明旸、周绍良、妙安、一诚、云峰、本焕等。参见二祖道场修复委员会:《修复二祖道场缘起》,《法音》1992年第4期。
② 二祖道场修复委员会:《修复二祖道场缘起》,《法音》1992年第4期。
③ 岳西县地方志办公室:《司空山志》(评议稿),2011年,第305页。
④ 《高僧传合集·出版说明》,上海古籍出版社,1991年,第2~3页。

辇"，京辇即国都，当时的都城应是北魏（386~557）都城洛阳，北魏孝文帝493年迁都洛阳。③嵩洛。慧可遇达摩禅师于嵩山少林寺，"年登四十，遇天竺沙门菩提达摩游化嵩洛"。④河涘。达摩圆寂后，慧可在洛阳附近的黄河一带隐居，"达摩灭化洛滨，可亦埋形河涘"。⑤邺。慧可到东魏新都城邺传法，"后以天平之初，北就新邺盛开秘苑"，后因道恒禅师排挤加害，晚年"流离邺卫"。天平即东魏孝文帝年号，天平元年为534年，建都邺。邺城故址位于今河南省安阳市北、河北省临漳县西。这五处中没有提到慧可在安徽的活动情况。

《慧可传》指出慧可晚年"流离邺卫，亟展寒温，道竟幽而且玄，故末绪卒无荣嗣"，晚年在邺城附近隐居，他的佛法逐渐不为人们所知，最后没有较著名的继承人。《慧可传》提到的慧可弟子及再传弟子姓名仅两位，分别是那禅师和慧满禅师，没有提到僧璨。道宣在他晚年作的《法冲传》中记录了慧可的多位弟子："可禅师后，璨禅师、惠禅师、盛禅师、那老师、端禅师、长藏师、真法师、玉法师（已上并口说玄理，不出文记）。可师后，善师（出抄四卷）、丰禅师（出疏五卷）、明禅师（出疏五卷）、胡明师（出疏五卷）。"①补充的慧可弟子中排在首位的便是僧璨。慧可传法给僧璨一事得到了正史的认可，《旧唐书》记载："达摩传慧可，慧可尝断其左臂，以求其法；慧可传璨；璨传道信；道信传弘忍。"②《旧唐书》只说明了禅宗初期的传法世系，对于慧可于何时何地传法给僧璨没有记载。

《楞伽师资记》的作者净觉为8世纪人，是禅宗五祖弘忍的弟子玄赜的弟子。该书所述的禅宗诸祖的传承与学说，对后代研究禅宗思想有很大帮助。正如潘桂明先生指出："自《楞伽师资记》诞生以后，达摩—慧可—僧璨—道信—弘忍—神秀这个楞伽师的传承体系

---

① 〔唐〕道宣：《续高僧传》卷二十七，《高僧传合集》，上海古籍出版社，1991年，第341页。

② 〔后晋〕刘昫等撰：《旧唐书》，中华书局，1975年，第5109~5110页。

便开始产生广泛影响,几乎成为定论。"[1]《楞伽师资记》只提到了僧璨隐居司空山,没有提到慧可在司空山的活动情况。

《楞伽师资记》记载了僧璨在司空山和皖公山的活动情况:

> 隋朝舒州思空山粲禅师,承可禅师后。其粲禅师,罔知姓位,不测所生。按《续高僧传》曰:可后粲禅师。隐思空山,萧然净坐,不出文记,秘不传法。唯僧道信,奉事粲十二年,写器传灯,灯成就。粲印道信了了见佛性处,语信曰:"《法华经》云:'唯此一事,实无二,亦无三。'故知圣道幽通,言诠之所不逮;法身空寂,见闻之所不及。即文字语言,徒劳施设也。"大师云:"余人皆贵坐终,叹为奇异。余今立化,生死自由。"言讫,遂以手攀树枝,奄然气尽,终于皖公山。寺中见有庙影。[2]

《续高僧传》没有为僧璨作传,只有一句"可禅师后,璨禅师",正是这句话确立了僧璨在禅宗史上的三祖地位。《楞伽师资记》记载僧璨继承了慧可的佛法,以及僧璨隐居司空山,圆寂于皖公山,但该书没有讲到僧璨于何时何地得法于慧可,没有提到慧可隐居司空山的情况。

《传法宝纪》是现存早期禅宗史书之一,20世纪30年代从敦煌遗书中发现。作者杜朏,字方明,唐朝京兆(府治今陕西西安)人。关于该书的成书年代,日本学者一般认为比唐净觉所撰《楞伽师资记》(当撰于先天元年至开元四年,即712~716年之间)略早,大约在开元初年(713)。杨曾文先生反对此种观点,他根据《传法宝纪》中三处文字认为该书应成书于开元四年(716)至开元二十年(732)

---

[1] 潘桂明:《中国佛教思想史稿》第2卷《隋唐五代卷(下)》,江苏人民出版社,2009年,第535页。

[2] 〔唐〕净觉:《楞伽师资记》,蓝吉富主编:《禅宗全书》史传部(一),文殊出版社,1988年,第10页。

之间。① 杨氏观点已逐步为学者们所接受。

《传法宝纪》记载:"释僧可,一名惠可,武牢人,俗姓姬氏。……临终谓弟子僧璨曰:'吾身法而受传嘱,今以付汝,汝当广劝开济。亦以《楞伽经》与人手传。'因叹曰:'此经四世后,变成名相,悲哉!'"②这里讲到慧可传法给僧璨的时间是他临终前,而不是他跟随慧可学法两年之后。

《传法宝纪》记载:"释僧璨,不知何处人。事可禅师,机悟圆顿,乃为入室。后遭周武破法,流遁山谷,经十余年。至开皇初,与同学定禅师,隐居皖公山(在舒州,一名思空山)。此山先多猛兽,每损居人。自璨之来,并多出境。"③《传法宝纪》只讲到了僧璨隐居皖公山,没有提到慧可在皖公山的传法活动。皖公山即天柱山,在今安徽省潜山县。司空山在今安徽省岳西县,两山相距100多里。此文将皖公山又称为司空山,应误。

传灯录是阐明禅林师承谱系的著作。现存最早的灯录是福建泉州招庆寺静、筠二禅师于五代南唐保大十年(952)所编成的《祖堂集》二十卷。④《祖堂集》记载了慧可向僧璨传法的情况:

> 于天平年中,后周第二主孝闵己卯之岁,有一居士,不说年几,候有十四,及至礼师,不称姓名,云:"弟子身患风疾,请和尚为弟子忏悔。"师云:"汝将罪来,为汝忏悔。"居士曰:"觅罪不可见。"师云:"我今为汝忏悔竟。汝今宜依佛、法、僧宝。"居士问:"但见和尚,则知是僧。未审世间何者是佛?云何为法?"师

---

① 杨曾文:《敦煌新本六祖坛经》,上海古籍出版社,1993年,第173~175页。
② 〔唐〕杜胐撰:《传法宝纪》,杨曾文校写:《敦煌新本六祖坛经》,宗教文化出版社,2001年,第177页。
③ 〔唐〕杜胐撰:《传法宝纪》,杨曾文校写:《敦煌新本六祖坛经》,宗教文化出版社,2001年,第178页。
④ 〔宋〕道原著,顾宏义译注:《景德传灯录译注·前言》(一),上海书店出版社,2010年,第5页。

云:"是心是佛,是心是法,法、佛无二,汝知之乎?"居士曰:"今日始知罪性不在内、外、中间,如其心然,法、佛无二也。"师知是法器,而与剃发,云:"汝是僧宝,宜名僧璨。"亦受具戒。师告曰:"如来以大法眼付嘱迦叶,如是展转,乃至于我。我今将此法眼付嘱于汝,并赐袈裟以为法信。汝听吾偈曰:本来缘有地,因地种花生。本来无有种,花亦不能生。"说此偈已,告璨曰:"吾往邺都还债。"便去彼所,化导群生,得三十四年。或在城市,随处任缘;或为人所使,事毕却还。彼所有智者,每劝之曰:"和尚是高人,莫与他所使。"师云:"我自调心,非关他事。"①

此处提供的信息有三:一为慧可向僧璨传法的时间为"天平年中,后周第二主孝闵己卯之岁",此年代较混乱,天平为东魏孝静帝元善见年号,计四年(534~537),北周第二主为明帝宇文毓,己卯年为武成元年(559)。二为僧璨见慧可时的年龄为十四岁,《宝林传》和《景德传灯录》都作四十岁。三为慧可传法给僧璨之后的去向是"往邺都还债""得三十四年",这表明慧可晚年仍在当时的都城附近传法三四十年。此文没有提及慧可南下安徽的护法、传法活动。

北宋僧人道原所撰《景德传灯录》是记载禅法传承历史的著作,"景德"为宋真宗年号(1004~1007),因此书于景德年间上呈皇帝,所以书名加上"景德"年号。《景德传灯录》卷三《第二十九祖慧可大师》记载:

自少林托化西归,大师继阐玄风,博求法嗣。至北齐天平二年(当作天保二年,乃辛未岁也。天平,东魏年号,二年,乙卯也)有一居士,年逾四十,不言名氏,聿来设礼,而问师曰:"弟子身缠风恙,请和尚忏罪。"师曰:"将罪来,与汝忏。"居士良久云:"觅罪不可得。"师曰:"我与汝忏罪竟,宜依佛、法、僧住。"曰:"今见

---

① 〔南唐〕静、筠二禅师编撰:《祖堂集》(上),中华书局,2007年,第107~108页。

和尚，已知是僧。未审何名佛、法？"师曰："是心是佛，是心是法，法、佛无二，僧宝亦然。"曰："今日始知罪性不在内，不在外，不在中间，如其心然，佛法无二也。"大师深器之，即为剃发，云："是吾宝也，宜名僧璨。"其年三月十八日，于光福寺受具。自兹疾渐愈。

执侍经二载，大师乃告曰："菩提达磨（旧本云'达磨菩提'）远自竺乾，以正法眼藏密付于吾。吾今授汝，并达磨信衣。汝当守护，无令断绝。听吾偈曰：'本来缘有地，因地种华生。本来无有种，华亦不曾生。'"大师付衣法已，又曰："汝受吾教，宜处深山，未可行化，当有国难。"璨曰："师既预知，愿垂示诲。"师曰："非吾知也。斯乃达磨传般若多罗悬记云'心中虽吉外头凶'是也。吾校年代，正在于汝。当谛思前言，勿罹世难。然吾亦有宿累，今要酬之。善去善行，俟时传付。"[1]

《景德传灯录》卷三《第三十祖僧璨大师》记载：

第三十祖僧璨大师者，不知何许人也。初以白衣谒二祖，既受度传法，隐于舒州之皖公山。属后周武帝破灭佛法，师往来太湖县司空山，居无常处，积十余载，时人无能知者。[2]

此段文字有慧可传法给僧璨的明确信息：北齐天保二年（551），年过四十的僧璨拜见慧可。同年三月十八日，慧可在光福寺给僧璨剃发受戒。过了两年，即北齐天保四年，慧可传达摩法衣给僧璨，并有传法偈，最后嘱咐僧璨"宜处深山，未可行化"。这里记载慧可传法给僧璨的时间为北齐天保四年，即553年。僧璨穿着白衣拜见二

---

[1] 〔宋〕道原著，顾宏义译注：《景德传灯录译注》（一），上海书店出版社，2010年，第142页。
[2] 〔宋〕道原著，顾宏义译注：《景德传灯录译注》（一），上海书店出版社，2010年，第155页。

祖慧可大师,等到接受剃度、得传正法之后,就隐居安徽皖公山(又名皖山、天柱山,在安徽省潜山县西北)。当时正逢后周武帝灭佛,僧璨就往来于安徽省太湖县司空山,居处不定,就这样过了十多年,当时无人能知晓他的来历。但是,《景德传灯录》没有提到慧可在皖公山和司空山的活动情况。

综上所述,唐道宣的《续高僧传·慧可传》没有记载慧可在安徽的传法情况,没有记载慧可传法给僧璨一事。《楞伽师资记》记载了僧璨在司空山和皖公山的活动情况,没有提到慧可在司空山的活动情况。《传法宝纪》只讲到了僧璨隐居皖公山,没有提到慧可在皖公山的传法活动,此书还误认皖公山为司空山。《祖堂集》记录了慧可向僧璨传法的时间,提到了慧可传法给僧璨之后的去向是"往邺都还债",没有提及慧可南下安徽的护法、传法活动。《景德传灯录》记载慧可传法给僧璨的时间为北齐天保四年,即553年,但是没有提到慧可在皖公山和司空山的活动情况。

三、《荷泽神会禅师语录》开始记录慧可在安徽的隐居情况

《荷泽神会禅师语录》开始记载慧可隐居"舒州岘山"的情况:

(五一)第二代北齐可禅师,承达摩大师后,俗姓周,武汉人也。时年四十,奉事达摩,经于九年,闻说《金刚般若波罗经》,言下证如来实无有法即佛,菩提离一切法,是名诸佛,得授记已。值周武帝灭佛法,遂隐居舒州岘山,达摩灭后,经四十年外,重开法门,接引群品,于时璨禅师奉事,首末经六年,经依《金刚经》,说如来知见,言下便悟受持读诵此经,即为如来知见,言下便悟受持读诵此经,即为如来,密受默语,以为法契,便传袈裟,以为法信。即如文殊师利授善财记。可大师谓璨曰:吾归邺都还债,遂从岘山至邺都说法,或于市四街巷,不恒其

所,道俗归仰,不可胜数,经一十年,时有灾难,竞起扇乱,递相诽谤,为妖邪坏乱佛法,遂经成安县令翟仲侃,其人不委所由,乃打煞慧可,死经一宿重活,又被毒药而终。扬楞伽《邺都故事》第十卷具说。

(五二)第三代隋朝璨禅师,承可大师后,不得姓名,亦不知何许人也,得师授记,避难故,佯狂市肆,托疾山林,乃隐居舒州司空山。①

神会约生于668年,死于762年。大约708年在韶州开始追随慧能学习,是慧能晚年弟子。《荷泽神会禅师语录》是根据敦煌卷子中发现的三个《神会语录》的写本整理而成。《荷泽神会禅师语录》尾有题记云:"唐贞元八年岁在未,沙门宝珍,共判官赵看琳,于北庭,奉张大夫处分,令勘讫,其年冬十月廿二日记。唐癸巳年十月廿三日比丘记。"②唐贞元八年即792年,唐癸巳年即贞元八年后的第一个癸巳813年。胡适据此指出:"神会死在肃宗废年号的'元年'(即宝应元年,七六二),石井本在北庭的校勘题记在贞元八年,在神会死后才三十年。钞写可能还在神会活着的时候。"③这表明《荷泽神会禅师语录》属8世纪中后期禅宗史料。

此段文字提供的信息有三:第一,后周武帝灭佛法时,慧可隐居舒州皖公山。第二,慧可在皖公山遇僧璨,并在此传衣钵给僧璨。第三,僧璨曾隐居司空山。隐居"舒州岘山"应是舒州皖公山之误。王晖指出:"舒州有皖山而无岘山,岘山在襄州(今湖北襄阳南),两山相距近千里,两州相隔随州、安州、黄州、蕲州,因此不应产生混淆。《神会禅师语录》(五二)记载,'璨大师至岁浮山,三年却归至

---

① 《荷泽神会禅师语录(并补遗)》,石峻等编:《中国佛教思想资料选编》第二卷第四册,中华书局,1983年,第100页。
② 《荷泽神会禅师语录(并补遗)》,石峻等编:《中国佛教思想资料选编》第二卷第四册,中华书局,1983年,第104页。
③ 蓝吉富主编:《禅宗全书》语录部(一),文殊出版社,1988年,第689页。

岘山……合掌立终。葬在山谷寺后。'僧璨原归寂于皖山山谷寺,由此可见,岘山乃舒州皖山之误。"①虽然慧可隐居皖公山与后来的主流观点慧可隐居司空山并不一致,但这表明慧可在周武帝灭佛法时到过皖公山,由于僧璨隐居皖公山,慧可前来探望有很大合理性。

《历代法宝记》对初期禅宗史实增益较多,但正是这部书较早提到了慧可在安徽岘山和司空山隐居的情况。《历代法宝记》记载:

> 北齐朝第二祖惠可禅师,俗姓姬,武牢人也。时年四十,奉事大师六年,先名神光。初事大师,夜于大师前立,其夜大雪,至腰不移。大师曰:"夫求法者,不贪躯命。"遂截一臂,乃流白乳。大师默传心契,付袈裟一领。……可大师得付嘱以后四十年,隐岘山、洛相二州,后接引群品,道俗归依,不可胜数。经二十年,开化时,有难起。又被菩提流支三藏、光统律师徒党,欲损可大师。师付嘱僧璨法已,入司空山隐。可大师后佯狂,于四衢城市说法,人众甚多。菩提流支徒党告可大师云:妖异,奏敕。敕令所司,推问可大师。大师答:承,实妖。所司知众疾,令可大师审。大师确答:我实妖。敕令城安县令翟冲侃依法处刑。可大师告众人曰:我法至第四祖,化为名相,语已悲泪。遂示形,身流白乳,肉色如常。所司奏帝,帝闻悔过,此真菩萨,举朝发心,佛法再兴。大师时年一百七岁。其墓葬在相州城安县子陌河北五里,东柳构去墓一百步,西南十五里吴儿曹口。是《楞伽》《邺都故事》具载。弟子承后传衣得法僧璨,后释法琳造碑文。
>
> 隋朝第三祖璨禅师,不知何处人。初遇可大师,璨示见大风疾,于众中见可大师。大师问:汝何处来,今有何事?僧璨对曰:故投和上。可大师语曰:汝大风患人,见我何益?璨对曰:

---

① 王晖:《"大祖禅师"慧可考——兼论慧可在禅宗史上的地位与作用》,《法音》1994年第3期。

身虽有患,患人心与和上心无别。可大师知璨是非常人,便付嘱法及信袈裟与僧璨。可大师曰:汝善自保爱。吾有难,汝须避之。璨大师亦佯狂市肆,后隐舒州司空山,遭周武帝灭佛法,隐岘公山十余年。此山北多是猛兽,常损居人。自璨大师至,并移出境。①

唐代的《历代法宝记》"专记禅宗传授次第,卷中于剑南成都府大历保唐寺无住和尚所记特多",据此胡适、金九经二人推测此书为无住门人所作,成书年代大概在唐代宗、德宗之际。唐代宗李豫在位时间为762~779年,唐德宗李适在位时间为779~805年,可见此书作于8世纪中后期。此书对于"唐以后则大都根据见闻,不惟为唐以后禅宗史重要资料,即后来对于初期禅宗史实传曾增益之概,于此亦可见也"②。这表明《历代法宝记》是8世纪中后期的重要禅宗史料。

《历代法宝记》提供的慧可和僧璨在安徽的传法信息有三:第一,慧可得到达摩衣钵四十年后,曾隐居于"岘山"。第二,后周武帝灭佛法时,慧可传衣钵给僧璨后,隐居司空山。第三,僧璨得到慧可传法后隐居司空山,后周武帝灭佛法时,僧璨隐居岘公山。《历代法宝记》指出,慧可得到达摩付嘱四十年后,隐居于"岘山"和洛、相二州。他在付法给僧璨以后,进入司空山隐居。"岘山"即皖公山、天柱山,在今安徽省潜山县。"洛、相二州"即今河南洛阳、安阳一带。司空山在今安徽省岳西县。《历代法宝记》没有指出慧可隐居"岘山"的具体时间。后来,僧璨也隐居司空山,到周武帝灭佛法时,僧璨又到"岘山"(即皖公山、天柱山)隐居十余年。

唐智炬《宝林传》撰自中唐,传世已古,为禅宗史重要史料,此书

---

① 《历代法宝记》,蓝吉富主编,《禅宗全书》史传部(一),文殊出版社,1988年,第46~49页。

② 蓝吉富主编,《禅宗全书·解题》史传部(一),文殊出版社,1988年,第3~4页。

自明以来已不见著录,元末虞集序《佛祖通载》,谓"宝林等传,世久失传"。1934年,陈垣在山西赵城县广胜寺发现金初民间刻本,后收入《宋藏遗珍》。《景德传灯录》和《传法正宗记》均取材于此书。[①]

智炬所撰《宝林传·僧璨碑文》记载:"当周武灭佛法,可公将大师隐于舒州岘公山,岘山之阳有山谷寺,超云越霭,迥出人寰。寺后有巘登溪,更为灵境。二公即其逊焉,居五年,风疾都著。时人号为赤头璨。可公将还邺,谓大师曰:'吾师有袈裟一领,随法传予,法在汝躬,今将付汝。'"[②]

此段文字指出:第一,周武灭法时,慧可派僧璨隐居"舒州岘公山",僧璨隐居岘公山的信息很明确。第二,"二公"应为慧可和僧璨。"二公"在"岘公山"隐居五年,应指慧可和僧璨在岘公山隐居五年。"可公将还邺"应指慧可从"岘公山"还邺地。据此,则周武灭法之时,慧可在岘公山隐居五年。

综上所述,《荷泽神会禅师语录》记载慧可在周武帝灭佛法时隐居"舒州岘山"。《历代法宝记》指出慧可得到达摩衣钵四十年后,曾隐居于"岘山",后周武帝灭佛法时,慧可在传衣钵给僧璨后隐居司空山。《宝林传·僧璨碑文》指出周武灭法之时,慧可在岘公山隐居五年。据学者考证,"岘山""岘山""岘公山"应都指皖公山,即今天柱山。这二则文献都提到了慧可来安徽隐居的情况,地点一在今安徽省潜山县的皖公山,地点二在今安徽省岳西县的司空山。以上文献关于慧可在安徽的具体传法活动没有记载,只是隐居而已。

---

① 陈垣:《中国佛教史籍概论》,上海书店出版社,2001年,第90~93页。
② 〔唐〕智炬:《双峰山曹侯溪宝林传》,《禅宗全书》史传部(一),文殊出版社,1988年,第325~326页。

四、《太湖县志》记载慧可在司空山一带的传法活动

司空山①自南北朝至民国年间一直属太湖县管辖,于1949年由太湖县划给岳西县管辖。《太湖县志》记载了慧可在安徽的活动情况。熊旌旗《太湖县志考》指出,明清两代太湖县志共修十一次,明代四次都散佚无存,清代七次中"以康熙癸亥年(公元一六八三年),太湖知县章时化,道光庚寅年(公元一八三〇年),知县孙济,同治壬申年(公元一八七二年),知府符兆鹏等人所增修的太湖县志,对太湖古今记载详明,考证准确,后人称为章志、孙志"②。

道光十年(1830)《太湖县志·人物志四》载:"北齐神光祖师,法名慧可,武牢人,姓姬,父寂艰嗣,祷之而生,异光照室,因名。幼博涉诗书,流览佛籍,超然有得,乃往洛阳香山依宝静禅师出家,忽见一神谓曰:'将欲受果,何滞此耶?大道非遥,汝其南矣。'遂辞师南诣少室,立雪断臂求法于达摩,受衣钵为释门二祖,后建刹司空山,年一百七岁。附法于璨大师,今有传衣石、葫芦石、秘记灵迹存焉。隋璨大师得法于慧可,为释门三祖,隐皖公山,会后周武帝破灭佛法,往来司空山十余载无知者。开皇间有沙弥道信谒曰:愿和尚慈悲,乞与解脱法门。璨曰:谁缚女?曰:无人缚。曰:既无人缚,何更求解脱?道信言下解悟,传衣钵为四祖。(《五灯会元》)唐本净禅师,绛州人,居司空无相寺,天宝三年,遣中使杨廷光入山采常春

---

① 据《岳西县志(1936~1985)》记载:岳西县建于民国25年(1936),全县3区域,其中第二区,划太湖县北后区孝义、景宁二乡所辖薛义河、杨胜嘴、银河、深村、南庄和北中区的冶溪等6保,即今店前区大部、白帽区全境,面积约620平方公里。民国38年2月,太湖县虎丘区长坪乡所属司空、虞阳二保划归本县。(岳西县地方志编纂委员会编:《岳西县志(1936~1985)》,黄山书社出版,1996年,第52页)

② 熊旌旗:《太湖县志考》,安徽省太湖县委员会文史资料研究委员会:《太湖文史资料》第4辑,1987年,第52页。

藤。因造丈室问:佛道云何?曰:若欲求佛,即心是佛;若欲会道,无心是道。又问:如何即心是佛?师曰:佛因心悟,心以佛彰,若悟无心,佛亦不有。又问:如何无心是道?师曰:道本无心,无心名道,若了无心,无心即道。廷光还朝以闻帝,召至京,赴内道场,阐扬佛理,词辨倾注,四众称善。"①

《太湖县志·舆地志六》记载:"石溪寺,县西北六十里,二祖禅师建。上生寺,县西北七十里,二祖建。……二祖寺,县北百二十里。……传衣石在司空山二祖慧可传衣与三祖处,又有葫芦石在薛家河,相传二祖秘记存焉。……濯锡潭,县西北七十里,二祖洗锡处。……二祖禅堂与司空山近。"②

此段文字记载慧可在太湖县的传法活动比较详细:

第一,慧可"建刹司空山",同时还建了石溪寺、上生寺等寺庙。"刹"应指"二祖禅刹",又称"祖师殿"。《司空山志》对二祖禅刹有详细记载:"二祖禅刹:北周武帝(561-578年)灭佛时,禅宗二祖慧可从邺都(今河北大名县一带)护经像南下,约于南梁太建八年(576年)卓锡司空山,'凿仙窟以居禅,辟重阶以通术',建立石室禅刹。禅刹系天然石窟,面积15平方米,内有清泉,终年不涸。二祖居此传经授法于三祖僧璨,二祖禅刹由此得名。唐宋以后屡有兴废。明天启元年(1621年)重建。清乾隆四十八年(1783年)重修,一进三间,抬梁、台柱、椽角、山顶及风墙,全系花岗岩精凿而成,面积约50平方米,后接二祖石洞。内有二祖石龛。1955年,寺僧对石佛殿再次修葺。禅刹石殿完好无损。1994年夏,重塑慧可佛像置入殿内。石殿门额镌有'古刹重辉'四字,门柱楹联为:'天堑长流望江山鱼跃鸢飞冲开皓月,地维卓立看峰峦蛟腾凤舞顶戴苍穹。'"③

---

① 孙济主修:《太湖县志》卷二十五,清道光十年(1830)。
② 孙济主修:《太湖县志》卷六,清道光十年(1830)。
③ 岳西县地方志办公室:《司空山志》(评议稿),2011年,第40页。

第二,慧可在司空山传法给僧璨,现存有传衣石。《太湖县志·舆地志三》记载:"司空山,县东北百六十里,高耸独出山周六十里,其上平坦可数亩,山半有洗马池即古司空原周淳于司空曾居此。唐李太白避地山中,有诗云:卜居司空原,北将天柱邻。上有太白书堂,又有巨石,相传为释慧可传衣处。"①《太湖县志·舆地志六》记载:"传衣石在司空山二祖慧可传衣与三祖处。"②

第三,慧可在狮子山习禅,有葫芦石、秘记灵迹等,今统称为二祖禅堂。二祖禅堂位于太湖县西北方,距县城80公里的牛镇镇薛义河狮子山上。《太湖县志·舆地志六》记载:"葫芦石在薛家河,相传二祖秘记存焉。……濯锡潭,县西北七十里,二祖洗锡处。……二祖禅堂与司空山近。"③二祖禅堂在唐朝由政治家狄仁杰(630~700)捐资修建,《修复二祖道场缘起》指出:"唐国公狄仁杰贬任彭泽县令时,捐资修狮子山二祖禅堂,适时'香烟缭绕芳千古,圣泽长明照万秋'。"④

第四,唐朝本净禅师在司空山修建无相寺。据《太湖县志·舆地志六》记载:"无相寺,县西南四十里,唐大本净禅师建,一在县北百二十里司空山绝顶。"⑤这表明太湖县有两座无相寺,其中一座在司空山,《太湖县志》没有说明司空山上的无相寺是本净禅师所建。《修复二祖道场缘起》明确指出:"唐天宝二年(743)僧本净在司空山建'无相禅寺',造下院九庵四寺,是时香客云集、游人跻踵,一时名扬中外。"⑥《司空山志》记载:无相寺(上院)位于司空山主峰东面的仰天窝,背依主峰绝壁,面对钵盂山和祖案山,左右两侧为青龙冈和白虎山两冈拱抱,中间是一开阔平缓谷地,面积约十万平方米。

---

① 孙济主修:《太湖县志》卷三,清道光十年(1830)。
② 孙济主修:《太湖县志》卷六,清道光十年(1830)。
③ 孙济主修:《太湖县志》卷六,清道光十年(1830)。
④ 二祖道场修复委员会:《修复二祖道场缘起》,《法音》1992年第4期。
⑤ 孙济主修:《太湖县志》卷六,清道光十年(1830)。
⑥ 二祖道场修复委员会:《修复二祖道场缘起》,《法音》1992年第4期。

南梁太建八年(576),二祖慧可在此安禅弘法并传衣钵与三祖。自北周以来,历经沧桑,几度兴废,大多数古迹被毁,今尚存云中石屋(二祖洞)、三祖洞、传衣石、讲经台、殿前石牌坊,并存本净禅师、宋德止真际国师、明太空如浩禅师、清目唐戒可禅师等历代高僧舍利塔林。无相寺(下院)位于司空山东面司空村茅坪组,已建山门和禅源殿、五观堂、六和堂等佛堂。[1]

综合上述,二祖慧可在安徽传法活动根据后人的记载有三处:一为舒州皖公山(即天柱山),二为狮子山,三为司空山。慧可来安徽的时间应在后周武帝灭佛法之时。他来安徽的地点首先是皖公山,在此看望弟子僧璨。第二站便是狮子山,慧可在此习禅。第三站是司空山,慧可在此隐居并传法给僧璨,僧璨常来司空山看望慧可。

由于慧可在安徽的活动情况都是源于一两百年之后人们的记载,至于实际情形如何,都有待进一步确证。至于这些地区的物证,如传衣石、濯锡潭等,都是当地人们的传说,实际情形很难考证。不过,由于禅宗初期传播十分困难,面临着外界灭佛和派别争斗的压力,因此传播都很隐秘,这种隐秘的行为正史一般无从记载,传说恰恰正反映了这种隐微的事实。

(金小方,合肥学院思政部副教授)

---

[1] 岳西县地方志办公室:《司空山志》(评议稿),2011年,第40~41页。

对二祖慧可大师"生佛不二"思想之阐释[①]
——以永明延寿禅师《宗镜录》为着眼点

郭延成

《楞伽师资记》载,禅宗二祖慧可大师(487~593)曾以一诗偈显扬其修为宗旨:"说此真法皆如实,与真幽理竟不殊。本迷摩尼谓瓦砾,豁能自觉是真珠。无明智慧等无异,当知法即皆如。敏此二见诸徒辈,申词投笔作斯。观身与佛不差别,何须更觅彼无余。"[②]其中,"生佛不二"思想可谓成佛根本依据和修为动力,然而,囿于种种机缘,慧可大师未能对"生佛不二"思想做出理论阐释。后来禅门行者未能对包括"生佛不二"在内的禅理进行深入理解,以致出现种种偏颇,正如宋初永明延寿禅师在《万善同归集》中所述。

禅宗法眼宗三祖永明延寿禅师(904~976),在佛法历经法难之后,以荷担如来家业为己任,重整旗鼓,驳斥佛门流弊;在广泛汲取并综合唐代以来佛法各宗理论成果基础上,立足禅宗,推崇华严圆教,以广博而精深的佛理来诠释种种理论疑难。其中,延寿禅师对

[①] 本文系辽宁大学亚洲研究中心 2012~2013 年度一般项目"永明延寿禅师佛学思想及其对东亚佛教的影响"(批准号 201203)之阶段性成果。
[②] 《楞伽师资记》卷一,《大正藏》第 85 册,第 1286 页上。

二祖慧可大师"生佛不二"思想的理论诠释,为禅门行者的修为实践提供了令人信服的理论支撑。

一、众生与佛同于一性

永明延寿禅师《宗镜录》卷十四说:"一心不动,诸法无性;以无性故,悉皆成佛。《华严经》云:佛子!如来成正觉时,于其身中,普见一切众生成正觉,乃至普见一切众生入涅槃,皆同一性,所谓无性。无何等性?所谓无相性、无尽性、无生性、无灭性、无我性、无非我性、无众生性、无非众生性、无菩提性、无法界性、无虚空性,亦复无有成正觉性,知一切法皆无性故,得一切智,大悲相续,救度众生。佛子!譬如虚空,一切世界,若成若坏,常无增减,何以故?虚空无生故,诸佛菩提,亦复如是。若成正觉、不成正觉,亦无增减,何以故?菩提无相无非相,无一无种种故。佛子!假使有人,能化作恒河沙等心,一一心复化作恒河沙等佛,皆无色无形无相,如是尽恒河沙等劫,无有休息。佛子!于汝意云何,彼人化心,化作如来,凡有几何,如来性起?妙德菩萨言:如我解于仁所说义,化与不化,等无有别,云何问言,凡有几何?普贤菩萨言:善哉!善哉!佛子,如汝所说,设一切众生,于一念中悉成正觉与不成正觉,等无有异,何以故?菩提无相故,若无有相,则无增减。佛子!菩萨摩诃萨,应如是知,成等正觉,同于菩提,一相无相。"①此段,在诸佛视域之中,一切法皆无性。所谓"性",就是"体""因""不改"之义,它是世俗所认为的固有的、本根的、不变的事物。延寿禅师认为,一切万法都没有所谓"本体""不变"等固有的规定性,万法之间没有不可融通的彼此界限,一切事物是圆融无碍的。可见,"万法皆无性"这一点在任何事物上都是成立的,所以说,万法"皆同一性"。延寿禅师还列举《华严经》的经文,旨在说明在诸佛所证得菩提境界之中,一切的二

---

① 《宗镜录》卷十四,《大正藏》第48册,第488页下。

元对待如"化与不化""正觉与不正觉"等都已被打破,也都超越一切相之上,万法只是一味平等。由此可知,佛眼所见,众生与诸佛也"同于一性",也是"一相无相",正所谓"生佛不二"。

《宗镜录》接下来从"佛与众生都具本觉"的角度来论证:"《疏》释云:所以知佛智遍者,无一众生不有本觉,与佛体无殊故。经云:佛智潜流,即似佛智遍他众生;今显众生自有佛智,故云遍耳。此有三意:一明无一众生不有,则知无性者,非众生数、谓草木等,已过五性之见。二者,众生在缠之因,已具出缠之果法,故云有如来智慧,非但有性后方当成,亦非理先智后;是知涅槃,对昔方便,且说有性,后学尚谓谈有藏无,况闻等有果智,谁当信者? 三彼因中之果智,即他佛之果智,以圆教宗,自他因果,无二体故;不尔,此说众生有果,何名说佛智耶? 斯则玄又玄矣,非华严宗,无有斯理。疑云:《涅槃》云:佛性者,名为智慧,有智慧时,则无烦恼;今有佛智,那作众生?释云:谓颠倒故不证,岂得言无? 如壮士迷于额珠,岂是肤中无宝?谓若先无,离倒宁有;既离则现,明本不无。如贫得珠,非今授与,是以涅槃,恐不修行,故云:言定有者,即为执著,恐不信有,故云:若言定无,则为妄语,乍可执著,不可妄语。又如来藏等经,说有九种喻:喻如来藏,谓如青莲华,在泥水中,未出泥,人无贵者;又如贫女而怀圣胎;如大价宝,垢衣所缠;如摩尼珠,落在深厕;如真金像弊衣所覆;如庵罗树,华实未开;亦如稻米在糠秢中;如金在矿;如像在模;皆是尘中有佛身义,与此大同也。"[①]此段,延寿禅师首先从三个方面论证"无一众生不有本觉,与佛体无殊":第一,任何一个众生都自有佛智,即证得"无性"之智,而"无性"是对"五性"说的超越。第二,从如来藏作为"在缠真如"的因果角度来说明,成佛之性与成佛之果、成佛之理与成佛之智,并非是时间先后的关系,这样就打破了成佛之"因、果"与"理、智"等二元对待,实为佛之境界。第三,从华严圆宗的角度说,自、他之因果也是不应对待来看的,因为本来"皆

---

① 《宗镜录》卷十四,《大正藏》第48册,第488页下—489页上。

同一性"。延寿禅师还以方便智慧来说明如来藏的"离倒('倒','颠倒'之义)之有"。

《宗镜录》接着从"生佛不二""能所不二"的角度论证:"又此无性理,能成一切,能坏一切。则一成一切成,一坏一切坏。一成一切成者,即因果交彻。于中有二:一明生佛不二,《华严经》云:如来成正觉时,于其身中,普见一切众生成正觉等。《净名经》云:一切众生,即菩提相,即菩提相,于何不成?二明能所不二,即《华严经》云:皆同一性,所谓无性。《净名经》云:不行是菩提,离意法故;法即是所,意即是能;良以心境,同一性故,生佛亦然。"①此段,延寿禅师先以"无性理,能成一切,能坏一切"来说明"无性理"的普遍性,又引《华严经》《净名经》来说明"生佛不二""能所不二",都是说在诸佛境界,超越"生佛""能所"的对立。

《宗镜录》还从"真心与万法"的关系及大乘中观思想来论证:"是以真心,不守自性故,举体随缘,成诸万法,性即体也。以诸法唯心所现,各无自体,虚假相依,无决定性。以无性故,能随异缘成立一切。若有定性,犹如金石,各有坚性,不可令易。今此无性,犹如于水,遇冷成冰,逢火便暖。故《中论》偈云:集若有定性,先来所不断,于今云何断?道若有定性,先来所不修,于今云何修?故知若有定性,一切诸法皆悉不成;若无定性,一切皆成。又若众生各各有性,自体不移,则永作众生,无因成佛;所以无性理同,以有空义,故一切法得成。于毕竟空中,炽然建立一切法。若此一微尘法成,则尽十方虚空界一切异法一时成。若有一微尘异法不成者,此间一毫之法亦不成,失圆顿义。以一心一切心故,若悟《宗镜》成佛,即一切处成佛。所以《金刚经》云:所在之处,则为有佛。若有一微尘处不成佛,则不入《宗镜》中。"②此段,延寿禅师以"真心随缘"来说明万法的成立,但只是"唯心所现""各无自体",即是"无决定性";而正

---

① 《宗镜录》卷十四,《大正藏》第48册,第489页上~中。
② 《宗镜录》卷十四,《大正藏》第48册,第489页中。

是因为"无决定性",才能成就一切万法,正如《中论》所论证的那样。延寿禅师还以"一心一切心故"来强调"一心"与"一切心"的"皆同一性"。

接着,《宗镜录》话锋一转,强调了"心"的关键作用:"是知,若不自信心佛,求他胜缘,功业虽勤,终非究竟。如《华严如来出现品》云:佛子!设有菩萨,于无量百千亿那由他劫,行六波罗蜜,修习种种菩提分法;若未闻此如来不思议大威德法门,或时闻已,不信不解,不顺不入,不得名为真实菩萨,以不能生如来家故。又以从缘故,缘亦无自性,则一切不成,念念散坏。如随差别杂染之缘,因名言建立,故号众生。于诸缘中求众生性了不可得,则众生体空,即是坏义;以有诸法故,则空义得显。若此一众生义不成,则尽十方法界一切众生,悉皆不成,故名一坏一切坏。所以诸佛,知一切法,皆无性故,得成就一切智,起同体悲,相续不断,尽未来际,广度有情;以一心无性成佛之理,愿一切众生与我无异,知众生本来一心不动,常合天真,以无性故。不觉随缘六趣升降,枉受妄苦,虚堕轮回。所以能起大悲,相续度脱。若无此无性之理,则大化不成,善恶凡圣,不可移易;若能如是解悟,则是入不思议方便法门。"①此段,延寿禅师显出"若不自信心佛","终非究竟"的禅宗立场,在又一次阐释"知一切法,皆无性故"的基础上,强调"无性成佛"也是在"一心"的统摄之下,即"一心无性成佛之理"。

接下来,《宗镜录》从"名相与真如"关系的角度来论证:"故知,但是凡圣诸法,皆是假名,从心建立。若能了达一切平等,即知凡圣诸法,不出假名,假名不出真如之性。如《大般若经》云:尔时善现,告欲色界诸大众言:汝诸天众,说我善现,佛真弟子,随如来生。云何善现随如来生?谓随如来真如生故。所以者何?如来真如,无来无去;善现真如,亦无来无去,故说善现随如来生。如来真如,即一切法真如;一切法真如,即如来真如。如是真如,无真如性,亦无不

---

① 《宗镜录》卷十四,《大正藏》第48册,第489页下~490页上。

真如性。善现真如,亦复如是,故说善现随如来生。释曰:若如来真如,即一切法真如者,非独善现随如来生,乃至一切法界众生,悉随如来生。何者？以如来真如,即自真如故。如是真如无真如性者,以此真如,是言说中极,亦不可立。故云:唤作如如,早是变也,既无真如之性,亦无非真如之性。如是了达,方为究竟真如矣。"①此段,延寿禅师以"凡圣诸法,皆是假名,从心建立"来论述,而"若能了达一切平等",即超越种种二元对立的差别,才能体悟"假名"与"诸法"、"假名"与"真如之性"的"不即不离"的平等关系；而由此所推知的"如来真如"与"一切法真如"、"真如之性"与"非真如之性"的关系并非是对立的,应该是超越差异的圆融,即一切平等。

接着,《宗镜录》强调诸佛菩萨"一念"对"一切平等"的体悟:"《华严入法界品》中,鞞瑟胝罗居士,得菩萨解脱不般涅槃际法门,常供养栴檀座佛塔,告善财言:我开栴檀座如来塔门时,得三昧,名佛种无尽。善男子！我念念中入此三昧,念念得知一切无量殊胜之事,乃至善男子！我唯得此菩萨所得不般涅槃际解脱,如诸菩萨摩诃萨,以一念智,普知三世,一念遍入一切三昧。如来智日恒照其心,于一切法,无有分别。了一切佛,悉皆平等,如来及我,一切众生,等无有二。知一切法,自性清净,无有思虑,无有动转,而能普入一切世间离诸分别,住佛法印,悉能开悟法界众生。又颂云:如心境界无有量,诸佛境界亦复然。如心境界从意生,佛境如是应观察。"②此段,诸菩萨摩诃萨"以一念智","遍入一切三昧","如来智日恒照其心,于一切法,无有分别",体悟到"一切法的平等""一切佛的平等""一切众生的平等"。

《宗镜录》还对"不同名称之佛是否平等"的问题进行回答:"《法华经》云:如是我成佛已来,甚大久远,寿命无量,阿僧祇劫,常住不灭。众有疑云:成道既久,常此教化,中间所有,然灯毗婆沙尸

---

① 《宗镜录》卷十四,《大正藏》第48册,第490页上~中。
② 《宗镜录》卷十四,《大正藏》第48册,第490页中~下。

弃等佛,成道入灭,说法度众生,复是谁耶?古释云:于是中间说然灯佛等,成道入灭,如是皆以智慧方便,善巧分别,说于他佛;非离我身,别有彼佛。"①可见,之所以有不同名称之佛,是由于智慧方便的缘故,并非存在有差别之佛。

《宗镜录》接着以数种论藏来论证:"《金刚经论》云:众生身内有佛亦非密,身外亦非密,乃至非身内、非身外有,非非内、非非外有,并非密也。众生即是,故名为密。《宝藏论》云:不遣一法,不得一法,不修一法,不证一法,性净天真可谓大道乎?真一是以遍观天下;莫非真人,孰得此理,同其一伦。台教云:只观十法界众生,即是佛;十法界,众生阴佛阴,无毫芥之殊;三世佛事,众生四仪,无不圆足。《华严论》云:若少见性者,亦得佛乘,如大海中一毫之渧,乃至多渧,一一渧中,皆得大海;如是菩萨五位之中,十位十地一一位内,皆有佛果,如彼海水一毫之渧,不离佛性。得诸行故,以彼佛性,而有进修。"②此段,《金刚经论》阐明佛与众生的关系并非以一般的时空观念来理解,"众生即是佛"是彰显两者平等无碍的关系,而此理是深玄的。《宝藏论》以"不遣、不得、不修、不证一法"之说来阐述"一切无性"之理的普遍性和本然性。《华严论》以"毫渧之水"与"大海水"的关系来譬喻佛性的普遍性。

《宗镜录》接着以《涅槃经》来阐述"一念成佛""一切皆佛"的思想:"《涅槃经》云:佛性非是作法,但为客尘烦恼所覆故,是故今从十住初位,以无作三昧自体应真,烦恼客尘,全无体性,唯真体用,无贪瞋痴,任运即佛。故一念相应,一念成佛,一日相应,一日成佛,何须数劫,渐渐而修,多劫积修,三祇至果,心缘劫量,见障何休。诸佛法门,本非时摄,计时立劫,非是佛乘。又经云:一切世界海微尘数劫,所有诸佛出兴于世,亲近供养者,明无功之智遍周,无法不佛,佛即法也。十方虚空,无有间缺,针锋毛端,无不是一切法一切佛

---

① 《宗境录》卷十四,《大正藏》第48册,第490页下。
② 《宗境录》卷十四,《大正藏》第48册,第490页下。

故。但有微尘许是非染净心,皆不是见佛也,以智眼印之。又云:都举佛刹微尘数佛者,智满行遍,无非佛故。皆悉承事者,即圣凡同体,无一不佛。法,空无间也,以普眼观之,彻其心境无不佛也。智随诸行,一切皆佛故。如是见者,以事而论,亦实如是,表法而论,一切总实,是佛故。若一法一物不是佛见者,当知是人,即是邪见,非正见也。即有能所是非,诸见竞生,不得入此普贤文殊智眼境界。"①此段,延寿禅师阐释《涅槃经》相关思想:佛性是无为法,任运即佛;一念相应,一念成佛;而计时立劫,非是佛乘。可见,《涅槃经》超越一般"累劫成佛"的时间观念,将佛性超越时间的普遍性落实于修为实践中。而佛性也超越空间的阈限,佛性是"十方虚空,无有间缺",而"针锋毛端,无不是一切法一切佛"。因此,一切时空的事物无不是佛性的体现,而"若一法一物不是佛见者,当知是人,即是邪见"。

二、佛与众生"体同相别"之辨

如有人问:"众生为迷,诸佛为悟。体虽是一,约用有差。若以众生通佛,佛亦合迷。若以佛通众生,众生合悟?"②也就是说,佛与众生体性相同,但从相用的层面来讲,还是有差别的。

《宗镜录》对此问题进行了回应:"恒以非众生为众生,亦以非佛为佛。不碍存而恒夺,不妨坏而常成,随缘且立众生之名,岂有众生可得?约体,权施法身之号,宁有诸佛可求?莫不妄彻真原,居一相而恒有,真该妄末,入五道而常空。情谈则二界难通,智说乃一如易就;然后双非双是,即互坏互成;见诸佛于众生身,观众生于佛体。"③此段,延寿禅师以大乘中观思想来诠释众生与佛的关系。从

---

① 《宗境录》卷十四,《大正藏》第48册,第491页上。
② 《宗镜录》卷十四,《大正藏》第48册,第492页中。
③ 《宗镜录》卷十四,《大正藏》第48册,第492页中。

缘起性空思想来看,随缘而立"众生""佛"等假名,并非真有"众生""佛"等实体可求。从真如之智而言,"众生"与"佛"都是"一性而无性",都是平等无碍的;并以"双非双是"的空宗方法论而论,"众生"与"佛"是相互融通而无隔阂的。

《宗镜录》接着论述:"故云六道之道,离善之恶,离恶之善;二乘之道,离漏之无漏;菩萨之道,离边之中;诸佛之道,无离无至。何以故?一切诸法即是佛道故。所以先德云:夫大道唯心,即心是佛;只依一心而修,即是根本之智。亦是无分别智,即能分别无穷,自具一切智故,不同起心遍计,故知凡有心者,悉皆成佛。如今行是佛行,坐是佛坐,语是佛语,默是佛默。所以云阿鼻依正,常处极圣之自心;诸佛法身,不离下凡之一念。此非分得,可谓全收。以不信故,决定为凡;以明了故,旧来成佛。"①此段,延寿禅师先以俗谛分判六道、二乘、菩萨、佛道的次第,接着,以佛的视域来阐明"一切诸法即是佛道"。然后,将大道修为的根本定位为"一心","夫大道唯心,即心是佛;只依一心而修,即是根本之智";并将凡下之"一念"与成佛紧密联系在一起,即强调"凡下一念"与"成佛"之间是融通的,而"不信"或"通了"是融通二者与否的条件。

《宗镜录》接着从四个方面对"佛"的概念进行分判:"然成佛之义,约性虚玄,随相对机,即有多种。如《华严演义》云:随门不同,种种有异。门唯有多,且略分四:一约性,即一真法界;二约相,即无尽事法;三性相交彻,显此二门,不即不离;四以性融相,德用重重。"②

"初约体门者。问:体是佛不?答:应成四句:一是佛,法性身无所不全故。经云:性空即是佛故。二非佛,绝能所觉为其性故,平等真法界,非佛非众生故。三亦佛非佛,以法性身无自性故。四双非,性与无性,双泯绝故。经颂云:无中无有二,无二亦复无。三世一切

---

① 《宗镜录》卷十四,《大正藏》第48册,第492页下。
② 《宗镜录》卷十四,《大正藏》第48册,第492页下。

空,是则诸佛见。"①这是从"体"的角度来阐述,延寿禅师以空宗的双遣法来分判佛之体。

"二就相门有二:一情,二非情。真心随缘,变能所故。然此二门,各分染净。谓无明熏真如成染缘起,真如熏无明成净缘起。染成万类,净至成佛。以修净缘,断彼染缘,方得成佛。依此二义,则生佛不同。于净缘中,复有因果,因有纯杂,果有依正。若约纯门,随一菩萨,尽未来际,唯修一行,一一皆然;若约杂门,万行齐修,尽未来际;若约因门,尽未来际,常是菩萨;若约果门,尽未来际,常是如来。经云:为众生故,念念新新,成等正觉。若双辩门,尽未来际,修因得果;若约双非,尽未来际,非因非果,便同真性。前之三门,双具悲智,双融心境。"②此段,从相用的角度来诠释佛。其中,从染、净不同的角度而论,"以修净缘,断彼染缘,方得成佛",这便是"生佛不同"。而净缘之中,还有因果、纯杂等范畴,也有"双辩""双非""双融"等维度。

"第三性相交彻门。曲有四门:一以性随相,同第二门;二寄相归性,同第一门;三双存无碍,具上二门,依此则悲智双运,性相齐驱,寂照双流,成大自在;四互夺双亡,则性相俱绝,没同果海,无成不成。"③此段从性相交彻的角度来阐释佛。细分"以性随相、寄相归性、双存无碍、互夺双亡"的视角,以此来诠释"佛"义。

"第四以性融相门。相虽万差,无不即性,性德无尽,全在相中;以性融相,相如于性。令上诸门,皆无障碍,因果交彻,纯杂相融,事事相参,重重无尽。"④此段以华严圆宗"事事无碍""重重无尽"的视域来诠解"佛"义。

"今就性门四句之内,是即佛门,不取余三;就相门中,约有情门,是净非染,是果非因,是一分义,非此所用;就交彻门,佛则性相

---

① 《宗镜录》卷十四,《大正藏》第48册,第492页下。
② 《宗镜录》卷十四,《大正藏》第48册,第492页下~493页上。
③ 《宗镜录》卷十四,《大正藏》第48册,第493页上。
④ 《宗镜录》卷十四,《大正藏》第48册,第493页上。

双融,生则会相归性。今经正约第四,以性融相,一成一切皆成,谓以佛之净性,融生之染;以佛一性,融生之多;令多染生,随一真性;皆如于佛,已成佛竟;非唯有情,会万类相,融为佛体,无不皆成。"①此段对以上四门进行综合分判。延寿禅师以第四门为正,即取华严圆宗的思想来阐释"佛"义。

接下来,《宗镜录》以"一念"来阐释"佛"义及成佛的根本,这再次彰显出永明延寿禅师的禅宗立场。延寿禅师说:"是以性非巧拙,解有精粗,智妙而见在须臾,机钝而悟经尘劫。……且如悟入《宗镜》中,成佛不离一念。若前念是凡,后念是圣,此犹别教所收;今不动无明,全成正觉。……故知若一念决定信受者,不间刹那,便登觉位。……故知,一切含生,心珠朗耀;理无前后,明昧随机。"②此段,延寿禅师强调"智妙之顿见(顿悟)""成佛不离一念""理无前后"的禅宗修为原则,由此,延寿禅师把对"佛"义条分缕析的分判又归结为"一念"的顿悟。这就是从教到禅的转化及飞跃,前者作为理论基础,后者则是前者的突破和创新。

三、论"一念成佛"

《宗镜录》接着面临这样一个理论问题:"若一切众生,即心是佛者,则诸佛何假三祇百劫,积功累德方成?"③

延寿禅师的回答是:"为复学一乘实法,为复趣五性权机。此论自证法门,非述化仪方便。"④也就是说,"一切众生,即心是佛"的思想是"一乘实法",即"顿法",并不是化仪方便之法。

接着,《宗镜录》引用数种经典对"佛"义进行分类:"且《楞伽经》说有四佛:一化佛,二报生佛,三如如佛,四智慧佛。……《华严

---

① 《宗镜录》卷十四,《大正藏》第48册,第493页上。
② 《宗镜录》卷十四,《大正藏》第48册,第493页中。
③ 《宗镜录》卷十六,《大正藏》第48册,第500页上。
④ 《宗镜录》卷十六,《大正藏》第48册,第500页上。

经》明十种佛:所谓于安住世间成正觉佛,无著见;愿佛,出生见;业报佛,深信见;住持佛,随顺见;涅槃佛,深入见;法界佛,普至见;心佛,安住见;三昧佛,无量无依见;本性佛,明了见;随乐佛,普授见。……又佛总具十身:一众生身,二国土身,三业报身,四声闻身,五缘觉身,六菩萨身,七如来身,八智身,九法身,十虚空身。……又天台明四教佛:一藏教佛,二通教佛,三别教佛,四圆教佛。"①

紧接着,《宗镜录》说:"若以如如佛、心佛、本性佛,谁人不具?若以国土身、法身、虚空身,何法不圆?则处处而皆是宝坊,丘陵谁立,念念而咸成正觉;妄想何分,如盲者不睹光明。非朝阳夕魄之过咎,似小果不闻圆顿,岂佛心妙旨之亲疏?但以法弱由于根微,道广在乎量大,浅机自感,妙有证作无常;薄福所宜,珍宝化为瓦砾;空迷己眼,错认他身,分实际以千差,致化仪之百变。"②此段,延寿禅师指出:由于众生根性所囿,而不能以圆融广大的视域来诠解"佛"义。

接下来,《宗镜录》又以华严圆宗的思想将成佛归结为"一念":"故知,不达《宗镜》,凡有见解,尽成谤佛谤法谤僧;任万虑千思,未有相应之日;了才此旨,自然一念无差。所以《华严论》云:从初发心十住之首,以三昧力,顿印三界。三世一际,诸法一味。解脱涅槃,常寂灭味。更无始终,因果一际。诸性一性,诸智一智。诸相一相,诸行一行。三世一念,一念三世,乃至十世,如是等法,自在无碍。此经法门,无始无终,名为常转法轮;是故此经教门,依本安立,以备大根,依本一际,不立始终,为非虚妄见故,入一总得余,为法界一际故,不同权学;见未尽故,入余总得一,为法界体无碍故。……故知,成佛说法,不离一念。……是知不动本位之地,而身遍十方;未离一念之中,而时经亿劫。本位不动,远近之刹历然;一念靡移,延促之时宛尔。不依《宗镜》,何以消文?万法冥归,终无别旨。"③可见,

---

① 《宗镜录》卷十六,《大正藏》第48册,第500页上~中。
② 《宗镜录》卷十六,《大正藏》第48册,第500页中。
③ 《宗镜录》卷十六,《大正藏》第48册,第500页中~下。

"一念"于成佛具有根本意义,是华严圆宗的宗旨所在。延寿禅师推崇华严思想,并将其用来论证禅宗顿悟修为原则,是非常具有理论说服力的。

(郭延成,辽宁大学哲学与公共管理学院、
　　　　　　永惺佛学研究中心)

略论吕澂先生的二祖慧可研究

姚彬彬

慧可(487~593)为后世禅宗所尊的二祖,虎牢(河南荥阳)人,唐德宗谥其为大弘禅师。慧可于三十岁时在洛阳龙门香山依宝静禅师出家。四十岁时,至嵩山于菩提达摩门下修学,得其心要。慧可平生秉承达摩宗旨,以《楞伽经》为传法经典,在理论上,他阐扬达摩二入四行"理入"之义,深信一切众生具有同一真性,如能舍妄归真,就是凡圣等一的境界。他曾用诗句来表达他的禅学见解,谓"本迷摩尼是瓦砾,豁然自觉是真珠,无明智慧等无异,当知万法即皆如"云云,显然是强调心性本来觉悟之观念。在修行上,则是秉持达摩的"头陀行"。凡修头陀行者,在衣、食、住三方面都极力刻苦,须穿极少又极简单的衣服;须乞食,又不得多食;住宿须在远离人家的荒僻处,往往住在树下或坟墓之中,须常跌坐而不横卧。[①] 然因达摩的禅法在当时的僧团主流中较少被认可,故慧可一生经历艰辛坎坷,生前亦未扬名于世。

[①] 参见胡适:《楞伽宗考》,见《20世纪佛学经典文库·胡适卷》,武汉大学出版社,2008年。

有关慧可的研究自属于禅宗史前酝酿形成期之研究范畴,在这方面,随着20世纪初敦煌佛教文献的发现与"五四"以来新史学研究方法的不断推进,逐渐蔚为显学,成为近现代汉语界佛教研究的一大热点。许多第一流的前辈学者,如胡适、汤用彤,以及稍后的印顺法师等人,均对达摩、慧可师承的史实进行过卓越的考证爬梳工作。而"内学院"系统的学者吕澂先生的看法大概是最为独特的,他早年认为慧可的思想,乃至于禅宗哲学的奠基,实源于对印度大乘有宗经典的误读或误译。故本文拟比较其早期(以《禅学述原》为代表)与后期(以《中国佛学源流略讲》为代表)有关慧可的研究,并略作评议。

一、《禅学述原》中的慧可研究

吕澂先生的《禅学述原》一文发表于1943年,缘起于他与新儒家熊十力的"辩佛学根本问题"之论战,论战中他援引大量原典,希图证明印度与中国佛教的根本分野,在于"本寂"与"本觉"之不同。"心性本觉"非印度佛教之本有,故吕澂认为熊十力"新唯识论"体系的根本来源于"本觉"伪说,所以毫无价值。论战后,他似乎意犹未尽,写成此文,希进一步"拔本塞源",将视角转向了禅宗思想体系,认为禅宗思想的本质是对印度佛教的误读,文中考证了文献中所提示的中国早期禅宗诸祖的思想,并与印度经论进行比对。此文中,吕澂先生认为禅宗之滥觞期有五家,为慧可、僧璨、道信、弘忍、慧能。学说可分为三个系统:慧可、僧璨所学,吕澂先生名之为"楞伽禅";道信、弘忍所学,名"起信禅";慧能之学,名"般若禅"。而三系之来源皆出于印度大乘有宗,且是对唯识学教理的误读或误解。[1]

---

[1] 吕澂:《禅学述原》,见《吕澂佛学论著选集(1)》,齐鲁书社,1991年,第396~409页。

对于以慧可为代表的所谓"楞伽禅",吕澂认为可导源至部派佛学时期上座系统的化地部,后世南传佛教仍宗此法。此法门重视戒律与头陀苦行,习地遍处观。后大乘有宗继承之,并以"离影像,住实相"的一乘法门对其进行了修订,形成的经典即《胜鬘》《楞伽》,多行于南印度,由求那跋陀罗于刘宋时传入中土。由此可见,吕澂所谓的"楞伽禅"之所本,为印度佛教的瑜伽(Yoga)止观之学,即意为静虑的禅那(Dhyāna)之"禅"。慧可承此学说,习宋译四卷本《楞伽经》,"托达摩之传而立禅宗"。

然此学何以至慧可之传而具有了"本觉"之特色?吕澂认为,缘于误读了《楞伽经》中的"自觉"一词,他指出:

> (慧可)其说为害最烈者,乃在误解"自觉"一词,即由误会《楞伽》以得自觉圣者智为究竟而来。原意:"自"者,"内"也;"觉"者,"触证"也(觉犹见闻觉知之觉,身舌鼻三,触境方知,故谓触觉也),谓内触之智(离名言为内,亲证实相为触),离名言而能得实相,亦即是现证也。而慧可训为自性觉悟(谓此觉不待他),且有本来是觉之义在焉。故彼《答向居士颂》云:"本迷牟尼为瓦砾,豁然自觉为真珠"也。①

显然,吕澂所理解的"自觉"的原意为"见闻觉知之觉",正是他所谓的"只就其'可能的''当然的'方面而言"的,因此,"实相"则是一种很难穷尽的,乃是悬置的境界,把重点放在修证功夫一点点积累的过程上。故他认为"慧可训为自性觉悟,且有本来是觉之义",这种"觉不待他",自然也就是"现实的""已然的",与印度原有的修行观念大相径庭。林镇国借吕澂在 20 世纪 50 年代所揭出的佛教修行实践的"转依"观念来说明"心性本寂"的思想内涵,颇为

---

① 吕澂:《禅学述原》,见《吕澂佛学论著选集(1)》,齐鲁书社,1991年,第400页。

通透。① 主观方面,"转依"是由认识的质变,即由错误的认识转变为正确的认识,间接改变行为,而造成身心的全盘改变;客观方面,由于认识的质变而造成事象的变革;事象的变革"不是简单地从名相认识的转移便直接有了改变,却是由认识的不断矫正,事象实相的显现益加了然,这再引起行动,革新事象,使它更和实相随顺地发展"②。这里所否定的"简单地从名相认识的转移便直接有了改变"也正是吕澂所理解的"本觉"之内涵。吕澂的学术话语中,认为"本觉"思想的泛化所导致的后果,使人们觉得修行在尚未开始时就已经完成,它不具备任何改变人生或世界的动机。

但是,印度与中国的佛学思想之间,是否存在吕澂所理解的"本寂"与"本觉"之间的那么清晰和明显的区别和界限呢?笔者觉得应可作进一步探讨。"本寂"与"本觉",都是联系到成佛的主体依据,即"如来藏"(或佛性、实相等)。印度大乘佛教时期的"如来藏"观念,极可能因受当时印度主流神学中普遍的"神我"说的影响,佛教为了应时应机说法而开出此学。印顺法师指出,以如来藏学为标志的"真常唯心论"渊源很早,在"阿含"的时代,佛教便有"于六识之心心相续中,想见其内在不变常净"③。如来藏学无论在印度还是在中国,都是讲成佛的内在理据,众生与佛不二——也就是"一切众生皆有佛性",这一点印中皆同,其间并无什么本质区别。吕澂所划分的"本寂"与"本觉"的差异,应更多地从他希望革新佛教、正本清源的主观期望上所立足的批判视角上去理解,他很少谈及二者的内在联系,或自有其用意。但若取"价值中立"之立场去研究如来藏一系学说的发展史,吾人则不可忽视印中学说内部此二者间的内在

---

① 参见林镇国:《形上学、苦难与解脱——"批判佛教"论争的反思》,见[美]杰米·霍巴德,保罗·史万森主编:《修剪菩提树——"批判佛教"的风暴》,上海古籍出版社,2004年,第307~308页。
② 吕澂:《观行与转依》,见《吕澂佛学论著选集(3)》,齐鲁书社,1991年,第1378页。
③ 印顺:《印度之佛教》,正闻出版社,1985年,第268页。

略论吕澂先生的二祖慧可研究　327

联系。如巨赞法师曾指出,在《大智度论》等印度经典中,也可以见到很多类似于"本觉"的论述,如:

> 《大智度论》卷三二云:"诸法实相常住不动,众生以无明等诸烦恼故,于实相中转异邪曲。诸佛贤圣种种方便说法,破无明等诸烦恼,令众生还得实性,如本不异,是名为如。"龙树菩萨的这一段话,虽然不能说它就是返本还源论的始作俑者,但是也很难断然地说它与《起信论》的说法毫无关系。①

所以,吕澂的学术话语中具有"舍染成净"功能之"本寂"心性,与本来"灵明不昧"之"本觉"心性,从教内的行持意义上看,以为是两种方向或无不可,然若谓二者在中印佛教思想史上具有整齐划一的分水岭,这一点似难符合思想史的发展实际。宏观地看,"本寂"与"本觉",实是对同一对象,即"心性本净"的两种差别细微的诠释,客观地看,恐非泾渭分明。今人周贵华指出,"心性本净"中的"净",梵文原作"prabhāsvara",原意即有"光明"的意思在其中,藏文佛典就是直接以"心性光明"义去翻译的。而分析汉文佛典"本觉"观念的含义,则可发现其中本已涵摄了印度佛教"心性本净"观的全部意义,是在其基础上引申而形成的。② 吾人应注意,"本觉"说的内涵也十分侧重这个"光明"之义,无论后来禅宗所常言的"自性光明,无垢可除",还是与禅宗大有关系的阳明心学的"此心光明,湛然常照"云云。如周氏所言,印度佛学的"心性本净"理论中已经蕴涵了向"本觉"观发展的可能,所以印度大乘佛典中已能看到不少像巨赞法师所罗列的,类于"本觉"的论述,就不足为怪了。换言之,印中佛教思想史即使可按"本寂""本觉"来划分,其过渡时间也应

---

① 巨赞:《探讨中国佛学有关心性问题的书札》,见《巨赞集》,中国社会科学出版社,1995年,第303页。
② 参见周贵华:《唯识、心性与如来藏》,宗教文化出版社,2006年,第202~206页。

是漫长的,二者肯定有一个相当长的共存难分的模糊的阶段。

20世纪末,日本出现了与"内学院"思想理路十分相似的主张"禅宗非佛教"的"批判佛教"思潮,但它是要彻底反思从印度到中国的一整套"界论"(dhātu-vāda)体系。姑不论"批判佛教"的是非得失,它把禅宗的"心性论"思想渊源一直上溯到印度佛教中具有本体论特征的如来藏学本身[1],不无道理。

吕澂立足于反思中国佛教,认为"本觉"只是中国佛教特定的误解,印度佛学中完全不存在,他论证:《楞伽》"自觉"的误读只是慧可自己的"有中国特色"的诠释方式。进一步,吕澂质疑慧可与来自"南天竺一乘宗"的菩提达摩的师承关系。然而,他对这个假设的论证并未成为确然之论。

吕澂认为菩提达摩只是慧可所依托的人物,实指达摩多罗,他的意思大概是以为菩提达摩与达摩多罗指的是同一人。对此,吕澂所援引的文献证据,是《洛阳伽蓝记》及后世诸多典籍中记载的达摩在约齐梁之时来华,"自言一百五十岁",而佛陀跋陀罗翻译《达摩多罗禅经》在410年左右,按150岁的年龄上推,菩提达摩与达摩多罗同为一人则是可能的,这种看法后世禅宗也曾有过。不过,近世以来质疑此种说法者甚多,如日本学者忽滑谷快天在《中国禅学思想史》中已提出疑问。而据汤用彤、胡适等考证,菩提达摩应该在470年左右来华,在华生活了五六十年,按正常的情况推测,菩提达摩初达中国南越时年龄不应过大。[2] 至于达摩"自言一百五十岁"的说法,从常识出发,我们一般不予采信。

究吕澂此文中之用意,他虽然未明说,其目的显然应该是希图利用菩提达摩"自言一百五十岁"的不可能性,试图抹杀其人的真实存在。不过,达摩对于自己年龄的说法,我们自可理解为印度文化

---

[1] 参见[日]松本史朗:《缘起与空——如来藏思想批判》,中国人民大学出版社,2006年。

[2] 参见拙文:《近代学者的菩提达磨研究——以汤用彤先生为中心的考察》,《井冈山大学学报》2008年第5期。

中常见的夸张表达方式;况且,距离达摩、慧可年代尚不很久远的道宣的《续高僧传》中,明确记载了二人的师承关系。从吕澂对达摩、慧可关系的判定的矛盾上,也可以隐约看出他区分印中佛学思想为"心性本寂"与"心性本觉"的特征,是存在诸多困难的。因为,如慧可亲炙于达摩,他若对《楞伽》有严重相悖于原意的误读,作为"南天竺一乘宗"的大师达摩岂能不当即明确指出?所以,吕澂虽欲视达摩仅为慧可指托,但相反的可靠史料俱在,此说似难圆成。

显然,吕澂对于这些问题的存在也并非视而不见,他在新中国成立后所作的《唐代佛家六宗学说略述》中,虽仍旧谈及"菩提达摩原来指的是佛陀跋陀罗所译禅经中的达摩多罗禅师"①,但到了写作《中国佛学源流略讲》和《谈谈初期禅宗思想的几个问题》等作品时,多次征引《续高僧传·达磨传》史料,也不再明确提及《禅学述原》中的这个观点。可见,关于此主张,吕澂在后期是自觉并有所修正的。

二、《中国佛学源流略讲》中的慧可研究

《中国佛学源流略讲》是吕澂先生于1961年受原中国科学院哲学社会科学部(即今中国社会科学院)的委托,为举办的为期5年的佛学研究班所作的授课讲稿。新中国成立后,吕澂先生的思想有了一些转变②,故其研究方法与早期相比有所修正。书中有关禅宗史前时期,也就是"楞伽师"阶段的论述,见诸第七讲《南北各家师说(下)》,其中有关慧可的说法,与吕澂早期的研究相比,颇有差异,也更为朴实允当。

首先,吕澂先生明确承认了慧可与达摩的师承关系。他指出:

---

① 吕澂:《禅宗——唐代佛家六宗学说略述之三》,见《中国佛学源流略讲·附录》,中华书局,2008年,第369~371页。
② 参见吕澂:《我的经历与内学院发展历程》(整理者:高山杉),见《世界哲学》2007年第3期。

据《续高僧传》记载,以《楞伽经》为依据的禅法是通过菩提达摩传到中原一带的。首先得到传授的便是慧可。慧可精通内外学,"独蕴大照,解悟绝群"。到了四十岁,遇见了达摩,随之学禅。传记说他"精究一乘,理事兼融,苦乐无滞"。他随达摩前后九年,约在529年,达摩逝世,他就在洛阳"聚徒讲学",由于他立说新颖,因而"言满天下"。天平初年(534),慧可又到了邺都,当时其地有禅师道恒,徒众千人,势力强大,害怕慧可夺去他的徒众,便对慧可大加排斥,甚至危及其生命。传说慧可失去一臂,可能与此事有关。此后,慧可作风改变,不那样大事宣传,只顺俗创作一点歌谣小品之类,敦煌卷子中发现的《四行论》长卷(现藏北京图书馆),大概就是后人依据他这类材料抄集编纂的。自此直到北周末年,慧可都很潦倒。他的学说也未能得到很好的传播。他的门人留下名字的有粲(灿)、惠、威、那、端、满诸师。① 显然,吕澂在此对慧可的平生作了清晰简明的回溯,这些内容也基本是后来学者的共识了。

其次,对于慧可所传达摩之学,吕先生明确其为楞伽师说之一系,他指出:据《续高僧传》说,达摩曾以四卷本《楞伽经》授慧可说:"我观汉地,唯有此经,仁者依行,自得度世。"但慧可对此经"专附言理",作了许多自由解释。以后慧可的门徒,也随身携带此经游行村落,不入城邑,行头陀行。他们对于《楞伽经》的共同认识是:在翻译上,"文理克谐,行质相贯";在思想内容上,"专唯念慧,不在话言",就是说,不重语言,而重在观想。用这种思想作指导,他们禅法的宗旨即是"忘言、忘念、无得正观","贵领宗得意",绝不拘守于文字。所以他们的传授着重口说,不重文记。②

至于慧可从达摩处习得禅法的具体内容,自是《续高僧传·达磨传》中所介绍的"二入四行"说:"二入"为"理入""行入"(由理而入,由行而入)。"理"的内容是"藉教悟宗,深信含生同一真性(佛

---

① 吕澂:《中国佛学源流略讲》,中华书局,2008年,第144页。
② 吕澂:《中国佛学源流略讲》,中华书局,2008年,第144~145页。

性),客尘障故,令舍伪归真",所以首要的条件在具有"深信"。有了认识,就可采取下列方法:"凝住壁观(此为安心之术),无自无他,凡圣等一,坚住不移,不随他教(不必他人教导),与道冥符,寂然无为。"这样,由于相信了佛性道理,只要采用壁观的方法,就可与道契合,这就叫"理入"。"行入"又分为四:一、报怨。对于坏事不应怨尤,而应看成是从前造业所受之报。二、随缘。因此,应随缘而行。三、无所求。对于好事,无所希求。四、称法。与性净(道)之理相称。并认为具有这四行则"万行同摄"。① 吕澂在此明确指出:"《续高僧传》的这一记载,是可信的。这些说法,与《楞伽经》内容大体接近,如一切众生皆有佛性等。慧可从达磨学到的境界,也是'理事兼融,苦乐无滞',与此精神基本一致。"②毫无疑问,这与吕澂早年在《禅学述原》中认为慧可"误读"《楞伽经》的看法显然已大相径庭,可以算是其明确的修正之说了。

尚有值得一提的,对于达磨、慧可一系二入四行禅法中的"凝住壁观"法门,吕澂认为其有独特的来源,他说:

> 达磨提出的壁观方法,也有其来源。印度瑜伽禅法的传授南北有不同,南方禅法用十便处入门,开头是地遍处,这就有面壁的意味。——因为修地遍处观地的颜色,必须先画成一种标准色的曼陀罗(坛),作为观想的对象。从此产生幻觉,对一切处都看成这种颜色。我国北方的土壁就是一种标准的地色,当然可以用它来代替曼陀罗。达磨的"面壁",或者即为这种方法的运用亦未可知。③

这种意见无疑十分新颖,因为早在1928年时,汤用彤先生在给

---

① 吕澂:《中国佛学源流略讲》,中华书局,2008年,第146~147页。
② 吕澂:《中国佛学源流略讲》,中华书局,2008年,第147页。
③ 吕澂:《中国佛学源流略讲》,中华书局,2008年,第147页。

胡适的信中便曾谈到一种猜想:

> 达摩"四行"非大小乘各种禅观之说,语气甚似婆罗门外道,又似《奥义书》中所说。达摩学说果源于印度何派,甚难断言也。①

对此,胡适回信表示赞同汤先生的说法,不过二先生均不曾论定其渊源来自印度何派学说。吕澂的上述猜测,无疑是对这个"甚难断言"问题的一个尝试性解答,自有待于学界进一步研究求证。

三、小结

吕澂先生之学出于倡导玄奘一系唯识学的支那内学院欧阳竟无,故在其早年,出于阐扬和维护本宗的立场,对于汉传佛教主流诸宗若台、贤、禅多有批判,并认为他们的思想来源皆为误解或误读了正统的印度佛教——特别是瑜伽行派一系的思想。所以,吕先生的早期佛学研究,凡涉及有关问题者,多着眼于此一思路,由于宗派之见的干扰,难免有些偏颇。然在其晚年,其思想学术更加圆熟,能够着眼于"大历史"之文化全局的视野,加之其深厚的佛学功底,留给我们更多有益的启示。以上所比较的他在前后期对二祖慧可的研究,其早期研究虽别具特色,自有引人入胜之处,实则瑕瑜互见;其晚期的研究则臻于平实允当之境,当为后世之典范。

(姚彬彬,武汉大学中国传统文化研究中心)

---

① 胡适:《论禅宗史的纲领》中之《汤用彤教授来书》,武汉大学出版社,2008年,第15页。

从耶律楚材到刘秉忠
——论蒙元时期河北禅宗法脉传承以及政教关系

叶宪允

蒙元时期,有两位非常著名的政治家耶律楚材(1190~1244)、刘秉忠(1216~1274)都与河北禅宗关系异常密切。耶律楚材号湛然居士,法名从源,是河北邯郸人,禅宗曹洞宗第十九世祖师万松行秀(1166~1246)的嗣法弟子。刘秉忠乃河北邢台人,出家于邢台天宁寺,法名子聪,为临济宗第二十世祖师海云印简的再传弟子。以耶律楚材、刘秉忠为纽带,一大批河北禅宗人士与朝廷建立了密切关系,由此促进了禅宗自身的发展以及政教互动。

成吉思汗于1211年建立蒙古国,二月讨金。山西、河北、山东多被占领。河北禅宗开始进入蒙古政权和元朝时期。蒙元初期,成吉思汗对宗教各派采取平等对待政策。1215年,成吉思汗收用当时著名曹洞宗禅师万松行秀嗣法弟子耶律楚材,1219年在西域万里征召道教全真教道士丘处机(1148~1227)。在木华黎攻打山西时,成吉思汗还特地吩咐人保护了少年临济宗高僧海云印简(1202~1257)。此后不久佛教地位逐步上升。藏传佛教政教合一,帝师、国师众多,声名煊赫。汉传佛教也得到大发展。曹洞宗的耶律楚材与临济宗的刘秉忠相继进入蒙元政权的权力核心,极大地促进了禅宗的发展以及政教的结合。耶律楚材自1215年投靠成吉思汗并随之西征,直到1244年(乃马真后称制三年)逝,一直参与军国要务,对成吉思汗及其子孙产生深远影响,他采取的各种措施为元朝的建立奠定基础。刘秉忠于1242年随临济宗海云印简一起入见忽必烈,忽必烈把他留在身边,商议军国大事,即位后,国家典章制度他都参与设计草定。耶律楚材和刘秉忠是蒙古开国和元朝建立过程中两位起到核心作用的政治家。以耶律楚材和刘秉忠为代表,北方禅宗得以发展,逐步奠定了禅宗乃至佛教在蒙元政权中的地位。

本文拟以耶律楚材至刘秉忠辅佐蒙元政权六十年间(从1215年耶律楚材投靠成吉思汗至刘秉忠1274年去世)的相关资料,探讨河北禅宗法脉传承以及对禅宗发展的贡献和政教关系。

一、万松行秀与河北禅宗

辽金时期,北方禅宗已经有所发展,河北靠近燕京,已经是重要的佛教中心。自达摩传法少林,禅宗祖师一直在南方传承。辽金时期江南的曹洞宗鹿门自觉一系,经青州来到河北南部的磁州,这就导致曹洞宗法脉回归北方。其法脉传承是鹿门自觉→普照一辨→大明僧宝→王山师体→雪岩慧满→万松行秀。《灵岩足庵肃公禅师道行碑》云:"青州法祖渡江以来,至朔方,居万寿,立曹洞一宗,与圣安竹林、晦堂佛日而鼎峙焉,故三派渊源,于今愈盛。青州之下四传,而得万松,光英丛林,声传四海,天下指为祖道中兴。复嗣雪庭裕,裕嗣足庵肃。"由此,河北在此一时期成为了真正的曹洞宗中心。1246年,万松行秀圆寂后,雪庭福裕(1203~1275)成为曹洞宗第二十世祖师。福裕于1242年住持禅宗祖庭少林寺,由此曹洞宗法脉传承回归少林,直至今天。在这个过程中,河北此一时期的重要作用不言而喻。河北成为此时期曹洞宗的中心其原因固然颇多,而河北的文化底蕴与国风民气则是禅宗振兴的根本。作为古燕赵之地,民风多清新刚健之气,文化少凝滞陈腐之习。故而,曹洞宗从南方传入河北,获得了新的发展契机。大明僧宝、雪岩慧满(1136~1208)都是河北人,传法中心是磁州(今河北省磁县)大明寺。大明僧宝的法脉,主要由太原玉山师体禅师继承了下来。玉山师体到河北磁州大明寺,参僧宝禅师,成为其侍者。磁州大明寺雪岩慧满禅师是磁州人,曾参郑州普照宝禅师。而普照宝也是河北磁州人,俗姓武。后雪岩慧满参学于玉山师体,得到师父印可后,回到磁州,开法于大明寺。由此河北磁州大明寺成为金代曹洞宗的中心。

进入蒙元时期,把曹洞宗加以发扬光大的是曹洞宗第十九世祖师万松行秀。从伦《大都鞍山慧聚禅寺岳泉新公章劳塔铭并序》(至元二十八年)中云:"曹溪之后,派而为五,源远流长,浩浩不绝者,临济、曹洞、云门者焉。今洞山之下,万松一枝,布列诸方,荫复天下,举世咸谓中兴祖道,法海之游龙也。"《佛祖正传古今捷录》卷一载:"净传鹿门觉、觉传青州辨、辨传大明宝、宝传玉山体、体传雪岩满、满传万松秀、秀传雪庭裕。"①万松是具有重要影响的禅宗巨匠,"登座一宣,万指倾听。以洞上孤冷不振之宗,一旦得师而起之,扶颓继绝,功不在青华严下也"②。从1206年雪岩满圆寂算起,万松为曹洞宗祖师四十一年。万松前四十多年属于金朝,后三十多年属于蒙古。

万松行秀,河北永年(属河北邯郸)人,生于金世宗大定六年(1166),圆寂于元定宗元年(1246)。《万松舍利塔塔铭》(节略)(屏山李全撰文)云:"行秀,号万松,姓蔡氏。河内解人也。父真,落魄俊爽,多艺能,好佛法。皇统初,游四方,盘桓洺水,喜永年风物,因家焉。"③皇统(1141~1149)是金熙宗的第三个年号。万松行秀父亲蔡真在永年安家是在皇统初,万松行秀出生于1166年,因而

---

① 〔清〕果性集:《佛祖正传古今捷录》卷一,《续藏经》第86册,第10页下。
② 〔明〕明河撰:《补续高僧传》卷十八,《续藏经》第77册,第494页下。
③ 〔明〕戚朝卿编:《(光绪)邢台县志》卷七,清光绪三十一年刊本,第732页。

行秀是在永年出生。十五岁时,万松行秀出家于邢台(邢州)净土寺,后到燕京参访,到过燕京名刹潭柘寺、庆寿寺、万寿寺,这几所寺院万松后来多住持之,特别是万寿寺是元代曹洞宗最为重要的寺院,堪比祖庭少林寺。在燕京几年后,万松回到河北,参磁州大明寺雪岩慧满。《万松舍利塔塔铭》云:"师生十有五年,恳求出家,父母不能夺,礼邢州净土赟公,业五大部。试于有司,在选者二百人,考官孙椿年置第七,老僧靖恩,忧不能出其右,师让之,独献律赋而归。椿年叹服,请冠之,而妻以子,师不从。明年,受具足戒,挑囊抵燕,历潭柘、庆寿,谒万寿,参胜默老人。复出见雪岩满公于磁州大明。公知法器,留之二年,言相契,径付衣钵送之,颂师印可,开户读书。净土尊宿闻之欣然,与众具疏敦请,师亦知缘至,遂就之。"住持净土寺几年后,万松再到燕京,"数迁巨刹,大振洞上宗风",先后住持燕京栖隐寺、报恩寺、大觉寺、大万寿寺,后退居从容庵。

万松行秀具有重要影响。元好问《遗山集》卷三十七有《暠和尚颂序》,云:"岁甲寅(1254)秋七月余,自清凉还太原,会乾明志公出其法兄弟、万寿暠和尚颂古百则语,委余题端。余往在南都,侍闲闲赵公、礼部杨公、屏山李先生燕谈,每及青州以来诸禅老,皆为万松老人号称辩才无碍、当世无有能当之者。"[1]人称万松"两河三晋之人皆饮师名"[2],"门庭高广,四方尊之"[3]。

二、万松行秀与耶律楚材

万松作为曹洞宗十九世祖师,传扬佛法,振兴曹洞宗,在金末元初社会动荡之际,他凭借自己的巨大影响,弘扬禅宗,确立了佛教在北方的地位,促进了河北佛教的大发展。1214年,耶律楚材向其学

---

[1] 〔金〕元好问撰:《遗山集》卷三十七,四部丛刊景明弘治本,第364页。
[2] 〔明〕明河撰:《补续高僧传》卷十八,《续藏经》第77册,第494页下。
[3] 〔元〕念常集:《佛祖历代通载》卷二十二,《大正藏》第49册,第728页中。

佛法,时间长达三年。万松教耶律楚材佛法,劝导其"以佛治心,以儒治国",佛、儒兼通互济,取得了良好的效果。

耶律楚材又名刘楚材,字晋卿,释名"从源",号湛然居士,乃辽宗室后裔。自论幼而喜佛。逢金朝末年战乱,蒙古兵围困燕京,"忧患以来,功名之心束之高阁"①,耶律楚材转而学佛。楚材初从圣安澄公习禅,后投于万松行秀门下,苦修三年,获万松行秀印可,成为一名居士。1215年,元太祖闻其名,聘之,1218年耶律楚材离开燕京随太祖西征,"以佛治心,以儒治国",成为一代著名的政治家。太宗时耶律楚材官拜中书令,对蒙古政权的治国方略多有建树。耶律楚材也利用自己的政治地位和影响力,为曹洞宗以及禅宗等佛教教派在元朝的发展发挥了重要作用。

关于耶律楚材的学佛经历,耶律楚材和万松行秀都有详细的记载。据耶律楚材《万松老人评唱天童觉和尚颂古从容庵录序》载:

> 昔予在京师时,禅伯甚多,唯圣安澄公和尚神气严明,言辞磊落,予独重之,故尝访以祖道,屡以古昔尊宿语录中所得者叩之,澄公间有许可者,予亦自以为得。及遭忧患以来,功名之心束之高阁,求祖道愈亟,遂再以前事访诸圣安。圣安翻案不然所见,予甚惑焉。圣安从容谓予曰:"昔公位居要地,又儒者多不谛信佛书,惟搜摘语录以资谈柄,故予不敢苦加钳锤耳。今揣君之心,果为本分事以问予,予岂得犹袭前愆,不为苦口乎?予老矣,素不通儒,不能教子,有万松老人者,儒释兼备,宗说精通,辩才无碍,君可见之。②

耶律楚材这一段经历,万松在《领中书省湛然居士文集序》中也

---

① 《万松老人评唱天童觉和尚颂古从容庵录》卷一,《大正藏》第48册,第226页中。

② 《万松老人评唱天童觉和尚颂古从容庵录》卷一,《大正藏》第48册,第226页中。

有记载:"湛然居士年二十有七,受显诀于万松。其法忘死生,外身世,毁誉不能动,哀乐不能入。湛然大会其心,精究入神,尽弃宿学,冒寒暑、无书夜者三年,尽得其道。万松面授衣颂,目之为湛然居士'从源'。自古宗师,印证公侯,明白四知,无若此者。湛然从是自称嗣法弟子'从源'。自古公侯,承禀宗师,明白四知,亦无若此者。……世谓佛法可以治心,不可以治国,证之以湛然正心修身、家肥国治之明效,吾门显诀,何愧于《大学》之篇哉!湛然尝以此诀忠告心友,时无识者,慨然曰:'唯屏山、闲闲可照吾心耳。'"①屏山是李纯甫,闲闲是赵秉文,皆河北人,与万松亦师亦友。此时正是1214年,耶律楚材二十七岁,万松四十九岁。耶律楚材对自己学佛的过程有着非常深刻的记忆,他反复记载了这一段经历,文字见于《湛然居士文集》等资料。

万松行秀佛儒兼通,思想早有渊源,于宗教、政治皆有重大影响,与金元朝廷以及文人学士关系密切。他与金蒙两朝政权关系密切,《佛祖历代通载》卷二十云:"金国明昌四年,诏请万松长老于禁庭升座。帝亲迎礼,闻未闻法,开悟感慨,亲奉锦绮,大僧祇支诣座授施。后妃、贵戚罗拜拱跪,各施珍爱以奉供养……章宗驾游燕之仰山,御题有金色界中兜率境碧莲花里梵王宫之句。"②《万松舍利塔塔铭》云:"泰和六年,复受中都仰山栖隐禅寺请。是岁,道陵秋猎山下,驻跸东庄,师以诗进,上喜。翌日,临幸方丈,改将军埚为独秀峰,盖取师名,留题而去。"③蒙古灭金后,行秀又继续得到蒙古汗廷的礼遇。史载,蒙古大军围攻中都时,守城金军纷纷逃窜,城中百姓也去之大半。《万松舍利塔塔铭》云:"八年,驻锡古冀。治天兵南下,燕都不守,诸僧请师渡河,师曰:'北方人独不知佛法乎?'众竞遁去,师处围城,白刃及门立,率大众诵《楞严咒》,遇善知识,持杖卫

---

① 〔元〕耶律楚材著:《湛然居士文集》卷首,四部丛刊景元钞本。
② 〔元〕释念常编:《佛祖历代通载》卷二十,《大正藏》第49册,第403页下。
③ 〔清〕戚朝卿编:《(光绪)邢台县志》卷七,清光绪二十一年刊本,第732页。

护,咒毕而入,扶师登舆,得还祖刹。燕有豪族挟势,异端并起,师数面折之,杨墨气夺,然终为不喜者挤。至于坐狱,色笑如故。"①他因此而闻名蒙古朝野。元太宗二年(1230),富阔台大汗赐佛牙一枚给他,并尊称他"万松老人"。1236年,朝廷差札忽笃侍读,"选试经僧道",令他和另一禅宗名僧海云印简主其事。由此,行秀经历金、蒙两个北方政权,皆能取得信任和礼遇,可见其影响之大。

金蒙之际,河北的两位著名文人官员李纯甫(1185~1231)、赵秉文(1159~1232)都与万松行秀关系密切,李是弘州襄阴(今河北阳原)人,赵是磁州滏阳(今河北磁县)人。李纯甫号屏山居士,为金代著名文学家,承安进士。少年习儒,后在邢台偶遇行秀,转而虔心向佛。《宗统编年》卷二十五记载:"癸亥三年(1203),金国学士屏山李纯甫著《鸣道集》。甫,字纯之,号屏山,参万松秀祖有得。"万松行秀作《领中书省湛然居士文集序》(太宗六年十一月),其中有"屏山居士年二十有九……日抵万松,深攻呕击。"《五灯全书》卷六十一记载:"屏山李纯甫居士,初恃文誉,好排释老。偶遇万松秀于邢台,一言之下,遂获契证。乃尽翻内典,遍究禅宗。注《金刚》《楞严》等经,序《辅教》《原教》等论。尝著《少室面壁庵记》。"赵秉文与李纯甫同时。赵秉文喜好佛老,可能是万松的又一俗家弟子。《秋涧集》卷四十二《雪庭裕公和尚语录序》云:"雪庭初参万松秀公,万松得法雪岩上人,纵横理窟,深入佛海。至于游戏翰墨,与闲闲、屏山二居士互相赞叹,为方外师友。"②

万松门人弟子众多,"洞山之下,万松一枝,布列诸方,荫复天下,举世咸谓中兴祖道,法海之游龙也"。受其禅法思想影响,俗家弟子耶律楚材成为著名政治家,位极人臣;嗣法弟子雪庭福裕担任僧官"释教总统",统领佛教,"权天下僧"。雪庭福裕是曹洞宗第二十世祖师,少林寺中兴之祖,深受元宪宗、元世祖的信任。万松弟子

---

① 〔清〕戚朝卿编:《(光绪)邢台县志》卷七,清光绪三十一年刊本,第732页。
② 〔元〕王恽撰:《秋涧集》卷四十三,四部丛刊景明弘治本,第493页。

全一至温(1217~1267)、林泉从伦都是靠近皇帝、住持大刹的高僧。

三、刘秉忠与河北禅宗

刘秉忠,河北邢台人,是从禅门走出来的一代杰出政治家,对元代政治文化产生了重要影响,促成了佛教与政治的结合。其后来赠太傅,封赵国公,又进封常山王。稍早的耶律楚材封太师、上柱国,追封广宁王,谥文正,可谓蒙元时代的最高封赏。刘秉忠直接出自佛门,法名子聪,为禅宗临济宗著名高僧海云印简的再传弟子。明胡应麟在《少室山房笔丛正集》卷三十中称刘秉忠出自佛门,"特以事功显……则前古未有也"①。

刘秉忠佛门师承,可以认为是禅宗曹洞宗,也可以说是禅宗临济宗。刘秉忠首先拜禅宗曹洞宗的虚照禅师(1196~1252)为师。王磐《刘太保碑铭》载:"天宁寺虚照禅师闻之,遣其徒招致,与披剃为僧,仍以公知经书、工翰墨,命掌书记。"②天宁照就是顺德府(邢台)天宁寺弘明虚照禅师,乃仙岩德禅师法嗣,属曹洞宗青原下第二十三世。在金元时期,邢州有三大寺院并立,这三大寺院是位于西北隅的天宁寺和城北的净土寺、城东的开元寺。三座寺院都由大德高僧做住持,天宁寺有虚照禅师、刘秉忠;净土寺有万松法师、至温禅师;邢州开元寺里有万安,后有庆古祥、损庵等。

刘秉忠还与禅宗临济宗有师承关系,为临济宗第二十世祖师海云印简的再传弟子,并在海云推荐下参与蒙元政权的治理。对刘秉忠影响最大的佛门人物正是高僧海云印简。1242年,禅宗临济宗海云印简禅师应忽必烈之请北赴和林,路过云中,见到刘秉忠,请他在身边担任侍者,同到和林谒忽必烈。王磐《刘太保碑铭》云:"后游云中,住南堂寺。值海云禅师被召北觐,过云中,闻公博学多艺

---

① 〔明〕胡应麟撰:《少室山房笔丛·癸部》,明万历刻本,第267页。
② 〔元〕刘秉忠著:《藏春集》卷六附录,明刻本,第57页。

能,求相见。既见,约公俱行,公不可。海云固要之,不得已遂行。既至,谒今上于潜邸,一见应对称旨,自是屡承顾问。及海云南还,公恳求奔丧。上赐黄金百两,仍遣使送至邢州。公持服营葬事,起坟于贾村,葬其祖父母、父母。服阕被召,复还和林。公献书陈时事所宜者数十条,凡万余言,率皆尊主庇民之事,上嘉纳之。"①张文谦《藏春集》卷六《故光禄大夫太保赠太傅仪同三司谥文真刘公行状》(至元十二年正月)云:"己亥(1239)秋,虚照老还邢,公因留住南堂,讲习天文阴阳三式诸书。会海云大士至,一见奇其才。时上在藩邸,遣使召海云老北上,因携公偕行。既至见公,洒落不凡,及通阴阳天文之书,甚喜。海云老南归,公遂见留。自是礼遇渐隆,因其顾问之际,遂辟用人之路。"②刘秉忠后入禅宗临济宗,为海云印简再传弟子。《临济慧照玄公大宗师语录序》云:"海云传可庵朗","可庵传太傅刘文贞公"。《五灯全书》卷第五十六列海云为"临济宗南岳下二十世",那么刘秉忠又可视为"临济宗南岳下二十二世"。海云印简乃当时北方佛教领袖,1253年担任"释教总统",是佛教界号为国师的高僧,深受忽必烈和蒙古权贵的宠信。

四、河北禅宗对蒙元佛教兴盛的影响

关于元代崇尚佛教,僧尼众多。《元史》卷十六记载,至元二十八年,"宣政院上天下寺宇四万二千三百一十八区,僧、尼二十一万三千一百四十八人。"③赵天麟《汰僧道》:"方今天下,僧道极多。"④元程钜夫《袁州大仰山重建太平兴国禅寺碑》曰:"皇元有天下,佛

---

① 〔元〕刘秉忠著:《藏春集》卷六附录,明刻本,第57页。
② 〔元〕刘秉忠著:《藏春集》卷六附录,明刻本,第55页。
③ 〔明〕宋濂等撰:《元史》第2册,中华书局,1976年,第354页。
④ 〔元〕赵天麟撰:《太平金镜策》卷五,元刻本,第26页。

法益尊大,天下名山,思致崇极以称德意。"①叶昌炽《语石》卷三曰:"元人起自朔荒,庙堂制敕犹沿椎髻之风。开国之初,崇尚道释。"②《元史》释老传称"元兴,崇尚释氏"③。由此不难看出元朝对佛教的重视和佛教的兴盛,此类记载很多。

  任用耶律楚材、刘秉忠这样出自佛门、有佛学思想的政治家执掌核心军国要务,显然绝非偶然,其反映了最高统治者对佛教的宠信。元世祖崇佛记载多见于史册。1260年元世祖忽必烈即位,称元"中统"。在世祖即位之前,他已经明显地显示出对佛教的兴趣。他与高僧海云印简、雪庭福裕等都有接触。樊从义《大明寺碑略》(至正十六年六月)云:"我朝世祖皇帝定都于燕,首崇佛教,而股肱之臣有出于丛林者。"股肱之臣显然是指刘秉忠。世祖即位后,佛教得到巨大发展,而且其后的元朝统治者基本上维持了世祖的崇佛政策。世祖因为很重视佛教而被称为"佛心天子","内立帝师,为舟航于法海;外设僧统,乃抚治于教门"。《佛祖统纪》卷四十八载,世祖"万机之暇,自持数珠,课诵、施食"。并说:"朕以本觉无二真心治天下……故自有天下。寺院、田产二税尽蠲免之,并令缁侣安心办道。"④《全元文》卷七五一《至元法宝勘同总录序》(至元二十六年三月)云:"大元天子,佛身现世间,佛心治天下。"正是由于忽必烈喜欢亲近佛教人士,刘秉忠才在海云印简的大力推荐下成为其宠信的亲密谋士、一代重臣。

  可以说元朝佛教的兴盛为一些僧人参与政治事务与佛教管理创造了条件,是他们建立与朝廷密切关系的历史背景。由此,佛教与世俗政权的结合特征明显,一大批僧官和政治人物出自佛门。耶律楚材在蒙元早期随成吉思汗征伐,封王拜相,他是禅宗曹洞宗名

---

① 〔元〕程钜夫撰:《雪楼集》卷六,清文渊阁四库全书补配清文津阁四库全书本,第59页。
② 〔清〕叶昌炽撰:《语石》卷三,清宣统元年刻本,第68页。
③ 〔明〕宋濂等撰:《元史》第15册,中华书局,第4517页。
④ 〔宋〕释志磐编:《佛祖统纪》卷四十八,《大正藏》第49册,第435页上。

僧万松行秀嗣法弟子。万松本人与金、元统治者都保持了良好的关系。万松弟子雪庭福裕受元宪宗和元世祖重用,声名显赫,授"都僧省之符","总领释教","掌天下僧权",成为汉地佛教最高领导人之一。海云印简本人与忽必烈的密切关系无须论述。一些文献资料也记载了僧人参与社会事务,出世做僧官的情况。邢允修《集贤庵创建观音堂功德之碑》(大德五年)载:"自国朝兴隆以来,授爵□官,为僧统、为僧录、为僧正者,不为不多矣。"《新元史》卷二百三十六载:僧徒"弟子之号司空、司徒、封国公者,前后相望,怙势瓷睢,气焰熏灼,为豁不可胜言"。程钜夫《奉圣州法云寺柔和尚塔铭》载:"佛法之行,其来远矣,至皇元而益盛。山林空寂之士,一旦乘时际运,左右人主,倾动王侯,奔走天下,生被显宠,没享荣名者,不知其几。"[1]这些僧人中很多皆为河北籍人士,一些则是与河北关系密切。

总之,耶律楚材和刘秉忠这样的朝廷重臣出自佛门,其佛学思想对社会军国大政和思想文化有重要影响。耶律楚材和刘秉忠在随成吉思汗、忽必烈等征战时,劝阻杀戮,"活者不可胜计",发挥了重要的历史作用。同时他们在维护佛教方面作用甚大,是禅宗重要的外护力量,他们的行为本身也正是佛、儒融合的体现。由此形成了蒙元时期一股显著的佛教参与世俗政治的潮流,这不但促进了政治社会事务的发展,也客观上发展壮大了佛教自身的影响力。由此,我们可看到河北禅宗在蒙元时期发挥了不小的历史作用。

(叶宪允,华东师范大学讲师)

---

[1] (元)程钜夫撰:《雪楼集》卷二十一,清文渊阁四库全书补配清文津阁四库全书本,第242页。

湛然居士融合佛教观谫论

张 勇

耶律楚材(1190~1244),号湛然居士,出身于一个汉化很深的契丹贵族家庭,自幼博览群书,贯通经史百家之学,乃至天文、地理、历法、医卜之术。二十余岁时,楚材向圣安澄公参问心要,经其推荐,参访著名曹洞宗禅师万松行秀(1166~1246),于是息心参究佛法,三年后得行秀印可。元太祖十四年(1219),被召随成吉思汗西征,常晓之以征伐、治国、安民之道。元太宗即位后,官至中书令,甚见宠信。楚材在太祖、太宗两朝仕职近三十年,朝臣与居士双重身份,使他虽官高位显,仍布衣蔬食,淡泊如常,自谓"有发禅僧,无名居士"。作为朝臣,楚材对儒学有着极深的感情;作为居士,他对佛学又有着真诚的热爱。特殊的身份与信仰,使他极力倡导一种融合的佛教观,提倡禅宗内部的融合、禅宗与教宗的融合,乃至儒、佛、道三教的融合。

一、"禅教强分图施高":融合的佛教

唐武后及中宗时,禅宗五祖弘忍以下,由慧能、神秀开创南北二

宗,即所谓南顿、北渐二派。南宗禅从唐武宗到后周百余年间,又开创出临济、沩仰、曹洞、云门、法眼五宗,世称"禅宗五家"。元代佛教诸宗中,禅宗影响最大,其中临济宗与曹洞宗尤为尊显。耶律楚材的老师万松行秀即属曹洞宗,楚材所继承的也主要是曹洞禅法。

耶律楚材描述自己学佛的经历说:

> 当年嗜佛书,经论穷疏笺。公案助谈柄,卖弄猾头禅。一遇万松师,驾驭蒙策鞭。委身事洒扫,抠衣且三年。圆教摄万法,始觉担板偏。回视平昔学,尚未及埃涓。渐能入堂奥,稍稍穷高坚。疑团一旦碎,桶底七八穿。洪炉片雪飞,石土栽白莲。①

耶律楚材初参圣安澄公时,只为"搜摘语录,以资谈柄",并没有真心皈依佛法,参访万松行秀后,焚膏继晷,废寝忘食,终悟禅法堂奥,被行秀誉为居士学佛"千载一人"。

作为曹洞法嗣,耶律楚材对本门禅法的基本精神理解很深。在《和百拙禅师韵》中,他说:"十方世界是全身,气宇如王绝比伦。与夺机中明主客,正偏位里辨君臣。"这首诗指出曹洞宗禅法的基本特色,即偏正回互、五位君臣。他还写过《洞山五位颂》,以表达对"洞山五位"的理解。② 在《和南质张学士敏之见赠七首》(其二)中,他又描述曹洞宗"默照"禅观法门曰:

> 漏沉沉,竹萧萧,蒲团禅定坐终宵。古庙香炉无气息,一条白练如琼绡。性海澄澄波不起,宛似冰壶沉玉李。……醒时呼

---

① 《琴道喻五十韵以勉忘忧进道》,见谢方点校:《湛然居士文集》,中华书局,1986年,第257页。
② 洞山良价为广接上、中、下三根,因势利导,在事(现象)理(本体)回互关系上建立种种"五位说"来接引、勘验学人。曹洞宗所说"五位",有正偏、功勋、君臣、王子四种,其中,"偏正五位"是基础,包括正中偏、偏中正、正中来、偏中至、兼中到五部分。

起梦中人,遍济含生其利博。本无内外与中边,踏破威音劫外天。

"默照禅"是宋代曹洞宗的擎灯者宏智正觉(1091~1157)所倡导的禅观法门,是一种摄心静坐、潜神内观、内息攀缘,以至于悟道的观行方法。楚材此诗中,"蒲团禅定坐终霄"言"默","宛似冰壶沉玉李"言"照",默而能照,照不伤默,默照一如,动静不二,即他所谓"本无内外与中边,踏破威音劫外天"。正觉《默照铭》云:"默默忘言,昭昭现前,鉴时廓尔,体处灵然。"楚材所颂正与此同,可见他确实深得曹洞宗"默照"三昧。

"禅宗五家"尽管都属南宗禅,思想差异并不大,但由于门风的不同,而经常发生相互贬抑的现象,尤其是在曹洞宗与临济宗之间。两家的主要区别在于:曹洞主知见稳实,临济尚机锋峻烈;曹洞贵婉转,临济尚直截。北宋末南宋初,曹洞与临济的对立,演变为临济宗禅师大慧宗杲的"看话禅"与曹洞宗禅师宏智正觉的"默照禅"之间的对立。这种对立一直延续到元代。

耶律楚材虽嗣曹洞禅法,并不排斥临济宗,相反,对其呵佛骂祖的禅法特色还表现出很大程度上的欣赏。他在《请容公和尚住竹林疏》中说:

> 我容公禅师一条生铁脊,两片点钢唇,参透济下没巴鼻禅,说得格外无滋味话。呵佛骂祖,且存半面人情;揭海掀山,便有一般关捩。试问孤峰顶上,何如十字街头。若是本色瞎驴,好趁大队;既号通方水牯,何必芒绳。

他认为,曹洞宗与临济宗的区别只限于门庭施设上,所谓"三玄戈甲徒心乱,五位君臣莫眼花。只遮些儿难理会,草鞋包裹破袈裟"①。"三玄"②是临济宗接引学人的方法,五位君臣则为曹洞宗之法,两者都是"指"不是"月",学人切不可认"指"为"月",被其搞得眼花心乱,所以他又说:"临济真颠汉,曹山放酒酣。许多闲伎俩,仔细好生参。"③

耶律楚材对"禅宗五家"都很熟悉,在大量诗文、疏序中,经常拈提五家公案,引述五家禅语、禅典,得心应手,毫无斧斫之痕。他在《万松老人万寿语录序》中论"五家"禅法特点说:

> 余忝侍万松老师,谬承子印,因遍阅诸派宗旨,各有所长,利出害随,法当尔耳。云门之宗,悟者得之于紧俏,迷者失之于识情;临济之宗,明者得之于峻拔,昧者失之于莽卤;曹洞之宗,智者得之于绵密,愚者失之于廉纤。独万松老人得大自在三昧。决择玄微,全曹洞之血脉;判断语缘,具云门之善巧;拈提公案,备临济之机锋。沩仰、法眼之炉韛,兼而有之,使学人不堕于识情、莽卤、廉纤之病,真间世之宗师也。

在这里,他对"禅宗五家",尤其是云门、临济、曹洞三家禅法,做了客观分析与评价,认为五家"各有所长",可以"兼而有之",并相互补充、相互融合。

耶律楚材极力倡导禅门内部的融合。他在《请定公庵主出世疏》中说:"少林九年打坐,只得半提;曹溪五派分开,全没一滴。""禅宗五家"都源于曹溪六祖,不能相互排斥、相互攻击。五派虽然在门庭施设上有所区别,但终极目标是一致的,即都是引人见道,所谓"滔天岭上,只图同看有毛龟;绝顶山头,且要共栽无影树"④。"有毛龟""无影树",都指有名无实之物,佛教经论常用来比喻虚幻

---

① 《寄云中东堂和尚》,《湛然居士文集》,第207页。
② "三玄",即体中玄、句中玄、玄中玄。
③ 《次韵黄华和同年九日诗十首》(其九),《湛然居士文集》,第207页。
④ 《请湛公禅师住红螺寺疏》,《湛然居士文集》,第177页。

不实之万法。这两句诗意思是说,禅宗各派尽管接引学人的方式不同,但最终目标都是引人破除我、法二执而见性成佛。他还用通俗而形象的比喻来说明这个问题:"和尚拽砘子,不离寺内;老鼠拖葫芦,只在仓中。"①

耶律楚材不但主张禅宗内部的融合,他还提倡禅教之间的融合。禅即禅宗,指直接传承佛陀心法,以教外别传、不立文字为特色之宗派;教即教宗,指根据佛陀所说之法而建立,以学解为主之宗派。由于修行方法、教义侧重点等方面的差异,唐代以来,佛教界禅门与教门之间一直矛盾不断。这种矛盾在元代仍很激烈,甚至时常在宫廷举行禅教大辩论,有时还由皇帝亲自主持。

耶律楚材反对禅教之间的对立。他说:"强分禅教者流,且图施设。"②禅宗与教宗的划分,只是一种方便法门,二者并没有实质性的差异。平阳净名院改律为禅,楚材赞曰:"不居这那院,好个主人;本无南北心,悉为佛子。"③他对这种打破禅教壁垒的做法大加赞赏。精深的佛学造诣与很高的政治地位,使楚材的禅教融合主张在当时产生了较为明显的效果。有研究者指出:"中唐以来,佛教义学衰微,僧侣'从教入禅'成为一种时髦;入元以后,也出现了'从禅入教'的潮流。"④元代"从禅入教"新潮流的出现,与楚材禅教融合观的推动是分不开的。

在极力鼓吹这种融合的佛教观的同时,耶律楚材对其中的不和谐音符也进行了无情批判。金元时期,北方盛行许多打着佛教幌子的邪教组织。楚材在《西游录序》中说:"此方毗卢、糠、瓢、白经、香会之徒,释氏之邪也。"他对"糠禅"进行了猛烈批判。在《寄赵元帅书》中,他说:"大糠孽乃释教之外道也。此曹毁像谤法,斥僧火教,弃布施之方,杜忏悔之路,不救疾苦,败坏孝风,实伤教化之甚者

---

① 《请某庵主开堂疏》,《湛然居士文集》,第178页。
② 《三学寺改名圆明仍请予为功德主因作疏》,《湛然居士文集》,第179页。
③ 《平阳净名院革律为禅请润公禅师住持疏》,《湛然居士文集》,第180页。
④ 杜继文、魏道儒:《中国禅宗通史》,江苏古籍出版社,1993年,第472页。

也。"此教"毁像谤法,斥僧灭教",反对布施与忏悔,违背佛教的基本教义,同时,"不救疾苦,败坏孝风,实伤教化",又与儒家传统相悖逆,因此被楚材斥为"外道""异端""邪教"。

二、"三圣真元本自同":佛教的融合

儒、佛、道三教关系,从魏晋南北朝时期的"三教一致",到唐代的"三教鼎立",至宋代酝酿出以"三教合一"为基本特征的新儒学,即理学。当时,理学的影响范围主要集中在北宋与南宋的统治地区,而对辽、夏、金等少数民族统治的地区影响甚微。入元后,理学在北方政治、思想等方面开始发挥重要作用。尽管耶律楚材对儒学有很深的感情,但对入宋以来的理学家却颇有微词,不满他们"窃取"佛教资源又猛烈批判佛教的态度。他极力维护佛教的独立性,维护佛教与儒、道的三足鼎立局面,在此基础之上,从"三教同源"论出发,以佛教的理论与思维方式来论证"三教融合"的可能性与必要性。

宋代儒学家在新儒学体系的建构过程中,一方面大量吸收、借鉴佛教资源,另一方面又对其采取强烈批判态度。洪修平先生说:

> 这个时期,儒佛道三教的地位是不相等的,三教的力量也是不平衡的。新儒学适应封建社会强化中央集权的需要而成为官方正统的思想意识形态,佛道二教虽然各有发展,但都处于依附从属的地位,作为封建统治思想的补充,配合儒学发生着作用。因此,这个时期的儒家往往是以居高临下之势对佛道二教加以改造利用的,大多数儒家学者一方面从佛道那里大量吸取对自己有用的东西来丰富发展传统儒学,另一方面又往往贬低佛道,对佛道加以批判或攻击。①

---

① 洪修平:《中国佛教文化历程》,江苏教育出版社,2005年,第233页。

理学家们对佛教的态度很明确:暗吸收,明批评,最终消化、吸收之。宋代以后的佛教,由于基本观点和方法被儒家吸收,再加上儒家强大的攻势,出现日益衰微的局面。在这种情况下,佛教的理论家们重新举起"三教一致""三教融合"的大旗,强调与儒、道,尤其是儒家思想的融合,意在表明自己是三教中的平等一员,而不是儒学的附庸。与楚材生活在同一时代的居士刘谧,著《三教平心论》,立足于佛教,倡导"三教融合"。元代"三教融合"思潮中,佛教方面的代表人物当数楚材。

耶律楚材批评理学家在佛教面前的气势凌人态度。他说:"予又谓昔屏山居士序《辅教编》有云:'儒者尝为佛者害,佛者未尝为儒者害。'诚哉是言也!盖儒者率掌铨衡,故得高下其手。其山林之士不与物竞,加以力孤势劣,曷能为哉!"[1]他对儒者仗势欺"佛"的态度极为不满。楚材的同门师兄弟李纯甫曾著《鸣道集说》一书,对理学家进行批评。楚材为之作序,充分肯定其观点。他说:

> 江左道学倡于伊川昆季,和之者十有余家,涉猎释、老,肤浅一二,著《鸣道集》,食我园椹,不见好音,诬谤圣人,聋瞽学者。噫!凭虚气,任私情,一赞一毁,独去独取,其如天下后世何!……鸣道诸儒力排释老,弃陷韩欧之阶党,孰如屏山尊孔圣与释老鼎峙耶![2]

他批评理学家一面"食我园椹",一面"诬谤圣人"的态度,认为三教关系的最好架构是在鼎足而立的基础上相互补充、相互融合。

元代,佛教与道教都极力主张"三教同源""三教合一",但由于立足点不同,而常常相互矛盾。早在金代,全真教的创始人王重阳,

---

[1] 《糠蘖教民十无益论序》,《湛然居士文集》第275页。
[2] 《屏山居士鸣道集序》,《湛然居士文集》,第308页。

就确立了"三教圆融""识心见性""独全其真"的立教宗旨。入元以后,王重阳的弟子丘处机,继续秉持"三教合一"的主张,提出"儒释道源三教祖,由来千圣古今同"①。然而,这只是就理论而言的,事实上,全真教依恃帝王宠信,肆无忌惮地排挤佛教,大量将佛寺改为道观。作为佛门弟子与朝中高官,耶律楚材就自然而然地成了佛教的利益保障者与理论代言人。他不断重申"三教同源"的基本观点,对道教的侵犯进行回击。他曾批评道教强行改佛寺为道观的现象:"三教根源本自同,愚人迷执强西东。南阳笑倒知音士,反改莲宫作道宫。"②立足于"三教同源"论,批评了道教的"愚人"之举。

耶律楚材严格区分"道家"与"道教"③,认为作为"三教"之一的"道",应是老庄道家,而不是道教。他对以老庄哲学为代表的道家思想十分推崇,读之常有"起予之叹",而对道教则持强烈的批评态度。他在《西游录序》中说:"全真、大道、混元、太乙、三张左道之术,老氏之邪也。"把道教称为"老氏之邪",认为它已经偏离了道家思想的"真精神"。楚材最反感的是道教的长生久视理论与炼丹、服饵之术。他说:

玄言圣祖五千言,不说飞升不说仙。烧药炼丹全是妄,吞

---

① 《磻溪集》卷一,《道藏》第25册,第815页。
② 《过太原南阳镇紫薇观壁三首》(其三),《湛然居士文集》,第137页。
③ 关于道教与道家的关系,目前学界有不同的看法。一般认为,道教与道家是两个不同的概念。道家是中国哲学史上的一个学派,可分为先秦老庄道家,秦汉黄老道家,魏晋玄学道家三个阶段;道教则是一种有组织的宗教形式,形成于东汉时期的五斗米道和太平道。道家没有组织体系,以"自然无为"为哲学旨归,而道教则有严密的组织体系,多从事神仙修炼之术。也有学者认为,道教的产生不能以是否形成组织体系为标志,而应以是否具有神仙思想与修炼之术为准的,由此前提出发,就可得出"道家即道教"的结论。(见萧登福《道家道教与中土佛教初期经义发展》,上海古籍出版社,2003年,第19页)也有学者提出以"道学"作为道家、道教的总称,而将理论色彩浓厚的重玄学与内丹心性学作为道家一系的思想来处理,认为"道家是道教的哲学基础,道教是道家的宗教形式"。(胡孚琛、吕锡琛:《道学通论——道家·道教·仙学》,社会科学文献出版社,1999年,第7页)

霞服气苟延年。须知三教皆同道,可信重玄也似禅。趋破异端何足慕,纷纷皆是野狐涎。①

他批评道教"飞升""成仙""炼丹"之说违背老子原旨,是荒诞无稽之谈,认为道教在理论上是不能与佛教相提并论的,即使最富有理论色彩的重玄思想,也是从佛教借鉴而来的。这样,楚材就取消了"道教"成为"三教"之一的资格。

批评过理学家与道教后,耶律楚材明确提出自己的三教关系主张。他在《西游录》中说:"三圣人之教鼎峙于世,不相凌夺,各安攸居,斯可矣。"他反对三教间相互排斥、相互争斗,认为三教应该"鼎峙于世""各安攸居"。这一主张有两个理论根据:一是"三教同源"。他多次提出"三圣真元本自同""须知三教皆同道""三圣元来共一庵"等说法。二是"三教"各有侧重。他说:"吾夫子之道治天下,老氏之道养性,释氏之道修心,此古今之通议也。"②"三教",由于同源,故有鼎立的可能;由于理论上各有侧重,故有鼎立的必要。

耶律楚材还从更深层的思维方式上论证三教的相通、相融性。他说:"夫圣人设教立化,虽权实不同,会归其极,莫不得中",这是"三圣之说不谋而同者"。③ 他认为,三教理论的终极归宿都是"中",这是三教融合的纽结点。这种观点是很有见地的。儒、佛、道三教在思维方式上都强调"中",儒家称"中庸",佛教称"中道",道家称"环中"。儒家"中庸"的核心是"叩两求中",它是在"过"与"不及"两端之间寻求一个恰到好处的阈限,并能做到知权达变而"时中"。佛教"中道"最基本的含义是:缘起即空,空有不二,不堕于"断""常"两边。道家"环中"的基本内涵是"中空",立于"环中",就抓住了环的枢纽,就能以虚运实,以静驭动。三教之"中"有

---

① 《邵薛村道士陈公求诗》,《湛然居士文集》,第147页。
② 《寄赵元帅书》,《湛然居士文集》,第189页。
③ 《辨邪论序》,《湛然居士文集》,第187页。

很大程度上的不同,楚材也认识到了这一点,他所谓"权实不同",但三者又有一定程度上的相通性,他正是抓住这些相通之处来融合三教的。

耶律楚材认为,三教之"中"的共同点表现在两大方面:一是中正、不偏邪,二是"有益于世"。他充分认识到"三教"学说的差异性,所谓儒"治天下"、道"养性"、佛"修心",理论侧重点虽然不同,但"三圣人教皆有益于世"。万松行秀在《湛然居士文集序》中把楚材的三教观概括为"立三教而废邪伪"。楚材在极力鼓吹三教并立的同时,又立足于"中",对佛、道两教中的异端思想进行了猛烈批判。"糠禅"不救疾苦、伤风败俗,故为"释氏之邪";道教一味追求长生、成仙,无益于世,故为"老氏之邪"。两者都违背了"中"的原则,只是佛教或道教中的异类,不能算作真正的一员。

总之,耶律楚材坚决维护佛教的独立性,认为三教关系的最好格局是"三教鼎立",主张在此框架内实现佛教与儒、道二教的融合,并从理论与实践两方面探讨了三教融合的可能性与必要性。他对理学家的批评及对道教作为"三教"之一资格的否定,初步显示了其佛教立场。

三、"礼乐因缘尽假名":佛教理论本位

前面讨论了耶律楚材融合佛教观的具体表现,从禅宗内部融合,到禅教融合,再到"三教融合",他不但提倡佛教内部的融合,而且提倡佛教与儒、道两家关系的融合。还有一个问题需要解决:耶律楚材的佛教观是以哪家思想为本位的呢?其儒士与居士的双重身份,使这个问题有些扑朔迷离,有进一步探讨的必要。

魏晋以后,士大夫们与佛教就结下了难解之缘。虽同是好佛,然目的各异。楚材对此现象作了具体分析:

吾儒中喜佛乘者固亦多矣,具全信者鲜焉。或信其理而弃

其事者,或信其理事而破其因果者,或信经论而诬其神通者,或鄙其持经,或讥其建寺,尘沙之世界,以为迂阔之言,成坏之劫波,反疑驾驭之说,亦何异信吾夫子之仁义,诋其礼乐,取吾夫子之政事,舍其文学者耶? 或有攘窃相似之语,以为皆出于吾书中,何必读经然后为佛,此辈尤可笑也! 且窃人之财犹为盗,矧窃人之道乎?①

他列举了儒士"喜佛"而"不全信"的种种表现,最典型的是喜欢佛教的义理,而不喜欢其因果报应之说。这些儒士的佛教观有一个共同特点,即都是以儒学作为参照系,以儒学作为对佛教取舍的唯一标准。与这些儒士不同的是,耶律楚材具有儒士与居士双重身份。作为一名有远见卓识的政治家,耶律楚材对儒学有着根深蒂固的信仰,而作为一名已经皈依佛法的居士,他对佛教又有着非常真挚的情感。耶律楚材的佛教观是以什么为立足点的呢?

对于这个问题,早在清代就已经开始讨论了。清末芳郭无名人在为《湛然居士文集》所作后序中指出:"观居士之所为,迹释而心儒,名释而实儒,言释而行儒,术释而治儒。"《四库全书总目》说:"今观其诗语皆本色,惟意所如,不以研炼为工。虽时时出入内典,而大旨必归于风教。"②近人王国维也说:"公虽洞达佛理,顺其性格实与儒家近,其毅然以天下生民为己任,古之士大夫学佛者,绝未见有此种气象。古所谓墨名而儒行者,公之谓欤!"③这些观点都认为,耶律楚材表面信仰佛教,而内心实为儒家,其佛教观是以儒学为立足点与参照系的。

耶律楚材的确对儒学有着极深的感情。其文化理想是"百蛮冠带文轨同",主张以中原的礼乐文明来实现各民族的文化统一。任

---

① 《楞严外解序》,《湛然居士文集》,第272页。
② 《钦定四库全书总目》(整理本),中华书局,1997年,第2201页。
③ 王国维:《耶律文正公年谱馀记》,《湛然居士文集》,第378页。

湛然居士融合佛教观谫论　355

职期间,他向蒙古统治者"时时进说周孔之教",劝君主以"圣人之名教"来治理国家。他还依照汉文化模式,提出《时务十策》,劝说朝廷进用汉族儒臣,收太常礼乐生,召名儒讲解儒家经典,宣扬圣人之道。楚材认为儒家思想的核心是"治天下"。他说:"仁义且图扶孔孟,纵横安肯效秦仪。行看尧舜泽天下,万国咸宁庶绩熙。"①主张以儒家"仁义"之道来治理国家。他还大力倡导"安民"政策:"安得夔龙立廊庙,扶持尧舜济斯民"②;"泽民致主本予志,素愿未酬予恐惶"③。

关于儒、佛区别,耶律楚材说:"予谓穷理尽性莫尚佛法,济世安民无如孔教。用我则行宣尼之常道,舍我则乐释氏之真如。"④两者的最主要区别在于,一个主"济世安民",一个主"穷理尽性",与此相联系,"用我"时取前者,"舍我"时取后者。这种说法招致万松行秀的批评。万松认为,只"治心"而不"治天下",是小乘见解,大乘佛教不仅能"治心",也能"治天下"。因此,他批评耶律楚材"以儒治国,以佛治心"的观点说:"近乎破二作三,屈佛道以徇儒情者。"这其实就是指责楚材没有把佛学作为唯一的立场,而是一脚在儒学,一脚在佛学。耶律楚材辩解说,这只是佛家所谓"方便"之说,又进一步解释说:

> 虽然,非屈佛道也,是道不足以治心,仅能治天下,则固为道之余滓矣。戴《经》云:"欲治其国,先正其心;未有心正而天下不治者也。"是知治天下之道为治心之所兼耳。⑤

他指出,"治心"与"治天下"不能截然分开,"治天下"要从"治心"

---

① 《和杨居敬韵二首》(其一),《湛然居士文集》,第36页。
② 《和人韵二首》(其一),《湛然居士文集》,第86页。
③ 《用前韵感事二首》(其一),《湛然居士文集》,第27页。
④ 《寄用之侍郎》,《湛然居士文集》,第130页。
⑤ 《寄万松老人书》,《湛然居士文集》,第293页。

开始,"治心"本身就包含着"治天下"的功能。这就是说,佛教兼具"治心"与"治天下"双重功能。此番解释,意在向老师表明自己的佛教立场。

耶律楚材又利用佛教理论来解决立场上的儒、佛矛盾问题。他说:"宣父素心施有政,能仁深意契无生。儒流释子无相讽,礼乐因缘尽假名。"①楚材在这首诗里说,儒家理论的核心是"有政",佛教则是"无生",表面看来两者是矛盾的,其实不然。"无生",即"空",即"实相",是从体上来说的,但从用上来讲,佛教并不是一味谈空说无,更不否定在现实世界有所作为。楚材一生"历艰险,困行役,而志不少沮;跨昆仑,瞰瀚海,而志不加大",自谓是由于"汪洋法海涵养之力"使然。② 可见,他并不认为皈依了佛法就不应有所作为。楚材说"礼乐因缘尽假名",其实就是避开佛教"体"上之"空",而在形而下的实践层面论述佛与儒的相通性。

耶律楚材又说:"有为无为俱有为,寿穷尘劫元非迟。"③大乘佛教主张,学人在了悟空观、见性成佛以后,不能高居于"无生"之峰巅,还要回到现实中来普度众生。曹洞宗"偏正五位"的最高位"兼中到",表达的就是这种思想,楚材颂之曰:"撒手转身人不识,回途随分纳些些。"④这两句诗颂出了大乘佛教随缘度众的悲悯情怀。楚材说"有为无为俱有为",其实就是说,儒学与佛学虽然就终极意旨来讲是有实质性差异的,但实践意义是一致的,即都是为了济度苍生。

有学者指出:

> 作为一位身体力行的儒术实践者,耶律楚材推崇的主要是经验论与目的论的早期儒学,并把它作为一种经世思想来看

---

① 《释奠》,《湛然居士文集》,第46页。
② 万松行秀:《湛然居士文集序》,《湛然居士文集》,第1页。
③ 《和黄山张敏之拟黄庭词韵》,《湛然居士文集》,第230页。
④ 《洞山五位颂》,《湛然居士文集》,第164页。

待,而在更深层次的思维哲学方面,他实际上还是以佛学思想为主导地位的。他非常欣赏李纯甫的"会三圣人理性之学,要终指归佛祖而已"的观点,走的是一条以佛包容万象的路子,认为佛学才是更深层次上的思维哲学,儒学虽然也有助于个人修养,但主要是经世致用的学问,是佛学利他济世、普度众生的一种外在手段。①

这种观点是很有见地的。撇开"究竟意"上之"空",而在"方便说"上寻求佛教与儒、道两家的相通之处,从而实现三教的融合,这是典型的佛教思维方式。比如,佛教理论家为了调和其"缘起论"与儒、道两家"元气论"的矛盾,先肯定"元气"在形成人的肉体和外界事物方面的决定性作用,然后再说"元气"为心识所变现,这样就把"元气论"纳入佛教的心识理论之中,从而凸显其以佛教为本位的"三教融合"立场。② 同样,楚材"礼乐因缘尽假名""有为无为俱有为"等说法也是这种思维方式,既调和了儒、佛矛盾,又在理论上坚持了佛教的本体地位。

(张勇,安徽师范大学文学院教授)

---

① 刘晓:《耶律楚材评传》,南京大学出版社,2001年,第260~261页。
② 如宗密在《原人论》中说:"然所禀之气,展转推本,即混一之元气也。所起之心,展转穷源,即其一之灵心也。究实言之,心外的无别法,元气亦从心之所变,属前转识所现之境,是阿赖耶相分所摄。"(见《大正藏》第45册,第710页下)